2020年度上海广播电视奖（新闻）获奖作品选

上海市广播电视协会 编

文汇出版社

本书编委会

主　　　编：林罗华

执行主编：赵复铭

编　　　委：林罗华　许志伟
　　　　　　赵复铭　王克耀

前　言

践行使命担当，书写时代答卷

2020年是极其难忘的一年，也是书写光荣历史的一年，更是载入史册的一年。这一年在中国共产党的坚强领导下，我国脱贫攻坚战取得了全面胜利，完成了消除绝对贫困的艰巨任务，创造了又一个彪炳史册的人间奇迹。这一年我们遭遇了突如其来的"新冠疫情"，面对前所未有的、极其严峻的困难和挑战，以习近平同志为核心的党中央审时度势、果断决策，带领全国人民打响了抗击新冠疫情的阻击战、总体战和人民战争，最终取得了决定性的战略性胜利，形成了伟大的"抗疫精神"。

在这样的一个特殊年份中，我市广播电视和新媒体端的广大新闻工作者，牢记使命，迎难而上，坚定前行，夜以继日地用声音、画面、图文及时传递党中央和市委市政府的声音；全方位、多角度、立体化地真实记录了这一年所经历的惊心动魄的斗争历程；真实记录了中国人民团结斗争的英雄壮举。大量饱含真情，充满正能量的新闻报道鼓舞和激励着广大人民群众同舟共济，战胜一切困难。充分展现了新闻工作者不辱使命，勇于担当，服务人民，弘扬正气的新时代风采。

我们看到，疫情肆虐，武汉危急，数万白衣战士除夕之夜冒雨出征，奔赴疫情最严重的荆楚各地。在逆行的队伍中，我们的广播电视记者也闻讯而动，第一时间紧随援鄂医疗队勇敢出征。在武汉的金银潭医院、协和医院、雷神山医院、火神山医院、方舱医院都有他们忙碌的身影，他们和白衣战士一样，把危险和恐惧抛在脑后，深入医院、深入重症病区，真实记录下了白衣战士坚强地与死神勇敢搏斗，竭尽全力抢救同胞生命的一幕幕感人场景，用直抵人心的画面、声音记录中国抗疫的每一个历史瞬间，如上海广播电视台纪录片中心采制的六集纪录片

《人间世抗疫特别节目》、东方广播中心记者在武汉一线采写的报道《和病毒正面对决！上海医疗队里有一支"气管插管小队"》、上海广播电视台融媒体中心记者采制的新闻专题《公卫中心里的攻坚战》、第一财经记者采制的新闻专题《特别节目——从短暂停摆到加速复苏》等，是众多展现中国伟大抗疫历程的优秀代表作。真实、生动、感人地汇聚和诠释了伟大的抗疫精神。

我们看到，在与病毒殊死较量的日日夜夜里，广大采编人员穿行在城市的每一个地方，汇集上海干部群众众志成城，全力以赴做好疫情防控和保障城市顺畅运行，企业全力复工复产的最新举措，如第一财经记者采制的短视频《上海医疗救治专家组组长：一线岗位全部换上党员，没有讨价还价！》迅速传遍大江南北，引发了全社会的热议，达到过亿的刷屏流量。看看新闻网记者采制的现场新闻短视频《一次特殊的点名：沪首批医疗队除夕夜赴武汉驰援》，在除夕的寒冷雨夜感动无数的人。嘉定区融媒体中心记者采制的短视频《狂赞！嘉定留学生小姐姐用这种方式报效祖国》，成为当时最"网红"的新闻，让无数年轻人感受到了中国共产党的力量、祖国的温暖、年青一代的担当，赢得了过亿的流量。

2020年是党中央号召全面脱贫攻坚、全面奔小康的决战决胜之年，市区两级媒体的众多记者全面深入上海对口支援脱贫地区的云南、新疆、青海等地，持续跟踪报道上海扶贫干部深入贫困一线，了解群众疾苦，开展精准扶贫项目，真切了解这些项目实施的成果。如东方广播中心记者采写的消息《青浦"练塘茭白"种到了海拔1 200米高原上，成了傣家人的"致富菜"》，嘉定区融媒体中心记者拍摄的电视新闻《白玛取宗：走出大山》、第一财经记者采制的金融扶贫系列专题片《看得见的力量》等，都是接地气、带泥土、含露珠、有感情、有温度的优秀作品。反映出了一线记努力践行习近平总书记寄语的"四力"要求所取得的出色成绩，更展现了一线编辑记者优良的工作作风。

2020年是媒体融合发展跃升上台阶的一年，市区两级媒体依托新的科技手段和全新的传播理念，以移动传播为先导，实现了小屏反辅大屏的融合传播新态势，在精品栏目打造上和内容生产上获得很大发展。移动直播已经成为常态，从庆祝浦东开发开放30周年的重大宣传报道到第三届中国上海国际进口博览会；从网红咖啡店到社区开展的"四史教育"活动，移动直播鲜活多样，精彩纷呈。生动而接地气的短视频新闻通过移动端直接融入百姓的资讯生活，不仅让信息传播更加快捷,更加贴近百姓,而且也有效地拓展了政务功能的覆盖范围。如上海广播电视台融媒体中心的《新闻坊微信订阅号》全年发稿近 8 000 篇,点击量最高达到全国排名第七,同时名列全国省级电视和上海民生微信第一,而上海广播电视台融媒体中心的《每年留个影　看看浦东这 30 年是怎样长大的》,第一财经的《CBNData 疫情地图 H5 工具》,奉贤融媒体中心的《奉贤区公布第 1—9 号确诊病例活动轨迹》,上海广播电视台融媒体中心、东方广播中心的《民生一网通》,普陀区融媒体中心、东方广播中心的《人靠谱,事办妥》等都充分凸显了媒体融合传播的优势和特点。

　　2021 年是中国共产党建党一百周年,是中华民族站在两个一百年历史交会点上的重要节点,是中华民族实现伟大复兴中国梦的关键之年,是我国"十四五"宏伟发展规划的开局之年,各级媒体工作者使命重大,任务艰巨。我们要认真学习、深入贯彻习近平总书记在中国共产党成立 100 周年庆祝大会上的重要讲话精神,不忘初心、牢记使命,守正创新、砥砺前行。通过不断地学习提高政治站位,与党中央保持高度的一致,自觉做到四个意识、四个自信、两个维护,与时代发展同频共振,与人民同心相连。要用我们践行"四力"要求的辛勤工作,生动讲好党史、新中国史、改革开放史、社会主义发展史;用我们深入一线采写的真实案例讲好中国故事;用我们记录的时代发展巨变,回答好马克思主义为什么行?中国共产党为什么能?社会主义中国为什么好的历史之问。要深入实际、扎根人民,满腔热情地反映时代之新、国家之强、人民之福;继续探索和拓宽融合传播的新渠道,不断创造佳绩、认真书写好时代赋予的答卷。

上海市广播电视协会会长　林罗华
2021 年 7 月

目 录

前言 ……………………………………………………… 林罗华 001

广 播 新 闻

一等奖

新闻访谈｜破"疫"2020——疫情大考下的社区之治大讨论系列
　　　　节目 …………………………………………………………… 006
　　　｜话题提升主题　讨论完善治理——评《破"疫"2020——
　　　　疫情大考下的社区之治大讨论》 ………………… 方颂先 021
　　　｜总结社区抗疫大考的上海答卷——破"疫"2020——
　　　　疫情大考下的社区之治大讨论系列访谈创作体会 …… 秦　畅 022

长 消 息｜和病毒正面对决！上海医疗队里有一支"气管插管小队" …… 026
　　　｜用声音勾画出"具象"——评广播新闻《和病毒正面对决！
　　　　上海医疗队里有一支"气管插管小队"》 ……… 秦恒骥 027
　　　｜为生命争分夺秒，战病魔从不退缩——《和病毒正面对决！
　　　　上海医疗队里有一支"气管插管小队"》采访心得 …… 盛陈衍 028

长 消 息｜听！浦东每一种声音都让自己离世界更近 …………………… 031
　　　｜捕捉激荡在时空中的昂扬声音——浅评《听！浦东每
　　　　一种声音都让自己离世界更近》 ……………… 秦恒骥 034
　　　｜每一篇报道，都让自己从零开始！——《听！浦东
　　　　每一种声音都让自己离世界更近》创作心得
　　　　………………………………… 何周导　胡旻钰　赵宏辉 035

二等奖

新闻专题｜FM十万个为什么之"火星，我们来啦" ………………………… 044
长 消 息｜四叶草札记：进博会上没有不起眼的角落 …………………… 069
长 消 息｜从"特斯拉速度"到"长三角速度"，看浦东的示范效应 ……… 072

广播评论｜银行保函开具微调查，可改进的空间遍地都是 …………… 075
长　消　息｜直击隔离酒店的每日例会 …………………………………… 079
新闻专题｜走向我们的小康生活——走街镇　进社区　看小康 ………… 082
（系列）

三等奖

短　消　息｜"老赖"用身份证不能坐高铁，却可以用护照坐飞机?! ……… 090
长　消　息｜青浦"练塘茭白"种到了海拔1 200米高原上，成了傣
　　　　　　家人的"致富菜" …………………………………………… 093
长　消　息｜一场令人直冒冷汗的野蛮施工被直播节目中的区长叫停 …… 097
长　消　息｜上海首例农村集体建设用地作价入股，农民有了"五金收入" … 101
新闻专题｜宅出来的新思路 ………………………………………………… 104
（系列）
新闻专题｜"达"观上海 ……………………………………………………… 110
（系列）
新闻专题｜无障碍出租车障碍多 …………………………………………… 117
新闻专题｜援鄂声音日历 …………………………………………………… 121
新闻节目｜"超级黑天鹅"突袭全球资本市场，A股独立走势凸显
编　　排　　中国经济韧性 ………………………………………………… 127

电 视 新 闻

一等奖

新闻纪录｜《人间世》抗疫特别节目——红区 …………………………… 143
片
　　　　　｜忠实记录"红区"奇迹　正面宣传德义之基——评点新闻
　　　　　　纪录片《人间世》抗疫特别节目——红区 …………… 黄芝晓　159
　　　　　｜什么是真正的英雄主义——《人间世》抗疫特别节目创作
　　　　　　心得 …………………………………………………… 范士广　161
长　消　息｜"吵"出来的"001号"批文 …………………………………… 166
　　　　　｜充分展现冲突　创新解决矛盾——评电视长消息
　　　　　　《"吵"出来的"001号"批文》 …………………………… 黄芝晓　168
　　　　　｜积跬步方能至千里　一次制度创新背后的故事——
　　　　　　《"吵"出来的"001号"批文》采访心得 ………………… 谢丹青　170
新闻专题｜特别节目——从短暂停摆到加速复苏 ………………………… 174
　　　　　｜触角敏锐　视角独到　理性思考——评《特别节目——
　　　　　　从短暂停摆到加速复苏》 ………………………………… 陈保平　188

| 站在大背景下观察中国经济——《从短暂停摆到加速复苏》的创作感悟 ········· 陈涵露 189

二等奖

| 新闻纪录片 | 不动摇——庆祝浦东开发开放30周年 ········· 194
| 新闻专题（系列） | 上海老公房加装电梯系列报道 ········· 208
| 长消息 | 公卫中心里的攻坚战 ········· 216
| 新闻专题（系列） | 守"沪"者系列 ········· 220
| 新闻评论（系列） | 中美观察 ········· 231
| 长消息 | 2020年首展 国家会展中心按下重启键 ········· 248
| 短消息 | 新闻特写：浦东机场的不眠之夜 ········· 251
| 新闻评论 | 人脸识别的隐私边界 ········· 253
| 新闻专题（系列） | 特别的爱给特别的你 救助站社工的暖心故事 ········· 262

三等奖

| 长消息 | 刚挖好的河道为何要回填？ ········· 270
| 长消息 | 一套中国式玩具 向世界讲述"中国故事" ········· 273
| 长消息 | 白玛取宗：走出大山 ········· 276
| 长消息 | 昔日小镇"刀鱼王" 今朝长江"守护人" ········· 279
| 新闻专题（系列） | 制造业产业链一线大调研："世界工厂"的新机遇 ········· 283
| 新闻专题 | 长三角造芯记 ········· 295
| 新闻专题 | 生命·方舱 ········· 304
| 新闻专题 | 外卖骑手之困 ········· 315
| 新闻专题 | 《周末开大课》第三季——热血熔初心 点亮这座城 ········· 325
| 新闻专题 | 公益诉讼进行时第一集 守护生态环境 ········· 337
| 新闻纪录片 | 不朽的英雄赞歌 ········· 347
| 新闻访谈 | 武汉记忆·钟鸣 ········· 362
| 新闻访谈 | 这就是中国——而立浦东正风帆 ········· 369

媒 体 融 合

一等奖

| 短视频新闻 | 上海医疗救治专家组组长：一线岗位全部换上党员，没有讨价还价！ ········· 388

	抗疫最强音的第一传播——评短视频现场新闻《上海医疗救治专家组组长:一线岗位全部换上党员,没有讨价还价!》………………………… 袁夏良	389
	记录凡人"疫"事——短视频《上海医疗救治专家组组长:一线岗位全部换上党员,没有讨价还价!》采制体会 …… 孙 冀	390
短视频专题	快看上海|百年里弄迎旧改,半年告别拎马桶 ………	393
	柔软之中见硬核——评短视频现场新闻《快看上海|百年里弄迎旧改,半年告别拎马桶》……………… 袁夏良	394
	时政报道里的"烟火气"——《快看上海|百年里弄迎旧改,半年告别拎马桶》采制心得 …………… 张佰量 沈姝艳	395
新媒体品牌栏目	新闻坊微信订阅号(代表作)……………………………	399
	地方电视新闻栏目的凤凰涅槃——评新闻坊微信订阅号 ……………………………………………… 方颂先	403
	守正创新,让流量守卫导向——新闻坊微信订阅号创作谈 ………………………………… 周震烜 籍 明	405

二等奖

短视频新闻	驻守金银潭医院第一夜,上海这些护士说,非常累,手都冻麻了!但我们只能坚守岗位 ………………………………	412
融合创新	CBNData 疫情地图 H5 工具 ………………………	414
短视频新闻	结棍!闵行 70 岁健身奶奶三个月减脂 28 斤,越战越勇登上央视舞台! ………………………………………	416
融合创新	《民生一网通》坊记追踪(系列)……………………	419
短视频新闻	2 元可买一个粉丝互动,起底直播间流量造假 ………	424
短视频新闻	狂赞!嘉定留学生小姐姐用这种方式报效祖国 ………	426

三等奖

短视频新闻	一次特殊的点名:沪首批医疗队除夕赴武汉驰援 ……	432
短视频新闻	一场特殊的"视频婚礼" ………………………………	433
短视频新闻	人靠谱,事办妥!来自上海最年轻区长的一条 Vlog ……	434
短视频新闻	全球战"疫"日记|实拍 Soho 的"劫后余生":纽约店铺屡遭洗劫,防护木板生意暴涨 ………………………	437

短视频专题	三破世界纪录！这位宝山少年跳出"中国速度"	441
融合创新	情况通报：奉贤区公布第1—9号确诊病例活动轨迹	445
融合创新	主持人上党课第二期　薪火初燃——中国共产党发起组成立地(《新青年》编辑部)旧址	450
互动创意	每年留个影，看看浦东这30年是怎样长大的	455
互动创意	PICK　当下最值得推广的生活新风尚	456

国 际 新 闻

一等奖

新闻纪录片	亚太战争审判(第一集　正义之路)		463
	以全球视野为方法——简析大型纪录片《亚太战争审判》的国际传播之道	吕新雨	482
	一场跨越千山万水追寻真相的征程——大型系列纪录片《亚太战争审判》创作札记	陈亦楠	483

二等奖

| 新闻专题 | LIFE MATTERS：WUHAN REDZONE STORY (第一集文稿) | 490 |
| 新闻专题 | 看得见的力量(第一集　证券行业助力　扶贫开出"幸福花") | 509 |

三等奖

长消息	中欧班列逆势跑出加速度　疫情防控期间助力外贸企业物流	522
长消息	一墙一洞一"熊掌"　治愈系咖啡店背后的暖心故事	526
新闻纪录片	中国印记 My China Story(中文版)	529

附录：

2020年度"上海广播电视奖"获奖(新闻)作品名录	543
第30届上海新闻奖(广播电视)获奖作品名录	552
2019—2020年度中国广播电视大奖(上海)获奖作品名录	561
第31届中国新闻奖(上海广播电视)获奖作品名录	562

广 播 新 闻

一　等　奖

2020年度上海广播电视奖
参评作品推荐表

作品标题	破"疫"2020——疫情大考下的社区之治大讨论系列节目	参评项目	广播新闻
		体　裁	新闻访谈
		语　种	中文
作　者（主创人员）	集体（秦畅、朱应、崔翔、张喆、邬佳力、李虹剑、王佐宇、周玉琼、葛婧晶）	编　辑	张明霞、李军
刊播单位	上海广播电视台东方广播中心	刊播日期	2020年6月1日—6月5日每天12时03分
刊播版面（名称和版次）	FM93.4 上海新闻广播《市民与社会》	作品字数（时长）	48分48秒
（作品简介）采编过程	这是一份及时总结社区抗疫经验，回应疫情大考的上海答卷。面对突如其来的新冠肺炎疫情，中国为何能交出一份体现"中国能力"的答卷？哪些做对了且可复制可推广？哪些方面还须补短板？系列节目将疫情防控动态中的一线实战经验，总结为"上海答卷"回答上述问题。 　　这是一场彰显疫情下中国开放形象的深度访谈。代表作品的访谈场地，选择在被称作"小小联合国"的上海虹桥国际社区，来自境外的住户占30％以上，访谈对象不仅有本地居民，还有外籍人士，香港、台湾同胞；新闻事件是发生在疫情防控期间的具体事实；对话围绕入境人士对上海的防控措施，从不理解到合作，最终到融入社区联防联控的过程展开。五集系列节目，也是五个样本，向世界讲述五个真实的抗疫"中国故事"。 　　媒体积极作为，生动诠释"中国之治"实践样本。习近平总书记多次作出重要指示，对社区的联防联控群防群治给予肯定。"精细化""智能化""有温度"是上海基层治理的特色，系列节目通过五个样本进行了有价值的"破题"。		
社会效果	多媒体多角度共振，社会反响强烈。系列节目播出期间，广播端收听率较平日上涨11％，新华社、人民网、上观思想汇、阿基米德App、话匣子FM、上海大调研公众号、今日头条等根据节目内容进行了延伸性报道，街道社区微信公众号平台接续传播，产生了广泛的社会影响力。 　　此外，节目组还与上海大学基层治理创新研究中心（上海首批高校智库）合作，将社区讨论形成相关报告，为未来上海乃至全国的"治理能力和治理体系的现代化"制度构建，提供决策参考意见。		

破"疫"2020——疫情大考下的社区之治大讨论系列节目

虹桥街道

主持人：各位好我是秦畅，欢迎收听《破"疫"2020——疫情大考下的社区之治大讨论》，今天我们来到的是虹桥街道，众所周知，虹桥街道住着来自五湖四海的外籍人士，这次疫情对他们而言着实是一次大考，我们非常想知道面对跨文化的沟通顺利吗？

【节目片花】虹桥街道古北新苑小区外籍住户占到30％以上，疫情暴发后业主们越来越担心即将纷纷避灾回来的境外居民，一天夜晚，物业经理拒绝韩国籍租户进入小区而引发纠纷，小区业主和物业能不让外籍租户进入小区吗？作为上海境外人员集聚度最高的区域，类似的小区还有很多，当时国家又没有明确政策，怎么办？

主持人：我看到一则新闻报道，古北新苑曾经在疫情最严重的时候，居然不让人家租户回家了，是你们这儿的事儿吗？

朱琳萍　荣华三期干事长：是的。

主持人：物业的来了吗？

钦军　古北新苑物业经理：也不是不让人家进来，当时的情况是一个韩国租户喝醉酒，国内疫情刚刚控制好，韩国包括其他国家的疫情刚刚暴发，他是从韩国刚过来的，而且是在晚上，我赶过去的时候是11点。

主持人：他等于是从韩国回来先喝了场酒再回家的。

钦军　古北新苑物业经理：对。他家里面还有韩国人居住在我们古北新苑，其中陪喝酒的不是他本人，因为我们小区业主对这些国外归来的人特别敏感,所以在这个当下,我说先晚上住宿一晚,明天再到居委会,我们再协商,因为韩国籍的人士,都要陆陆续续进我们小区的。

主持人:你们小区有多少韩国籍的?

钦军　古北新苑物业经理:三分之一,598户。

主持人:大概200户是韩国朋友们。他们这200多户绝大多数都回去过年了。我看的新闻报道里面,你不仅没让他进来,最后你们还和业委会联合发了一个通知说,所有租住在我们这儿的外国人都不能进来了。

钦军　古北新苑物业经理:没发通知。我们是商量,第二天,我们社区街道和我们党总支书记,还有居委会干部都来商讨这个,一个上午在商讨这个事情。

主持人:那天晚上究竟让他进去了没有?还没有让他进?

钦军　古北新苑物业经理:后来我讲不是不让进,因为是晚上,敏感时期。

钦军　古北新苑物业经理:当天晚上是不让进。

主持人:接话的是虹桥街道副主任崔丽霞和荣华居民区书记盛弘。

崔莉霞　虹桥街道办事处副主任:其实刚才物业经理讲了,因为上海市所有的防控政策,还没有针对境外人员要14天隔离,韩国其实是刚刚暴发,所以那个时候只有大邱和庆尚北道这两个地方是重点。但是居民已经看到新闻了,大家已经开始有点焦虑了。

主持人:其实你那个时候是不是也蛮挠头的,说这三分之一的人怎么办?

钦军　古北新苑物业经理:我也是很纠结。

盛弘　荣华居民区党总支第一书记:刚才讲到了当天晚上的情况,其实第二天大家在很踌躇的时候,我们上班也知道了,我们马上就启动三驾马车协商机制,我第一时间就赶到了物业管理处,这时候已经挤了一堆人了,焦虑的,我们的秦晶莹(音),你别看他块头大,其实那天是满头大汗,因为他也不知道到底怎么弄,一头是业委会和三分之二的业主说,这些人我们不能让进,但同时具体的措施还没有出来,然后那个时候我也很感动,特别文先生作为我们热心的韩国居民代表已经在跟我沟通了,说有没有什么新的政策,其实我们还在等,大家三驾马车讨论整整一个上午,他们小区业委会主任也是非常坚持,就是我们相互之间都在讲担心什么,有什么措施可以做,这边国际化程度高,很多小区都会遇到相同的情况。

主持人:他们古北新苑在你们这个社区里面是典型的吗?占比高吗?你们小区是60%。

方耀民　香港籍居民、美丽华物业总经理:我叫方耀民(音),在上北置业和美丽华花园开发商和管理公司,工作了33年,我们社区光日本人就占了58.9%。

盛弘　荣华居民区党总支第一书记:它的比例非常高。

方耀民　香港籍居民、美丽华物业总经理：基本上在古北社区中,外籍人士最多。

主持人：他们当时有这种回来的需求吗?如果这事碰到您该怎么办?

方耀民：实际上我们有什么事情都第一时间和居委会和街道联系。

盛弘　荣华居民区党总支第一书记：后来经过整整一个上午,几小时的讨论,一方面我们也及时和街道的防疫小组请示汇报。另一方面,让三分之二的居民能够放心,各方面的措施都能够到位。另外的话,住在我们这边的外国朋友,也是非常配合的,他在家里的时候不用太担心,比如说叫外卖或者是生活的需要我们都可以提供帮助的,包括我们有专业的人员上门收垃圾,如果他不出来,其实跟其他的居民是没有交集的。

主持人：其实你是在和三分之二的业主们谈,我们能不能做更好的防疫措施。

盛弘　荣华居民区党总支第一书记：让他们能够放心。

主持人：我们这个小区是管得住的。你当时是怎么有这样的想法呢?

盛弘　荣华居民区党总支第一书记：虽然他们从外面回来,但是他们其实已经成为邻居很久了,如果是你的朋友回来别人不让进,你怎么想? 其实也是换位思考。另外其实我觉得他们最担心的是怕有什么样的风险,只要解决了他们所担心的那个点,其实大家还是可以有达成共识的这样一个机会的。大家之前整个上午都在谈,他们担心什么?我们可以做到什么?物业可以办到吗?需要居委会做到什么,打电话给街道请示我们大概是这样行不行,通过这样来来回回整个上午,也有将近3个小时了。

孙秉超　荣华居委会社工：我所在的居委会,除了我一人留守以外,我所有的同事都下到各个小区执勤去了。9点多的时候,一对韩国夫妻带着他们的孩子敲门敲到居委会,很着急地用不太好的中文和我沟通了之后,我发现丈夫的中文不是很好,好在我可以和他用英文交流,这位先生在整个春节期间没有离开上海。他的太太和孩子在春节期间回韩国首尔,回到小区之后被物业拦下,物业出于业委会的压力所以没有同意这对母子进入小区。

就在我们双方共同努力的同时,最后到了中午经过大概三个多小时的沟通协调,决定让这位先生的太太和孩子回到小区,当天开始,居家隔离,医学观察。这位先生因为白天要上班,所以就拿着生活必需品搬出小区,开始小区之外的生活,最后也是获得了小区居民的谅解。

主持人：最后达成了一个共识,所有从外国回来的,都认真严格地居家隔离,其实是我们古北的社区早就碰到了这个问题,在政策出来之前,用居家隔离14天,有严格的这样一个规则遵守。社区的其他的邻居们,刚才盛弘用了一个非常好的词,邻居们包容认可这个事情,让外国纷纷回来的外国邻居们能够回到小区居住。但是我特别想问你们一个问题,你们记不记得,我们一开始进行抗疫防疫的时候,就说口罩,多难,那个时候最难的是要和家里面的老年人说明白让他们戴口罩。

你们要和外国人沟通居家隔离这件事儿,你这14天是不能出来的,日本、韩国后面还有欧美。这个文化的背后比如戴口罩和居家,真的有的时候不是规则的问题,是巨大的文化冲突,他认为谁给你的权力,让我待在家里14天?盛书记你虽然平时和我们很熟,谁告诉你这14天不能出门?这种沟通的时候,你们是怎么说服这些外国人的?

钮伟明　五金小区、广场大厦、碧玉小区物业经理:3月底的时候来了一位以色列的业主,他来到我们社区的时候,由我们街道的防疫站还有干事站都有陪同过来,我们物业工作人员也陪同他回家。当时有好几种文字的宣传卡给到他,他从宣传卡的上面了解到我们中国疫情防控的一些措施和政策。我们物业公司把每天消毒的照片张贴在楼道里面,电梯里面都贴了薄膜,起到防护的作用,旁边的邻居都放心多了。

主持人:你给他提供他所需要的所有的服务。文先生我正想问你呢,就是刚才你们说到的恐慌,这个过程当中会不会产生一种本地居民跟我们境外居民之间的这种冲突,你那个时候你认识很多韩国朋友,他们心里舒服吗?

文贞善　韩国志愿者:这是我自己碰到的事情我跟你们说一下,我那个国际花苑里面有那个业主微信群,那个微信群里面只有我一个是韩国人,其他都是中国人。那个时候他们都发信息给这个刚回来的韩国人,不让回来,这个韩国回来的也不让进小区,他们强烈反映这些事情,他们都同意,你说得对,你说得对。

主持人:跟帖。

文贞善　韩国志愿者:那个时候我晚上跟孩子老婆散散步,我孩子和老婆出门的时候,我孩子比较大声说韩国话,然后有一个女士和她的女儿,刚进小区的门,她叫我"韩国人、韩国人",这个我们都很尴尬,我们做了什么坏事?然后我们的保安他们都认识我的,他说女士们,这位他一直长住在上海,没有离开过上海,你不用担心的。

主持人:没有什么太大的冲突性。

文贞善　韩国志愿者:对。

主持人:您平时一直是其实在社区里也做志愿者的对吧,您觉得这种比如说你看我们这个社区里边,小区里边就有阿姨这样的老上海人对吧,也有一些新上海人,还有是各种各样的外国人。韩国人跟日本人包括欧美人,其实文化差异性也很大的,大家在这里边这种沟通能顺畅吗?碰到这种冲突性的事件。

文贞善　韩国志愿者:可是我想我的个人意见,如果我们在中国生活的韩国人,他们都知道中国的文化,还有法律,他都理解了。如果他在韩国的话,他不会听话的,可是他已经在中国生活的话,他一定要听从政府的政策还有融合到中国社会里面的情感。

主持人:这就是刚才那位阿姨说的,所以她有的时候做工作没有像我们想象得那么难。

张宇松　国际认证高管教练:我叫张宇松(音),本职工作是教练,秦老师看得出我是越听越迷糊,不过挺享受的,在听那个感觉的时候,我觉得这充满了和谐。

主持人:对。

张宇松　国际认证高管教练:可是实际上我们在网上看到很多事情的时候是弥漫着硝烟的,其实我觉得这些话题是大家非常关注的,而且在今天这个社会特别容易引起对立甚至于撕裂的。所以我刚才在那听的时候,我也就特别享受,我说这真是和风细雨,天边飘来5个字儿,这都不是事。

主持人:这是怎么回事?

张宇松　国际认证高管教练:所以我就特想搞明白,在当时的那第一刻在最前线的时候,你们当时的感觉最大的挑战困难是什么?然后第二个,我特别想知道的是,是什么让你们突破了这个挑战和困难。

主持人:金律师在不停地点头,你也觉得要提问吗?

金缨　上海市人大代表:我觉得张老师提问特别好,也就是我想的事儿,就是怎么可能都是没事的?就我举个简单的例子,就是说刚才讲的三分之二的业主是不同意让三分之一的业主回来的,那我不知道业主群里面有没有说,我们表决一下,我们三分之二了呗。

主持人:黄老师有什么问题吗?

黄晓春　上海大学基层治理创新研究中心:我叫黄晓春(音),来自上海大学社会学院。特别关心的是像文先生这样的,当时你有没有发挥过一些作用,来帮助他们两边来沟通呢?比如当你碰到你的韩国朋友的时候,他们不理解,这边又有很多恐慌。

主持人:韩国朋友都很理解。

黄晓春:你有没有在里面发挥一些,来帮助他们来协商的。

主持人:这就是三位提到的问题,特别好,你们能不能回答我?在这么一个外国人密度如此之高的社区,50多个国家和地区的外国人在这儿。

盛弘　荣华居民区党总支第一书记:其实文先生刚才太谦虚了,其实他做了很多事儿。

文贞善　韩国志愿者：刚开始的时候，都是误解出现，都是反感。那个韩国回来的自己认为我这中国话没问题，我跟中国人可以沟通的，他认为是这样，后来他强制性居家隔离的时候，那个门磁一天只能开5次。

主持人：这个是有规定的。

黄以光　虹桥街道管理办主任：防疫的时候我们是有综合协调组的，为什么5次？就是说因为当时我们有个武汉来的人他是带着小孩的，试点的时候，那小孩子他一直在开门，它一直在报警。我们是怎么测算5次呢？每天两次上门，还有中饭、晚饭对吧，早饭或者是，包括拿垃圾的时候。就是我们这个5次，我们认为是正常范围内的，假如说超过5次了，我就要去核实了。你开10次，20次都可以，但我要保障你肯定在家里，我要上门核实的，包括打电话，包括我们有微信都可以沟通的。

主持人：5次，韩国人能理解吗？

文贞善　韩国志愿者：能理解。

主持人：又能理解了，您继续讲一下，要不然张老师不信。

文贞善　韩国志愿者：有一个女士，她一个人在家里居家隔离，我的微信群，微信群里面都是韩国人，500多个人。

主持人：你有500多人的韩国人的微信群？

盛弘　荣华居民区党总支第一书记：社群。

文贞善　韩国志愿者：一天晚上八九点，她突然发信息给我了，今天我开了4次门，保安一直过来骂我，你为什么一直开门？后来我找那个保安去了，问了，他说我听不懂她说什么，其实那个女士她开了5次，保安过去让她不要再开，后来她再开了，一共7次了，然后保安再过去了，不要再开，那个女士就说你过来我才开门呀。

主持人：其实很多沟通是由误解产生的，其实并不像我们想象的冲突那么严重，如果有一个人能够居间协调一下，把两边的意见都问一下的话，可能不像我们想到的那么严重。所以我们在古北是借助了很多像文先生这样的一些外国朋友的力量，在外国朋友跟外国朋友之间，他们有更紧密的一些联系和连接。盛书记，哪怕我们的社工的英语再好，我们也未必是全部的事情都是由我们直面去沟通的。

盛弘　荣华居民区党总支第一书记：是的。

主持人：所以盛书记我知道你们这儿有很多的外国志愿者。

盛弘　荣华居民区党总支第一书记：他们其实就像文先生这样，他刚才讲了群里有500多个，可能是韩国的一个社群。那我们也有就是日本，包括还有我记得就是第三波的时候,就意大利这个疫情上来了,所以后来我们也请了那个社区里面一个意大利的志愿者,因为我们懂英文,但是意大利文不懂。

主持人:而且有的时候沟通特别容易产生误解。

盛弘　荣华居民区党总支第一书记:对,对,然后我记得当时我们翻译的时候,我还是请文先生帮我看了一下,"隔离"的韩文,然后说不能出去,可能一开始就是文先生看了说我们直译出来的话说得很严重很严重。然后那个用词,我记得当时好像我们对于这个用词还有一些讨论的,就对我们来讲,刚才讲的这个文字的翻译,这个卡片怎么样能够传达得既准确,又能够使外国的朋友理解我们要表达的意思,其实这个是关键。

张宇松　国际认证高管教练:我这示意牌不好,其实您下次给我做一个问号,10万个为什么那个,我越听越想了解这些情况。这儿就是感觉一帮精兵强将的特种兵,事先全练好了,就等着出来了。

主持人:全世界最通情达理的外国人都住在古北!

张宇松　国际认证高管教练:是的,我就在想怎么做就做到了这一点。

张敏　融之声志愿者团队成员:我想回答张老师的问题。因为我碰到过的,因为我们这个小区外国人也很多,有一个是从墨西哥回来的,隔离14天要怎么怎么,NONONO,后来我就跟他讲了,我就讲了这个疫情怎么保护自己也保护旁边人,你要什么服务我们会为你服务,他才接受。

主持人:冲突是有的。

张敏　融之声志愿者团队成员:对,不是说没有,他一开始就NONONO,就跟你来NO。

主持人:但是他为什么听你的呢,阿姨?

张敏　融之声志愿者团队成员:我就和他说现在这个疫情也是你保护你自己,也保护旁边的人,我们大家互相保护,你需要什么,我们可以随时向你提供服务,他慢慢就觉得那好。

主持人:就是你一直耐心地给他做思想工作。

张敏　融之声志愿者团队成员:比如说还有个外国人也回来了,家里那个热水器不加热,打到物业电话去了要修,问去哪里修?那个时候报修是没有人上门来报修的,是我去的。

主持人:你会修热水器吗?

张敏　融之声志愿者团队成员:物业的经理说,张老师,你去一下试试看,我说我去看一下。因为什么?我还是有些经验的,我就去了,他没有操作好,那个开关都没开。

张敏　融之声志愿者团队成员:和外国人我们都是人性化的、感情化的这种交流。然后这样的管理不是说我压制你怎么怎么,用感情去交流人家容易接受,你如果说板着脸这个不行那个不行,人家可能不会接受,你要态度好,跟他说清楚利害关系,他就同意了。

主持人:张老师,您说服我了,但未必还能说服他,还有谁继续来说服。

张敏　融之声志愿者团队成员:还有那个律师讲的这个问题,我也想回答。

主持人:好。

张敏　融之声志愿者团队成员:投票同意不同意,就是小区有反对。因为小区绕完回来,业主肯定会担心,尤其发生了这么严重的疫情。我在门口做志愿者的,业主就来问你了,今天回来几户?明天回来几户?他也担心呀,你们怎么管理的小区?那我们跟他们讲了,我们来了我们都用手机要申报上去的,我们居委会每一天来量两次温度,他听到这样他也服了呀,然后小区的业主就对我说,张老师你在我们就放心了,我们小区我们就放心,真的是这样讲话。

主持人:鼓鼓掌,要给张老师鼓鼓掌。

盛弘　荣华居民区党总支第一书记:其实刚才几位专家提的在这边人家有没有想要投票的心,一个小区因为我们原来也有议事员,他们会把群众的声音带上来说我们这个小区好像有这个想法,那么其实担心的是措施没有到位。

主持人:就是这个议事会有一个畅顺的渠道,大家不通过微信群,不通过这种临时性的所谓的抱团抗焦虑,也能够有畅顺的渠道跟政府、跟我们的居委会产生最紧密的连接,拿到一手的信息。还有吗?继续说服张老师。

梁铁城　荣华党总支委员、荣华居委会委员、雅典花园业委会主任:我们小区情况主要是由于我们的小区物业公司,它在各方面工作就比较到位,它从那个这个小区建立一直到现在,始终是这个公司在管理的,它在那个和业主之间的关系还有平时的工作就是大家都很认可的。

主持人:黄老师您发现,很重要一点,在这样一个国际化的社区里,我们发现他们不是陌生人的社区。

黄晓春　上海大学基层治理创新研究中心:是的,其实古北的这一些资料还有包括调研,我们以前很早就接触过。他们这里有个很大的特征,其实刚才就是这个问题一直在追问,为什么到这就不是个事儿?我可以坦率地告诉你,如果他们是疫情来就开始这么做,那一定是个大事儿。你们是全上海第一个国际化社区,所以在过去差不多20年里,他们一直在面对这个问题,所以这里有很多的机制,实际上就是要推动跨文化的沟通。

比如我们刚刚提到一个词,后来没有展开讨论,叫市民议事厅,它把来自五湖四海的不同国家的人,让他们围绕的公共事务,围绕公共事务让他们建立连接。然后接下来什么呢?在这个议事会里面相互的议事。另外他们特别组织社群志愿者,让很多很多的这个外国友人参与到我们的志愿者和志愿服务里面去。然后这些人,从一个一开始是感觉跟小区没什么关系的人,到了慢慢地他们每天也在考虑怎么解决这个问题。

主持人:你看张老师的能力多强,敢上门给人去修热水器。

黄晓春　上海大学基层治理创新研究中心:慢慢地就跟他们建立了很多联系,就有信任了。就换句话,没有这些基础在那,一定是个事儿,但如果有了 20 多年的基础的话,可能就不是那么大的事了。

主持人:好,谢谢黄老师。所以今天我们看着说得云淡风轻的对不对?其实很多事情它不仅得有我们这个国际社区大量的人文环境的基础,我们还有一批,张老师你发现这儿的社工跟其他的社区的社工是完全不一样的。所以崔主任刚才其实我们谈了一个非常重要的问题,就是说这个社区今天之所以在防疫中面对这么艰难的跨文化冲突的时候,它能做得好是跟你的基础有关系的,你这个基础究竟是什么,你们自己总结过吗?

方耀民　香港籍居民、美丽华物业总经理、议事员:我是在这里工作时间最长的一个人,从古北新区建成,然后居委会建立以来就已经在建立一个叫作"小联合国的融情工作法"。对于这个"小联合国",50 多个国家和地区的人聚在一起就要把它这种情融在一起,所以融情工作法,也是针对这个社区的特点。其实这个社区很难管的,居委会干部上门都打不开门的,因为人家说我不是你的居民,你凭什么敲我的门?但是居委会干部经过了十几二十年终于打破了这个坚冰,就真正把工作做到家去了,所有成功都不是偶然得来的。

像我们的社区也是一样,我们每年都开很多活动,什么游泳比赛呀,什么中秋赏月,什么音乐会呀,都是在融情。而且还根据另一个就是法治,居委会配合业委会组建机构并投票选举决定社区的重大事项,都是一丝不苟的。所以我们美丽华花园成立入伙 26 年,没有一个人欠过管理费,管理费的收缴率是百分之百,26 年。

主持人:26 年。

方耀民　香港籍居民、美丽华物业总经理、议事员:第二个纪录就是 26 年刑事罪案率为 0。

听众(女):安全。

方耀民　香港籍居民、美丽华物业总经理、议事员:这些都是我们自己小区的纪录。还有一个就是物业管理要做得到位,首先物业管理把这一场抗击疫情的工作就当仗来打,怎么样能到呢?其实我这里想分享一个体制很重要,我是香港人,对两个地方的体制是有感觉的,我是无党派人士,但是共产党领导,整个政府架构还有街道、居委会,还有工作一站、二站、三站,这整个线就渗透到居民区里面了,做得很好。

主持人:我们的行话叫党建引领,政府负责。

方耀民　香港籍居民、美丽华物业总经理、议事员:对,就是党建引领,一有什么事情,党员先做志愿者。特别是去量体温的时候,量体温这个人其实风险是最大的,他要接触很多的人,我们就党员先排第一班,领导干部先排第一班,这样就带动其他人可以做。所以服务到了,很多苗头和有些什么事情都在萌芽之前就解决了,所以就不会酿成社区各种对抗。

主持人:我估计呀,今天这场讨论最大的成果是张宇松老师要搬到古北来了。古北以前即使我们做得再好,也不可能跟每一个外国朋友产生连接,而这次很有可能我们通过联防联控、群防群治,已经把刚才阿姨们给我们讲到的这个社区的融情的这个情,可以到每家每户去了,只要他出去回来,只要他是外籍,这回都会跟我们的属地产生连接。但是,未来怎么能够把我们今天在虹桥社区里边所积累的这种即使是一个生人社区,其实是一个有跨文化交流的一个社区真正地能够变成是一个我们所说到的美好的,能够给我们今天的面临着很多的冲突带来一些经验的、可复制的、可推广的一些方法。借着今天的这样的一个成果和平台还能做什么,还想做什么?

崔莉霞　虹桥街道办事处副主任:其实我们之前古北社区20多年可能最苦恼的是拿不到数据,所以我们觉得这次特别可贵的是,各个部门都能把信息给了我们,我们一直只有采集的义务,没有使用的权利。

主持人:甚至你们也不知道你们采集完的那个大数据是什么。

崔莉霞　虹桥街道办事处副主任:对。但这次我们拿到的是第一手信息,而且各个部门的信息都在我这里汇聚了。所以我感觉这个信息的资源,刚才秦畅老师问我们信息的资源拿到以后可以用什么,其实我们觉得这是一个非常宝贵的财富,我们面向的其实就是围绕人。我们以前一直困惑大家需要什么,他到底来自哪里? 我不知道怎么服务,但我现在知道了,因为他就在我这里,我以前是找不到人,现在人的信息很清楚,那我就知道我下一步怎么服务。所以刚才你一直问我们在思考什么,其实我们也在思考,大家现在讲得云淡风轻,其实你不知道多少个日日夜夜我们有多焦虑,我们可以和黄主任以及在座的很多人说,很多晚上,甚至有几个通宵包括盛弘我们都在一起。我们现在是有民政部的十大工作法,但我们还在想,这次疫情是大考,我们觉得让我们看到了自己的优势。

刚才张教授也鼓励了我们,大家都愿意搬过来,但我们其实也看到了自己的不足。一个关键词,我觉得是"寻找",社区里面需要不断前行,疫情给了我们一种客观的需求,逼迫我们必须和每个人产生关联。但是疫情结束了,是不是大家冷静下来之后,又各自回归到各自的岗位上去,然后我们又变成了不相关的,我很惶恐的。我们最近包括找儿童，找老年，找我们的自治项目，找我们的黄金城道共治委员会。我们在找到一些更多的链接点，让大家因为疫情，因为病毒被倒逼出来的感情，这种感情能保持下去，以后这种共情感能转化为我们社区治理的共治力，能真正地让大家都觉得社区一直在那里，社区很近，我们永远在。

方耀民　香港籍居民、美丽华物业总经理、议事员：另外我想补充一点，就是刚才讲的大数据是疫情留给社区的工作的基础，另外，由于中国政府对整个全国疫情控制的得力指导，虽然开始有些忙乱，但是很快就已经进入一个很正确的轨道里面去了。每个社区的居民，特别是外籍居民在融合方面，和外籍居民对他们社区的工作人员和居委会街道的一个信任感，这个信任感是前所未有的高，这样给我们下一步的社区工作又打了一个很好的基础。

主持人：而且我刚才觉得文先生那个群特别重要。

崔莉霞　虹桥街道办事处副主任：有500个人。

主持人：500个人，现在只有韩国文先生所带领的这个社群，还有其他的吗？

盛弘　荣华居民区党总支第一书记：还有。

主持人：如果让外国朋友们也能够成立不同的社群，盛弘，可能吗？得出现多少个文先生这样的人，毕竟几万名外国人，找得到这么多像文先生这样的？

盛弘　荣华居民区党总支第一书记：其实在这个疫情中，真的又发掘了一批新的外籍的志愿者，像日本的真理子（音），还有像意大利的Angle，还有很多，每一个小区，其实当他们回来，我们非常感动的一点，还有一些更多的是在疫情的过程中，通过居家隔离，通过我们的服务，通过他们来了解政策，这样我们又在疫情中形成了新的连接点。

主持人：这些人、这些信任感慢慢转化成各种各样的社群，这种社群可能就是产生刚才崔主任所说的情感不断延续的可能性的那个实体。

盛弘　荣华居民区党总支第一书记：是的，从旁观者成了参与者。

主持人：金律师，有什么总结，有什么分享，有什么能够给古北新区未来做得更好的建议吗？

金缨　上海市人大代表、律师：我想分享一下，今天我听了真的是蛮感动的，尤其我觉得做得好的是我们社区的工作者，包括我们的文先生这样的志愿者，在不断变化的政策的过程中，用他们的一些服务包括理解来弥补这样一些，大家都束手无策或者突发其来的疫情的应对吧。同时我非常赞同刚才崔主任讲的，我们现在掌握这么多数据，民法典通过了。

主持人：民法典刚刚通过。

金缨　上海市人大代表、律师：也讲到了数据是什么，数据就是资源，我们在工业革命的时候生产力是资源，现在到了目前现代化的建设中数据就是资源，在我们基层来讲,数据一直是只会收集而没有利用的,但这次通过疫情有大量数据到了基层,而且这些数据也是我们一公里一公里跑出来的,很不容易的,所以这些数据怎么用对社区是很有帮助的。通过这次疫情当中大家情感的沟通,包括居民关系的建立,以及你刚才讲到情感的维系,这些东西如果疫情过了以后,大家又回到了本源,这样拿出来这么多东西是浪费掉的,所以也需要靠我们的基层工作者,包括靠我们的志愿者一起来共同维系建立起来很不容易的这些情感。

其实我要剧个透,刚才其实崔主任也讲到了,在虹桥街道他们就要利用这么多的资源,利用这么多关注社区的这种爱心人士,来管理我们的社区,包括来管理我们的公共区,叫黄金城道的共治委员会,也就是他们对黄金城道的步行街,旁边有六个小区,怎么样来管好这 700 多米的步行街,其实是一个很大的项目。也是通过自治的方式,包括融合了 6 个小区,包括融合了他们的商户,有 200 多个商户,这个项目就是他们疫情以来的后疫情时代要用好的资源,最好的一个厚积薄发的东西。

在社区里面法制一定是有的,刚才我们这位业委会主任讲得非常棒,两手抓,我现在和你谈情没问题,但是我后面有法律,你一旦违反法律的话,我一定是严惩的。包括我们的公安民警也讲到了,你在居家隔离的过程中,或者是说你回来的过程当中,你依法依规的都 OK,都没问题的,但是你一旦触及法律底线的话,中国也是讲法律的。

主持人:所以我们在这里边软硬结合。

金缨　上海市人大代表、律师:一定是恰到好处的一个度。

主持人:谢谢金律师,谢谢。

张宇松　国际认证高管教练:我今天听了这个很有感触,把我的感觉归纳了一下,十个字,我说叫"感性地反映,理性地回应"。感性地反映确实不容易,是基于古北社区,我以后叫大神社区,20 多年的融情的长期的建设。我感觉这种共情的连接是人本能的反应,更能够治理出效果,您今天刚刚讲的能云淡风轻是理性地回应,法理情做得太好了,从我们警察,从老先生这里,太厉害了,这以前一定是当过领导的,这是肯定的。

所以我在想,我们既然有这么一个模范的大神社区,同时我们新的社区越来越多,而且速度越来越快,可能没有 20 年的时间再来建设了,所以将来可能在大神社区,你得弄出一个武林宝典来,所以你们学几招之后,你三年就能干我们 20 年的事儿,我觉得就可能古北社区这个大神社区站在一个命运共同体更大的这个系统里面去,它能发挥更大的作用,这个是我特别期待的。所以我今天真的谢谢大家,感受非常深,谢谢。

主持人:我还想问一下,其实张老师你作为高管教练,其实你在不断地带动着我们很多的高级的管理人才成长的,在他们成长的过程中,其实你是通过沟通,后来让他们发现自己,反省自己,然后不断地进步。怎么能够让组织充满情感吗?我想请教您。

张宇松　国际认证高管教练:我觉得组织的情感来源于中间每一个人的情感,举一个例子来讲,张阿姨可能长我几岁,我觉得她是非常有代表性的,当对方站在她面前的时候,对方没有任何的距离感,她传递给他东西,那种共性是什么,是信任、安全、温暖。有这个了之后,什么都不叫事儿,后面你说啥就是啥。这个为什么是大神社区呢?因为像张阿姨这样的大神太多了,这就成一个大神社区了。

主持人:而且这样的大神在了之后,觉得这个词特别棒,今天来了这么多的大神,你发现他们都六七十岁了,这是我们社会特别宝贵的人力资源的财富,至于我们今天特别期待的总结,黄晓春老师,这就是你们的事儿。

黄晓春　上海大学基层治理创新研究中心:虹桥我来了不少次,但我觉得这次我又有新的感慨,我这一次对"融"的理解比以前要更深一点。我们刚刚已经说它有很好的文化,有一个基础,但其实刚才我们所有人说的一个东西是什么东西呢?我觉得它其实是一个跨文化沟通的知识体系,不会给你太多的时间,很短的时间就要做出反应。

大家讲的时候我就在捋,第一个跨文化沟通和交流,解决信息不对称是最难的问题。您还记得吗,文先生开始说我们有个韩国群,我们说他们怎么想我们呢?他说我们怎么想他们的,大家都搞不清楚怎么想的。人就是在越信息不对称的时候,越恐慌的时候,就会把焦虑放大,可能有确诊了,然后慢慢就发酵。

所以,其实这次我们虹桥做了一个特别重要的事情,它在整个的过程中有一个非常好的信息的交流,解决了不同人群之间的信息不对称。我一来,我是一个美国人你就给我递了一份英文的资料,我是一个日本人你就递了日本的资料,小区居民他也有忧虑,这个时候业委会和物业就站出来说没有问题的。

所以文先生碰到有人质疑你的时候,你是韩国人,保安说你们一直在那待着。就有很多重要的信息解决不透明的问题,人往往就在了解这个情况之后就比较容易可以平和地、理性地讨论问题。

然后这个问题解决了之后,第二件事情,我们鼓励了一种多元化的社群在这里面发挥作用。我给大家介绍一下研究,尤其是在西方国家,很多国家,有的时候政府出来做工作,老百姓都不见得一定听,但是如果是 NGO,社群组织出来大家就听了,因为大家很信任他们,大家觉得这个基本上离我的生活更近的。

所以在这次你会看到有很多像文先生这样的,还有 Angle,这样子的一些人,他代表的外国友人,他们是志愿者,他代表的第三方,他代表的社会组织,代表社会性的力量。他们在做工作的时候,他们有他们的方法,有时候咱们也搞不清楚,他们通过他们的方法相互的沟通,相互的劝阻,相互的疏解压力,于是问题就变得越来越好讨论。

第三个服务,我们基本上做到了多层次的公共服务,没有人像我们阿姨这样子的,阿姨亲自上门修热水器,找不到这样的人了。所以你看政府在做政府的工作,这是托底性工作,基本性工作,我们的业委会、物业公司在提供高标准的服务,高标准高得多的服务,因为服务化解他的忧虑,我们还有很多社会组织、志愿者提供个体化的带有感情的服务,这就够了。

所以我们其实是三位一体解决了信息,我们有好的社群,最后我们再有这样的服务,所以这个"融"到了这一步我们就看得更加清楚了。所以我想疫情过了之后,当然疫情是一个特殊情况,过去就过去了,但是这些东西是可以留下来的。所以我们最后围绕着这个东西,重新建立起一个虹桥的国际化社区的这样基于跨文化的沟通和交流之下的共建、共治、共享的共同体。

主持人:谢谢。各位,刚才你们都参加了讨论,哪些词汇给你们留下了深刻的印象,听着今天特别打动我,就像我说的,"情"是我今天在虹桥社区里听到的。

听众(女):融情。

主持人:融情,好,我把它写在中间。融情,还有什么?

方耀民　香港籍居民、美丽华物业总经理、议事员:体制。

主持人:体制。

(讨论)。

主持人:这叫发挥党员作用。

听众(男):没错,党员派用处。

主持人:人性化特别棒,人性化,还有什么?

听众(女):家国情怀。

主持人:今天阿姨说得特别好,家国情怀,还有什么?

听众(男):服务。

主持人:服务,特别棒。

听众(女):还有我觉得透明。

主持人:透明。

听众(男):我给你讲一个,我们古北这个区域是一个地球村。

主持人:地球村。

听众(男):都包括进去了。

主持人:你要把它认识到这是一个地球村。

听众(男):对吧?

主持人：太对了，你刚才说的透明也很重要，透明，透明，法治，还有吗？

听众（男）：还有共同体。

主持人：物业。

听众（男）：物业中的共同体。

主持人：物业都是共同体。还有什么？

听众（男）：包容。

主持人：包容也很重要，在哪儿呢！融情工作法，希望你们能够变出更多的可能性来。最后我们还是请出虹桥街道党工委书记胡玉昂（音），胡书记，刚才我们在讨论的过程中大家都梳理出了很多对于未来虹桥街道怎么能够变成一个更美好的社区，这是大家梳理出来的一些关键词，我不知道哪个关键词对您特别有启发？

胡玉昂　虹桥街道党工委书记：非常丰富，最让我有感触的是共同体。

主持人：共同体。

胡玉昂　虹桥街道党工委书记：共同体，因为大家都知道我们是一个国际社区，这样的一个社区怎么样是和谐、美好的，我觉得它必须是一个社区生活的共同体，美好生活的共同体。

主持人：您看，需要变化吗，或者说需要净化吗？

胡玉昂　虹桥街道党工委书记：当然，它首先开放、包容、透明，这就是它最大的特质，因为它是发源于一个国际社区的土壤成长、摸索起来的一个工作法，因此这次的疫情给我们最大的启发就是在整个疫情过程中大家从来没有觉得社区离我这么近，社区对我这么重要，所以在共患难中大家有一种共情感，共情感激发了大家的共治力，对我们最大的启发就是社区需要有共同点的，只要有共同点支撑起来的才会是一个大家共同认同、参与、融合的共同体，就像我们的融情工作法，首先是情感融合，然后是文化融合，最后是价值融合。

在这三个融合中，党建怎么引领，我们觉得未来共同体我们要朝着治理能力现代化的方向不断去发展。首先对我们的社区干部来说，我们怎么把疫情防控期间危难时刻激发出来的这种担当力转化为治理能力的专业能力。第二个就是社会化，就是我们在疫情防控期间邻里互助，来自五湖四海的这种动员主体它能够形成的一种邻里互助的模式，今后怎么能变成一种常态化的社群相处模式。第三个就是智能化，我们说的疫情防控期间大量汇集的信息、数据、人员，最后怎么变成社区的常态的大数据的体系，所以我们说一定要找到那个共同点。

主持人：非常好，做了对治理能力现代化的一个解读，谢谢胡书记。

胡玉昂　虹桥街道党工委书记：谢谢秦畅老师。

主持人：多样、多元，我们知道它是文明的一个标志，可你不知道这个多元和多样的背后多难,"难"在虹桥社区今天看来他们有很多的方法,他们有常年的积累,但给我印象最深的是情感,我觉得这不仅是一个社会治理的样本,它可能今天是我们在面对逆全球化时代到来的时候我们不同文化之间如何进行沟通的一个样本,所以真的很期待着今天我们虹桥街道古北社区的居民们所构建的这样一幅温暖的图景能够给正在向前面对新挑战的人类以启发。用了一个好大的词。谢谢各位,谢谢大家。

话题提升主题　讨论完善治理
—— 评《破"疫"2020——疫情大考下的社区之治大讨论》

市委宣传部新媒体阅评组成员　方颂先

这是一篇容量比较大的广播新闻谈话节目,《市民与社会》节目又是上海广播一档名牌节目,拥有较高的收听率和社会影响力,在这样的媒体平台上如何组织好全社会对防控突如其来的新冠肺炎疫情的大讨论,某种意义上说,也是对媒体人的考验。

作为《市民与社会》系列节目中的一篇,《破"疫"2020——疫情大考下的社区之治大讨论》(虹桥街道),具有以下几个鲜明的特点:

一、选择地区具有典型性

上海虹桥国际社区被称作"小小联合国",来自境外的住户占30%以上。由于虹桥国际社区的特点,防控疫情中出现了与一般社区不同的情况,节目抓住了既有特殊性又有普遍意义的新闻题材,提炼出防控疫情的普遍指导意义,还能"溢出"产生一定的国际影响,讲好"中国故事",体现出上海作为国际大都市的鲜明特征。

二、选择参加访谈的人员具有代表性

参加大讨论的人员,除了主持人以外,挑选了各方面的人员,其中有管理方,如虹桥街道党工委书记、虹桥街道管理办主任、副主任、居委会委员、业委会主任、物业经理等;具有各种身份的社区居民方,比如居民(荣华居民区党总支第一书记)、香港籍居民、荣华居委会社工、居民(韩国志愿者)、居民(国际认证高管教练)、居民(融之声志愿者团队成员)等;还有作为观察方的第三方,比如:律师

(上海市人大代表)、研究员(上海大学基层治理创新研究中心)等。

正是谈话的参与人员所具备的代表性和专业性,使得广播谈话话题的发掘和主题的深化得到了保证。居民们的广泛参与,通过不同意见的充分表述和交流,从分歧到共识,完善了社区联防联控群防群治,形成了上海基层社会治理"精细化""智能化""有温度"的鲜明特色。

三、整个大讨论从破题、展开到升华、总结,环环相扣

节目选择了一个很小的切口开始:200多户韩国住户回国过年,疫情暴发后业主们越来越担心纷纷避灾回来的境外居民,一天夜晚,物业经理拒绝韩国籍租户进入小区而引发纠纷。对话围绕疫情防控期间对入境人士的防控,广大居民从不理解到合作,最终到融入社区联防联控的过程而展开,而讨论的话题从疫情防控到跨文化沟通,从各种措施的执行到党员模范带头,从居民之间的相互理解到地球村共同体的理念,整个大讨论环环相扣、步步深入,不仅增强了节目的可听性,也提升了一档广播谈话节目的主题境界。

四、节目主持人掌控全局、引导得法

主持人对谈话节目的起承转合起着穿针引线的作用。本期节目,主持人很好地把控了节目,平衡了各方的意见和观点,最后又能点明主题,这是在面对逆全球化时代到来的时候我们不同文化之间如何进行沟通的一个样本,今天我们虹桥街道古北社区的居民们所构建的这样一幅温暖的图景能够给正在面对新挑战的人类以启发。

《市民与社会》是上海人民广播电台的名牌节目,就这一系列的节目听来,主持人和节目团队体现了较高的政治意识和业务功力。

总结社区抗疫大考的上海答卷
—— 破"疫"2020——疫情大考下的社区
之治大讨论系列访谈创作体会

东方广播中心《市民与社会》节目主持人　秦畅

2020年突如其来的新冠肺炎疫情,让中国人民面临一次前所未有的挑战!随着疫情防控的有序推进,我们为什么能交出一份体现"中国能力"的答卷?作

为主流媒体，有义务面向公众来阐释、解答。《破"疫"2020——疫情大考下的社区之治大讨论》从社区入手，搭建平台，挖掘"疫情大考"下的善为、担当，探寻"人民至上"的治理样本。与此同时，主创团队自己也是答卷人，通过创新传播方式、引导公共舆论总结形成共识，将共识转化为推动社会进步的影响力，做出了主流媒体应有之义。

这是一份及时总结社区抗疫经验，回应疫情大考的上海答卷。这次疫情，不仅是基层"如何应对公共卫生危机"的考题，更是"如何以精细化治理，体现中国治理能力、彰显中国对外开放国家形象"的考题。

疫情发生后，习近平总书记多次作出重要指示，对社区的"联防联控、群防群治"给予肯定。"精细化""智能化""有温度"是上海基层治理的特色，系列节目以上海五个各具特色的社区为典型样本，进行解剖分析，来探讨回答："中国抗疫"为什么能成功？抗疫中的实践经验，哪些可以应用到平战结合的治理模式，从而推动社区工作的全面进步？从"小社区之治"透视"大中国之治"。

上海是一座开放型的国际大都市，常住外籍人士约20万人。疫情发生后，约三分之一的入境航班、人员通过上海口岸进入，上海面临的境外疫情输入压力是全国之最。代表作品聚焦的虹桥社区，境外居民达到30%以上。疫情暴发初期，民众普遍恐慌，有关入境居民的防疫政策也不明朗，讨论从古北新苑小区居民拒绝韩国籍租户"回家"引发的纠纷冲突谈起，分析如何通过居民区党总支搭建的协商平台，率先制定小区防疫规则，从而展现解决矛盾的全过程。

新冠疫情最早在中国爆发，世界各国都在关注中国的防疫举措。当很多国家的居民还在犹豫是否要佩戴口罩时，返回中国的外籍人士已经加入志愿者队伍，成为社区防疫工作的重要力量。这些外籍人士将所见所闻分享给海外亲友，形成了"我在现场"最有力的说服传播。

这是一次彰显开放态度、开放形象的真实记录。媒体搭建沟通平台，创设独特的"市民议事厅"。让不同群体进行意见交流、经验分享、理念反思、情感交融，营造了共议、共治、共建、共享的社区氛围。

通过前期采访调研分析，系列节目选择了上海五个各具特色的典型社区，邀请社区工作者、居民代表、社会组织、属地单位、专家学者等来到社区公共空间，面对面碰撞交流，破译"平战"结合密码。比如上海最大的街道——浦东新区花木街道，面积比黄浦区还大。疫情期间，花木街道60多位工作人员借助数据管理系统，应对1 000多人同时居家隔离的工作。疫情过后，数据管理系统还管用吗？上海老旧住房集中的五里桥街道，在疫情中碰到新问题：区域里的高档社区，社区干部此前从未走进去过，这些区域党的基层治理没有抓手，基层干部也不会做这部分群众的工作，通过携手抗击疫情，这些敲不开的门敲开了，找不到的人找到了。问题是：疫情过后，这些新力量还能参与未来社区治理吗？

节目不仅仅局限于寻找"标准"答案，也不着墨于技术手段、机制方法的罗列，更注重挖掘的是：社区之治所凸显的中国共产党"以人民为中心"立党宗旨的外化表现。

这是一次广播特色"市民议事厅"的创设。节目将录制现场"搬"进社区里最具代表性的"市民空间"中。让群众在自己熟悉的空间里"说话"。座位摆放采用沙龙形式，不设置主席台、嘉宾位、固定话筒，而是围坐在一起，营造平等对话环境。宽松的氛围下，每一位参与者忘记话筒存在，自然积极地表达。28 轨"小蜜蜂"同时录音，将鲜活生动的现场尽悉收录。比如在五里桥社区讨论现场，迟迟不发言的一位水果摊摊主被"爆料"——疫情期间给社区捐款。原来，他的店铺失火时儿子所在学校积极募捐，他想借此回报社会。恰巧孩子校长也在现场，惊讶地问"是你呀"！而后，这个经常被忽略的"小人物"打开了"话匣子"。

多媒体多角度共振，形成推动社会进步的影响力。系列节目播出期间，广播端收听率较平日上涨 11%，新华社、人民网上海频道、上观思想汇、阿基米德 App、话匣子 FM、上海大调研公众号、今日头条等根据节目内容进行了延伸性报道。多种媒体多样传播形成共振，希望以上海"社区之治"为样本，为探索"中国之治"提供新启示。此外，节目组还与上海大学基层治理创新研究中心（上海首批高校智库）合作，将社区讨论形成相关报告，为未来上海乃至全国的"治理能力和治理体系的现代化"制度构建，提供决策参考意见。

2020年度上海广播电视奖
参评作品推荐表

作品标题	和病毒正面对决！上海医疗队里有一支"气管插管小队"	参评项目	广播新闻
		体裁	长消息
		语种	中文
作者（主创人员）	盛陈衔、孟诚洁	编辑	盛陈衔、孟诚洁
刊播单位	上海广播电视台东方广播中心	刊播日期	2020年3月5日8时12分
刊播版面（名称和版次）	FM93.4上海新闻广播《990早新闻》	作品字数（时长）	3分32秒
采编过程（作品简介）	2020年初，新冠肺炎疫情汹涌而至，上海医护人员驰援武汉。抢救中的"气管插管"风险最高，但普通公众对其不甚了解。报道通过真实案例，结合4名队员采访，用通俗易懂的语言讲述了医护团队在前线为科学防治所作的努力。		
社会效果	在武汉，上海医疗队是一支"拿得出手"的队伍，拥有几十年气管插管经验的呼吸科教授、动作迅速的重症医学科专家，一辆推车搞定所有装备的护士长……插管小队成员给听众留下深刻印象。报道从工作场景切入，展现了上海医疗队的专业性，给人以极大信心去打赢这场疫情阻击战！		

和病毒正面对决！上海医疗队里有一支"气管插管小队"

上海第一批支援武汉医疗队里，有一支精锐的"气管插管小队"。三名医生、一名护士是其中的核心成员。他们承担的"气管插管"是新冠肺炎患者抢救过程中风险最高的操作。高浓度的病毒会在病人气道打开后喷涌而出，患者与医生的距离只有不到10厘米。

金银潭医院，短兵相接的抢救随时发生。一名女性患者突发严重呼吸障碍，危在旦夕，需要立即进行插管，外接呼吸机。注射镇静药物后，患者的自主呼吸被暂停。不到20秒，瑞金医院重症医学科主任陈德昌就完成了经口腔的气管插管操作。

【（呼吸机声）拔导丝，好了。】

打开病人口腔的那一瞬间，病毒就已开始向外扩散。而此时，插管医生需要蹲在患者头顶后方，凑近观察电子喉镜的插入位置。两人面对面，相距不到10厘米。经过抢救，患者的低氧血症得到纠正，避免了可能引发的多器官功能障碍。陈德昌说，插管时，动作快是关键：

【要求我们操作者，对这个技术非常熟练，能够在短时间内，比如说20～30秒里面把操作完成，否则的话时间长了很容易导致缺氧，造成二次打击。】

在插管前，操作医生会戴上三级防护用品"正压呼吸器"，这是一种在防护服外增加的头套，从脑袋盖到肩膀，中间是一块长方形的透明塑料膜。防护装备提升，加大了保险系数，但操作者视线进一步受到影响。上海第九人民医院呼吸内科主任熊维宁说：

【插管应该是所有操作中最危险的，因为它直接面对患者的这个气道。通常来说喷溅的病毒含量应该是最高的。肯定会比较害怕，但是要科学地对待它，怎样有利于患者就怎么去弄。】

面对风险,这支队伍从未退缩。刚到金银潭医院时,由于上海医疗队接管的危重病人多,常常一天要完成3～4例插管操作,现在患者的病情趋于稳定,插管小队的任务减少到两到三天一例,但他们依然时刻准备着。

市一医院呼吸科的周新教授拥有几十年"支气管镜引导下气管插管"的经验。来到金银潭医院近40天,他坚持每天进病房查房,根据病人情况及时调整呼吸机参数,还常常抢着插管,把最危险的任务留给自己。周新说,不会因为害怕风险而放弃任何一个病人。

【我们按照国家的诊治指南的要求,该插管的都插管,不会放弃的,完全是为了病人。】

"插管小队"里,还有一位成员不可或缺,她就是华东医院外科重症监护室护士长陈贞。从药物、导管、牙垫到简易呼吸器,她的那辆插管专用的治疗推车上,装备齐全。每次插管完成后,她需要手持导管完成固定。这时,她成了那个离病毒最近的人。

【一个是固定他的口插管,用那个宽胶带,第二个是固定他的牙垫,防止病人醒了以后把气管插管咬扁。这件事情必须有人做。我想我们有些护士可能比较年轻,这个操作的确是风险比较大,所以我觉得作为护士长来说,这点担当还是要有的,这个事情就我来做就可以了。】

用声音勾画出"具象"
—— 评广播新闻《和病毒正面对决!上海医疗队里有一支"气管插管小队"》

市委宣传部新闻阅评组成员　秦恒骥

这是一篇广播录音通讯,是通过声音来传播新闻事实的。然而,听着听着,受众眼前分明有一幕幕影像、一个个镜头在闪动,被感染着、被震撼着。这篇通讯,真正把广播新闻这种体裁写真了、播活了。也许这就是评奖中评委们投票的重要理由。整个抗疫斗争,是一幅幅波澜壮阔的活生生的图景,充满着新闻的元素。用图景再现新闻,以具象向受众展示,无疑最直观、最能打动人,这是靠文字、声音表述新闻的高级"境界"。这需要记者采访和写作两个环节中,脑、笔并用,认真勾画。《和病毒正面对决》,不长的篇幅,至少出现三四个场景,通过声音的细细描述,构成了一个整体,上海医疗队里的一支"气管插管小分队"的整体形象被具象地勾勒出来了。讲危险,"打开病人口腔的那一瞬间,病毒就开始向外扩散";讲近距离,"两人面对面,相距不到 10 厘米";讲快速,"不到 20 秒,瑞金医院重症医学科主任陈德昌就完成了经口腔的气管插管操作"。这些"镜头"的选取、描述,通过声音传递给受众,医务人员的敬业、医技、无畏等等,就尽显其中了。好的新闻通讯,无疑地需要形象思维,尤其写人物,或个人,或群体,离不开"形象"的支撑;而广播新闻又只能靠声音的表述。但这篇通讯表明,广播新闻的表达方式,又完全可以在"描述",在基于事实基础上的"烘托",在类似于绘画的"写生"方式中来实现。这篇通讯的写作,显然都做到了。加之播音过程中的节奏感和绘声绘色,广播新闻在感染力方面的魅力,也尽显其中。新闻的画面感,自然不能虚构而必须真实。这篇通讯听来,受众在感受医务人员的精神境界时,总能感觉到记者就在现场,就在那"10 厘米"距离的附近,就在那"20 秒"的时空中,从而显示了新闻的真实性、记者笔下人物的可亲可敬。从这一点上看,通讯采写中,记者尽量到新闻现场去,又是对"具象"追求的必不可少的职业素养。

为生命争分夺秒,战病魔从不退缩

——《和病毒正面对决!上海医疗队里
有一支"气管插管小队"》采访心得

上海人民广播电台记者　盛陈衔

"4 个人,在军队里,别说一个排了,可能连一个班都算不上。"在武汉市金银潭医院,上海第一批援鄂医疗队的战场——北二和北三病区中,有一支 4 人组成的气管插管小队。有媒体同行将这样的队伍称为"敢死队",但领队给大家的要求是,抢人的同时,也要"一个都不能少"!

1 月 24 日晚,记者跟随上海医疗队搭专机落地武汉,作为地方上首批抵达的医疗队,大家抵达后就投入了紧张的战斗中。初期的采访主要是围绕着医疗队接管病区的安排以及前期大家遇到的"口罩短缺""没有取暖设备""人手不够"等问题展开。经过反复申请,记者也在专业医生的指导下穿上防护服,戴好护目镜,步入金银潭医院的污染区中,走进病房内部拍下了惊心动魄的抢救现场画面。

每天的早交班会上,队里的专家和值班医生会详细地讨论每一个病人的治疗方案。"一人一策"对这些中重症病人来说是成功救治的根本。开病区没两天,专家组就提出了成立插管小队,这是降低死亡率的一个有效手段。但在当时的物资条件下,正压头套还没有完全到位,医师组组长周新在会上看出了大家的担忧,决定以身作则:"第一例气管插管我来插!"随后的几天里,为了跟随周教授进病房采访插管过程,记者在医生办公室开展了长时间的蹲点。气管插管讲究时机,患者的年龄、病情发展到什么程度、预后的判断等都是需要医生考虑的内容。一旦病人的病情发生变化,插管小队的成员需要第一时间冲入病房,拯救生命。

还记得那是一个普通的下午,但对病床上的那名男性病人来说,可能是他一生中最难受的一天。由于感染新冠肺炎,病人的肺活量急剧下降,出现呼吸困难,到了窒息的边缘。虽然还没有拿到正压头套,但周教授换上了一个特殊的带面屏的口罩,二话没说就往病房里冲。担心气溶胶传播病毒,曾经进过病区的记者也被挡在了走廊外。透过传递窗,可以看到周教授大步走向床边,右手先抓住的是病人脚边的被子,向下一拉,用大拇指一叠,将病人的双脚藏入被中。这时,护士报告,所有准备已完成,周教授拿起内窥喉镜,将导管插入病人口腔,不到30秒就完成了操作。

队伍中还有两名"插管好手",之前在部队待过的陈德昌教授,插管时是另一种风格:"继续""拔导丝"大老远都能听到他响亮的指令声。熊维宁教授是武汉人,插管前会用一口标准的武汉话去安慰病人,他那句"怎么有利于患者就怎么去弄"让人印象深刻。陈贞护士长是第一批进入污染区值夜班的护士,前期在病房里工作的时间一度接近10小时。当时记者拍摄到一张她摘下口罩、满脸红肿压痕的照片。高强度的工作下,她依然顶住压力,保持"招牌微笑"。她坦言,"气管插管风险大,但这种危险的活,不能丢给年轻的护士去做,有风险,自己能担就担了。"除了气管插管外,她还要给病人插胃管,总是把危险的工作留给自己。

3名教授、1名护士,团队默契配合,取得了不错的救治成果。两个多月里,这支4人小队承担了上海医疗队在金银潭医院里绝大多数的插管任务,拯救了一个个新冠肺炎患者的生命。他们不顾风险,24小时关注病人体征,为的就是及时插管后让病人能够早拔管,用积极的治疗措施,力争扭转新冠肺炎病人的病情,让他们早日康复回家。

2020年度上海广播电视奖
参评作品推荐表

作品标题	听！浦东的每一种声音都让自己离世界更近	参评项目	广播新闻
		体　裁	长消息
		语　种	中文
作　者（主创人员）	何周导、胡旻珏、赵宏辉	编　辑	李斌、孟诚洁
刊播单位	上海广播电视台东方广播中心	刊播日期	2020年11月12日 7时26分00秒
刊播版面（名称和版次）	FM93.4上海新闻广播《990早新闻》	作品字数（时长）	6分50秒
采编过程（作品简介）	2020年是浦东开发开放30周年。这篇新闻专题报道以声音为主线，选取三个极具代表性的场景——一家超市、一粒创新药、一间交易所，生动展现而立浦东30年来，始终敢闯敢试、砥砺前行的身影。报道音响运用充分，用话筒记录浦东大地上先行先试、追赶世界的声音。三个小片段通俗易懂，从小切口折射大变化。同时，报道结尾配合音板，选用多位上海广播记者记录下的浦东发展变迁大事件，历史纵深感强。 　　浦东开发开放30周年，先后有过50多个"中国第一"，记者从海量改革创新案例中找到这3个有代表性的小故事，采制大量实况，精心挑选、用心制作，在庆祝浦东开发开放30周年相关报道中，独树一帜，极具特色，取得很好的传播效果。			
社会效果	这篇专题报道在浦东开发开放30周年庆祝大会当天播出，翔实的内容、通俗易懂的改革故事，具有历史纵深感的音板，取得很好的社会反响。同时，"话匣子"微信公众号同步发布新媒体作品，配合海报，获网信办推送，进一步形成传播声浪。			

听！浦东每一种声音都让自己离世界更近

30年波澜壮阔、30年不负韶华。从烂泥渡路到国际金融城，从阡陌农田到张江科学城，从芦苇荡边到离世界最近的地方，一项项跨世纪的国家战略，在这里一步步化为现实。30年间，我们用声音记录过许许多多"浦东首创""中国第一"；一个又一个敢闯敢试、先行先试的改革故事在电波中被娓娓道来。再度回听，浦东每一种声音都让自己离世界更近。请听本台记者发来的报道。

【商场背景声："欢迎光临"】
每到饭点，是盒马鲜生金桥店最忙碌的时候。
【结账声、水柜声】
和其他超市不同，顾客在这里挑选食材后，可以交给一旁烹饪区的厨师，现场加工，现做现吃。
【厨师：请问您这个梭子蟹怎么做？】【炒菜声】
顾客看不到的门店后仓同样是一派忙碌。
【传送带声音】
一袋袋新鲜的食材和商品，在这里分拣、打包，送到千家万户。如今早已遍布全国的"盒马模式"，就诞生在这里。五年前，面对这种融合了超市、外卖、物流、餐饮等多种业态的"新物种"，浦东不纠结于"能不能做"，只考虑"怎么去做"。金桥店店长王龙池回忆说：
【相当于把零售跟餐饮的两个证照合二为一。顾客现场点鲜活的商品，可以在线下做堂吃。后来有了我们其他的很多门店。】
"一次突破催生一种业态"。如今，盒马鲜生已在全国开出了270多家门店，盒马全球总部落户浦东。在浦东市场监管局注册许可分局科长吴明的耳朵里，

"只说 Yes 不说 No",是浦东最动人的承诺。

【我们审批部门要做的就是企业的难点、痛点或者是它的创新点,与我们的许可条件找到一个恰当的平衡点。"不设路障设路标",就是为企业服务的这样一个方向或者是一个理念。】

【实验室试剂的声音】

这里是位于张江的一间药物实验室,不同规格的试剂瓶里,各种药物分子进行着化学反应。

研发,是生物医药企业最核心的竞争力。谁的研发速度快、新药上市就领先,谁就能在"大浪淘沙"般的竞争中站到最后。在活力四射的上海张江,围绕"一粒药"的改革,生生不息。

【我们采用了一个现在大家都知道叫"VIC Model",C 就是 CRO——外包服务公司。】

扎根张江的华领医药,上个月拿到了其自主研发的全球首创糖尿病新药——多扎格列艾汀的《药品生产许可证》。创始人陈力每每谈及它的出生史,总说自己是第一个吃螃蟹的人。得益于张江强大的药物研发生态系统,没有实验室、没有生产线的华领,"依托一项项改革突破一个个领域"。

【你看我们上面一张图,它有几种不同的颜色。有些是在临床上进行,有些是在动物上进行的,有些是生产的工艺开发,到最后是让你形成了一个药。】

前端,搭建研发公共实验室平台,为初创企业降低研发成本;中游,试点"特殊物品联合监管",让新药研发急需的微生物、细胞等特殊物品快速入境;到了产业化的末端,浦东率先试点"药品上市许可持有人"制度,解除药品生产和上市捆绑,让企业轻松上阵。在上海自贸区张江管理局副局长吴俊听来,这是浦东追赶全球的脚步声。

【高端的生物医药的研究机构,一直跟全球最高水平在不断追赶或者是并跑中。只有帮助企业不断地提升它的研发效率,它后期的产业化这块才能进一步加快。张江科学城一直是致力于成为全国最好的研发高地。】

【报告,今天连续交易正常开盘……】

上海期货交易所的夜盘值班室,每天晚上 9 点到第二天凌晨 2 点 30 分,值班人员们都会在这里监控着全球期货市场的波动。交易大厅里,不断跃动的数字,彰显着这个市场的活力。

【3,2,1!(敲锣声)】

2018 年 3 月 26 日 9 点,漫长的 17 年潜心磨剑,中国原油期货挂牌交易。这是我国第一个对外开放的期货品种。国际平台、竞价交易、保税交割、人民币计价，在浦东敲出的这一锣声，是我国金融业对外开放的又一里程碑。尤其是今年以来，面对疫情挑战，上海商品期货市场运行相对稳健。上海国际能源交易中心新闻发言人李赟说，截至9月，境外参与客户比例同比增加80%。

【中国的疫情控制得要比全球其他地区更好，相对来说我们这块的供需下降的矛盾就比国外市场稍微缓和一点。在这种情况之下，上海的市场已经成为全球投资者或者是客户他的一个风险的避风港。】

目前，浦东已经集聚了股票、债券、期货、保险、信托、外汇等13家金融要素市场和金融基础设施，是全球金融要素市场最完备、交易最活跃的地区之一。浦东新区金融工作局局长张红说，开放，是浦东与生俱来的鲜明印记。

【今年国家取消了银行、证券、保险、基金的外资的持股比例限制，实际上它们已经可以从外资控股变成独资。对照着国家战略，这几个条线的企业项目我们都有储备。】

音板：

"广播原声：中共中央、国务院正式宣布，开发开放上海浦东"
"刚刚开港的洋山深水港区，已经迎来第一艘大型集装箱船舶"
"C919大型客机正在从浦东机场起飞"
"上海自由贸易试验区临港新片区挂牌"

30年，我们记录过浦东大地上各种各样的声音——

"632米的上海中心完成结构封顶，成为国内第一高楼"
"GV971在张江科学城诞生，这是17年来全球首款治疗阿尔茨海默症的新药"

每一项改革、每一个创新、每一次突破，从这里走向全国——

"特斯拉上海超级工厂开工建设，将生产Model 3等车型"
"第十届英雄联盟全球总决赛在浦东足球场打响，这是疫情后首个国际大型体育比赛"

30年，开拓的路已在身后，眼前仍是大海星辰。

30年,浦东迈过千山万水,未来仍须跋山涉水。

30年,这片生动的土地,浦东的每一种声音都让自己离世界更近。无数的希望和梦想,还在继续出发!

捕捉激荡在时空中的昂扬声音

—— 浅评《听!浦东每一种声音都让自己离世界更近》

市委宣传部新闻阅评组成员　秦恒骥

浦东改革开放30周年报道是"应时"之作,主流媒体介入这一主题宣传是政治责任。而由于这类宣传写得多了,容易落入"俗套"、流于一般化。如何跳出"套路",写出新意,将新闻的感染力激发出来,这确实是令新闻策划和采访记者"挠头皮"的实际问题。它考量着记者的智慧,亦即脚力、脑力、笔力。广播的这篇《听!浦东的每一种声音都让自己离世界更近》,在对30年成果的表达上,则颇有一些新意,尤以其新闻元素的鲜活和厚重这两方面特征,显示了"超凡脱俗"。用声音表达新闻,是广播有别于其他新闻载体的独特区别、比较优势。电台记者就这同一命题作文在与其他媒体的"比拼"中,充分地发挥了这一优势。这条不足7分钟的广播专题,从头至尾,充满了来自现场和历史深处的各种声音,将广播新闻的表现手法发挥得十分充分,有着鲜明的与其他媒体同类题材的区分,因而显示了独特的感染力传播力。记者在30年时间节点当日,选择了盒马鲜生、张江的一家实验室、期货交易所这三家具有典型意义的场景,用录音报道构成,铺陈了三则真实、实时的现场故事,具象地、清晰地又不失全貌感地勾勒了"今日浦东"的现状。可贵还在于,通过声音的传播和描述,受众听音观人、听声观物,现场感强烈,如临其境。这些发出"声音"的场景的选择,又由于有代表性和时代感,使"浦东"的总体特征鲜明,从而使"离世界更近"这一着意表达的主题显得很突出。表现30年的改革开放成果,仅靠三则故事显然又单薄,需要有历史的背景来烘托,从而强化新闻的厚重。在这方面,记者也很聪明。报道的下半段,记者从汗牛充栋的历史录音资料中,撷取了一系列有代表性的声音串联起来播出,形成了30年跨度的高昂旋律,形成了强烈的铺垫,为现场报道赋予了30年历程的深厚背景,揭示了现实是改革开放的历史必然,从而使通讯立体起来、丰满起来、主题思想彰显出来。沉淀在历史中的资料如何运用,它是不是一般意义上的"新闻",这其实不必疑虑,关键在于历史资料的运用是否具备新闻的"元素特征"。像本文这样,将浦东开放30年来重大事件中的历史声音,放在现实的鲜活新闻背景下糅合起来显示,恰恰是激活了资料,使其具备了新闻元素的特征,从而使整个报道的鲜活度更强,新闻的完整性、思想性更强烈。如此,新闻的感染力和表现力也就更强烈。这篇通讯的另一点启示还在于,不同的媒体,坚持自身的传统特色和表现手法,仍然应该是不应舍弃的财富。在互联网新闻形式挤压的背景下,传统的新闻表现手法仍然大有自身的优势所在,仍然有充分发挥其传播功能的广阔余地,关键是如何在"融合"的追求下创造性地运用。毋庸置疑,这需要定力和自信,也需要创新精神和能力。

每一篇报道,都让自己从零开始!
——《听!浦东每一种声音都让自己离世界更近》创作心得

上海人民广播电台记者　何周导　胡旻钰　赵宏辉

因为对口浦东新区条线,真的已经记不清这是自己采写的第几篇浦东大综述类稿件了。去年是浦东开发开放30周年,从年初一系列策划,到年中418纪念日,再到年末召开全国庆祝大会,"浦东"这两个字似乎就是我一整年的关键词。

可有时,太熟悉某个领域,往往就会陷入一种固定思维。采访时带着设想、带着答案,自然就会带着结局。如何找到新的切入点,讲好浦东故事?在庆祝浦东开发开放30周年大会的一系列主题报道采写中,我给自己定了一个小前提,也算小目标——每一篇报道,都要从零开始——"我是一名记者""我是一名广播记者""我是一名初跑浦东的广播记者"。

"我是一名记者"——记者是什么?是时代的记录者。深耕浦东十几年,几乎跑遍浦东角落,也采访过各行各业。要展现浦东这30年变迁的方方面面,可以说,不缺代表性事件,也不缺典型性人物,关键是要能站在一个角度、从一个新的方面,去观察浦东、读懂浦东。

当年浦东开发开放时提出的口号是"振兴上海、服务全国、面向世界"。挂在当时管委会食堂里的那幅著名标语,写的是"在地球仪旁思考浦东开发";可见,浦东的开发开放不仅关乎上海,更关乎国家顶层设计和战略部署,跳出浦东看浦东,站在国家战略层面思考,才能够真正理解浦东对上海、对全国乃至对全球经济格局的深刻意义。

"我是一名广播记者"——在记者前加上"广播"两字,就意味着这组报道要深刻体现广播特色,要"听"!大道理、小故事,都要从"听"的角度出发,要讲究"好听"!的确,现在不少时候,我们的录音报道会流于一段段机械式的实况,这个人说那个人说,忽略了"声音"才是广播记者的立命之本。

那怎么"好听"呢?故事中,要有丰富的实况声,不仅是采访对象的丰富,更是音效的丰富。要在这个故事中,仅从"声音"就能听出它的背景、甚至于是它的意义。这个要求高吗?看似很高,因为这个"声音"要有代表性;但其实也不高,这不就是广播记者的初心吗?

"我是一名初跑浦东的广播记者"——再加上"初跑"两字,就要求每一篇都要有新亮点、有新突破,"逼"着自己在报道形式和内容上不断创新,甚至是另辟蹊径。于报道来说,那就是找到独特的报道角度,在大量的采访内容中,把一个个看似反复报道过的选题,变成故事性强、可听性强的报道,这恰恰是最考验智慧和功力的地方。

广播报道,不似报纸可大篇幅陈述,也不似电视可借助画面转呈;它最好或者说最合适的表现手法,就是讲故事。抓住故事,就可以用一种比较轻巧的方式来撬动一个宏大的主题,好听、耐听,也值得听。

在这三句话的统领下,《听!浦东每一种声音都让自己离世界更近》就这样被我描绘出来——用讲故事的表现方式,以丰富的声音背景,来展现浦东开发开放的宏大主题。首先,是从堪称海量的改革创新案例中,选出了三个极具代表性的故事——第一家盒马鲜生是如何诞生的,张江科学城里的创新药是如何研发的,上海期货交易所里是如何与世界经济从容对话的。确立下这三个故事,就像是找对了演员,就像是打开了一扇窗,看到了广阔的风景。

接着,就是以声音为主线,运用大量现场实况。诞生于浦东的盒马鲜生,最大特点是什么?是既像普通超市,可以购物;又像饭店,可以现制现售;还可以像仓库一样,分拣打包。采访中,这些极具代表性的场景,都化成"声音"展现在报道中。同样,张江科学城里,各种仪器试剂瓶碰撞的声音;上海期货交易所里,喊价的声音,都能很快抓住听众的耳朵。尤其在报道的最后,我还选用了上海广播记者多年来记录下的浦东发展大事件,通过他们具有感染力的播报声,突出 30 年来浦东的每一次突破每一次创新,都在让自己离世界更近。这是浦东自身的不懈追求,也是国家赋予的战略使命,生动展现了而立之年的浦东敢闯敢试、砥砺前行的奋斗历程。

记者这个职业,每天都要接触大量的新鲜事物,每天都在与"新闻"过招,这是职业最具魅力也最吸引人的地方。但同时,我们也在互相折磨,采写的快慢、角度的选择、观点的新旧。

"每一篇报道,都让自己从零开始"——之所以"不放过自己",或许源于"匠心",也或许源于"初心"。因为所有最折磨人的地方,恰恰也是最有获得感的地方,无论是主题宣传,抑或舆论监督,我们都在推动问题解决,介绍先进经验,肯定创新做法中,为一些人做一些事,哪怕是去影响一些事。

当这些,都在通过我们的文字、我们的声音,被记录下来、被传播出去,难道这还不值得你继续为它付出、为它兴奋吗?

二　等　奖

2020年度上海广播电视奖
参评作品推荐表

栏目名称	全媒体科学类新闻专题节目《FM十万个为什么》		创办日期	2017年3月1日	
专栏周期	周一至周五	播出频道	FM93.4 上海新闻广播	语种	中文
播出单位	上海广播电视台 东方广播中心		主创人员	龙敏、傅昇崟、叶欣辰、乐祺、郑子凌、张明霞、袁林辉	
作品评介	以我国首次火星探测任务"天问一号"发射为主干新闻事件,在第一时间播报发射动态的同时,巧妙设置对话场景。节目组将青少年请进直播间,让他们与行星科学家、航天专家、前方记者直接对话,关注发射进程、解答心中疑问。孩子们自主提问,包括"火星表面为什么是红色的?""火星上温度为什么这么低、探测器可以正常工作吗?"等,整档节目将有价值的、深奥的科学问题,巧妙设置为童趣的话题,由专家通俗地解答,使"高精尖"的科学变得通俗易懂、可亲可近。将新闻性、专业性、知识性、趣味性、可听性有机统一,内容扎实、形式新颖、表达流畅、制作精良。				
采编过程	"天问一号"迈出我国自主开展行星探测的第一步,特别节目《火星,我们来啦》全程关注。本台记者奔赴文昌,全程现场连线,发射的轰鸣声伴随记者的描述,让人"声临其境"。发射任务成功后,直播室第一时间插播了指挥大厅信号,现场掌声感染每一位听众。 除第一时间报道发射现场的动态情况外,贯穿特别直播的科普解读部分,邀请了天文、航天专家深度参与,保证了科学传播的权威性。形式上,邀请两名小学生做客直播间,通过小学生和科学家对话的形式,将深奥的科普,结合大众关心的角度进行解读,并借助网络手段,让更多青少年以语音形式对话科学家,增加青少年对重大航天事业的参与度和知晓度。节目中,郑永春研究员谈及太空探索的意义之一就是"激励下一代",也与此次创新设置不谋而合。 天文、航天两个科学领域的跨界碰撞,嘉宾、记者、主持人间的多重互动,也让节目本身成为一场知识盛宴。航天发射动态与科普解读无缝结合、紧密衔接、节奏得当,让听众无门槛地收获知识的同时,更激发大家的爱国热情,由衷地为中国航天点赞!				

社会效果	节目直播播出时段收听率为 1.32%,占有同时段 14.5% 的市场份额,较去年同期涨幅 7%,共计覆盖约 46 万广播听众。当天 20 点重播时收听率为 1.57%,市场份额为同时段第一。节目的音频版内容在互联网进行二次转播后,截至目前的总播放量超 50 万。

节目简介：

全媒体科学类新闻专题节目《FM 十万个为什么》

【播出频率】上海新闻广播 FM93.4/AM990

【首播时间】周一至周五 20:00—21:00

【栏目介绍】

该节目于 2017 年 3 月在上海新闻广播开播。以热点科学新闻事件为主题，立足上海、辐射长三角，并成为世界顶尖科学家论坛的主流媒体合作平台。

曾荣获：上海科普教育创新奖科普传媒一等奖，上海科技新闻奖一等奖、中科院科星新闻奖、中国科协全国科普日嘉奖等多项荣誉。

节目依托中科院、高校、各大科普场馆等强大的科学家团队，打造国内广电行业为数不多的新闻类科普节目，策划过对话院士、解读诺奖、科技进博等系列节目，于 2018 年起在美国中文电台定期播出，成为上海对外宣传的重要窗口。

该节目围绕中央关于"科技自立自强"的"十四五"规划，对标上海加快推进具有全球影响力科创中心建设的重点工作，积极加强科技报道、开展科学评论、做好科普工作，为上海营造崇尚科学创新的浓厚氛围，提升上海科创全球影响力，发出科技进步和创新的时代声音。

【栏目定位及创新】

作为针对新闻热点的专业科学解读节目，致力于用跨学科讨论、AI 播报、短音频等融媒体手段传播科学，打造广播科普品牌，促进公众了解科学、热爱科学。

2020 年，节目持续推出系列抗疫专题，内容涵盖病毒特点、特效药及疫苗研发等多维度，被市科协向全国推广。

节目密切关注珠峰新高程测量和"天问一号""奋斗者号""嫦娥五号"等重大

科技新闻热点,进一步扩大我国科技成就的传播影响力。

全年安全播出,2020年触达人群247万+,日均触达人数31万+。平均收听率维持在1%以上,市场到达率近20%、市场占有率15%左右,均位居新闻广播第一梯队。

【多矩阵融合传播】

在优质广播节目的基础上,团队创新多种新媒体表达方式,进一步扩大了优质科普内容在互联网的传播力。

2019年起,以节目内容为基础进行二次创作的科普微视频《问不倒TV》上线。凭借轻松的形式、生动的表达、扎实的内容收获了粉丝的喜爱。截至目前,微信公众号、抖音、快手、视频号等平台全网播放量已超300万,进一步扩大了优质科普内容的覆盖人群与传播力,实现长音频与短视频的优势互补。

又如2020年初的《抗击疫情》系列节目,除了配套短视频外,还将直播音频节目的精华内容进行短音频化的剪辑,并在阿基米德App上整理为特别合辑。因其短、精、快的特点,收获大量的关注与转发,总浏览量已超过130万。

此外,针对每周的热点科技新闻,会在节目内容的基础上凝练为3分钟时长的音频专栏《科学魔方·旭崟说》,在《990早新闻》中播放,形成联动。前沿的热点搭配通俗的表达,拉近了普通人与科技成果的距离,广受好评。并同步配套短视频,与《问不倒TV》差异化运营,形成新媒体传播矩阵。

FM十万个为什么之"火星,我们来啦"

【宣传片:揽星九天,叩问苍穹
中国首次火星探测之旅即将启程,
上海人民广播电台特别直播"火星,我们来啦!"与您一同见证!】

主持人:火星,我们来啦!或者说,我们就要来了!北京时间到了12:30:33,这里是上海新闻广播。各位好,我是旭崟,在距离上海两千公里外的海南文昌航天发射场,我国首次火星探测任务"天问一号"即将启程。在接下来的特别节目中,我们会共同见证这一历史性的时刻。直播间里与我们一起来见证的是中科院微小卫星创新研究院的设计师,张博博士。张博您好。

张博:旭崟你好,广大听众们好。

主持人:还邀请到了两位特别来宾,我们的两个小朋友,和大家来打打招呼。

张毅驰:大家好我是张毅驰,今年已经11岁了。

金佳瑶:大家好我叫金佳瑶,今年10岁了。

主持人:两个小朋友也是通过我们之前的问题的征集和甄选来到我们直播间,共同和大家一起来见证历史,更重要的他们也是来节目中一起听科学家分享和火星相关的知识。他们自己也准备了很多的问题,希望能够向专家请教。那么通过电话连线的方式,我们还会邀请中科院国家天文台的行星科学家郑永春老师,向广大青少年在线解答"火星天问"。同时,正在文昌发射基地的我们的前方记者孟诚洁,也会全程参与我们的直播,为我们带来前方的动态。在播出的同时,也欢迎大家在阿基米德的首页,找到《火星,我们来啦》,这是我们特别节目的专区,和我们留言互动,提出你心中的"火星天问"。当然了,话匣子FM也在同步直播中。

【好奇宝宝天问:大家好,我叫华芝妍,我今年4岁了,我想问科学家:火星为什么它叫火星呢?是因为它上面有很多火吗?
大家好,我叫陈景宏,二年级二班,我想问的问题是:火星上到底有没有火星人?
大家好,我叫曹一凡,今年6岁,我想问问:火星有火山吗?
我是蔡智宸,今年7岁了,我想问问科学家:为什么火星一直围绕着太阳转,保证可以不掉下来呢?火星,我们来啦!】

主持人:孩子们对于火星的这种好奇和向往真的是发自本能的,非常可爱。那么在之前的节目中,我们已经通过郑永春研究员、张博博士,还有孟诚洁老师三位的介绍,对火星本身以及火星探索的艰难有了基本的认识。随着发射窗口越来越近了,大家现在肯定非常关心现场的情况了,我们来连线孟诚洁。孟诚洁您好,现场的情况怎么样了?是不是进入非常临近发射的阶段了?

前方记者:应当说一切准备都在进行中,目前来看,整个火箭还是保持刚刚这样的状态,但是从气氛上大家看,确实离发射时间很近了。我现在处于一个制高点,周围的楼上、天台上其实都有很多的一些当地的群众在观看发射。在远处的海滩上,据我所知一大早就有航天发烧友,摆着长枪短炮,都已经列好了阵势。现在太阳很大,但是人们都出来了,说明离发射时间确实是越来越近了。我们可以共同期待了。

主持人:好的,那接下来就请孟诚洁全程在线了,现场有一些新的变化就向我们实时地更新动态,全上海的听众其实也都非常期待。直播间好像我们的小朋友是不是对这一次的探测也有自己好奇的问题。金佳瑶还是张毅驰?

张毅驰:让她先问吧。

主持人:好,金佳瑶你问。

金佳瑶:我想问一下,人类是如何探测火星上究竟有没有火星人的?

主持人:哦哟,人类如何探测火星人的,张博士可以回答吗?

张博:可以。其实这样的,目前为止,人类已经比较成功地在火星上完成探测了,其实是只有8次,包括一些巡游器。一般我们在巡游器上面都会带一些全景相机之类的,就是这些探测器。如果说火星上面真的有活体生物的话,那么它是非常容易就发现了。正是因为这一块,我们其实是非常希望火星上面有一些活的生命,但是我们又没有观测到,所以我们只能通过一些别的手段去观测,比如说探测它的水含量,包括探测它的一些甲烷的含量。

主持人:就是它具不具备存在生命的条件。

张博:对对对,或者说在几十亿年前,它是不是存在过,到现在是不是没有了。

主持人:所以其实本身寻找火星生命也是一个很重要的探测任务,然后我们的探测器其实都会有。这个就会联系到我们这一次的探测任务,而且之前公布出来的资料当中,也是提到我们这一次计划把"绕、落、巡"这三步希望能一次完成。好像之前美国是分了三次。

张博：他们一般是分开。

主持人：而且是隔了若干年,再把这一步一步实现的。这个能不能给大家讲讲,这个本身是要什么样的技术底气?

张博：我们这一次已经提出了"绕、落、巡"这三个阶段,而且很早之前就提出来了。主要是因为我们前期有了很好的技术储备。首先我们有了大型运载"胖五",就可以帮我们把探测器推向更高的地方。首先被火星捕获之后,这就是我们轨道器所要完成的任务,同时我们还有一些之前嫦娥的积累,我们可以把它通过着陆器、巡游器一起降落到火星上面。这个从我们的载人航天里面也是可见一斑。这里面有一些技术非常难,降落的时候,我们都叫"恐怖七分钟"。

主持人：因为火星有大气,这个和月球还不一样。

张博：对,大气还非常稀薄,不能够提供足够的力量。除了我们有的时候需要备一些降落伞包括反推力之外,它也要保证外面的烧蚀层既要足够烧蚀,也不能给着陆器和巡游器带来额外的负重。

主持人：我们现在是在期待发射。也想请孟诚洁介绍一下发射的这个部分,和我们之前熟悉的载人航天,或者是月球的探测相比,它的发射,我们说送入轨道的过程,是差不太多的吗?

前方记者：是的,我们离发射时间已经非常近了,待会儿我们结合我们所看到的发射情景再和大家解释一下。这一次的发射,因为轨道的原因和之前还有一些不一样的。长征五号在我们面前可以看到摆杆还是贴在了火箭的箭体之上,我们发射还是有一段的时间,之后摆杆是会进行打开的情况。

主持人：现场气氛好像已经很热烈了。

前方记者：对,大家已经非常热烈了,拿出各式各样的相机、手机进行拍摄了。火箭发射其实就是一个接力的过程,首先这四个助推器当中,八台液氢液氧煤油发动机和芯一级的两台液氢液氧发动机将发挥作用,然后推动火箭进行第一步的上天。而且其中的助推器就是我们上海航天的拳头产品,这是第五发了,前面的四发表现都是非常完美的。我们知道"胖五"它的芯级直径是 5 米,是我们目前最大的火箭。助推器的直径是 3.35 米,大家如果对航天比较熟悉的话都知道,这其实该是我们之前像长二、长三火箭芯级这样的直径。可以说,相当于我们之前(信号卡顿)……

主持人:可能现场的(信号),估计有很多人都在……孟诚洁,请继续。

前方记者:它的支撑点不是落在火箭中芯级上,它完全靠每个助推器有三个支撑点,靠 12 个支撑点,等于说它是坐在 4 个助推器之上的,然后起飞之后,四个助推器一共是 8 台发动机,一台是 120 吨的推力,一共将提供 960 吨的起飞推力,占到整个长征五号起飞 1 060 吨的 90% 左右。所以说在起飞阶段这个助推器是一个主推器的作用。

主持人:最重要的动力来源。现在还有 30 秒。

前方记者:大家都在屏气凝神等待火箭的发射,我们看到摆杆似乎已经有所打开了,距离发射非常非常临近,我们共同期待这一刻,现在感觉身边的气氛已经像凝固一样。

主持人:刚才还挺热闹的,现在好像大家都在期待,好像只能听到风声。大家也一起来感受一下现场的气氛。直播间里看我们两个小朋友也在屏气凝神。

前方记者:它的整个点火的过程距离起飞还会有一段的时间,所以并不是同步来进行的。

主持人:对,因为发射窗口它的打开,并不意味着发射就是精确在这一分这一秒的。

前方记者:大概可以在前后 5 分钟之内,都可以来进行发射,这可以帮助它精准的而且是以最少的消耗,能够进入轨道之中的。

主持人:我看社区当中也有很多朋友说,羡慕海南人民可以在家门口就能够感受到火箭发射的震撼。据我了解有很多的包括爱好者,关心中国航天发展的朋友都很激动,甚至有些请了年假到海南文昌,也是希望可以在那儿见证这样一个历史性的时刻。

前方记者:这两天文昌的车牌,全国各地都有。现在在我身边的,也有云南省过来的,也有上海专程过来的。

主持人:我们通过镜头的画面,好像说是看到发射架这边又有一些变化,说是有一个打开的情况。这是刚才孟诚洁你现场看到的情况吗?

前方记者:摆杆应该在发射期间会有个打开的过程。哦,点火了!现在可以看到,火箭的尾部已经有巨大的闪光,两片白烟从两个底板出来。这个是发射过程当中,平台上会对整个火箭发射有 400~600 摄氏度的水注入。大家能够听到震耳欲聋的轰鸣之声了,整个火箭拖着非常长的尾焰,已经飞上了高空。大家感受一下雷鸣般的声响。

主持人:我们静静地来听一下这个声音。

前方记者:整个尾焰的长度非常长,目前来看已经超过了火箭的长度,我现在……(被火箭发射的现场声盖住)

主持人:我给大家描述一下我们直播间的情况,在我们直播间里面,小朋友们包括我和张博都非常高兴。

前方记者:火箭开始垂直转弯了,在十几秒之后,火箭开始垂直转弯,转向东南方向……(被火箭发射的现场声盖住)

主持人:我们导播间外面的同志们,我相信此刻在听节目的上海新闻广播的听众朋友们,应该也都是默默地又激动又紧张。

前方记者:在我这边是一片欢呼之声,大家把头仰到最大的角度,来跟踪火箭的航迹。

主持人:感觉这个声音已经有一点轻了,是不是已经非常高了?

前方记者：已经是非常非常高了，因为在高空中，它的这样一个燃烧产生的水蒸气，在高空的低温之下，拉出了非常漂亮的白烟的尾迹。

主持人：哇，整个升空的过程。

前方记者：现在火箭升到更高空，这个尾迹已经消失，基本上已经进入平飞的阶段，可以看到尾焰和我们平行的状态，再高空还有一个光点。

整个起飞过程非常非常顺利，可以说是长征五号火箭第一步迈得很成功。它的整个起飞的时候，它的速度是不断增加的，推力是固定的，而整个推进器在急剧地燃烧，质量在明显地下降，所以它的加速度是在不断地提升。

一千多吨的起飞推力相当于什么概念呢？相当于我们国家歼-10战斗机差不多一百架这个推力的总和。所有这些能量的消耗，就是为了把五吨重的天问一号送上地火转移轨道。现在火箭还在我们的视野中，就像我们在最高空看一架小飞机的感觉，能够看出尾焰，但是前面的光点基本上已经看不太清了。

主持人：现在到我们说整个的火箭发射任务宣告成功的话，中间大概还需要等多长时间？

前方记者：还有很长的时间。哦！看到空中光点一亮，下面一个动作应该是助推器分离，助推器当中的推进剂要全部消耗完毕，然后它将跟芯一级分离，然后继续向前飞行，整个火箭已经完全飞出了我们的视野之外。从火箭点火起飞到助推器分离这个时间一般是在170秒到180秒之间，然后火箭就会飞出大气层。

这个过程当中，头部的整流罩就已经完成了任务。这样的话整流罩会抛出，整个天问一号就会显露在整个火箭的头部，火箭芯一级继续往前推进。大概是到400秒左右的时间，芯一级会和芯二级进行分离，由芯二级的两台液氢液氧发动机进行接力，继续推动着天问一号飞向地火转移轨道。

刚刚我说到它的轨道和一般的发射有些不一样的地方就在于，这一次芯二级在工作完成之后，它要进行一个关机，要进行一个滑行的阶段，然后再进行二次点火，把天问一号送入轨道，所以说这个间隔的时间会比较长。据我们了解，大概是点火之后的 2500 秒,差不多 40 分钟左右。

主持人:那就是说,刚才是在 12 时 41 分左右传来点火的消息,差不多我们要再等 30 多分钟,到下午 1 时 20 分左右。

前方记者:是,如果一切顺利的话。我面前这个测发大厅中会得到顺利的消息了。

主持人:好的,期待孟诚洁能够从现场给我们带来第一时间的好消息。我们在等待的同时,其实也会和大家聊一聊火星,聊一聊火星探测。刚才其实整个直播间的气氛,大家也不能直接鼓掌,但是心里都是默默地鼓掌。小朋友应该是很高兴,刚刚听完之后感受怎么样?

张毅驰:我觉得特别激动,因为这是我们中国的探测火星史上的一个里程碑。第一次到火星去发射一个探测器,我觉得很厉害。

主持人:张博,你对整个航天发射的过程,还是比较了解的。刚刚孟诚洁说有一个什么动态,一闪光之类的,我就会心里一揪,就生怕说是这个中间是不是会出一些意外的情况。但是火箭发射本身就是一个个阶段,刚才这个过程其实是很稳的。

张博:对,因为它有一些助推器,燃料消耗完之后,我们就要把它抛掉。

主持人:是这样的一个过程。小朋友可以向张博老师提问了,包括可以向孟诚洁叔叔提问。

张毅驰:好,探测器会在火星待多久?它还会回来吗?

主持人:探测器要在火星待多久?会不会回来?这是好问题。

张博:目前探测器设计时间是 90 个火星日,现在它是不会回来的,我们还没有设计它返程的任务。

主持人:为什么没法回来呢?

张博:我们目前只是绕、落、巡,巡的过程当中,我猜有一些采样的东西在里面,但是目前如果再返回的话,肯定要在上面建一些基地,发射回来。

主持人:大家要想一件事情,火星和地球的距离。刚才孟叔叔也谈到了,最远的时候4亿公里。月球到地球才多少?平均38万公里。所以我们还能指望从月球上取样返回,但是火星上回来得多大的火箭,或者是在火星发很大的火箭才能来到地球。这个难度就比较大了,可能就比较远期的一种想法了。所以目前基本上去火星都是单程票。我们看看小朋友还有什么样的问题?

金佳瑶:探测器飞去火星的主要任务是什么呢?会拍很多漂亮的照片吗?

主持人:拍照片,刚刚说过找外星人可能也是这样的问题。

张博:对,就像小朋友刚刚问的和前一个问题一样,主要任务就是寻找一些生命,因为我们这一次也可以看到,我们天问一号的火星车上面,我们俯视看像大蝴蝶一样,有四个大翅膀,同时,它也携带了两台全景相机,全景相机会帮我们拍一些美丽的照片帮我们返回来。

主持人:之前的节目当中,郑永春老师回答了很多小朋友的问题,包括也谈到了火星上的一些,我们说大气的条件,包括地情、地貌等等,和地球包括和月球其实都有很大的不同。这是不是对于巡视器或者是火星车的设计,有一些定制化的考量?

张博:这个是肯定的,我们之前从来没有去过火星,我们了解到的火星的地形地貌包括一些气象条件,也都是通过我们的一些遥测手段看到它的。并没有说通过火星车直接探测它,如果说我们要去通过火星车直接探测它,那么我们就要在火星车上面布很多的探测器,这样子的话,就是从本质上来说,我们的火星车和月球车探测的目标不一样,探测器就会不一样。其次,我们就可以有一个比较明显的数据的对比,我们太阳的光照,火星只占地球40%的样子。

主持人:能源就是一个很重要的考量。

张博:所以也是刚刚说到的,火星车背了4个大翅膀,但是我们看玉兔,其实只有两个翅膀。

主持人：太阳能帆板。这个就是形态上很大的区别。

张博：也是为了保证我们的巡游器、火星车可以在火星上面有足够的能力，完成探测。

主持人：个头上的这个。

张博：我也是昨天晚上看到的央视发布的模型。高度是185的高度，整个枝干展开之后。大概是200多公斤。

主持人：这个其实，大家如果说以后有经验了，了解到这两颗星球，我们对比月球和火星，因为天文上的属性不同，轨道包括自己的环境等，其实在车的设计上还是有很大的区别的。懂的朋友可能一眼就能够看出这个是火星的，这个是月球的。刚才我们在直播间回答了两位直播间小朋友的问题，我们接下来的时间，我们再来回答一些青少年朋友的问题，我们继续进入天问时间。

【好奇宝宝天问：
大家好，我是黄楚伊，今年9岁了，我想问科学家：坐火箭到火星需要多长的时间呢？
我叫孟和源，我今年4岁了，我想问科学家：火星探测仪上面会不会捡石头？
我叫黄新晨，我知道火星是地球的邻居，那么为什么我们一定要去火星呢？
我是"小水滴"飞飞，我想问科学家一个问题：火星上有没有火？是不是很热？
火星，我们来啦！】

主持人：小朋友对于火星的问题五花八门，我注意到有一个小朋友其实是提了一个挺大的问题，说白了就是我们为什么要去火星？这可能也是很多普通人心中的疑问。火星那么远去它有什么意义呢？作为专门研究行星的科学家，他们有什么样的视角呢？我们来连线中科院国家天文台行星科学家郑永春研究员。郑老师您好，如果说请您回答一个很大的问题，就是火星探测它的意义所在，我个人理解是不是寻找所谓的地外生命，或者为人类寻找潜在的未来太空家园呢？

郑永春：你提到的问题很重要，很多时候我们要面临这样的问题，为什么要探测月球，为什么要去探测火星，还有将来为什么要探测小行星。一般情况下我们会用三句话回答人家，这三句话也是全世界的科学家经过这么多年的一些总结，大家觉得最能够表达我们探测太阳系、探测太阳系的这些星球的意义。

第一句话叫"研究太阳系的起源与演化以及地球的起源与演化"。因为我们知道地球是太阳系的一颗行星，地球的起源与演化，我们在地球上很难得到准确的结论，如果我们要知道准确的结论，我们最好的办法就是走出地球，去研究地球的兄弟姐妹。然后再结合我们对地球的经验和认知，我们对太阳系的形成和演化才有更客观的认知。

第一点就是扩充我们对太阳系的认知或者是新的科学发现，了解太阳系的起源与演化，这是第一点。

第二点要提升我们的技术，因为我们对于太阳系的这些星球的探测，一般都距离非常遥远，有的时候会非常远离太阳，有的时候会非常靠近太阳，这样的一些环境，都是和地球上迥然不同的，它的环境非常恶劣，我们要登陆到这个星球，这个星球的环境又是未知的。

对于这些未知世界，严酷环境星球的考察，实际上是对人类的技术和能力很大的考验，我们要了解这些未知世界，提升我们的技术，扩充我们的能力，我们才能够实现这样的探测。第二点就是提升我们的技术。第三点就是也非常重要，叫启迪我们的下一代。就是希望我们的下一代站在我们这一代的技术上，他们能够走得更远，能够获得更多的认知，能够提升更强的能力。

启迪下一代进行科学普及，进行科学教育，让他们从小就学科学、爱科学、用科学。长大之后有可能会选择科学技术作为他们的终生职业，他们终生会支持科技事业，那才是人类一代一代能力逐渐提升的一个关键。

主持人：真是不谋而合，我们这一次直播的设置，请小学生到我们的直播间，包括请您回答很多和小学生相关的火星之问，其实是非常契合的。我们本身对于火星的探测，就有这样的意义所在。

郑永春：对，因为这种未知世界对于孩子们来讲是非常有吸引力的。

主持人：那您对于我国自主研制的天问一号火星探测器又有怎样的期待呢？

郑永春：天问一号作为中国的第一个自主火星探测器其实给予了全国人民一个重要的期待。您也知道我们在这之前，已经进行了数次月球探测工程，但是月球和地球是一个地月系统，所以月球其实是在地球的引力范围内的。我们真正第一次的行星探测任务就是这一次的天问一号的火星探测器。

作为第一次行星探测任务，当然中国人也对它产生了浓厚的兴趣，也对它给予了强烈的期待。我们希望它能够实现环绕火星进行遥感探测，然后登陆火星表面，进行着陆原点的探测，然后开始火星车，在火星表面进行巡视探测，通过对整个火星的全球性的探测，以及对局部地区的详细的观测，我们能够对火星获得第一手的探测资料。

您知道，我们在这之前，都是借用别人的数据来进行研究，之后我们要获得真正原创性的发现，就要用自己的数据和自己的想法，还要用自己的人才队伍，这样的话，我们对火星的认知才能不断地提升。

主持人：对于搞行星科学来说，没有自己的探测器，没有自己的火星车在上面，真的是很难做这个真正意义上的原创性研究的。

郑永春：别人的数据也可以研究，但是别人给你的数据是人家已经试过一遍了。而且不同的国家、不同的地区，它对于火星的兴趣点不同，它希望探究的问题不同。比如说有的国家对于火星生命很感兴趣，有一些国家刚刚才开始探测，可能只是想了解一个大概就可以了，但是不同的国家对于火星的兴趣是不一样的，而且不同的国家，人才、队伍、学科、体系也是不一样的。这就是为什么我们要自己探测，因为我们自己的科学家提出了自己的科学目标，希望能够获得一些原创性的发现。

主持人：这样的探测设备才是所谓的定制化。我们知道天问一号对应的是火星探测器。天问本身是中国行星探测器计划的一个总称。接下来是不是还会对其他的天体目标有相应的科研的探索兴趣呢？

郑永春：是的，这个问题提得非常好。天问一号的 Logo 以及中国行星探测任务的 Logo 都是由上海的设计师设计的。大家也可以看到,天问标志里面,不仅有地球、月球、火星,它是整个太阳系。这个 Logo 就非常清晰地表明了我们的探测目标不是只是月球和火星,而是整个太阳系。所以在天问一号之后,肯定有天问二号、天问三号、天问四号,就像探月工程一样,有嫦娥一号、嫦娥二号、嫦娥三号、嫦娥四号,后面还会有嫦娥五号、六号,我们的神舟系列也是,神舟一号、神舟二号、五号一直到十几号都会有。"天问"可能也是天问一号到天问十几号都会有。那个时候我们就会对整个太阳系,对不同的天体类型,对小行星进行一个系统的探测。

主持人:郑老师已经给大家剧透了很多,我们接下来的时间,就一起来期待这一次天问一号它的任务的顺利成功。不知道直播间的两个小朋友,有没有被激励到?郑老师也说了,我们火星探索或者是太空探索有一个很重要的意义所在,就是要激励下一代,两个小朋友有谁说以后想当航天员的,或者是想去火星看一看的?

张毅驰:有,如果有机会的话,去火星还是好的,但是我对安全问题有一点点担心。

主持人:这个想得很周全,稍后我们请直播间的张博叔叔和大家谈谈,更远的载人去火星有没有可能?这里是正在播出中的我们的《火星,我们来啦》特别节目。

主持人:这里是正在播出中的《火星,我们来啦》,北京时间已经来到了 13 点整,上海新闻广播,我是旭紫。

在 20 分钟之前我们一起见证了我国的首次火星探测任务,天问一号的顺利发射。此刻大家能做的就是静候佳音的传回,我们期待探测器的顺利入轨,能够开启它的火星之旅。在直播间里一起陪伴大家的是中科院微小卫星创新研究院的设计师张博,同时我们今天还很特别邀请到了两名小学生嘉宾,他们也会向科学家们直接对话,提出很多有趣的问题,通过连线方式我们还会邀请中科院国家天文台的行星科学家郑永春,以及正在文昌发射基地的,我们的前方记者孟诚洁。

节目播出的同时,也欢迎大家进入阿基米德的首页,找到《火星,我们来啦》

特别节目专区,包括话匣子 FM 也是正在同步直播中。我们的节目还在继续。

【宣传片:揽星九天,叩问苍穹
中国首次火星探测之旅即将启程,
上海人民广播电台特别直播"火星,我们来啦!"
与您一同见证!】

主持人:在我们的阿基米德社区中,倩倩也一直说,正在听,听着也震撼,升上去了震撼,简单的几个字也能够感到他同步着跟着我们一样共振的心情。

包括他也说到了小朋友提的问题,大人们未必能想到,聪明的小朋友,还真是,大人有的时候我们更多的会觉得有一些东西感觉就是程式化没有必要回答,但是中间可能也是会有一些科学的奥妙在里面的。

关于火箭升空之后,接下来的旅程是怎样的,探测器又会经历怎样的过程,最后到达火星,我们继续对话直播间里的张博还有电话当中的孟诚洁。孟诚洁你好。

前方记者:你好。

主持人:想问一下,现在在文昌大家都还继续仰头张望吗?现在可以看到火箭留下的余迹吗?

前方记者:现在火箭空中的余迹已经看不清了。但是其实在发射塔架通过烟熏火燎这样烈火的考验之后,其实在塔架的上方有一款巨大的白色的云雾久久还没有散去,阳光打下来,周边的椰林都是被一片阴影所笼罩的。也是一种非常壮观的,即便火箭已经飞走了,但是燃烧巨大的威力,还通过这样的细节让我们能够感知到。

主持人:还是一个比较特别的景致。

前方记者:对,几百吨的水瞬间被蒸发掉。

主持人:对,刚才说到,我们要等到捷报的传回,到现在的话,还有差不多 20

分钟的时间。更远一点,火箭升空,如果说顺利入轨的话,最终我们说被火星的引力所捕获,大约需要多长时间?

前方记者:确实,我们都期待着火箭发射成功,但是这只是天问一号,从地球飞上火星在自己家门口迈出门槛而已,是非常非常小的一步。接下来,它要经过历时7个月,长达超过1亿公里的转移轨道,在这个过程中,大部分时间里面都是无动力的飞行的。

但是在中间的几个关键点上,它要进行一个轨道的修正。因为发射再精确,不可避免还是有一些误差的。而且如果这个误差经过非常长时间几个月的飞行的话,那么它这个会偏差到天南海北,在整个关键点上还要进行修正,然后在环绕距上有一台3 000 N的,目前我国最大的,叫作轨道姿态的这样一个发动机,要短暂的点火包括有八个120 N的小发动机在进行配合,让它的轨道按照我们的标准设定,沿着路线非常精准地驶往火星方向。

到差不多飞行200天左右,基本上会和火星有一个非常近距离的交会。这个点影响这一次的任务,作为关键决定的时刻,叫作自动捕获阶段。

主持人:所谓刹车需要一下。

前方记者:最近的距离,距离火星大概是在400公里左右的这样一个距离。相对火星的速度是每秒钟4~5公里的速度,要把速度降下来,使得它被火星的引力所捕获,成为一颗火星的卫星。这个过程当中,差不多会历时10~15分钟自动捕获的过程,有3 000 N的发动机进行工作。

这个发动机开启的时间点要分毫不差,而且开启的时间长度也要分毫不差。如果刹车早的话,那么这个其实速度降得太快,它会一头扎进火星,如果速度太慢的话,就会掠过火星成为一颗环绕太阳飞的卫星。

所以说这个自动捕获的过程,将是决定性作用的点。如果自动捕获成功了,至少我们的绕就成功了。后面的落和巡我们再看后面的发挥。如果自动捕获不成功的话,那么三个任务可能一项都完不成。

主持人:所以我们一直在说绕、落、巡,并不是说这一次任务三个步骤,其实本身有绕这个任务、落这个任务和巡这个任务。绕的这个过程,包括我们就是说,整个在轨道上绕转的探测器的部分,其实以后就是会一直在火星上空,相当于地球的卫星一样,成为火星的卫星,给我们带来很多火星的一些意向。

前方记者:绕的过程当中,也要经历多次非常复杂的精确的轨道的变化。它在被火星捕获之后,首先要进入一个所谓的绕火轨道,差不多是以两个火星日为周期,环绕火星运动。

这个阶段的主要任务,就是对我们预定的火星着陆进行一个精确的探测,对它的地形地貌,对它的气候条件,有没有沙尘暴给了解清楚,来到我们的地面上做好这样一个着陆的决策。

在着陆过程中,它就像一台俯冲轰炸机一样,它要降轨,然后带着着陆巡视器进入更低的轨道,按照非常精确的角度,把这个着陆巡视器释放出来,然后让它进入火星,最终进入四段减速之后着陆。

环绕器在释放了着陆器之后,它要立刻地赶快把轨道升回来,不然会撞到火星上去,所以它升轨之后,等到着陆巡视器成功地在火星着陆,火星车开下来,它会成为一个火星车的一个终极卫星,建立起和地面上的连接。

等到三个月,火星车巡的探测任务完成之后,环绕器会进入它最后的一个工作阶段叫科学探索阶段,会降轨,进入自己科学探测的轨道,上面有七台载荷,可以拍摄火星的高分辨率、中分辨率的图像,通过雷达看浅表的结构,包括看火星空间的一些环境,看火星的磁场。经过它的火星轨道上差不多一个火星年687天的飞行,会为我们构筑出一张完整的火星地图,这其实也让我们对火星的认知,能够大大的推进。

主持人:环绕器本身并不是说单纯的运输功能,把巡视器或者是着陆器送到火星的轨道,本身也是一颗非常重要的绕火星运行的探测器。

张博:对,既承担了探测,也在一定的程度上充当了一个中继的作用。

主持人:前面也谈到了,火星有着稀薄的大气,不同于地球和月球,月球没有大气。可能会采用什么样的着陆方式呢?这样稀薄的大气,我们可能在中途开一个大的降落伞。

张博：对，其实就是我们从昨天已经看到了一些动画演示，上面看出了一些，既然存在大气，我们就要好好地利用它，所以它肯定有一个伞降的方式在里面。其次，它是一个钝头体返回舱的形式降落，所以我们可能也会有一些通过烧蚀的作用，去减少一些就是这个大气和我这个着陆器和巡游器之间的这种摩擦生热的效应。

另外一个就是肯定还会增加一些反推力的装置。因为就像大家非常担心的，我们火星车这个着陆器降落的时候，会不会降落到一些坑里面呢？虽然说我们有探测器在那探测，但是其实也是非常难以避免，因为毕竟不是一个非常平滑的地方，所以肯定会有高低落差，所以我们也要通过一些反推器减速到一定的程度，这个时候我们的着陆器会通过四个腿降落。着陆器降落的这一部分，它的腿上还有一些小的类似于缓冲或者性能的装置，降落之后会让它平稳地落在火星上面。

主持人：听你描述着陆的过程，我想估计几个月之后，大家还得像今天一样，再屏气凝神一段时间。那个过程其实也是同样的惊心动魄。

张博：所以我们预估了一下，这一次天问一号的发射，从我们今天如果成功的话，我们到火星的时间，大概是 6 个多月，6 个月 19 天，7 个月的样子。这个时候，大概就是到我们明年的大年三十左右的样子，刚好是这个时候。然后我们的探测器就会进行两个多月的环绕，择机把它释放下去。

主持人：并不是说到了那儿直接就放，还要绕一段时间。

张博：还要绕一段时间探测，我们要选一个比较平滑的地方，在火星上面叫乌托邦平原的地方。

主持人：我看有一个资料，原来可能是火星的古海洋。

张博：对，其实是在火星北纬 20～30 度的样子。我们看图也可以看得出，它其实在海盗一号附近，然后还有一个就是预计的着陆点在美国的"洞察号"附近，包括后面美国要发射的"毅力号"。

主持人：都是科学家相对来说比较感兴趣的，同时它又是有比较好的着陆条件的。

张博：这都是我们算出来的备选的、最优的地点。

主持人：比较好的这些降落的地点。我们也有一个资料片，我们回顾一下中国深空探测的历程，我们来感受一下。

【资料片：我国的深空探测起步于月球探测。按照探月工程"绕、落、回"三步走任务规划，已成功实施了五次探测任务，顺利完成了三步走的前两步，并正在按计划进行火星探测任务。月球探测和火星探测是中国由航天大国向航天强国迈进的标志性和带动性工程。

按照探月工程"绕、落、回"三步走任务规划：一期工程为"绕"，包括了嫦娥一号和嫦娥二号；二期工程为"落"，目标是以软着陆的方式降落在月球上进行探测，包括了嫦娥三号和嫦娥四号，实现了月面和月球背面软着陆；三期工程为"回"，目标是月面巡视勘察与采样返回，已经完成再入返回飞行试验。

目前，我国探月工程正处于探月三期工程的初期，将突破与掌握月面表取采样、钻取采样、月球样品封装、月面起飞、月球轨道交会对接、样品转移等多项关键技术，实现"绕、落、回"三步走的最后一步。

2016年初，我国正式批复火星探测任务。此次发射火星探测器，将实现环绕、着陆和巡视探测任务。通过首次火星探测任务的研制与实施，有望使我国成为世界上第一个在首次任务中即实现火星"绕、落、巡"的国家。

2020年4月24日，中国行星探测任务被命名为"天问"系列，首次火星探测任务被命名为"天问一号"，后续行星任务将依次编号。

除了月球探测和火星探测之外，我国小行星探测任务正在进行论证工作，对近地小行星开展绕飞探测，择机附着小行星表面，采集小行星样品，返回地球附近，释放返回舱，再将样品送回地球。】

主持人：这个时间表，在今天，在此刻还可以再加上一段，就是2020年的7月23日，12点40分的时候，我们的天问一号探测器已经升空，再过应该是十来分钟，我们就能够听到它是否入轨的这个消息了。

在这个中间我们再请科学家，我们连线的郑永春老师来回答小朋友的问题，有一个问题非常科幻，我觉得也非常热门。有一个小朋友提到在火星上生存的必备条件。

【好奇宝宝天问：大家好，我今年 5 岁，名字叫郝彦然，请问在火星上真的可以种土豆吗？】

主持人：火星上真的能够把土豆种活吗？

郑永春：好，我想看过《火星救援》这个电影的小朋友，大家都对火星上能种土豆这个梗印象非常深刻。如果我们真在火星上种土豆的话，能不能种活，我们也进行一个分析。首先从温度上来讲，白天最热的时候二三十摄氏度，晚上最冷的时候，大概是零下 80 摄氏度到零下 100 摄氏度。这个昼夜温差太大而且晚上太冷，所以我说露天种土豆肯定不可能，一定要种在温室大棚里面。那么从土壤的成分来讲，地球上有的一些元素，火星上大概也都有，所以从土壤的成分来讲并不差。但是，火星的土壤里面有很多的盐类，甚至还有有毒的物质，所以这个土壤要经过改造，特别是地球土壤里面有很多的有机质和微生物，但是火星的土壤里面没有这些东西的。如果用火星的土壤种土豆，我们有两个办法，一个是改造火星的土壤，让它净化。另外一个我们可能可以考虑无土栽培或者是水培的方式来进行。

主持人：在火星上能源、水源这些东西能就地解决吗？还有人担心辐射会不会很厉害。

郑永春：火星没有全球性的磁场，所以没办法屏蔽来自太空的辐射，来自宇宙的各种射线和高能粒子。这样的话，火星表面的辐射强度确实是非常大的。也有人提出来，为了避免这样的辐射强度，我们最好住到地底下去，躲避太空辐射，有这样的方案。也有人提出来火星上有什么资源，我们可以用，因为如果从地球上运输能源、水源、氧气过去的话，这个成本和代价是非常高的。

主持人：那真的比黄金贵多了。

郑永春：如果这样的话，火星移民不可能实现了。所以我们在火星上用资源，其实是解决火星的生存需要。我们用火星上的水，如果能够生成氧气当然是更好的，但是也有人提出来用二氧化碳就可以生产氧气，用火星上的太阳能或者核能来解决我们能源的需要，用火星上的土壤和岩石解决我们的建筑材料和各种资源的需要。所以,这种火星的能源、水源和资源的开发,最主要的目的就是尽量减少从地球上过去的运输量,能够更好满足我们人类在火星上的生存,这方面进行相关的探索。

主持人:有一个好消息就是很多的元素起码是现成的,这就看我们有没有好的化学的办法能够把它改造一下,变成适宜我们生存的那种环境。至于我们直播间当中的小朋友说道,以后还是想去火星旅行或者是当宇航员的。

郑永春:如果有小朋友真的想去火星上的话,一方面要做好科学、学习上的准备。我们说能去火星的人,一定是在专业技能上非常杰出的人,除了这方面的学习上面的要求之外,我们还要求这样的人,他能够有团结合作的能力,能够有和其他人和睦相处的能力,面对极端环境具有多种技能。因为我们如果说一个人只懂计算机,我们不可能专门送一个计算机的人过去,我们希望懂计算机的人又能当厨师,又能当医生,还懂计算机,还可以维修机械、电子这样的产品。这样的人我们才能选拔过去到火星上。

所以如果你真的要去的话,或必须做好一个抉择,你的心理适应能力能不能适应,长期地远离父母,远离亲人,一个人孤零零的,奔赴这样不一定能够回来的旅程,是不是做好了这样的准备。所以这样的人还有非常强烈的献身精神,要为人类谋未来,要有非常强烈的勇气,能够和自己孤独相处的能力,都非常重要。

主持人:这不是出去和爸爸妈妈度假这么开心的事情,而是真的要有献身精神的,非常伟大的人。小朋友的问题很棒,但是郑永春老师的回答更加精彩,这里代表我们广大的学生朋友们向您表示感谢,谢谢您,再见。

郑永春:谢谢旭崟,再见。

主持人:刚才郑叔叔说去火星需要具备怎样的条件,我看到应该是张毅驰,是不是心里有了一些想法,是不是觉得去火星挺难的,要求挺高的?

张毅驰:是的。

主持人:要准备好好学习,争取以后能去火星。

张毅驰：对。

主持人：如果说去一趟火星可能要好几年见不到爸爸妈妈，这个你觉得怎么办？

张毅驰：我觉得可以比如说在火星上有一些通信设施，有那些比如说像打电话，你肯定可以和爸爸妈妈说话。

主持人：很关键的信息，火星上打电话和爸爸妈妈说话，能和在地球上打电话一样吗？张博博士。

张博：这个还是不一样的，它其实是有延迟20多分钟！

主持人：你等于和你爸妈说，"喂听得到吗？"等20分钟，然后爸爸妈妈说"听得到"，然后和你招招手，20分钟又过去了。是不是区别很大。但是我们说到探测器也是一样的，地球上的叔叔阿姨向探测器发一个指令"往前走一下"，20多分钟之后它才能收到。所以探测器本身需要有很多的自主判断，自主执行任务的能力。

张博：对，必须有自主的能力。

主持人：我们得和孟诚洁保持通话。孟诚洁，现在时间好像是已经到了1:20左右了，能不能和大家描述一下你在现场了解到的情况。

前方记者：现在大家都在期待着，我们面前就是整个文昌的发射中心，现在大家都期待着来自指控大厅最新的消息，那里应该是非常繁忙，火箭发射过程当中的每一步都会在屏幕上显示出来，每一个号令都能听到，离关键的宣布成功的时间点应该说非常近了。它并不是箭器分离之后就立马宣布成功了，它还要有非常复杂的，验证各个系统都能工作正常的过程。

首先太阳帆板要打开，这是一个很大的太阳帆板，要对准太阳的方向来获取能量，随后身上的各种天线，要延展开来，这个对地球进行通信的链路，和地面上取得联系，这样的话确定一切身体无恙，非常健康可以继续奔上地火之旅，这也是宣布任务成功的一个非常重要的条件。

这个其实也是非常复杂的，因为可以说探测器上寸土寸金，每一克都是金，所以说从设备的布置，空间的布置都非常复杂。

刚刚我们说到超远距离通信的问题，所以说在这个探测器上有一个 2.5 米直径的巨大的天线，非常大的天线，它能够在飞行过程中，不管地球在哪儿，都有非常大的二维的角度，来对准地球建立通信的关系。这个天线 2.5 米是很大的直径了，在整个安装状态的时候，要折叠 6 次，非常精密的天线，现在它要展开。

包括太阳帆板，刚才其实嘉宾也说了，因为火星离太阳相比地球来说更远，1.5 个天文单位，所以说在火星整个太阳光照幅度是地球的 0.4，所以去火星的航天器中，太阳帆板一定造得比地球去月球要大一点。

这其实也会带来一个问题，在这个探测器靠近地球飞向火星的过程中，太阳帆板发的电太多了，如果这些电我们载荷用不掉，其实也是很考验我们航天专家的一个非常头疼的问题，必须把能源平衡掉。

主持人：电多了也不好。

前方记者：电多了也不好。它必须采用，比如说一些器件发热的关系，可以把电耗掉。但是问题是，如果发热太集中的话，可能对周边的这些材料、设备产生影响，这确实是一个非常非常考验智慧的，决定各方面平衡的关系，整个火星探测器在十几个系统，这么小的空间内要平衡好。

主持人：这种非常复杂的系统，其实就是无数个天平都要把它摆平衡了，而且这边稍稍偏一点，整个系统其他的地方又会偏离，就不断地做非常精细的工作。

张博：是非常大的系统性的工程。

主持人：这个就是整个的航天探测的难点了。其实小朋友刚刚也是开始去畅想到火星上种土豆了，这个更进一步就涉及我们真的去火星，如果换人去的话，这个难度和探测器相比又要上一个大的档次了。

这就涉及了，因为人去如果真的是坐单程票，当然我认为很多的人愿意为科学献身，我愿意坐一趟单程的。但是如果是人道或者是人文的角度，我们更是希望宇航员们是去了还能回来的。回的话，这个是不是相应的这些复杂程度就很厉害了。

张博：对。如果要回来的话，又是另外一方面了。比如说我们从《火星救援》这个科幻片里面，我们也可见一斑。都是有一些火星基地的，如果要回去的话，还是有一些发射冲突的。

主持人：所以就是需要有一些更多的准备。我们现在来转一下央视新闻频道的信号。

（电视信号）：航天飞行控制中心通报，长征五号遥四运载火箭飞行正常，火星探测器已准确进入预定轨道，现在我宣布，中国首次火星探测任务发射获得圆满成功。

主持人：不知道孟诚洁这边是不是和我们同步收到了消息。

前方记者：是。非常激动人心的时刻。

（电视信号）：在此，我代表西昌卫星发射中心，文昌航天发射厂和发射厂区指挥部向这一次参加任务的所有单位和全体参研参射人员表示热烈祝贺，向莅临指导的各位领导和专家，表示衷心的感谢，此次发射活动到此结束，谢谢大家。

主持人：有这样子的来自现场的发布的声音，能够让大家一起来感受到，这个真的是一起鼓掌。孟诚洁现在你已经松了一口气了吧？

前方记者：确实，对于所有关心我们探索过程、天问一号的航天工作人员来说、发烧友来说，确实到了松第一口气的时候。但是我想留给大家庆祝的时间不会很多，更远的航程还等待着大家。

主持人：我们的阿基米德社区当中，"陈冲元"说，咱们的目标是星辰大海。现在起码我们已经登上了向星辰大海的门槛。"浪迹"说恭喜"胖五"，恭喜中国航天。"陈成"说火星我们来了，未来的路还是很长，不是一朝一夕能达到的，也是一个美好的愿望要付诸更多的努力。

"晴天"说中国加油，科研人员辛苦了，真棒。"阿酷"说探测火星原本是我心中一个遥远的设想,没想到今天真的去了,真的启程了。

主持人:还有一点点时间,今天直播间当中陪着我们的两个小朋友张毅驰、金佳瑶感受怎么样?简单地说一说。

张毅驰:我觉得非常棒,也非常激动。我觉得经过这一次体验,我为我们中国特别自豪,而且我觉得这个火星任务,我相信它能圆满成功。

主持人:说得格局很大。金佳瑶呢?

金佳瑶:我听伯伯一边说,我脑海里就有一个很宏伟的画面,我一边听我觉得中国非常了不起,很伟大。

主持人:希望以后也能去火星吗?

金佳瑶:我希望今后也能去火星,亲眼看看火星长什么样子。

主持人:在这之前我们可以共同期待天问一号能够顺利到火星,能够向我们传回来自火星的中国人自己探测器的画面。我们说人类的火星探测之旅才刚刚起步,这一路上也会遇到许许多多的艰难和挑战,地球上的我们只能先遥祝天问好运,也愿所有从地球飞往火星的探测器都能够一路顺利,向我们人类传回更多的关于火星这颗红色行星的宝贵信息。

火星我们已经来了,火星你准备好了吗?

各位朋友,以上就是上海新闻广播《火星,我们来啦》特别节目的全部内容了,感谢各位的收听。

2020 年度上海广播电视奖
参评作品推荐表

作品标题	《四叶草札记：进博会上没有不起眼的角落》	参评项目	广播新闻
		体　裁	长消息
		语　种	中文
作　者（主创人员）	汤丽薇、孟诚洁	编　辑	范嘉春
刊播单位	上海广播电视台东方广播中心	刊播日期	2020 年 11 月 10 日 07 时 24 分 18 秒
刊播版面（名称和版次）	FM93.4 上海新闻广播《990 早新闻》	作品字数（时长）	03 分 58 秒
采编过程（作品简介）	如何能以一个全新的角度呈现进博会的魅力？带着思考，进博会第一天，记者敏锐地捕捉到一个小咖啡展商的故事，并决定以"日记"的方式，来记录这个"小展商"在"大舞台"上的成长经历。整个进博会期间，记者每天都会坚持到这个小小展台"打卡"，甚至在每天的展会结束后，也会通过微信与展商随时沟通，以各种形式"按下录音键"，记录下一个几乎没有任何流量的咖啡商，在短短五天里的"成长记"。 记者连续 5 天的采访记录，为后期落笔时挑选出最具感染力和代表性的内容，提供了丰富和到位的素材，使得报道虽然只有短短不到四分钟，但内容非常充分扎实。		
社会效果	该篇报道播出后，使更多人对进博会有了进一步的认知，进博会这个舞台的魅力和意义，也得到更广的传播。而这个小小咖啡商也成为众多媒体跟进采访的对象，更加放大了进博会这个舞台带给他的影响力。		

四叶草札记：进博会上没有不起眼的角落

第三届进博会步入尾声，过去的5天时间里，自带光环的全球知名企业在进博会上收获满满。一批曾经只透着"微光"的小型展商，在这个聚焦了全世界目光的大舞台上，也魔法般地闪耀光芒。本台记者汤丽薇这几天跟踪采访了岛国东帝汶的一家咖啡商，今天的《四叶草札记》我们就一起去听这个9平方米的小展台上发生的神奇故事：《进博会上没有不起眼的角落》。

东帝汶出产全球顶级的野生麝香猫猫屎咖啡，然而一场疫情，让这个太平洋和印度洋交界处的岛国与外界的沟通，变得没那么顺畅了。刚刚从海外回国的咖啡专家梁立伟，担负起帮助东帝汶的咖啡豆站上进博会舞台的重任。11月5日开展第一天清晨6点30分，他就坐上地铁出发了：

【第一次那么早搭地铁，但是地铁里火热的场景还是让我震撼到了，特别是二号线开始到门口都是呼呼往这里赶的，大部分都是年轻人，感觉到他们想在这个大的舞台上展示自己。】

穿过一个个全球知名企业的华丽展台，梁立伟最终抵达的那个舞台只有9个平方米，位置是在一个不起眼的角落。那一刻，他对于能在硕大的四叶草中收获多少关注，不敢有什么奢望：

【其实人少的话，我们可以安静地对有兴趣的观展商做一些细致的介绍。】

然而这个想法，到了当天下午就被颠覆了：

【展台上熙熙攘攘络绎不绝，我心中洋溢出一种自豪感和满足感。】

第一天的意外收获，让梁立伟兴奋得一夜都没睡好。第二天一大早，他就在地铁上给记者发来了微信留言：

【今天我们准备做好本展台业务来往，同时我们想走出去看看，了解一下新

的一些企业参展和一些新的未来发展的方向。】

9个小时后,他在回程的路上又发来一条信息:

【告诉一个好消息,今天的业务量又翻了一番,较昨天的基础上,明天再接再厉。】

第三天,记者再次来到这个小小展台,发现想要和他聊上一句已经没那么容易了。

【热闹实况压混】

飘着浓郁咖啡香气的9平方米空间,被人群围得满满,大家都对这个也许是世界上最贵的咖啡充满兴趣,梁立伟已经数不清收到了多少张名片。

【有些人不能亲临现场,他们打电话托能够进入展馆的朋友买了带回去,销量到目前为止每天是翻番的。】

第四天,梁立伟心中勾勒出的未来发展方向越发清晰,从国外的知名咖啡机企业到国内大型的食品机构,大家与他从一颗咖啡豆的品质聊到咖啡产业链条的每一个细枝末节。11月9日,展会还剩下2天的时间,心中敲起倒计时的梁立伟让自己飞转得更快:

【其实有点依依不舍,对这个场馆,对这些观众们,对这个氛围其实有感情了,觉得展会太短了好像。很多项目马上要等着我们去落地去实施,把进博会这个平台再延伸。】

昨天深夜回到家后,梁立伟打开电脑在百度页面输下了一组关键词:进博会、东帝汶、麝香猫咖啡,然后回车,很快地页面跳出一行字:为您找到相关结果约12 900个。他立刻截图,发给身在东帝汶的合作伙伴,然后,给记者发来了留言:

【说实话今天感觉累了,令人振奋的是坚持不懈的努力和付出,在进博会得到了回报。感谢进博会,最大的感受是契机和希望,想在明年把这个展台扩大,把产品做得更全面,把形象展示得更好,把生意越做越大。】

2020年度上海广播电视奖参评作品推荐

作品标题	从"特斯拉速度"到"长三角速度",看浦东的示范效应	参评项目	广播新闻
		体 裁	长消息
		语 种	中文
作 者（主创人员）	严尔俊、邱波	编辑	唐周丽、高旻杰
刊播单位	上海市浦东新区融媒体中心	首发日期	2020年8月28日
刊播版面（名称和版次）	《浦江 morning call》	作品字数（时长）	3分51秒
采编过程（作品简介）	长三角一体化发展,是习近平总书记亲自谋划、亲自部署、亲自推动的有关区域协调发展的重大国家战略。2020年,位于长江与东海交汇处的上海浦东新区,迎来开发开放30周年,站在新时代的历史起点上,总书记指出:"浦东要在长三角一体化发展中更好发挥龙头辐射作用。" 该作品紧扣习近平总书记的指示精神,以苏浙两地企业复制特斯拉公司快速拿到开工许可,迅速落地浦东的经验为由头,采用倒叙的方法,先从"特斯拉速度"的制度创新方法和效果说起,再以实际案例展现其逐步常态化成为"浦东速度""上海速度",进而复制推广到长三角地区,成为"长三角速度"。全篇层层递进,环环相扣,逻辑紧密,语言凝练,全面立体化展现出浦东开发在长三角一体化发展中所发挥出的示范作用,以及先行先试的制度创新带来的发展红利。 新闻发生后,记者第一时间独家采访到了特斯拉公司全球副总裁,这也得益于记者未雨绸缪的长期保持沟通、联络。采访完特斯拉公司,记者还马不停蹄,赶往苏浙两省采访相关企业,并采访到了江苏省发改委负责推进长三角一体化工作的相关领导,使得采访扎实丰富,既有最先受益企业的声音,又有兄弟省市受益企业的同气相连,还有制度创新等职能部门的相关领导的进一步诠释,生动反映了改革部门和企业百姓的心声,为"浦东经验"复制推广的显著成效由衷点赞。		
社会效果	报道播出后,受到了社会广泛关注,得到了三省一市相关政府部门和企业充分肯定,对于"特斯拉速度"的创新模式进一步推向全国产生了一定的促进作用,这一持续优化营商环境的"浦东经验"也得到了中央决策层的认可,国家发改委专门发文给有关省、自治区、直辖市及计划单列市发展改革委,各国家级新区,要求推广借鉴这项创新举措。		

从"特斯拉速度"到"长三角速度"，看浦东的示范效应

今天，浙江海骆航空科技有限公司、江苏中天集团，两家长三角地区的企业，在短短不到两个月的时间，就拿到了施工许可证，这在过去，少说也得一年。这标志着浦东"特斯拉速度"逐渐常态化，推广成为"长三角速度"。来听记者的报道。

所谓"特斯拉速度"，是指该项目从签约到开工仅用了不到半年时间，特斯拉公司首席执行官马斯克告诉记者，这样的速度，当初在国外却无人相信。（录音：在华尔街，其实很多人都说，这个工厂建都建不起来，还有很多美国媒体说，这个工厂没有办法在一年之内建起来，那么看看我们今天如何。）

这样的"神速"是怎么炼成的？秘诀在于浦东先行先试的制度创新，比如，办证材料一时无法备齐怎么办？浦东"对症下药"，首次采用了"容缺后补"的审批方式，允许部分非主要材料暂时缺少，只需承诺后期补上即可。以特斯拉上海超级工厂项目为例，其材料容缺比例达到了2%以上。特斯拉公司全球副总裁陶琳介绍说："去除了非常非常多不需要的一些补充文件，或者一些证明材料。如果是按照原来传统的一个汽车整车厂的审批，你光是准备材料可能就需要几个月的时间，就是可行性研究报告，等等。"

一千个企业就有一千种需求，尤其是新业态公司在网上递交材料时，有时却显示"查无此项"的提醒。为了适应其个性化需求，浦东开发出了"企业专属网页"，避免了企业走弯路。陶琳说："政府还在不断地去新近开发，提升这个系统的反应速度，以及系统审批的能力。"

疫情背景下，今年5月28日，浦东山姆会员店项目从签约到开工仅76天，十天后，松江区的腾讯超算中心项目又以58天刷新纪录，逐渐常态化的"上海速度"还辐射到了长三角地区。今天上午，位于浙江湖州高新区的海骆航空科技有

限公司拿到了施工许可证,该项目从签约到正式开工,仅用了56天。这家公司的董事长黎晓宇告诉记者:"借鉴了特斯拉这种快速的施工经验,所有的手续只需要跑一次,一次就成功。"

而在相距275公里之外的江苏南通市海门港新区,总投资1 000亿元的中天绿色精品钢项目,从签约落户到项目开工建设,仅用58天。该项目经理屈小雷给记者算了一笔账:"原来预计的话,要半年以上,借鉴到特斯拉速度过后,我们企业一天的成本大概能节约1万到1.5万元,一个月成本大概是30万到45万元左右。"

记者了解到,这个由浦东重大项目倒逼而来的超速度,正逐渐成为不少长三角地区企业都可以同等享受到的正常速度。江苏省发改委区域经济处副处长王敏表示:"复制特斯拉的速度,能够提前更快地把这些手续完备,更好地办好,所以讲特斯拉的速度常态化以后,那么对中小企业就受益了,企业又能带动我们就业,带动我们这个经济发展。"

2018年,长三角一体化上升为国家战略。浦东从"特斯拉速度"到"长三角速度",正是它发挥龙头辐射作用,服务国家战略的一个缩影。上海自贸区临港新片区管委会制度处副处长张楠表示:"特斯拉的这个案例不是一个个案,也不是一个特例,后续我们也会充分地利用这片试验田,为全国做出一个更好的样本,做出更多的样本,打造真正的上海速度、长三角速度,甚至是中国速度。"

2020年度上海广播电视奖
参评作品推荐表

作品标题	银行保函开具微调查，可改进的空间遍地都是	参评项目	广播新闻
		体 裁	评论
		语 种	中文
作 者（主创人员）	何周导、胡旻珏	编 辑	沈馨
刊播单位	上海广播电视台 东方广播中心	刊播日期	2020年5月11日 7时26分
刊播版面（名称和版次）	FM93.4上海新闻广播《990早新闻》	作品字数（时长）	5分50秒
采编过程（作品简介）	疫情之下，许多中小微企业陷入困境，如何为他们雪中送炭，是上海2020年初的重点工作。这篇调查报道源于一家小微企业的真实遭遇，记者在得知线索后，以一家小微企业办理预付款保函被拒为由头，对上海多家银行的该业务展开了一番调查。这些银行中，既有国有大银行，也有商业银行，从不同业务的答复、给出的时间，可见不同银行对支持小微企业的态度和举措也截然不同。 报道指出，一些国有大银行在面对这些或许不太"赚钱"的小微业务时，依然没有急企业所急、想企业所想；切实服务中小企业服务，还有许多工作需要改进和完善。		
社会效果	近些年，上海围绕持续优化营商环境的举措不断。尤其是今年以来，如何服务、支持好因疫情业务大受影响的中小微企业，更是成为关注焦点。这篇报道以扎实的采访、深入的调查，展现了支持中小微企业，银行系统可以改进的空间遍地都是。 报道播出后，引起了上海银监局的高度重视，要求各大银行切实履行社会责任，在特殊时期，切切实实地为中小微企业提供他们需要的服务。		

银行保函开具微调查，可改进的空间遍地都是

保函，是指银行应申请人需要，向第三方开具的一种书面信用担保凭证。企业在承接业务时，往往会被甲方要求提供保函。上海一家小微企业去银行开具保函的遭遇又一次昭示我们，支持中小微企业还有很多工作可做和要做。请听本台记者发来的《说好的支持中小微企业去哪了？》

这家小微企业从事影视创作，受疫情影响，今年一直没有业务。直到上个月终于接到了今年第一单，自然很开心。

【对方是要求我们开具一个预付款保函，就是我们把100万元放在银行里面要锁住。如果这笔生意出问题了，等于银行要把这笔钱去给客户。我们是100%全预付款保函的。】

公司财务马上联系了开户行工商银行岚皋路支行，始料未及的是，客户经理说开具保函的流程要两三个月。

【这个实在太长了，对我们来说，这笔单子都要飞掉了。其实对银行来说，我不是要贷款的，我只是把钱存在它那里，而且我还要付它千分之五的手续费。】

保函，分为预付款和工商授信额度。工商授信额度比较复杂，需要看企业的资质，需要评级，需要批授信；而预付款是全额保证金，用直白的话说就是企业捧着100万元到银行，银行把这100万元锁住，然后开个证明，企业把证明交到甲方。对于银行来说这属于低风险甚至无风险业务，为什么也要两三个月呢？记者以办理业务为由，电话了工行岚皋路支行。

【因为我们开保函是要介绍到我们上面信贷科这边，比较麻烦。因为首先还要建立一个信贷关系，差不多也要两三个星期，然后再做保函的话，差不多也要一个多月了。】

那么同一种业务,相同的银行,时间是一样的吗?记者来到工商银行鲁班路支行。同一家银行所需时间其实也不一样,这里是一两个月:

【一两个月吧大概。因为每个网点都不一样,主要是看客户经理去操作的。万一你那个客户经理事情比较多,他就要慢一点了。】

那不同的银行呢?50米开外是光大银行斜土路支行。信贷科工作人员的回答让记者十分意外,光大只需要三五个工作日,而且因为是支付100%的保证金,连信贷关系也不需要。记者甚至怕听错,还重复问了一遍。

【我们一般保函的话开3到5个工作日。你们保函保证金的比例是100%的,属于低风险的业务,所以就不需要做授信的。】

招商银行的速度一样,该行大木桥支行一位客户经理说:

【100%全保证金的话,我们这边第一笔的话差不多在一周以内。正常保函的话应该是3天左右,3天到5天。我们银行有我们标准格式,差不多就是这个时间。】

浦发银行更短,卢湾支行的工作人员说,最快可以两天。记者最后来到上海农商银行平凉路支行,时间比工行短一些,估计也要近一个月。

【我们要做保函,不管你办什么业务,首先要和我们做一个首贷户准入,做一个信贷关系的准入,这个通常是1到2周。接下来才是开保函的事情,快的话一周的样子。】

一番调查后,记者回过来问这家小微企业。财务说,连工行的工作人员都好心地劝他们换到别的银行去。

【我们联系其他银行了。其实我们也能感觉出,可能因为我们比较小,金额也不大,对大银行来说可能意义是不太大,一般会反馈说我们资质太差,评级不够。可现在我们是真的很急了,因为我们要存活下去。】

银行业要为中小微企业服务的表态,一直不绝于耳,尤其是在当下的特殊时期,更要为它们雪中送炭,企业找到银行还不都是放贷,包括开具保函这样的小服务。看来银行支持中小微企业,改善营商环境,需要做和能做的还真不少,公众希望看到他们都能把表态变为行动。

下面请听本台记者发来的记者手记《改进的空间遍地都是》

跑了多家银行,记者一个突出的感受就是,工作人员的态度很亲切,可具体到办理业务时,大半的银行都没能给出明确时间——两三个月吧、可能要一两周、那得看客户经理忙不忙……如果说各家银行不一样,倒也情有可原,但同一家银行的不同网点,也未必给出同样的答案。

纵观这几年,上海围绕营商环境的提升和改善,付出了极大的努力,出台了许多举措，目的就是要给市场主体一个公开、公平而且透明的办事环境。就拿企业注册来说，需要什么材料？最多几天完成？清清楚楚、明明白白。还有，遍布申城的社区服务中心，当走进大门，接待人员的回答也是明明白白、清清楚楚，甚至是有格式的。回到银行系统，改进的地方也有，但不要总让中小微企业觉得，只有赚大钱的业务才能获得"贴心"服务。作为银行，虽然在商言商，经济效益至关重要，但别忘了还有社会责任。许多银行每年不是都会出一本《社会责任报告》吗？几乎都会提及为中小微企业服务，现在还会加上营商环境的字句。

那能否就从预付款保函开始，往大里看，是为了我们上海的营商环境更优；往小里说，是实实在在地帮助每一家中小微企业。作为营商环境改善的重要一环，其实大家都能看到，尤其是银行自己的工作人员，可以改进的空间遍地都是。

2020年度上海广播电视奖
参评作品推荐表

作品标题	直击隔离酒店的每日例会	参评项目	广播新闻
		体　裁	长消息
		语　种	中　文
作　者（主创人员）	赵颖文	编　辑	李斌
刊播单位	上海广播电视台 东方广播中心	刊播日期	2020年3月31日 7点27分08秒
刊播版面（名称和版次）	FM93.4上海新闻广播 《990早新闻》	作品字数（时长）	3分51秒
采编过程（作品简介）	2020年3月底，国外新冠疫情暴发，大批海外华人返回国内，上海的两座机场，成为抗疫的"最前线"，所有入境人员抵达后，都必须到指定地点隔离14天，全市各隔离酒店压力陡增。记者前往这家隔离酒店采访时，恰逢酒店召开每日的例会，各个环节的工作人员集中在一起，复盘当天工作、梳理庞杂问题、探讨解决之道。记者选择了其中几个具有代表性的片段：前一位客人离开后怎样做终末消毒、短时断电时如何保障酒店中上网课的学生不受影响、怎样劝导叫来外卖准备在客房吃火锅的客人……通过现场实况，听众能够感受到工作人员时而焦急，时而沉稳，时而铁面无私，时而哭笑不得，问题的琐碎、工作的尽职，尽在一个个故事中。		
社会效果	报道揭开隔离酒店的"神秘面纱"，展现了上海在承担了大量归国人员集中隔离的工作后，仍然能够提供像绣花般精细的人性化服务，这正是上海作为国际化大都市的气度和担当。		

直击隔离酒店的每日例会

昨天(30日)傍晚,本台记者来到静安区一家集中隔离酒店,旁听了一场工作例会。一个多小时的时间里,疾控、医护、公安、酒店等各方复盘当天工作,讨论改进方式。房间消毒要严格、快递接收须适度、垃圾清运应及时,一桩桩琐碎而重要的事情被一一提出,为酒店安全有序的运转提供保障。请听记者发来的报道:

这家酒店本月17日开始被征用,目前有311位隔离观察的客人,其中71位外籍人士,占到五分之一多。每天下午三点半,是工作例会开始的时间,围坐一圈的,有来自疾控中心、医护团队、公安局和酒店管理团队的工作人员。主持人是市第四康复医院副院长王红兵。本应参加会议的第三方清洁公司临时缺席,因为上周六开始,随着入住客人的增多,生活垃圾数量急剧增加,有一部分没能及时清运,他们正在紧急处理。

【那要么这样子,我们先开始……】

酒店第二天将有3位客人退房,他们是这里第一批隔离期满解除隔离的客人,为此,疾控中心特地细化了客人退房后的消毒流程:

【消毒员提前一刻钟去敲客人的门。他走了以后,我们做一个随时消毒,随时消毒以后,我们会对这个房间做终末消毒。每天做好以后会把这张表单以照片的形式发到微信群里。等到这间房间保证终末消毒彻底做好了之后,我们阿姨才可以进去,至少要两个小时以后,这个对阿姨也是一个保护。】

随后,酒店方面通报,未来三天,供电局要对用电系统进行电测,每天下午三点到三点十分会切换电源,产生短时停电:

【有可能里面上网课的这些人,用的手提电脑如果没有电的话,有可能会死机。】

一旁来自区中心医院的翻译马上表示,将把最新情况添加到电力告知书的翻译稿里:

【电力告知书早上发了一个通知,但是时间是从3点到3点10分,这个细节肯定要加进去,可能还要再翻译一版。】

【酒店:第二个事情就是昨天晚上有两间房间跳电,估计也是使用大功率电器引起的。】

【王:你说有跳电情况,可能就是他们趁不注意,把火锅之类的,他们回来的时候可能箱子里就有这个东西。】

此前接受采访时,作为"总管家"的王红兵就告诉记者,为了方便客人,酒店大门口配备了快递架,每天由消毒员把快递送到客人房间。但几天前,有位客人竟然购买了一堆新鲜蔬菜和生鸡蛋:

【都是生的东西,生鸡蛋、生的包菜,还有生的西红柿,这是青菜、这是蒜苗,还有青辣椒,感觉是要烧火锅!就正常的酒店也不允许你烧这些东西的!】

王红兵说,他们从3月27日开始对接收快递的数量作出限制,每个房间每天最多送三次,现在正考虑列一张清单,把烟酒、生鲜蔬菜、大功率电器等不能送到房间的物品更显著地标注出来。驻守酒店的民警也在例会上表示,将严格监管,也请酒店做好提示工作:

【你现在这种大功率的,旅客须知里面本来就有的,你们最好再告知一遍,当场跟他们讲,我们警察到时候讲起来,你们要遵守酒店的规章制度。】

例会快结束时,微信群里弹出一张照片,一位当天过生日的客人刚刚收到了酒店赠送的蛋糕。他要向所有的工作人员说一声"感谢"。

2020年度上海广播电视奖
参评作品推荐表

作品标题	走向我们的小康生活——走街镇 进社区 看小康	参评项目	广播新闻
		体裁	新闻专题（系列）
		语种	中文
作者（主创人员）	集体	编辑	孟诚洁
刊播单位	上海广播电视台东方广播中心	刊播日期	2020年9月1日7点12分—2020年9月17日7点34分
刊播版面（名称和版次）	FM93.4上海新闻广播《990早新闻》	作品字数（时长）	4分43秒、4分41秒、4分04秒
采编过程（作品简介）	2020年是决胜全面小康、决战脱贫攻坚之年。东方广播中心于9月1日起，在早新闻《走向我们的小康生活》专题中推出《走街镇、进社区、看小康》系列报道。围绕"全面奔小康"这一主题，报道团队用话筒记录本市市民的幸福生活，用声音传递人民城市的前行力量，用影像带来更高水平小康的生动图景。系列中的每一篇报道聚焦一个民生问题，生动展现了上海市民在住房、购物、医疗、文娱、自治等各领域的现状，描绘了一幅立体的市民生活变迁图。在系列报道持续推出的过程中，广播人跨岗位、多领域的协同，让彼此间加深了解，提升业务技能的多样性，形成了更强大的创作凝聚力，通过作品，向受众传递了上海这座城市的温度和包容性。		
社会效果	报道播出后获得了广泛社会关注，凸显了作为超大城市的上海，无论是旧区改造、乡村振兴、社区更新……与人民密切相关的民生"大事""小事"，都以争分夺秒的状态、攻坚克难的干劲，全力加速推进，实现全面小康的目标。		

走向我们的小康生活——走街镇进社区 看小康

一场"有梯一族"的聚会

位于静安寺街道的华怡园小区,老龄化比重超过六成。八年前,这里的1号楼成为全市第一个探索加装电梯的楼栋。最近,小区又举行了一场隆重的仪式,邻里街坊聚在一起,庆祝的是小区最后一栋老房2号楼加梯开工。今天的《走街镇、进社区、看小康》专题,我们跟随记者曹梦雅、包森,看看《一场"有梯一族"的聚会》。

【我是乔文龙,是华东医院放射科老的主任,1984年刚刚造好我们就搬过来了。我们1号楼作为上海第一家试点成功,好像比分到一套房子还要高兴!】

【锣鼓】

午后的华怡园响起喜庆的锣鼓声,居民们为2号楼加梯开工仪式忙前忙后,有人准备主持词、有人帮社区干部往外搬凳子,还有人在指挥合唱排练。见此热闹场景,住在隔壁1号楼5楼81岁的老乔不禁想起八年前,他所在的1号楼在全市率先试点加梯的场景。他说,当时怎么也没想到这样的好事会落在自己身上:

【那个时候我74岁了,最吃力是我们两个都喜欢旅游,回来一个人拎了一个箱子,爬到5楼你说真是累得不得了,所以我想我们有电梯多好。但是那个时候是个梦想,我想好像不可能的。】

那时,没有一套完备的制度,加装电梯真的是摸着石头过河。如何做邻居思想工作?审批要敲哪些章?各家该出多少钱?前后800多个日夜,大家共同摸索。静安寺街道自治办副主任葛君说,当时是社区周边企业组成的美丽园社区共建联合会,打破围墙,帮居民冲锋在前。

【大家现在可以看到有很多加装电梯的公司,第三方代建,我们尝试的时候是没有的。他们年富力强的,去帮大家一个个部门去咨询怎么样装。】

一旁的孙阿姨是3号楼居民,享受到了小区第二波加梯的福利。加装电梯前,她的老伴患上肺癌爬楼很艰难,他们便搬到了附近的电梯房。在那里,孙阿姨送走了老伴,一直盼着能搬回来。2016年,上海出台既有多层住宅增设电梯的指导意见和管理意见,政府按照施工金额的40%予以补贴,立项审批也从原来的40个章变成15个章。

【我就搬回来了,同楼里大部分老同志还在,老同志走掉的话,他的子女我们都看他长大的,因为我现在就一个人,他们非常关心我。所以回来非常高兴,回家了!】

去年年底,随着业主意愿征询通过比例由90%放宽到三分之二,小区加梯又跑出新速度。2号楼原本反对的低层居民,态度有了很大转变。得知自己所在的楼栋终圆加梯梦,住在2号楼87岁的解耀邦乐得合不拢嘴。在医院住院有一年了,这是老解第一次回小区,女儿拗不过父亲,推着轮椅把他送到老街坊身边。

【这个是非来不可!想念好多时候了,现在终于搞成了,很兴奋很兴奋!】

许久没见,几栋楼的老街坊们围着老解嘘寒问暖,分享加梯的喜悦。葛君说,八年间,居民们在社区干部牵头下,坐在一起讨论甚至争论,也使得彼此关系更进一步:

【哪怕争论也是好事,造到哪一边、遮光、通风,还有关于电梯的颜色、选哪一款、大小。争论可以破除我们现在这种商品房里面,大家门对门不认识这种感觉,居民之间越了解,关系就越亲密了。】

共建、共治、共享,居民们将加装电梯时形成的默契,带入更多的社区事务中。每年的纳凉晚会全由居民们操办,垃圾分类推进中,居民们自发凑齐了瓶瓶罐罐,在小区外墙搭起了"梦想之翼"艺术装置。

【唱歌】

在小区中庭,老乔、老解、孙阿姨和其他老街坊,唱起《美丽园之歌》,"美丽家人共建同心家园,和谐的社区在这里实现"。老乔笑言:

【现在我准备在这里养老了。自己也装修了一下房子,虽然小一点,但是装修得蛮舒服的,我已经感到幸福感蛮多的。(笑)】

戏迷老彭的故事

上海自贸区临港新片区揭牌一年来,吸引了来自全国乃至全球各地的人才在此汇聚。这些"新临港人"中,除了打拼事业的年轻人,还有跟随支持他们的家人。在这座产城融合、宜业宜居的新城中,无论年龄大小,新临港人都能找到属于自己的幸福。今天的《走街镇、进社区、看小康》专题,我们就跟随记者赵宏辉来到临港,看看《戏迷老彭的小康生活》。

【我叫彭思群,来自安徽铜陵。我退休以后随儿子儿媳来到临港,我平时在咱们居委会社区里办书法培训班、组织京剧沙龙。这里,就是我幸福的家。】

【专拣重担挑在肩,一心要建设临港美家园,为人民开出那改革的试验田……】

这是老彭的绝活儿,啥都可以用京剧唱出来。两年前,老彭的小孙子呱呱坠地,刚好退休的老彭和老伴决定搬来临港,用他的话说,是给孩子们当"后备军"。

【新片区发展很快,年轻人是建设者,是打仗冲在前面的,我们老人是后勤部队,给他们带孩子,让他们无后顾之忧。】

话虽这样说,但老彭也不是成天围绕孩子转。他把自己的时间安排得妥妥当当。一大早,先把小孙子送到家门口的托儿所安顿好,然后再赶去几个路口外的申港文化艺术中心。这天,是他给这里的暑期书法培训班上的最后一堂课。

【大家到老师这边来,这个是凸横……】

来临港两年多,老彭的书法班办了十期,学生下到四五岁,上到七八十岁,还有些特别的"徒弟",来自他所居住的宜浩欧景居民区的一片人才公寓。

【有上海海洋大学的老师,有软件园的工程师,还有在大飞机厂工作的,利用业余时间,他们都很爱学。】

风景美、空气好,是老彭两年前初到临港时的第一印象。不过当时,人气差了些,像老彭这样的老年人身边有不少,但大家不熟悉,也没什么机会认识,更不要提文化活动了。老彭寻思着发挥自己的特长,在居委会的支持下,这位60多岁的"新临港人"开始了文化"拓荒",周围大大小小的社区,都留下了他的身影。

【我一生都是搞文化工作的。在滴水湖馨苑,大妈们组成合唱队,我给他们指挥。小区里有旗袍秀,我也给他们点拨点拨。咱们虽然老了,但老有所学、老有所乐。】

居民区党支部书记宣好说,他们开辟出各式场地,也一同宣传张罗,给老彭这样的"能人"组织社团创造条件:

【参照临港地区大学生社团,有书法、瑜伽、太极拳,有团队建设、日常的娱乐练习。久而久之他们对临港产生了感情,这是他们的第二故乡,能够沉下心来陪着孩子在临港生活。】

文化活动越办越丰富,为老服务的硬件设施也在跟上。如今,临港主城区已经建成15分钟生活服务圈,将菜场、药店、托老所、助餐点等日常所需逐一串起,从商业服务到文化休闲,各类配套设施都在加紧落地。谈起新片区揭牌一年来身边的变化,老彭如数家珍:

　　【小区门口就建了个体育公园,从小区到滴水湖,一路上都是绿化和生态公园,还有生活集市。如果一个礼拜不去滴水湖,就有新的变化。】

　　【水幕电影背景声】

　　傍晚,滴水湖畔,伴随着徐徐凉风,一场水幕电影秀正式开启,吸引了不少居民,还有从市区来的游客。老彭和老伴,则喜欢沿着湖岸,散步看景。兴之所至,老彭又亮嗓了:

　　【京剧:自从退休来上海,时刻把临港挂心怀,眼睛一眨已三载。马洪亮探亲我又重来。洋山港,好气派,国际一流建起来。新片区,建设快,世界级的大项目,它一个一个地立起来(压混……)】

有这样一群伙伴,比啥都浪漫

　　"离城市不远,离乡村很近",形容古镇召稼楼所在地——闵行区浦江镇革新村,恰如其分。通过"宅基地集中归并",村民们不仅住进了粉墙黛瓦的独立小楼,腾挪出来的空间,经过精心规划和建设,更是吸引了一大批民宿、文创、生态农场"伙伴"们的竞相"加盟"。本台《走街镇　进社区　看小康》系列今天(17日)请听本台记者俞倩带来的报道《有这样一群伙伴,比啥都浪漫》:

　　【我是浦江镇革新村党总支书记任毅辉,每天都有络绎不绝的团队过来,住了民宿,到合作社去采摘、垂钓、烧烤,把游客留下来了,农民一年就有8万多元钱的租金,乡村振兴归根结底要让老百姓有幸福的乐园。】

　　【风声、流水声衬】

　　清晨,环绕着革新村的清澈河道里,花菖蒲、荷花正在绽放。上百栋江南风格的三层小楼,白墙灰瓦,披上了一层朝霞。

　　60多岁的村民杨阿婆和同伴们正在清扫路面,收拾垃圾厢房,她们都是自发来当保洁员的。通过宅基地集中归并,村里的环境大为改善,河面、栈道、灯光请了专业团队规划设计,让人喜欢得不行:

　　【空气好了,树也好多,村里面有这个服务,干吗,就是锻炼锻炼身体,村庄上

隔壁邻居都是挺好的,我们一起合得来的.】
　　村民们口中的"隔壁邻居",就是革新村引入的各种业态,将暂时不住的空置小楼利用起来。今年6月第一个到来的伙伴是"悦·乡居"民宿,管家李先生说,11栋民宿各有特色,团建、亲子、闺蜜行,不同需求都能满足:
　　【现在有的女孩子她不化妆不出门,所以我们选择不是自助式的早餐,我们是给您送到房间客厅里,她就直接刷牙洗脸下来,就吃个早饭。】
　　订制早餐还拉动了村民增收,他们组团制作当地特色小吃,专供民宿客人。正是被革新村的优美环境和烟火气吸引,画家林伟光带着他的"禅光竹房"落户于此,将紧靠河边的一栋小楼改建成了工作室,在附近还种了一片有数十个稀有品种的竹林:
　　【像我早上起来,竹林里面走一圈,感觉很漂亮,它是四面环水,如果这个竹林打造起来之后,相当于做一个网红打卡基地,弘扬中国竹文化,清风袭来这种感觉。】
　　谈话间,另一名伙伴,革新村MB有机农场的潘晓静前来探访,原来他们计划将原来的冷藏库打开,做成文创餐厅,所以找同伴们取经:
　　【(对话:准备9月设计图纸出来。//那你这个设计很高级啦。//没有,等一下我们给您参考一下,设计设计,一起参谋参谋。)渐隐】
　　MB农庄不仅有水果采摘,还将昆曲等文化元素融入,游客们会有更丰富的体验感:
　　【我们可以穿上戏服,在田园里面,随便去抓一个景色来拍摄,都是很美的。高颜值的外表下面,还是需要有趣的灵魂的,有趣的人更多了之后,我们也愿意多来,就是更好玩了!】
　　【露天电影声音】
　　伙伴们的到来,也让村里的年轻人跃跃欲试。革新村的新网红——"桃仙"咖啡馆前有一大片空地,专门放露天电影,合伙人蔡蔡就是本地人,她说,民宿、农庄、咖啡店等等业态之间还能相互引流,越来越多有趣的伙伴加入,让这里充满浪漫:
　　【大家本身就是非常向上的这样一个环境里面,能够做一些自己喜欢做的事情,我们体量起来了,才能吸引更多的客人,你要热闹又好玩的,人家才会来。】

附:主创人员名单
　　范嘉春、孟诚洁、李斌、俞倩、顾隽契、胡旻珏、周导、李雪梅、汤丽薇、赵颖文、姚轶凡、程琳、代灵、曹梦雅、周显东、盛陈衔、赵宏辉、周依宁

三 等 奖

2020年度上海广播电视奖
参评作品推荐表

作品标题	"老赖"用身份证不能坐高铁，却可以用护照坐飞机?!		参评项目	广播新闻
			体裁	短消息
			语种	中文
作者（主创人员）	胡旻珏、代灵	编辑	赵颖文、刘婷、孙萍	
刊播单位	上海广播电视台 东方广播中心	刊播日期	2020年1月19日8时31分	
刊播版面（名称和版次）	FM93.4上海新闻广播《990早新闻》	作品字数（时长）	1分25秒	
采编过程（作品简介）	失信被执行人，俗称"老赖"。自2013年7月，最高人民法院出台《关于公布失信被执行人名单信息的若干规定》以来，"老赖"不能坐飞机、高铁，已经是常识，深入人心。然而只要拿出护照，就能用护照购买飞机票，头等舱也没问题……在今年上海"两会"政协委员们讨论"两院"工作报告时，马驰委员在调研中发现的"反常识"现象，一下将会场的讨论气氛推向高潮。记者敏锐地捕捉到这一现场，并第一时间进行报道："一网通办""一网统管"，涉及部门间数据的互联互通，更涉及维护司法判决的严肃性，应当尽快补上漏洞！			
社会效果	这篇报道是上海"两会"报道中，唯一捕捉到这一场景，并第一时间进行呈现的。报道播出后，不少政法系统的"老法师"前来求证、讨论，对尽快补上漏洞，维护司法判决严肃性起到推动作用。同时，"老赖"不能坐高铁却仍旧可以坐飞机的现象，不仅说明了上海推进"一网通办""一网统管"的重要性、必要性，也揭示了工作推进中还有不少"硬骨头"，一些部门间的数据互联互通仍有壁垒，需要引起重视。记者对此问题进行跟进，目前已经在推进解决之中。			

"老赖"用身份证不能坐高铁，却可以用护照坐飞机？！

　　"老赖"不能用身份证乘坐高铁，却可以用护照买到飞机票。在昨天（1月18日）讨论"两院"工作报告时，来自上海社科院的市政协常委马驰呼吁：尽快补上这个漏洞！请听报道：

　　【我做过一个调查：失信人员不能买高铁车票了，你只能去坐"绿皮车"了。很好！这个是有惩戒的。但是我有护照啊，我可以坐飞机啊！（压混）】

　　马驰委员所在的社科界别中，许多委员来自司法系统，大家的第一反应就是"不可能"：

　　【马驰：你们不信，可以去问民航。你拿护照，照买不误！

　　在场委员1：假护照。

　　在场委员2：多本护照。

　　马驰：我做过调研，我才敢说这个话。两个星期之前在公安局，我就问"出入境管理局和公安局不是都是一条线上的吗？护照跟身份证怎么就不能够互联互通呢？"他就说，这个里面实际上联通上面是有问题的。】

　　在他看来，这不仅涉及"一网通办""一网统管"，涉及部门间数据的互联互通，更涉及维护司法判决的严肃性。

　　【我不是技术工作者，我没有资格来谈这个后台怎么样是合理的，但我是认为如果权力部门之间的访问都不能互通，这个里面是有漏洞的。尽快把这个漏洞补掉！】

2020年度上海广播电视奖
参评作品推荐表

作品标题	青浦"练塘茭白"种到了海拔1200米高原上，成了傣家人的"致富菜"	参评项目	广播新闻
		体裁	长消息
		语种	中文
作者（主创人员）	范嘉春、姚轶凡	编辑	范嘉春
刊播单位	上海广播电视台东方广播中心	刊播日期	2020年7月6日 08时23分
刊播版面（名称和版次）	FM93.4上海新闻广播《990早新闻》	作品字数（时长）	3分50秒
采编过程（作品简介）	\multicolumn{3}{l}{"我们的茭白是喝着山泉水长大的,产量高,生吃口感就很好……"距离上海2300多公里的云南德宏州傣族村寨帕底村的107亩茭白大丰收,令这里的傣家人喜出望外。 报道先声夺人,开篇第一句话便引出主题,抛出悬念,让人进一步想听下去,寻找江南水生蔬菜缘何种到海拔1200米高原上,成为傣家人脱贫致富菜的原因。 报道紧接着将种植水稻和茭白的亩产产值进行对比,数据最具说服力,茭白成为傣家人的"致富菜"绝非浪得虚名。 茭白能够成功引种到云南高原,并非一蹴而就,其中既离不开云南当地脱贫致富带头人的穿针引线,也离不开上海青浦援滇干部执着尝试,在引种"慈菇、藕都失败"后,锲而不舍带领家乡茭白养殖能人入滇,手把手教会傣族兄弟种茭白……善抓细节,会讲故事,作者采访扎实,紧扣时事,特别在报道后半部分,作者抓住的另一个细节,为报道立意高远锦上添花。 这一细节就是援滇干部怀向军为了让德宏茭白走进上海市场,牵线搭桥,在上海江桥市场和西郊国际两大农产品交易市场,为德宏农产品开辟了"绿色通道",打通销售渠道,解了德宏建档立卡贫困户后顾之忧。报道推进到这个阶段,似乎还只是上海单方面援滇的一个典型案例。但随着2020年年初,新冠疫情的突然来袭,上海"菜篮子"告急,困难面前,沪滇两地互帮互助,共渡难关,"绿色通道"的搭建在关键时刻既解了上海}		

采编过程（作品简介）	"菜篮子"的燃眉之急，也让德宏建档立卡贫困户滞销中的蔬菜有了销路，可谓一举两得。 　　脱贫攻坚的最终目标是让全中国人民齐奔小康，共享改革开放带来的红利。这篇录音报道叙事细腻，故事娓娓道来，将上海扶贫优秀案例、沪滇友谊之情呈现得有声有色，动听感人，无论是叙事结构，还是立意高度上，都是一篇不可多得的广播新闻佳作。
社会效果	报道一经播出便引得业内外赞声一片，故事精彩，案例经典，不少听众纷纷表示，该报道听后印象深刻，过耳难忘。

青浦"练塘茭白"种到了海拔 1 200 米高原上,成了傣家人的"致富菜"

"我们的茭白是喝着山泉水长大的,产量高,生吃口感就很好……"距离上海2 300多公里的云南德宏州傣族村寨帕底村的107亩茭白大丰收,令这里的傣家人喜出望外。两年前,上海来的青浦扶贫干部带着大伙种起了"练塘茭白",5 000斤的亩产比"茭白之乡"练塘还高出了1 000多斤。引产业,拓销路,练塘茭白在云南的落地生根,生动诠释了脱贫攻坚路上,特色产业精准扶贫,方能高质量完成脱贫任务。请听本台记者姚轶凡发来的报道。

【试验了很多,慈菇、藕都失败了,最后就是茭白,这个行了……】

亩产5 000斤,地头价6元一斤,一亩产值3万元,这让种了半辈子水稻的48岁傣家人李岩喊过(傣族名字)直呼没想到,过去种水稻,都是亏本在种,种上茭白,收入一下增加了快30倍。

【原来种水稻,种一季谷子,亩产只能卖到1 000多(元)一点,种谷子是亏本的。】

种植技术门槛低,收益又高,不少去年还在观望的农户决定今年下半年也要跟着李岩喊过改种茭白。消息传来,不仅乐坏了宏聚公司董事长杨宏俊,也让上海青浦援滇干部怀向军乐开了花。

【光照充足,长势快,亩产那么高是想不到的,品质比我们青浦要好得多。】

在昆明干了20多年餐饮业的杨宏俊,2016年选择回乡二次创业,投资3 000

万元成立宏聚农业公司,带动2 000户农户从事蔬菜种植,其中建档立卡贫困户500多户。2018年,老杨跟着怀向军到青浦考察,第一次吃到了茭白,便令这位老餐饮人对这种华东家常水生蔬菜产生了浓厚兴趣,与怀向军合计着回云南种植反季节茭白。

【茭白口感很嫩、很香,很好吃,我感觉我们这里能种出来。】

在海拔1 200米的高原种茭白没有先例,心里没底,怀向军带上练塘茭白合作社的老茭农,选了11个品种的茭白苗,在帕底村手把手教傣家人试种起了20亩茭白。一季种下来,"大白茭"这一品种脱颖而出,当地平均20℃的气温,令"大白茭"出芽率超出了青浦三成。老杨将德宏茭白拉到上海,卖出了好价钱,六块五的批发价,比五月上市的青浦茭白高出一倍。

【怀向军帮了我们很大的忙,说实话,全利用休息时间领着我们跑江桥市场和西郊国际,带着我们去对接。】

在怀向军的不懈努力下,德宏茭白叩开了上海的大门,宏聚公司也成了上海市外蔬菜主供应基地。销售渠道的打通,还解了德宏建档立卡户的后顾之忧,就在今年春节,受疫情影响,眼瞅着大片的土豆、玉米、四季豆就要烂在地里滞销,大年初一,老杨接到西郊国际和江桥两大市场来电,上海"菜篮子"亟须德宏菜保供应。

【我们初二就复工,建档立卡户马上组织收割,初四第一车就出发,初七第一车货就进了上海。】

不愁销路的德宏茭白成了傣家人的"致富菜",今年德宏州计划将茭白种植面积扩大到2 000亩。仅此一项,就将带动500多户建档立卡户增收1 500万元。

2020年度上海广播电视奖
参评作品推荐表

作品标题	一场令人直冒冷汗的野蛮施工被直播节目中的区长叫停	参评项目	广播新闻
		体裁	长消息
		语种	中文
作者（主创人员）	陆兰婷、王海波、姚轶凡	编辑	俞倩
刊播单位	东方广播中心	首发日期	7月21日07时25分
刊播版面（名称和版次）	FM93.4上海新闻广播《990早新闻》	作品字数（时长）	3分56秒
采编过程（作品简介）	一直求新求变的《夏令热线：区长访谈》今年首次走出广播大厦，走入各区的城运中心，并采取广播和视频双直播的形式，令《夏令热线：区长访谈》可看、可听，特别是节目有了各区城运中心的"加持"，令区长现场为市民解决烦心事更直观，更真切，更迅速。 "人民城市人民建，人民城市为人民"，上海正在全力打造"一网通办""一网统管"的"两张网"建设，2020年《夏令热线：区长访谈》多场景、多平台直播的形式生动展现了"像绣花一样精细"的上海城市治理解决之道。 报道首先截取了当天青浦区长余旭峰做客《夏令热线：区长访谈》中因市民投诉而引发一场让人虚惊一场的片段，凸显了今年节目创新带来了即视感，并因为有了这样及时调动现场画面的条件，也令一场野蛮施工在直播节目中紧急被区长叫停。 紧接着，节目接入另一个市民投诉，记者实地探访投诉现场，现场连线接入直播节目。一个不法水泥制品加工厂开了关，关了开，数年取缔不了，原因何在？区长坐镇节目直接接通了街道、区水务、生态环境等多部门主管领导电话，寻原因，探究竟，一场"庖丁解牛"式的现场办公在电波中由此展开…… 短短4分钟不到的报道，案例抓耳，现场感十足，既展现了节目为民解忧的特点，也凸显了形式创新给节目带来的能量升级，赢得了广大听众的好评。		

社会效果	报道播出后,广播节目融媒体转型中迸发的创新之花,也引发了业内思考广播电视跨界融合的可能性。
	    11月30日,在2020《夏令热线:区长访谈》的启发下,SMG东方广播中心携手融媒体中心,联合上海十六个区融媒体中心,推出大型融媒联播节目《民生一网通》。从11月30日起,每周一至周五中午11点25分,节目在上海人民广播电台FM93.4上海新闻广播、上视新闻综合频道、话匣子FM、阿基米德、看看新闻、快手等平台同步音视频直播。广播电视"双频"共振、互联网多平台联动,形成全媒体传播矩阵。
	    由一档广播老牌节目的创新引发的一场广播+电视跨界融合,正以前所未有的形式,破圈解码城市运行"一网统管"中的"大乾坤"。

一场令人直冒冷汗的野蛮施工被直播节目中的区长叫停

昨天(20日)在本台直播的《2020夏令热线：区长访谈》节目中，一场令人直冒冷汗的野蛮施工被做客节目的青浦区区长余旭峰现场紧急叫停。请听记者陆兰婷、姚轶凡发来的报道。

节目中，于先生来电反映青浦华新镇华新街上有施工人员正在拆除广告牌，施工车停在人行横道上，周边无防护警示标牌，涉嫌野蛮施工。设在青浦区城运中心的节目现场大屏快速调出了施工现场画面，与此同时，华新镇镇长林峰的电话同步接入。

【余：林峰，我现在在城运平台视频上能看到现场，人行道下面有行人在走，上面在拆，边上没有警示牌，你看这两位市民走过来就有危险。】

一边说着，一边余旭峰现场就在大屏幕亲眼目击到施工现场时有物体直往下掉。

【余：林峰，立马派人到现场，刚才拆过程中看到，上面有一块很大的东西掉下来，这样施工是要出事情，非常危险，非常危险。
林：我马上派人过去。】

一场危机四伏的野蛮施工，在一场实时可调取现场视频的区长直播访谈节目中被及时制止，惊出冷汗之余，也在警示着大家，城市管理须细中再细，马虎不得。

【海波：现在就马上连线陆兰婷的电话。陆兰婷，你好。

陆兰婷：区长好……（渐弱）】

节目组还接到爱星村村民来电反映，青浦香花桥街道庄五路向西四百米的农田里有一个水泥制品加工厂，造成水泥扬尘、污水排放、农用地硬化等问题。本台记者陆兰婷经过一番暗访之后，证实村民反映情况属实。

【陆兰婷：据了解，这家水泥制品厂制造专门（用于）高层建筑中的油烟烟道，场地有四五个篮球场那么大，水泥作坊在这里四五年，明显有破坏农田的迹象，为什么没有人管？】

水泥加工厂扬尘扰民令周边村民不胜其扰，先后多次拨打12345热线电话，香花桥街道两次回复，认定其为非法项目。节目现场余旭峰接通了香花桥街道主任许伟明电话。

【许伟明：其实，我们在去年7月，街道综合办已经到现场处置过，采取断电措施，可能有反复。上个星期，我们城管到现场进行处置，处置后要求他十天内必须搬离现场。】

据记者现场观察，工厂场地紧邻河道，岸边堆放大量杂物，对河岸也造成了损坏。节目同时接通了青浦水务局局长程光宇、生态环境局局长杨佃辉的电话。

【海波：水务局局长程光宇在吗？

程光宇：从水的角度，涉嫌违规，利用岸线经营，是违规的。

海波：生态环境局杨局长。

杨佃辉：这个企业是典型的违法违规生产型企业，去年我们接到类似的投诉，我们进行依法查处。

余旭峰：去年就接到投诉了。这么长时间没有得到根本解决？

杨佃辉：近期属于死灰复燃。】

一个小小非法水泥厂，查了关，关了再开，属地管理的街道和水务、环保等部门也对这家企业不陌生，余旭峰认为，未能一管到底，彻底取缔，实属不该。

【希望街道能够属地管理,牵头相关其他执法单位依法应拆除的都要坚决拆除。你们以后接到其他事情也要举一反三,不能治标不治本。我们一定要治本,问题就会越来越少。】

2020 年度上海广播电视奖参评作品推荐表

作品标题	上海首例农村集体建设用地作价入股，农民有了"五金收入"	参评项目	广播新闻
		体　裁	长消息
		语　种	中文
作　者（主创人员）	周伟、赵奕翔、金宏	编辑	侯晓钢
刊播单位	金山区融媒体中心	首发日期	2020 年 10 月 24 日
刊播版面（名称和版次）	金山人民广播电台 FM105.1	作品字数（时长）	3 分 56 秒
采编过程（作品简介）	该篇消息及时准确报道了上海首例农村集体建设用地作价入股这一重要新闻事件。三农问题一直是我国改革的重大课题，其中农村存量资产的盘活利用、增加农民收入显得尤为重要、迫切。上海作为改革开放排头兵，在金山区首次试水农村集体建设用地作价入股，这项工作意义的重要性不言而喻。记者敏锐地嗅到了该新闻事件的重大价值，叙述中牢牢把握"农民增收"核心，精炼而准确地介绍该新生事物诞生的全过程，为其他地区借鉴推广，提供了详实的信息。该报道切题准确、思路清晰、文字精炼、采访全面、信息充分、节奏紧凑，并善于运用同期声等表现手法，使近 4 分钟的长新闻，听来全无拖沓冗余之感。			
社会效果	2020 年 10 月 24 日，金山区朱泾镇待泾村以 99 宗 113 亩农村集体经营性建设用地成功入股"花开海上"生态园二期项目，率先成为上海首例农村集体建设用地作价入股。由于事先作了扎实的准备和策划工作，当天在现场很快完成了相关部门和村民的录音采制，最终快速播出。在对政策解读的过程中，语言精炼、通俗易懂，展现了上海敢为人先、勇于探索的开拓精神。同时记者以敏锐嗅觉，快速、准确捕捉新闻素材，先后运用当地政府镇、村干部、受益村民的采访，以及启动仪式上市农委领导的同期声，有效延展了报道的深度与广度，也使报道更为生动，真实描绘了上海农村快速发展、百姓得实惠的美好前景。			

上海首例农村集体建设用地作价入股，农民有了"五金收入"

导语：今天，位于金山区朱泾镇待泾村的"花开海上"生态园启动二期项目，待泾村以99宗113亩农村集体经营性建设用地成功入股其中，成为上海首例农村集体建设用地作价入股。农村集体建设用地作价入股的政策依据，来自今年2月中共中央一号文件提出的：农村集体建设用地可以通过入股、租用等方式直接用于发展乡村产业。请听金山台记者周伟、赵奕翔、金宏的报道：

根据协议，待泾村这99宗农村集体土地入股时限为40年，与国有土地同权同价，今后将按照"保底+收益分配"模式获得股权收益，持续为壮大镇村集体经济赋能，而村民将走上"租金+股金+薪金+现金+保障金"的"五金"增收之路。朱泾镇党委书记李士权表示：

（采访金山区朱泾镇党委书记李士权：长期以来，农村集体土地闲置、使用低效的现象比较普遍，没有发挥出土地的最大效益。我们希望通过一、二、三产产业融合发展，探索出一条土地资源可持续反哺乡村的路径。）

2019年，在市农委等部门的支持下，朱泾镇以新修订的《土地管理法》颁布实施为契机，开始了"摸石头过河"的探索之路。朱泾镇副镇长金新弟介绍说：

（采访金山区朱泾镇副镇长金新弟：早在待泾村乡村振兴示范村创建规划时，朱泾镇就根据村庄规划进行了划片布局。"花海二期"项目框架协议签订后，我们就根据项目整体规划方案进行了选址定位，最终确定了113亩的点状用地。）

所谓点状用地，即113亩并非为一个区块，而是散落在待泾村12个自然组的99宗土地。

（采访金山区朱泾镇副镇长金新弟：首先要做的，就是为它们办出"身份证"。而集体经营性建设用地点状供地的不动产权证办理，无先例可循。）

朱泾镇以合法合规为前提,开始相关政策的研究与办理流程的核定。2019年10月启动立项,11月6日项目选址,2020年1月19日完成农转用,5月19日取得供地批文,7月3日发证……半年多时间走完了99本《不动产权证书》申办的全流程。这也成为上海农村集体经营性建设用地取得《不动产权证书》的第一例。

合法持证后,朱泾镇立即委托有资质的单位进行地价评估。

(采访金山区朱泾镇副镇长金新弟:评估价出炉之后,上海市金山区朱泾镇待泾经济合作社、上海金山区朱泾经济联合社以集体经营性建设用地使用权"作价入股"的方式注资上海花泾建设发展有限公司,上海蓝城花开海上建设管理有限公司也按照约定的股权份额,以增资扩股方式追加出资额。)

(采访金山区朱泾镇待泾村党支部副书记、主任彭雷辉:根据出资比例,目前三方的股权分配及未来的收益分红方案已经待泾村经济合作社社员代表大会的表决通过。作价入股后,待泾村集体持股比例可达36%。)

待泾村党支部副书记、主任彭雷辉给记者算了一笔账:113亩地一年至少近200万元股金收入,加上农用地流转费租金收入、停车场的停车费收益、10%门票收入的分红,还有村民在生态园打工的薪金收入,村民们就有了多元化的收入来源。如果自家农宅被租用作民宿,还有另一笔租金收入,而种粮种菜的农户还能通过自产自销拿到现金,再加上养老保障金,他们就成了名副其实的"五金"农民。刚刚签约民宿项目的村民黄建军开心地说:

(采访金山区朱泾镇待泾村村民黄建军:预计自己农宅一年租金要5.7万元,再加上两个老人镇保有5万元,土地流转3000元,总共加起来十万多元了,真的很开心。)

(上海市农业农村委副主任陆峥嵘现场声:作为全市首例探索农村集体建设用地作价入股的实践。)

在生态园二期项目启动仪式上,上海市农业农村委副主任陆峥嵘表示,作为上海首例探索农村集体建设用地直接作价入股的实践,实现了乡村与社会资本的双赢。

2020年度上海广播电视奖参评作品推荐表

作品标题	宅出来的新思路	参评项目	广播新闻
		体　裁	新闻专题（系列）
		语　种	中文
作者（主创人员）	汤丽薇、俞承璋、刘婷、吴泽宇、顾赪琳、胡旻珏	编辑	孟诚洁
刊播单位	上海广播电视台东方广播中心	刊播日期	2020年3月3日—3月10日
刊播版面（名称和版次）	FM93.4上海新闻广播《990早新闻》	作品字数（时长）	3分36秒，3分16秒，4分05秒
采编过程（作品简介）	突如其来的疫情，在改变我们生活的同时，也在催生新的行业、新的机遇。为应对这些变化，这组系列报道聚焦6个不同行业、企业以及政府监管部门，围绕"宅"字推出的应变之举。 6篇报道记者分别关注开在云端的互联网医院、客串网络主播的银行经理、做起外卖的五星级酒店、网上房产中介、网上书店等，这些"线上"和"云端"的新变化，承载起了人们生活、学习、工作中越来越多的需求。同时，为了探索适合新业态的监管模式，政府部门也在扩展更多"不见面"审批和监管，提供"一对一"的定制服务。		
社会效果	疫情下，上海许多企业主动"危中寻机"，寻找新的经济增长点；政府监管和服务也与时俱进，主动创新。这些改变，都是上海这座城市经济发展的新亮点。 这组系列报道，较早关注到了这些"主动求变"，6篇报道分别聚焦不同领域和行业，记者通过扎实、深入的采访，展现这些变化和背后的期待。		

宅出来的新思路

"云看病"激增的背后，互联网医院更看重沉淀下什么

疫情暂时拉开了人们之间的物理距离，但无法撼动人们之间的情感距离。我们身边很多行业和企业最近都围绕"宅"字，推出应变之举。"线上"和"云端"承载起人们生活、学习、工作中越来越多的需求。静与动，宅家与云端，未来的方向和机遇，会不会就在其中呢？今天起，本台早新闻推出《宅出来的新思路》系列报道，解析身边的变化，探究背后的思考。

疫情之下，上海探索已久的"互联网医院"跑出加速度。目前，至少有六家医院在探索推进。本台记者昨天探访徐汇区中心医院，发现这家拿到本市首张互联网医院牌照的公立医院，仅用一周时间，就打通了"云挂号""云问诊""云配药""线上医保脱卡支付"等医疗核心业务的"经脉"，"云"上门诊量已超过此前五年的总和。请听报道：

在各科室都已恢复门诊的日子，徐汇区中心医院大厅里的患者并不多。继续向前走，右拐，步入一扇玻璃门后，里面却是另一个世界。

【医生：侬听我讲，妈妈，侬在我们医院看过病吗？

患者：医生我供血不足……】

眼前仿佛是一处繁忙的客服中心，只不过每一个格档里坐的是医生，人人戴着耳麦，一边面对摄像头和患者交流，一边敲打着键盘记录病例。靠近聆听，你会发现这些"白大褂"的态度个个都很温柔。

【因为我希望她不要太紧张，毕竟不在同一个物理空间里面，你可能要更多的耐心，多询问、多沟通地去获得医疗诊断这些信息。】

说话人是老年病科的主任医生胡珺，最近一周她平均一天"云端"接诊 50 多个患者，每天和她同时在线的医生接近 60 个，单日接诊总量超过 3 000 人次，比线下门诊还要多，而就在疫情前这个数字最高只有 200。徐汇区中心医院执行院长朱福十分感慨。

【我做了 5 年的线上门诊，这个一周就超过了我 5 年。】

此前，云医院的功能还是以病情咨询为主，上周拿到牌照后，仅用 6 天时间就做到了从挂号到问诊，再到开处方、医保支付、药品配送的全流程"云就医"服务。

【政策打通了，我们一下子把所有资源都调动起来，每天通宵搞了 6 天，就是加速度。】

探索多年的互联网医院突然迎来"高光时刻"。面对陡增的数字，朱福觉得此刻更要保持冷静，筹谋布局好"战时"状态过后的"常态化"运转体系。

【把线上的门诊常态化地像线下门诊一样对待，同等地去重视。我们不光是医生，我们全部的护士、护理人员，全员都经过了互联网医院的流程培训。】

兼任徐汇区中心医院院长职务的复旦大学附属中山医院副院长周俭期待更进一步。患者在网上造访的不是一家医院，而是互联互通的医联体。

【加强互联网建设，徐汇区中心医院如果看不了的疑难杂症，中山医院的专家可以会诊，在云端上做多学科的合作的平台。】

在徐汇区卫健委主任任雪雷看来，当下是借势加快推动分级诊疗和双向转诊制度的好时机。

【信息共享全部打通好以后，通过"云医院"的这样一个诊疗模式，该做 CT 的，该做核磁共振的，能够分流，而不要都是到三级医院，从一方面反而助力于我们的分级诊疗。】

开口就谈"钱"的直播间

一场别开生面的网上直播昨天在徐家汇商圈"一网通办"自助办理点登场。两位来自银行的普惠金融服务人员跨界当起主播，宣传银行小微金融服务。在直播平台的手机端上，小微企业主纷纷留言点赞，弹幕横飞。《宅出来的新思路》系列请听本台记者发来的报道：《开口就谈"钱"的直播间》。

颇具网红气质的交通银行徐汇支行90后客户经理俞哲,直接向手机另一端的小微企业主抛出"灵魂三问"。

【第一,我需要拿到银行资金;第二,拿到资金同时我希望尽量利息比较低的成本,来渡过这次难关;第三,除了拿到资金利息比较低之外,我相信你们还需要更快的速度去帮你们及时地去拿到这笔资金。】

俞哲准备了一个小看板,把小微企业主三个关键需求列在上面,一一讲解。俞哲说,这还是和女友在疫情防控期间的视频聊天中找到的灵感。

【我觉得单纯地去读一些政策产品,可能受众面他们不会有很大的兴趣。我女朋友也是从企业主的一个思维转换,她说:"如果我是企业的话,我希望拿到资金,然后比较快拿到资金。"这也是构成了我这次直播的整个提纲。】

俞哲还在女友建议下,学习B站上的网红主播,让十多分钟的直播起承转合,引发小微企业主热烈的线上交流。徐家汇街道负责营商服务的副主任傅晓告诉记者,一周前的第一场金融服务直播,吸引了4.3万线上观众,接近徐家汇商圈企业数的5倍。

【直播以来,一家银行已经有20多家的企业进行了对接,而且是以科技型的和服务性的企业为主,对于贷款方面的产品的业务咨询比较多。目前,有意向的企业都是在洽谈的过程中,这家银行预估后期对接的金额合计可以达到千万元左右。】

银行做直播,动辄几十万上百万元的贷款,企业不可能不慎重。另一位来自中国银行徐汇支行的80后主播吴雁泽对自己有着清晰的人设。

【效果肯定是也要兼顾的,但是最主要的话还是不能只是宣传得好,客户因为你这个宣传来了,但是发现很多业务他做不了,这个实际上效果就打折打得比较多嘛!】

年轻人的跨界玩法,让不少"老银行"打开了新思路。上海农商银行徐汇支行区域市场负责人陈海颖感慨,没想到银行推广普惠金融服务还能这么玩。

【银行的产品怎么可以随随便便这样子说出去,但是平时的日常生活中已经有一点点地渗入这种理念以后,再讲的时候就一下子觉得豁然开朗,原来我们也可以这样的。】

在普华永道管理咨询合伙人王建平看来,通过网络直播面向小微企业推介普惠金融服务也是一种很好的尝试。

【小微企业它是兼具了个人的特征,同时它又有企业的特征,而小微企业的决策者很多时候往往是企业主个人,因此网络直播这个方式对于小微企业也是具有一定的适应性的。】

"权宜之计"背后的大期待

疫情冲击下,"主动求变"同样体现在政务服务上。网上审批、视频核查,一系列在疫情之下加速推出的创新举措,不仅为企业"抢"回发展时间,也进一步推动刀刃向内的改革。今天《宅出来的新思路》系列报道,请听本台记者发来的:《"权宜之计"背后的大期待》。

【上海豪德餐饮管理有限公司徐汇区瑞平路68号2层W1-201室,这边是吧台7个平方米……】

在徐汇区行政服务中心大厅,区市场监管局工作人员朱馨一手点击鼠标,一手拿着饭店的平面布局图,认真比对。她眼前的电脑屏幕上,是这家饭店经营者自己拿手机拍来的一段视频。

【其实我觉得现在就等于是我的眼睛在看。因为像他现在这里是进门处,这里是水吧,按照我们的要求放一下水,看水流是否正常……】

在食品经营许可环节,许多申报材料都已是网上递交、网上受理,但发证前有一个核查环节,长期以来都是由监管人员实地去看。受疫情影响,如今它被搬到了网上。从面对面到屏对屏,朱馨的感受是效率大大提高,当天就能完成审核并且发证。

【原来现场去看的话,可能一天大概10个左右,因为我们是一家家排过来看。现在如果这样,其实他装修完了,他可以直接把这个视频就拍了发给我们看。】

不只是网络视频代替现场核查,区市场监管局还把另一项需要面对面进行的"审图环节"也放到网上,由此食品经营许可证的办理过程,率先将"不见面"进行到底。审批科科长宗鸣说,他们特别为这些防疫期间的"权宜之计"打了补丁。

【根据我们的相应的指引,有些要点我们必须拍到的。通过视频我们审核通过的话,在之后的一个月里面,我们的监管干部会现场再进行检查的。】

把"不见面审批"从材料审核拓展到现场核查,看似是特殊时期的一个小改变,背后还有着大期待。在徐汇区市场监管局副局长毛洁看来,它是传统监管理念的一次突破。

【传统的就我们到现场去看,对照我们检查标准一条一条地去核实,这是法定的一个程序。它没有对方式方法提出特殊的要求,这次等于是疫情的防控的要求,它提出了一个考题。】

把真实场景搬到网上,其实并没有跨过法律法规的红线,该有的核查和监管依然在,却通过换一种思路,大大方便了企业。毛洁说,仔细想来,很多时候,限制我们的不是法律法规,而是固有思维。

【能够把这些经验成果固化下来,提升我们相应的监管的效能、管理的水平,为优化我们的营商环境,其实从一个小的题目延伸到一片大的课题。】

请听本台首席记者发来的采访手记《急不得,更慢不得》

疫情影响着各行各业,是被动接受,还是尽可能谋求主动作为,乃至谋划今后的发展布局,它就像是一道考题,考验企业的应变能力,也考验政府的服务水准。

在这些答卷中,我和我的同事们看到了许多"主动求变"。开在云端的互联网医院,做起外卖的五星级酒店,还有客串网络主播的银行客户经理、房产中介等等。这些改变,虽说因疫情而起,却未必只在眼下的特殊时期有效,或许它们正在创造着新的场景和机会,甚至会催生新的行业、找到新的空间、培育出新的动能。

当然,企业的"主动作为",更需要政府服务的"先行一步",探索适合新业态的监管模式,扩展更多"不见面"审批,甚至是提供"一对一"的定制服务,在这场持续优化营商环境的大考中,挑战与机遇并存,压力与动力共生。

复工复产进行时,上海眼下急不得,更慢不得。只有更多的"主动作为""先行一步"才会有更多的"化危为机"。

2020年度上海广播电视奖
参评作品推荐表

作品标题	"达"观上海	参评项目	广播新闻
		体裁	系列报道
		语种	中文
作者（主创人员）	集体	编辑	孟诚洁
刊播单位	东方广播中心	首发日期	2020年10月4日07时40分10秒到2020年10月9日07时22分28秒
刊播版面（名称和版次）	FM93.4上海新闻广播《990早新闻》	作品字数（时长）	4分10秒
采编过程（作品简介）	《"达"观上海》系列是一组精心策划的人物报道，聚焦B站UP主、旅游达人、摄影达人、微博博主等各类社交平台的网红大V。通过他们的镜头以及他们本人的故事，呈现精彩的上海。在旅游达人、摄影达人、美食达人的不同视角下，上海是五彩斑斓的，有"外滩江景房"里动人的拆迁故事，也有精致小店的创业故事。而这背后，体现着上海海纳百川、开放包容的城市精神。系列报道中的每个达人背后，有数十万甚至上百万的粉丝，让他们某种程度上成了城市的符号，甚至名片。互联网时代，人人都有崭露头角的机会。从他们的身上，我们看到了上海的开放包容，也看到了上海网友的审美志趣，植根生活，向善求真，才能够走得更远。			
社会效果	跟着"G僧东"上海人玩上海，随95后姑娘陈真探访市井百态，对照小红书上的《人文上海》笔记打卡城市秘境……《"达"观上海》系列报道，展现了六位网红达人眼中的上海。每一位达人都如同一座宝藏，给上海这座城市添上新的打开方式。在10月9日的《990早新闻》中，还播发了晨间快评《精彩的城市出彩的人生》，表达了上海作为国内"直播第一城"，不仅为在线新经济的发展注入新动能，也给城市形象的塑造和传播拓展了新路径。网红达人们为上海打磨出新的切面，让这座钻石般的城市更为璀璨动人。系列报道还配有新媒体作品，发布在"话匣子"微信公众号及"话匣子"新闻客户端，达到较好的媒体融合传播效果。			

"达"观上海

每拍一次上海,我就更爱它

人人都有人生出彩机会!网络时代,我们每个人几乎都有被各种社交平台上的达人、主播或是 UP 主、博主圈粉的经历,尤其是那些把上海这座城市作为舞台和宝藏,不断去探索和发现的作品,让我们在亲切中备感惊喜,也给这座城市添了新的打开方式。今天起,本台早新闻推出《"达"观上海》系列报道,让我们冲破网络传播的圈层,跟随那些拥有众多粉丝的网络达人,去感受人生的多姿和上海的精彩。从建立微信公众号到在微博、B 站、抖音、知乎上开"连锁店",网名"G 僧东"的上海本地 UP 主钱圣东,在各大平台上供的"货"多与魔都有关,也让更多人发现了上海的魅力。请听本台记者汪宁发来的《"达"观上海》系列报道第一篇:每拍一次上海,我就更爱它。

大写字母 G、唐僧的僧、东方的东,这个江湖名号是钱圣东本名的沪语版,但他觉得翻译得还不够"上海"。

【其实是不太准确的,因为钱正确的念法是 xi。但是这上海话里不太提到,谈到钱就是钞票、铜钿。】

很多视频博主神游海内外,钱圣东却是因为"不出上海"出的名。他做过一些和上海有关的搞笑短片,积攒了超过百万的粉丝。然而有一次,他被外地朋友问到坐没坐过浦江游轮、登没登上过东方明珠时,他的第一反应和很多本地人一样,觉得那都是给外地游客去的。结果朋友反问,上海人就不能游上海了吗?于是,钱圣东的"上海人在上海旅游"系列短视频诞生了。

【欢迎光临,你好吗?你喜欢上海吗?上海老漂亮的。上海的很多地方很多本地人都没有去过,我也一样,我想更了解它,因此我在上海旅游。】

土生土长30多年,许多魔都知名景点钱圣东却是录这些视频时才第一次踏足,以往的"视而不见"转化成一次次惊喜。每打卡一处,他都自嘲好像是被开除了一次户籍。

【大家好我是G僧东,满打满算我已经被开除了7次上海户籍了。这次我们去的一个地方是绝大部分上海人都不会去的…老实说我还觉得蛮惊喜的。不拍这个视频的话,我绝对看不到原来黄浦江的游船挺好玩的,也绝对没有机会去金茂大厦上面。豫园这次去的话好吃的地方是真的很好吃。提供给大家一个视角,去发现我们城市一些美好的地方。】

这个系列让钱圣东收获的,不仅是自以为熟悉的城市带来的新鲜感,还有很多网友由此发生的转变,包括和他共事的小伙伴。

【阳:因为我之前是粉丝,自己也是上海人,看完之后我是真的想去玩一玩。静:我是外地人,就觉得对上海了解更多了,可以更好地融入这个地方。我印象中金贸大厦有人去,豫园很多人去吃东西。我有一个朋友,他说他妈妈看了以后去了趟东方明珠。甚至有一个厦门人,他说我今天被开除厦门户籍了,然后拍了一个在鼓浪屿旅游的视频。】

"G僧东"这个名字背后如今是一个六人小团队,今年他们还开创了一个更加深耕上海的栏目。

【欢迎收看好叫好伐,我是钱圣东。一种是脱口秀的方式,基本上就是上海文化相关的。第二种是教授上海话,还有一种是某方面的专家坐在一起,比如之前有聊小时候上海人看的动画片。】

采访这天,记者观摩了他录制教授上海话板块的过程,虽然只有6组示例,但从查字典、搜网站到请教外援,团队磨了很久。

【"如果"(小编查 lu gu 和 si gu 都是对的。)问一下沪语小能人,如果的如能读 lu 吗?有个人发了个表情包说 no。原本是错的,但是这样读的人太多了,所以钱老师的字典里也收入了。这样子的话,我觉得不要说两种说法都是正确的。如果,很多人都会读成 lu gu,正确的读法应该是 si gu。】

在这个栏目的简介中,他们自称是"一群努力保护上海文化的年轻人",这个标签也让整个团队更加认真起来,好在他们并不只是六个人在战斗。

【粉丝里面对上海文化很有感情的一些大学生会给我们供稿。我们也会再核实一下,吴语研究学者让他们来正音。其实我们也是做了这个领域的内容才发现,民间有很多的这些爱好者、学者、研究者。】

记录上海人间烟火的 95 后女孩

在"上海人物故事"抖音博主陈真的镜头下,每一个普通人都是这座城市的主角,讲述着独一无二的故事。她边走边拍,总能发现大城市里最寻常的美。《"达"观上海》系列报道第二篇,请听本台记者顾赪琳发来的《记录上海人间烟火的 95 后女孩》。

【是我爸妈留下来的房子,现在要拆迁了。】

在这条名叫"外滩江景房"的短视频里,一间在北外滩即将拆迁的小屋子,正对着东方明珠、坐拥最美天际线。镜头一转,在掉漆的木头窗户下,是一筐晒干的萝卜干,山药排骨汤还冒着热气。老夫妻做好了两菜一汤,一边吃饭一边诉说着对老房子的眷恋。

【反正住着不也蛮好嘛。吃吧不要客气,我烧得不好吃的。吃点骨头,这个山药也好的。】

这条短视频点赞量迅速突破 10 万,评论近 6 000 条,网友纷纷留言回忆起平凡的弄堂生活。视频的拍摄者就是陈真,25 岁来自河南,个子小小的却穿着一身率性男装。她是上海师范大学哲学系的研二学生,今年 5 月起拥有了一个新的身份:抖音 UP 主。"外滩江景房"的灵感源于一张照片,破旧的老房子正对着耀眼的东方明珠。这就是她眼中的上海,既有繁华兴盛,也不失人间烟火。于是她决定按图索骥,追寻其中的故事。

【没有地址,就一张图片。那个方位大概我就圈了一下,慢慢找挨家挨户地问。几十户,在4楼,我一层一层往上走的。终于敲开了,在家,正准备做饭。】

老两口热情地邀请陈真一起吃饭,不停给她夹菜。陈真说,这顿家常饭的每一口滋味她都记得,这是久违的家的味道,让自己对这座城市的爱和了解又多了一分。

【我挺节省的,平时在路边买个包子就解决了一顿饭。他们留我吃饭让我喝汤给我吃肉。临走还给我两个苹果两块锅巴。我是留守儿童,小学六年级就开始住校了,我吃我妈妈的饭很少的。所以给我的感动很大。】

陈真想要记录的就是上海这座大城市中最普通的人,那些平凡又闪着光的故事。磨刀爷爷的生存之道、弄堂里孩子们嬉戏的午后、卞阿姨快乐的单身宣言,这些瞬间都被陈真的镜头捕捉下来。

【上海不光只有陆家嘴,不光只有外滩,还有很多这种普通人。我如果不去记录,没有人知道他们了,但是他们依然在过自己享受的生活,依然有一种精神传递出来的。其实普通人都是有故事的,让他们成为主角。】

同为深耕上海本地内容的抖音博主李俊华是陈真的第一批观众,谈起初次观看的感受,她瞬间眼眶就红了:

【她拍摄的这些人物也许他们的物质上并不富裕,但精神上不匮乏。我们这个城市日新月异,这背后有很多普通人艰辛的付出。我现在想想都觉得快要流泪了。】

【鲜肉月饼每到中秋排队是上海人的一种执念吗?这好像一种刚需。】

中秋前夕,记者跟随陈真一起拍摄鲜肉月饼的制作。单反、三脚架、电脑、小蜜蜂……陈真肩扛手提十几样工具,她笑着说,一个人就是一支团队。虽然主题是鲜肉月饼,但随着提问的慢慢深入,做月饼的人开始讲述自己,对传统味道的执着、开店创业的故事、疫情防控期间的坚持与转型。

【我对所有排队都不感兴趣,我感兴趣的只是这个人。我这个号价值所在就是让你说出心里话。】

这次的拍摄长达 4 个小时,我们走出店门口时天已经黑了,华灯初上。陈真说,自己就是大城市里的一朵小浪花,和她镜头下的每一个人一样,在平凡的日子里奔涌向前。

【其实我经常深夜一个人走回去。看着车水马龙啊成群结队啊,可能一个人也有自己的狂欢吧。每次拍摄完其实很累的,但是乐在其中。】

一位专业体育编辑眼中的上海

感受一座城市,除了欣赏恢宏的建筑宽敞的马路,还应细细品味小街巷、老房子背后的历史积淀。周力,是 SMG 五星体育的首席编辑,另一个身份则是探寻和讲述上海文化的达人。他通过微信公众号"老周望野眼",将许多发生在上海老弄堂、老建筑的故事记录下来。今天(9 日)的《"达"观上海》系列,请听本台记者顾隽絜发来的报道《一位专业体育编辑眼中的上海》:

一名专业体育编辑,却运营着一个和本职工作并无关联、致力于讲述城市故事的公众号,图个啥?在南苏州路的外滩源见到周力时,记者忍不住先抛出了这个疑问。

【我业余的爱好就是喜欢走街串巷,拍一些照片,和读者朋友分享。那么一开始也没有什么主题,上海话叫"望野眼",其实就是发呆、左顾右盼。】

周力说,在结婚后搬离了一段时间后,2008 年再度回到黄浦安家,发现曾经记忆里的许多场景已经发生了变化,这让他萌生了记录城市故事的念头。

【城市更新的步伐也挺快,我就想做一点记录。我觉得上海人对于建筑中的故事,尤其是建筑当中,人的故事比较感兴趣,所以慢慢我就在这方面写得比较多。】

5年来,他写下了1 000多篇与上海城市生活相关的文章。不久前,周力被市文旅局评为黄浦区的"建筑可阅读"宣传大使。这次和记者相约在外滩源采访。一路走,一路看,不经意间就有令人惊喜的发现。

【有很多专家,对学术性的内容已经研究得很透了,我能做什么？我只是说,从一个上海市民的角度,告诉来走走看看的人,这些建筑背后的一些故事,这些东西可能在资料上是没有的。你去阅读一个街区历史的话,我可以提供给大家一些当事人的视角。】

到了滇池路口,一幢典型的英式建筑映入眼帘。马赛克小地砖,木制的护墙板,这里最早曾是一家名为仁记的洋行。周力说,滇池路是1943年才改的名字,原先叫仁记路,道路两侧高楼林立,有银行、地产公司等等。新中国成立后,这幢楼里曾设有广电局房管科,如今虽然已成为居民楼,但墙壁上还能看到一块旧标牌。

【居民：阿拉(房间)要4.3米高了。
周力：阿拉屋里老早也住过这房子,这样的房子要好好弄弄是蛮好的。
居民：我结婚过来的,四十几年了。】

来到二楼,一位热情的上海阿姨与我们打招呼,还指着天花板上的精美花纹说,它保留着100多年的老样子。

【周力：这以前是办公楼。
居民：这里有个吊顶,因为是两间房子,三分之一(房子)拦给隔壁了,一圈都有雕花,万年青。】

周力说,这些和建筑相关联的人的故事,让读者看到最真实最生动的上海,就像这幢老楼里的上海阿姨,或者租住在这儿、以修鞋谋生的异乡客……浓浓的烟火气,是日新月异的城市发展进程中不可或缺,也是最能触动人心的部分。

【曾经亲身经历过、看见过这些建筑的变迁,我觉得我们可以做一些事情,告诉大家这个变化是怎么产生的。】

2020年度上海广播电视奖
参评作品推荐表

作品标题	无障碍出租车障碍多	参评项目	广播新闻
		体裁	新闻专题
		语种	中文
作者（主创人员）	臧明华、周仲洋	编辑	孟诚洁
刊播单位	东方广播中心	首发日期	2020年6月26日 8点43分27秒 2020年6月30日 7点23分59秒
刊播版面（名称和版次）	FM93.4上海新闻广播《990早新闻》	作品字数（时长）	7分05秒
采编过程（作品简介）	记者在上海人民广播电台新闻热线库中发现周女士投诉出租车企业的新闻线索，第一时间联系周女士了解情况，并深入调查了解，形成文字。报道播出后，记者又继续追踪，出租车公司发来反馈，记者就此又写出一篇追踪报道，并配发快评文章。		
社会效果	报道推出后，市委宣传部新闻阅评督查组发来了新闻评点，认为这篇报道具有典型意义，也期待这则舆论监督报道能带来企业和相关管理部门后续整改的积极效果。记者继续追踪，企业相关负责人给出了整改措施，同时邀请公共管理专家做出点评。专家指出，企业给员工物质激励的同时更要提升服务意识。		

无障碍出租车障碍多

听众周女士从2018年开始预约强生公司的无障碍出租车。最近一段时间,她约好的车屡屡误点,一些车已不具备无障碍功能,驾驶员的服务也不到位。周女士致电本台新闻热线62706270,反映无障碍出租车障碍多。请听本台记者臧明华发来的报道:

周女士上初中的女儿因伤需要坐轮椅出行。2018年她经市残联登记注册,符合无障碍出租车的用车条件。强生出租汽车公司是上海全行业唯一一家能为重度伤残人士提供用车服务的企业,目前使用的无障碍出租车是日产NV200车型。尾厢门打开,可伸出尾板形成斜坡,轮椅能直接推上车固定,既安全又方便。周女士说,以往提前一天预约,基本能满足需求:

【以前一直觉得很方便很好,司机啊,各方面都不错。】

但是从去年下半年开始,相熟的几位专门接残联用车单的驾驶员陆续不做,周女士明显感觉预约用车体验越来越差,经常被放鸽子。

【他说我的挡板坏了,还有的时候,过来的七人座的车后备厢是有放东西的,其实也就是说并不希望接残联用车。】

周女士曾听驾驶员说,强生公司有内部激励制度,比如接一个无障碍用车的单子,可以得到远差奖励订单。但过了一段时间,这些激励措施对司机的吸引力明显下降:

【我们之前有碰到的司机,他们就是很明确地跟我们说,他说,我们不愿意接残联的单子,所以我们把斜坡自己花钱改成了平坡,那我说为什么不愿意接呢?你们很费时间,而且我们也不愿意做浦东机场的奖励单子,所以我们就不愿意接残联的用车。】

据了解，日产 NV200 车型白天起步价 19 元，比途安车型高出 3 元，里程计费标准也高于普通车型。也就是说，乘客是在以更加昂贵的价格购买专业化的服务。驾驶员真的不愿意接单吗？记者拨打了强生公司的热线，客服人员坦承，公司有无障碍出租车 100 辆左右，但其中愿意做这个业务的驾驶员不到一半。

【100 部左右吧，但是做这个残联业务的，这个车不多的，大概只有几十辆，四五十部这样子。这的确是很多人叫不到这个车的。】

去年 8 月底，强生公司对外发布，自 2014 年与市残联合作 5 年来，认真履行"隔天预约保证供应，当天预约全力保障"的服务承诺。强生公司客服却表示：

【就是真的能够做这个轮椅能推上去的生意的驾驶员没有多少的，至于什么时候能派到，那就要看运气了。】

无障碍出租车，代表着专业化的服务，也体现着城市的温度。眼下，无障碍出租车却障碍重重。企业如何优化管理，把好事真正做好？应当是一道必答题。

以上由记者臧明华报道。

本台听众热线日前播出了听众周女士投诉强生出租汽车公司无障碍出租车难以预约，服务质量滑坡的报道。强生出租昨天（6 月 29 日）回复本台，表示将加强公司内部管理，继续为残障人士做好无障碍用车服务。请听本台记者臧明华发来的报道：

听众周女士日前致电本台新闻热线 62706270，反映她最近预约的强生无障碍出租车屡屡误点，一些车辆已不具备无障碍功能，司机的服务也不到位。上海强生出租汽车有限公司常务副总经理汤健表示，公司听到报道非常重视，将加强内部管理，尽全力保障乘客的用车需求。

【我们也跟所有的分公司沟通了一下，我们尽量提前把业务分配给他们，他们尽量安排保障她的用车需求。】

无障碍出租车配有尾板，在尾厢门打开后，尾板可伸出形成斜坡，方便轮椅直接推上车固定。针对周女士反映的有部分驾驶员拆掉尾板的行为，汤健说：

【我们已经安排所有分公司进行核查，对所有的多功能用车的挡板进行复查，保证所有的设备安装到位，并且是可以使用的。】

汤健说，根据公司测算，接下了无障碍用车订单的驾驶员，可能要提早一个小时到一个半小时空驶，确保在约定时间内抵达乘客的指定地点。因此，强生出租规定，接一单无障碍用车，驾驶员除了获得现金奖励，还会得到一单去浦东机场的远差订单，来弥补收入损失。但目前受疫情影响，去浦东机场的订单很少，使得一些司机做无障碍用车业务的积极性下降。对此，公司已进一步提高补贴，鼓励驾驶员接单。

【现在在另外还每一笔业务再给他们添加一部分的补贴金。我们给的浦东机场的奖励的额度还是存在,然后,我们又另外加了一块费用给驾驶员,一差接近50元。】

针对用户投诉,强生出租能快速整改,要点赞;但仅仅依靠加大奖励,能持久吗?上海开放大学公共管理学院副院长伊晓婷认为,企业要有不断优化的管理手段和配套政策,尤其是要培育员工的服务意识:

【先要给自己树立,服务理念是什么,如果一个企业没有一个价值观是挺在背后的,那这个钱的作用是会逐渐递减的。】

以上由记者臧明华报道。

下面播送清洋撰写的快评:让无障碍出租车为残障人士敞开"真诚之门"。

预约无障碍出租车遭遇的重重"障碍",唤起了企业管理者查摆问题、优化服务举措、完善配套政策的一连串"头脑风暴"。人们乐见这样的结果,但人们更乐于看到的是:如何让无障碍出租车为残障人士敞开"真诚之门"。

决定无障碍出租车司机是否接单的,不应该仅仅是一次"善意的释放",更应该是从机制流程上打通"无障碍服务"的"共性支点",一种制度化的考量。这一方面需要出租车企业从经济角度出发,提高补贴力度,明确激励机制;另一方面也必须站在社会属性,意识到自己提供的服务是市民出行重要组成部分,要用正确的价值观去引领员工做好服务。

企业和驾驶员都应该意识到,无障碍出租车向残障人士敞开的那扇门和伸出的那块"尾板",不仅是为残障人士铺平一条通道,垫上一脚台阶,更是尊重生命的体现,是整座城市无障碍设施的重要一环。它是关乎残疾人士权益的良心工程,更是关乎全民生活质量的民心工程。"人民城市人民建,人民城市为人民"从来都不是一句华而不实的口号,它体现在无障碍出租车完善的配置中,更体现在乐于真诚为民服务的意识里。

2020年度上海广播电视奖
参评作品推荐表

作品标题	援鄂声音日历	参评项目	广播新闻
		体　裁	新闻专题
		语　种	中文
作　者（主创人员）	周俊、汪婷婷、沈佳怡	编　辑	
刊播单位	闵行区融媒体中心	首发日期	2020年4月21日
刊播版面（名称和版次）	FM102.7《直播闵行》栏目	作品字数（时长）	12分28秒
采编过程（作品简介）	在闵行医疗队援鄂的62天中，闵行人民广播电台特别策划了62篇《声音日历》，记录了医疗队在武汉期间与时间赛跑、与病魔较量的点点滴滴。作者每天晚上对闵行60位援鄂医护人员电话采访，医护们下班往往临近午夜，作者采访制作完成时常常都在下半夜，而第二天早晨9点，最新的《声音日历》准时在广播中播出。 　　4月20日，援鄂医疗队回家当天，作者将提前准备好的《声音日历》在回家的途中再次回放给当事人听时，他们讲述了更多的细节、更多的情感和更多的感动。 　　援鄂医护们说，《声音日历》慰藉了他们在鄂时的精神压力，也让亲人们放了心，更是记录了这段历史。		
社会效果	作品在广播播出后，后期以音频、图文等多种形式在移动端呈现。据统计，《声音日历》在近62天的播出中，累计在线收听人数达到30万人次。 　　闵行援鄂医护人员返沪后，他们将全体援鄂医护人员签名的一件防护服赠予融媒体中心，以感谢《声音日历》的记录；杂志《城市季风》给予了《声音日历》专栏专版报道；闵行区档案馆将62期音频作为历史资料进行了收录。		

援鄂声音日历

【片头】
【开场词】
听众朋友们大家好,现在您收听到的是闵行人民广播电台《直播闵行》"一周热点"节目,我是主持人汪婷婷。昨天,是闵行援鄂医疗队回沪后解除隔离的日子,也是闵行区以最高的礼遇接 60 位英雄回家的日子。

在闵行医疗队援鄂的 62 天中,闵行人民广播电台用 62 篇援鄂《声音日历》与 60 位闵行医护援鄂英雄每天保持着电波联系。就在昨天,我有幸前往回沪后他们的隔离驻地,去迎接、去认识这些"声音日历"的老朋友,我们在回程的途中再次共同回忆了 60 多天援鄂中一些故事。

所以,今天节目组特别制作了一期《援鄂声音日历》专题,再一次向这些可爱的"逆行"者致敬。

【《声音日历》片头】
(现场声)
汪婷婷:我现在已经到达二号车,我看到很多医护人员,也看到几位熟悉的身影,我要采访一下他们(打招呼的声音)。

【配音】
刚上车随着我的声音响起,援鄂医护们就认出了我,纷纷和我打招呼。在他们中我看到了李新宇医生,她戴的口罩上贴着红色的小国旗,笑意盈盈。我还清楚地记得李新宇的《声音日历》,她是湖北人,在武汉求过学。

(李新宇医生《声音日历》资料片)
我其实是湖北人,在武汉接受过几年教育。(出发前)我邻居问我:"我家还有两个N95口罩,你要不要带走?你在前方工作更需要的。"很多老师、邻居得知我要去(武汉),都纷纷电话跟我说如果有需要帮助,他们都会伸出援手,这些让我非常感动。

(现场声)

汪婷婷:李医生这次相当于是"回"到武汉支援,是不是也有不一样的心情?

李新宇:心情确实是不同,因为在湖北、在武汉有着我太多的亲朋好友和师长。从1月开始我一直跟他们保持交流。我有同学感染了,当时的医疗资源情况非常紧张,住院非常困难。还有同济医院肾内科的同学告诉我,"他们都是用文件袋自己做的面屏,一个N95口罩会反复使用很多天,但是他们必须冲、必须上,因为这就是我们的家园。"听到这些,我觉得我的心时时刻刻在牵挂着他们。我觉得这是我们时代真正的英雄。

汪婷婷:我还记得你在最后说道希望下一次再回到武汉的时候,能跟所有并肩作战的战友一起把酒言欢,回来的时候有没有跟他们约定一下?

李新宇:我有好几个同学还在雷神山医院工作,雷神山医院最危险的插管小分队里的一员就是我的大学同学,但是我们真的太忙了,甚至连合影的时间机会都没有,所以觉得非常遗憾。但是我们有通话交流,包括我今天回来他们还在跟我问好。我们约定待到来年相聚,这对于我们来说真的是一段珍贵的经历和记忆。

(翁玲琍护士长《声音日历》资料片)

闵行人民广播电台的听众们晚上好,我是援鄂医疗队的成员,上海市第五人民医院妇儿科护士长翁玲琍,今天是我来武汉的第二十天,今天又是一个特别的日子,是我有生以来离开家人过生日,但我并不感到孤单,因为我身旁有一个温暖的大家庭:上海市第五人民医院援鄂医疗队全体成员。收到你们每个人的祝福,吃上一碗热干面,一份蛋糕,使我感到无比幸福。

(现场声)

汪婷婷:刚才听到的《声音日历》里提到身边有战友陪伴,那头有家人祝福,在武汉度过了一个难忘生日的是市五院妇儿科护士长翁玲琍,现在就坐在我的旁边。翁老师今天要回家了心情怎么样?

翁玲琍:今天也很早起来了,想早一点回家。小儿子因为走的时候也没告诉过他,他这两天特别激动,天天倒计时。今天我老公说,他很早很早就起来,他叫我老公开始出发了,说我要快点去接妈妈,太想我了。

汪婷婷:我刚才看到,我觉得您也应该很想他们,因为讲到小朋友的时候有一点点眼泛泪光,这一次翁玲琍护士长担任了(闵行援鄂医疗队)总护士长。

翁玲琍：对，我是队里年龄最大的，他们叫我翁妈妈，我觉得这一段时间我也很开心，以长辈的身份照顾他们，这是我最大的一个荣幸。我唯一的压力就是想，我要安安全全地把他们带回来。

　　汪婷婷：这也是我们当时去的时候最大的心愿，然后今天圆满完成任务了，大家也都平安回来了，我觉得满满的都是骄傲写在翁老师的脸上。

【配音】

　　沿着十多米长的车厢通道，我短短几步就走到后排座位区，相比前车厢女孩子们的兴奋，男医师们就显得深沉一些，压得住情绪。众多男士中我一眼就认出了梅周芳医生，他给我们发回了两篇《声音日历》，其中一篇他将视角对准了武汉的志愿者，从他的口中我们发现了一座英雄的城市、一群不求回报的武汉人。

（梅周芳医生《声音日历》资料片）

　　闵行广播电台的朋友们，大家好，我是梅周芳，复旦大学附属上海市第五人民医院呼吸与危重症医学科主治医生。

　　3月27日中午，结束一上午的忙碌，我准备出舱，在等待的时间里，排队在我身后的一个清洁工志愿者关心地问我，"老师，听说你们快要回去了，我们武汉人都非常感激你们"。

　　武汉是一座英雄城市，也是一座受伤的城市，武汉人民在这次战"疫"中付出太多太多，武汉人民没有被病魔击垮，而是拿出热情在温暖着我们。

　　早晨6点公交司机蹲在路边啃着馒头，等着上班的我们；凌晨3点春雨的寒冷不亚于严冬，志愿者为我递过来一把雨伞；深夜1点驻地酒店工作人员为我们打开大门，拿起酒精为我们洗消外衣；正午的太阳可以让防护服内温度高达50摄氏度，身着防护服的工人在雷神山医院屋顶上时刻做着检修。

　　为了改善一日三餐的盒饭，好心的武汉人在驻地酒店门口为我们煮了水饺和牛肉粉，热气腾腾的场面一改往日的压抑。

　　武汉人民在伤痛中温暖着我们，我们尽力去做得更好，挽救更多的生命，愿疫情过后的他们都可以被温柔相待。其实，武汉人民不仅需要加油，他们更需要我们的拥抱。

（现场声）

　　汪婷婷：梅老师当时的《声音日历》给我很深刻的印象，我很好奇直到我们的医疗队回来的时候，他们依旧还坚持在自己的岗位上吗？

　　梅周芳：是的，我在武汉的时候，非常让我感动的是这些普普通通的（武汉）人民，他们也都和我们一样在并肩作战。我们知道我们是4月6日回到上海，雷神山医院真正的关闭时间是在4月15日，在这段时间里，我们的志愿者们依然在没有日夜地一直奋战。我所知道的有一位志愿者,他的父亲当时感染了新冠肺炎在我们雷神山医院住院,病情非常危重,后来雷神山医院的工作者经过全力的救治,他的父亲就康复出院了,所以他就告诉我他一定要把志愿者这份工作坚持做下去,要做得更好,以回报社会。

汪婷婷:我记得您在《声音日历》的最后,提到了其实武汉人民特别需要我们的拥抱,不知道您在回来之前有没有真正的实现,和武汉人民来个大大的拥抱。

梅周芳:这个是肯定的,是必须的。4月5日雷神山医院给我们做了一次盛大的欢送仪式,在这个欢送仪式上很多人的衣服、防护服让我们在上面给他们签名,或者有的是拿着名片让我们签名,合影留念。我就跟他们一一地握手、一一地去拥抱,他们就告诉我:"今年错过了武汉的樱花、错过了武汉的龙虾、错过了武汉的热干面。"希望我们能够明年再次来到武汉。其实,这里我想说的是,"英雄"这个称号,它其实并不属于我们一线的医务工作者,它更加属于我们每一个为之而付出、而奋斗过的人,"英雄"这个称号是属于你,也属于他,属于我。

【《声音日历》片花】

【结束语】

值得一起追忆的故事还有很多。然而,随着他们与家人见面的时间越来越近,我再也不忍心去打扰他们。

在车前开道护送的闵行交警、道路两旁挥舞着国旗夹道欢迎的市民,让他们无愧于在祖国和人民最需要的危急时刻的挺身而出。

而他们也交出了满分的答卷:60人医疗队,实现"患者零回头、患者零死亡、医护人员零感染"。其中,在武汉雷神山医院的48天,上海第五人民医院和第六人民医院共管的感染三科二病区,共收治116名患者,ICU病区收治51名患者,出院78名,成为上海医疗队分管病区之最。

各位听众朋友,感谢您的收听,下期节目再会!

2020年度上海广播电视奖
参评作品推荐表

作品标题	"超级黑天鹅"突袭全球资本市场，A股独立走势凸显中国经济韧性	参评项目	广播新闻
		体裁	新闻节目编排
		语种	中文
作者（主创人员）	杭一啸、迟文绮	编辑	王俊稷
刊播单位	东方广播中心	首发日期	2020年3月10日08时02分
刊播版面（名称和版次）	FM97.7第一财经广播《财经早八点》	作品字数（时长）	23分14秒
采编过程（作品简介）	美国当地时间3月9日，美国三大股指之一的标普500指数触发21世纪以来首次也是历史上第二次熔断，进而引发全球市场动荡，多米诺骨牌效应骤然加剧。 面对全球资本市场突然飞出的这只"超级黑天鹅"，编辑团队第一时间迅速作出反应，清晰展现全球资本市场脉络，力求突出4方面特点： 1. 视野广。从地域看，整组新闻节目版面几乎囊括了欧、美、亚太等全球各地的主要股指；从市场及资产类别看，涵盖股市、债市、汇市、商品期货乃至虚拟货币等众多风险资产。 2. 内容全。当天美股收盘已是北京时间凌晨四点，面对节目开播前极为有限的准备时间，节目组通过高效编辑梳理，同时利用已有嘉宾资源，与国内、外特约嘉宾实时连线2次，另外汇集管清友、丁爽等5名资深专家学者的同期声素材，最终通过极其丰富的声音元素凝聚了超过23分钟的内容，在整档八点早新闻节目中的比重接近40%。 3. 解读细。在有限的准备时间内，整个版面编排上依旧突出题材深度。比如，在客观报道美股市场表现的同时，对其熔断机制的历史由来进行回顾，具有时空纵深感；此外，就全球市值蒸发等金融数据进一步展开对比和解读，避免单一乏味的数据堆砌。 4. 站位高。在全球市场哀鸿遍野的背景下，新闻中客观描述A股市场走势的同时，通过各方专家学者的观点集纳，突出了我国资本市场的避风港作用和中国经济韧性强、政策空间大等专业见解，展现了高度的政治站位。

社会效果	得益于高度的新闻敏感性、可听性、多元性、深入性及权威性,该组新闻内容取得了良好的听众回馈和收听成绩。节目同时在新媒体客户端上呈现,实现线上线下协同推广。

"超级黑天鹅"突袭全球资本市场，A股独立走势凸显中国经济韧性

男：第一财经广播，正在为您直播。

首先来关注全球资本市场的"超级黑天鹅"。

继周日沙特等中东股票市场纷纷暴跌后，昨天，全球市场都在接受暴跌"洗礼"！美股历史上出现第二次下跌熔断！

由于北美地区已在北京时间昨天14点开始实行夏令时，至2020年11月1日终止；美国和加拿大金融市场交易时间将较冬令时提前一小时。于是，美股昨晚提前一小时开跌。

晚间，美国三大股指大幅低开，道指下跌3.37%，纳指跌7.2%。随后道指迅速下跌超过2 000点，跌幅扩大至近7%。盘中，标普500指数跌7%，触发一级熔断机制，暂停交易15分钟。

恢复交易后，三大股指继续下跌，其中，道指、标普500指数盘中都一度下跌超过8%。

截至收盘，道指下跌2 013.76点，跌幅7.79%，报23 851.02点，创2008年以来最大单日跌幅；标普500指数下跌225.81点，跌幅7.60%，报2 746.56点，创2008年12月以来最大单日跌幅；纳指下跌624.94点，跌幅7.29%，报7 950.68点。

女：熔断机制是美国1987年出现的"黑色星期一"之后所推出的机制，分别是7%、13%和20%三档下跌熔断。三十多年以来的美股市场真正触发熔断的只有一次：那是在1997年的10月27日，当时，道琼斯工业指数暴跌7.18%，报收在7 161.15点，创下了1915年以来最大的跌幅。

伴随着股指的大幅下挫，在美股的盘中，大型科技股也是全线走低，苹果下跌7.91%，亚马逊下跌5.29%，奈飞下跌6.09%。能源股也是大幅下跌，埃克森

美孚下跌12.22%,雪佛龙下跌15.37%,康菲石油下跌24.86%。

男:事实上,美股昨晚的暴跌已在预料之中,北京时间9日白天,美股三大股指期货都下跌近5%,触发熔断机制。晚间,几大股指期货进一步扩大跌幅。

不仅是美股,昨天,加拿大股指收跌10.3%,创1987年10月以来最大跌幅。巴西基准股指下跌10%,触发熔断。

而代表恐慌情绪的恐慌指数VIX收涨约30%,报54.46,为2008年12月以来首次重新收于50上方。据统计,昨晚,全球几大重要市场市值已经暴跌超过20万亿人民币!

女:再把视线转向欧洲。隔夜,欧洲的股市也是全面跳水,主要股指大幅下挫。具体情况连线到的是第一财经广播伦敦特约记者卜怡佳,请她为我们详细地介绍一下。怡佳,早上好。

(记者卜怡佳:好的,主持人。周一,欧洲股市是延续亚洲市场的跌势,开盘即是全面跳水,主要股指大幅度下跌。收盘时英国富时100指数下滑了7.69%,到5 965.77点;德国DAX指数重挫7.94%,收于10 625.02点;法国CAC40指数跌幅更是达到了8.39%,是报在4 707.91点。华尔街股市在早盘大跌之后是触及了一级熔断机制,交易暂停,这样更是加深了欧洲市场在尾盘的恐慌情绪。最终,整体上欧洲斯托克600指数大幅收跌了7.4%,录得2008/2009年金融危机以来的最差单日表现。这一跌幅也是把欧洲股市推入一个更加不利的技术性"熊市"区间,意味着欧洲斯托克600指数已经是从最近的峰值下跌超过了20%。主持人。)

女:嗯,好的,怡佳。那具体到公司和板块方面的话,有些什么样的消息需要投资者关注或者留意呢,怡佳?

(记者卜怡佳:好的,主持人。由于投资者担心沙特和俄罗斯展开价格战,国际市场原油价格是暴跌三分之一。周一市场油气类股首当其冲,暴跌了近17%。石油巨头英国石油公司和皇家荷兰壳牌都是大跌接近20%,挪威的Panoro能源公司股价是重挫了39%。此外图洛石油的股价也是狂泻了32%,成为当天欧洲斯托克600指数当中跌幅最大的个股之一。除了油气类股之外,欧洲当天所有板块是全线的收低,对增长敏感的矿业类股、汽车类股和银行类股的跌幅都是在10%左右。当天,在斯托克600指数中,只有四只个股是收高的。其中,全球最大的石化仓储物流供应商荷兰孚宝是上涨3.2%。主持人。)

女：好的，非常感谢怡佳今天早间的分享，再见。

男：复盘这场暴跌可以发现，第一块多米诺骨牌其实是在中东股市。周日开启交易的中东地区股市普遍暴跌，沙特股市重挫，沙特阿美破发，科威特股市首度熔断。

到了昨天，亚太股市开盘后也集体重挫，澳大利亚股市领跌，澳洲股市指标奥克斯200指数全天跌幅达7.9%，为自2008年11月以来的最大跌幅。此外，日经225指数收盘下跌5.07%，刷新了2019年1月初以来的低位。韩国首尔综指收盘下跌4.19%，此外，新西兰、菲律宾、越南、新加坡股市跌幅也都超过4%。

中东股市依旧没能幸免，沙特基准股指开盘下跌9.5%，沙特阿美开盘跌停。迪拜、科威特股市再次熔断，下跌超过8.5%，科威特股市盘中跌幅一度达到10%。

女：在A股方面，受到了国际油价暴跌以及其他外围市场的影响，市场全天维持低位震荡的态势。

早盘，A股的三大股指集体低开，开盘之后市场逐步走弱，股指下跌超过2%，深成指和创业板指大跌近3%；午后两市依旧低迷，深成指、创业板指跌幅扩大到4%，沪指大跌超过3%。个股来看跌多涨少，涨停家数维持在80家左右，赚钱效应较差。

截至收盘，上证指数大跌3.01%，报在2 943.29点；深成指下跌4.09%；创业板指下跌4.55%。两市合计成交10 862.2亿元，再次突破了万亿元大关。

男：值得注意的是，北向资金全天单边净流出143.19亿元，单日净流出额创下历史新高。此前的纪录为2015年7月6日创下的135.23亿元，但那时还没有开通深股通。

盘面上看，口罩概念一枝独秀，新乡化纤、海王生物、欣龙控股、阳普医疗等超20股涨停。与此同时，超级细菌、光纤、特高压、医疗器械等板块位居涨幅榜前列。另外，电子、计算机、国防军工、汽车等板块表现不佳，领跑昨天跌幅榜。

女：昨天A股在低位盘整，北向资金大幅流出，A股还能够延续此前的韧性吗？投资者又该如何操作呢？上海证券研究所首席市场分析师蔡钧毅建议说，2 878点附近仍然具备支撑，投资者可以耐心地等待科技股的企稳。

（蔡钧毅：周一的话，应该说，A股市场再次迎接了国际油价大跌的3.0版的这样一个考验,各大指数均有三个点以上的这样一个跌幅,中小创和科技股继续领跌,北上流出上百亿。结合疫情、选情等国际因素和国内复产的这些因素的共振,股票市场,A股已经节后出现了第三次的这样一个波次的调整。当下,外围的扰动因素在进一步的加码,国内的因素正在积极的这样一个推进,我们预计下方的强支撑将会再度发挥堡垒作用,它的前哨防线就在2.0版本的下跌的这样一个位置附近,啊,低点的附近。由于赚钱效应弱化,当下短期的话,我们建议适度的控制仓位,等待盘中连续下行的科技股的有效企稳信号出现,再考虑回升进行加仓。目前,科技股正在消化获利盘和年报、季报检验的这些因素,此外的话,非科技品种的这个轮动的话,我们说搭界的品种可以适度地参与,但是,这些品种当中只有少数品种比较强劲,大部分的非科技品种的这样一种轮动的话,它的强度和持续性还是比较有限的。)

男:摩根士丹利日前将中国股票由中性调升为增持,建议买入中国股票作为此次全球疫情暴发后的对冲资产。

国际资管巨头景顺资产近日发表研报,建议买入中国股票以及在中国有大量收入敞口的全球股票。

长城证券认为,人民币资产有望成为全球资产的避难场所:在此次疫情的全球扩散过程中,我国的体制优势和对疫情的快速、有效控制有目共睹,我国的证券市场在全球普跌大背景下显示出了非常明显的价值韧性。

在外围下挫的情况下,外围市场对A股看高一线,富时A50指数最新报13 255点,上涨1.03%。

女:根据测算,全球重要的指数在周一这一个交易日里面累计蒸发市值超过了26万亿元人民币,相当于3.75万亿美元。

那这是怎样一个概念呢?

按照国际货币基金组织的预估,2019年全球的GDP总量大约是86.6万亿美元。其中,美国2019年的GDP是21.43万亿美元,位列全球首位,中国2019年的GDP大约是14.36万亿美元,紧随其后。在前10名的排名中,排在第4的德国GDP是3.96万亿美元,第五的印度是2.97万亿美元,也就是说,周一蒸发的市值已经超过了排在第五的印度,大约相当于排名第9的巴西和第10的加拿大之和。

但如果以中国A股来比较,那么,全球股市蒸发的市值超过了A股最新总市值的2/5。沪深交易所的数据显示,截至3月9日,沪深股市的总市值合计大约为61万亿元人民币。

"超级黑天鹅"突袭全球资本市场,A股独立走势凸显中国经济韧性

男:如果单从美股来看,自从标普500指数创下历史新高以来,该指数最近几周已经损失了超过5万亿美元的价值。标普500指数中市值最大的10家公司的总市值下降了1.4万亿美元以上。

具体来看,自2月19日以来,微软股票市值蒸发了大约2500亿美元,这一数字超过了其他任何一家美国公司。

苹果和谷歌母公司Alphabet的市值都缩水超过2000亿美元,而亚马逊市值缩水1700亿美元。

【财经早八点节目间隔】

女:继续来关注全球资本市场的剧烈波动。

此轮全球股市的连环暴跌,导火索是国际油价的突然崩跌。昨天,国际油价单日盘中下跌的幅度超过了30%,创下历史罕见的幅度,这已经使得油价和许多国家的产油成本出现倒挂,极大程度地打击了投资者信心。

纽约原油期货一度跌到了每桶30美元的心理关口,跌幅超过30%,刷新了1991年海湾战争以来最大的单日跌幅。

截至收盘,纽约油价下跌10.15美元,收在每桶31.13美元。布伦特原油期货价格一度下跌超过30%,截至收盘,布伦特5月原油期货收跌了10.91美元,跌幅是24.10%,报在每桶34.36美元。

男:就在今年1月8日,美国原油主力期货还报在每桶65.65美元,如今却已经腰斩。

据测算,油价跌至每桶30美元,那么购买1桶油大概需要197元人民币,而我们喝的矿泉水如果换算成油桶的话,那么大概是每桶207元,比油价还贵10元;如果是可乐的话,那么换算成油桶,大概是每桶829元;牛奶的话,那就需要1 046元,比油价要贵得多。

女:不过,在昨天晚上,俄罗斯财政部表示,能够承受石油价格在6到10年内维持在25到30美元每桶。那么,沙特的降价措施是否会让俄罗斯重新回到谈判桌?减价措施对于沙特自己的影响又是怎样的呢?我们来听方正中期期货研究院院长王骏的解读。

(王骏:这个价格啊,对所有人都是双输的,对产油国来说,都是利空。那么在这种情况下,怎么让他们重新回到谈判桌,这就要看看到底会有什么样的一个中间人。从历史上来看,其实沙特的这个用过几次的方式啊,打击了以前俄罗斯

的这个占有率,所以说这次沙特再用,目前来看俄罗斯的表现也没有说"我愿意回到谈判桌"的这么一个表态。从短期看,那种市场的一种策略,从中长期看,不可能长期维持,否则的话会大幅减少沙特的最大的国企阿美石油的收入,也就影响了沙特本身的国家的收入,那这样的话对于沙特的经济啊也是利空的。杀敌一千,自损八百。)

男:金价昨天小幅收涨。

纽约商品交易所4月黄金期价昨天比前一个交易日上涨3.3美元,收于每盎司1 675.7美元,涨幅为0.2%。

市场分析人士指出,原油价格大幅下跌,对全球范围新冠疫情的担忧,是当天黄金期价小幅上涨的主要原因。

国内市场方面,黄金四九金收报每股371.12点,下跌2.34元,跌幅为0.50%。

女:全球资产的避风港——美国10年期国债收益率一路下探,在北京时间3月9日下午一度跌破了0.4个百分点的关口,一度下跌到了0.319%,日跌幅近40%。30年期美国国债一度呈破"0.7"的态势,下探到了0.702%,继续刷新历史新低,日跌幅近30%。

美联储前主席格林斯潘表示,30年期美债收益率可能变为负值,加入全球超过14万亿美元负收益率债券的行列。他说:"收益率可以低到什么样的程度实际上没有限制,即使是到零也不是底线,负收益率是可能的。"

男:全球股票资产缩水,比特币也出现暴跌。

根据火币全球站行情显示,从3月8日晚8点开始,比特币开始持续下跌,截至目前,最新的报价为7 951美元,单日跌去近1 000美元,创了自2019年10月23日以来的单日最大跌幅。

受到比特币暴跌影响,其他主要加密货币,包括以太币、瑞波币和比特币现金,也都出现了两位数的跌幅。

女:在国际外汇市场方面,最新的消息显示:为了稳定外汇的价格,各国央行都开始出手干预。

墨西哥宣布将外汇对冲项目上限从200亿美元提升到300亿美元,以支撑墨西哥比索。

巴西央行宣布:将会在3月10日的现汇市场操作中卖出最多20亿美元。

在全球下跌的情况下,究竟哪里才是避风港呢?接下来我们来连线外汇评论员宋德才,宋先生,早上好:

(宋德才:早上好,主持人。)

女:嗯,我们看到,目前受到疫情的影响,美元指数从此前接近100的高位是跌倒了目前95附近,两周跌幅接近5%,而且人民币则是连涨两周。那美元接下来有可能会如何演绎呢?

(宋德才:额,由于风险意识比较高,风险指数目前已经下跌了30%左右,我认为这种情形还会持续,美元可能继续下跌,美元指数下跌的概率比较高,可能达到93的下方。主持人。)

女:嗯,那目前我们也看到美元是处于降息的预期中,美债收益率也是全线都跌破了1%,那么这个美元下挫的时间段有可能会有多长呢?

(宋德才:嗯,从时间段来看,待到疫情扭转,我估计下跌一两个月的可能性比较大。而且如果不好的话,欧洲表现不好的话,全球整个的市场好转可能在六个月以上,所以是目前跌势还没有完成。主持人。)

女:嗯,好,那目前我们看到,全球疫情确实是呈现一个扩散的态势,但是我国的疫情反过来呈现出了明显的收敛的态势。那么这样来看的话,人民币资产有没有可能成为全球资产的避难所呢?

(宋德才:有可能。我们看到新兴市场有的国家已经开始反弹,有可能,美元的下落,有可能使新兴市场有所反弹,包括中国在内的货币可能会升值。主持人。)

女:嗯,那在短期之内的话,在人民币资产方面,对投资者有什么样的投资建议吗?

(宋德才:短期来说,人民币仍在处于区间震荡,但是人力的资产升值不光因为这个问题,还有其他方面的因素还要考虑,主持人。)

女:好的,非常感谢宋先生今天早间的分享,再见。
(宋德才:再见。)

男:疫情叠加石油危机,市场恐慌情绪蔓延,各国政府有没有应对之策?对此,渣打银行大中华区首席经济学家丁爽认为,疫情蔓延影响全球经济,美联储和欧洲央行将进一步宽松。

（丁爽：我们觉得，欧央行在货币政策的空间方面不如美国，但是，它应该也是会在这一次在量化宽松啊，这方面可能会暂时地增加资产的购买的数额，同时，也会表明如果有必要，它的利息可以进一步降到在负利率的那个程度，可能会更加进一步的减息。从美联储来说我们预计，3月18日会有25个基点的减息。市场上实际上已经希望另外又有50个基点的减息。在此之后，4月的美联储会议，我们觉得还会有25个基点的减息，往往也是要先看到货币政策的空间用完之后，财政政策的刺激才会提上议事日程。）

男：美国30年期国债收益率史上首次跌破1‰，10年期更是在0.5‰的水平，如何看待这一指标的变化？美联储是否会进入负利率，全球是否面临通缩风险呢？对于这些问题，丁爽指出，全球已有25％的国家进入负利率，预计这一趋势仍会继续。

（丁爽：现在全球的政府债券的收益率很多都已经是跌入了一个负利率的状况，有个统计就是差不多25％，所以这个趋势我觉得还会继续。全球经济不太景气的状况下我们可能会看到更多的国家，国债的收益率慢慢地接近零，啊，甚至掉到零以下，也从另外一个侧面说明，这个货币政策的宽松，从通胀的角度，主要的央行还不用太多的关心出现通胀的风险。）

女：在目前全球经济需求低迷等因素的影响下，短期来看，不排除油价还会继续下跌或者维持目前的低位。中国是世界上第二大石油消费国，也是全球最大石油进口国。2018年中国石油的表观消费量首破6亿吨，达到了6.25亿吨。对外经贸大学教授董秀成认为，从宏观层面来看，这次沙特的增产降价，原油价格低位运行，将会降低中国的经济运行成本，有利于经济的回暖，但是会对油气行业造成较大的冲击。

（董秀成：如果是现在这个价位维持一段时间的话，其实对中石油也好中石化也好中海油，也包括其他的一些油气企业来说，我认为这个冲击是很可怕的，因为我们的成本比较高，你这么低的油价它很难承受。对行业的健康发展是非常不利的。另外一个，对相关的，你比如说替代能源，对国家整个能源结构调整的这个目标也是不利的。如果油价这么低，那谁还愿意去发展其他的能源？从中期来看，我相信大家还会联手，我想这个可能是大趋势。如果经济形势能稳住了，我相信油价还会回稳。）

男：面对疫情对全球的影响，资本市场和货币政策当局几乎同步，未来走向会如何？经济学家管清友博士在接受第一财经专访时表示：全球同此凉热，中国仍有政策空间。

（管清友：宽松没法解决根本问题，所以以时间去换空间，尽快地调整国内的这个所谓经济结构。因为宽松政策一定会带来问题，但是车上的乘客，就相当于我们在全球的这些经济体，谁先调整完，谁先能够下车，那么可能谁是最后的赢家。其实像中国这样经济回旋余地这么大，经济增长的韧性这么强，我们可用的政策工具还这么多，可以发挥的潜力还这么多的经济体，其实是不多的。所以这一方面其实中国我觉得还是有优势。

记者：在目前A股来讲，其实北上资金的理性跟大家的一种恐惧心理似乎形成了一种强烈的对比，您如何来看待这样一个现实？

管清友：在全球零利率、低利率的趋势，以及日本、欧洲都是负利率的这种情况之下，中国市场，它的资产收益率相对来说它就有一个所谓的相对优势，我们的收益率相对是比较高的，这是一个原因。第二个原因就是说，中国投资者对于宽松的预期其实抵消了对于疫情冲击本身的恐慌，那我觉得今年可能是流动性的宽松和盈利，这两个因素可能会交替影响整个市场。

记者：那么像2003年非典之后，房地产市场的这样一个高歌猛进的行情是否会重新出现呢？

管清友：你即便是放开所有的限制政策，也很难达到2003年非典时候那种地产对经济的拉动的这种效果了，那更不用说由于这个经济的这种低增长的背景。目前，从中央这个角度我觉得"房住不炒"、分类指导、分城施策这个基调是没有变的，它在调整利率的时候你会发现，它一年期的利率它是下调了10个BP，它5年期的下调的是5个BP，那么是明显不希望这个房地产再度出现我们说的2015、2016年的那种情况。）

电视新闻

一 等 奖

2020 年度上海广播电视奖
参评作品推荐表

作品标题	《人间世》抗疫特别节目——红区	参评项目	电视新闻
		体　裁	新闻纪录片
		语　种	普通话
作　者（主创人员）	集体	编　辑	范士广、周全
刊播单位	东方卫视	刊播日期	2020 年 5 月 21 日
刊播版面（名称和版次）	东方卫视	作品字数（时长）	1 集 40 分钟
采编过程（作品简介）	2020 年春节，新冠疫情暴发。《人间世》摄制组在第一时间组建团队，在瑞金医院发热门诊、上海疾控中心、上海市公卫中心等抗疫一线进行蹲点拍摄，记录下上海——这座国际性大都市是如何快速反应，快速应对的。 　　3 月初，摄制组主动请缨前往武汉。摄制组，两人一个小组，分别驻守在雷神山医院、金银潭医院和同济医院光谷院区，持续跟踪记录抗疫前线的感人事迹。 　　自 2020 年 1 月 26 日起至 2020 年 4 月，摄制组在前线持续拍摄了两个多月的时间，与医护人员同吃同住，零距离记录了一幕幕动人细节，最终，项目组积累的素材超过了 30 000 分钟，剪辑成《人间世》抗疫特别节目。 　　"红区"是《人间世》抗疫特别节目的第一集。红区，是污染区，是禁区，是抗击疫情的暴风眼。在同济医院光谷院区的重症监护室里，一位 81 岁的老人因为糖尿病导致整条右腿出现了坏疽，需要立即进行截肢手术，才能保住性命。然而因为疫情，医院根本不具备手术的条件。如何抉择？这对所有的医护人员来讲，是感性和理性的双重挑战。 　　最终，上海、武汉两地医护人员齐心协力，终于创造出了手术的条件，挽救了老人的性命。摄制组全程跟踪记录了这一惊心动魄的过程，用一帧帧真实的画面，生动诠释了什么叫生命至上，什么叫举国同心。		

社会效果	《人间世抗疫特别节目——红区》作为该系列的第一集,于2020年5月21日在东方卫视、哔哩哔哩、腾讯视频、爱奇艺同步播出。经统计,该系列纪录片收视率位列省级卫视专题节目前2位,豆瓣评分9.4,微博阅读超过1.2亿,节目相关话题频登上热搜。 以"红区"为代表的《人间世》抗疫特别节目用真实记录人性,以人文致敬生命,以其高品质延续了《人间世》IP的高口碑,开播以来先后获得新华社和人民日报、解放日报、文汇报等主流媒体点赞。

《人间世》抗疫特别节目
——红区

【片头】

武汉空镜头

【实况】医院内

医护人员：放掉，不要拉管子。

【实况】

医护人员：接氧气。

【实况】

医护人员：要几个？

医护人员：要一个，赶快。

【解说】

红区内外，两个世界。一个静得可怕，一个动魄惊心。

人们把传染病的污染区称为红区，以警戒其危险。

进入红区之前，要穿好手术服、隔离服、戴好护目镜、N95口罩、外科口罩、鞋套、手套、面屏，一层层叠加后，所有的医生、护士，都变得臃肿，个人形象模糊。

不过，武汉红区的故事，也因此更加纯粹。

健康所系，性命相托。

出标题：红区

【解说】

武汉同济医院光谷院区接收的都是新冠肺炎的重症患者。

【实况】

医护人员：我们出去，速度快。

【解说】

而上海华山医院整建制接管的 5 楼 ICU,则是重症中的重症,红区中的红区。

【实况】李圣清　上海华山医院第四批援鄂医疗队队长、复旦大学附属华山医院呼吸科主任

李圣清:危险的,同学。脱呼吸机危险的。你开玩笑。

【实况】

李圣清:进来全都是危重症啊,进来全都是插管的。最多的一次是 30 个病人进来,27 个插管,2 个做 ECMO。6 个上 CRRT(血液净化)的。你就看这个病的严重程度吧。

【实况】陈澍　上海第六批援鄂医疗队队员、复旦大学附属华山医院感染科主任医师

陈澍:你会发现,在这里会有很多你原来想象不到的情况,想象不到的事。像人走在十字路口,到底往左还是往右。也许走错了,这个病人就完全迥然的两种情况。

陈澍:醒一醒,醒一醒。

陈澍:有一些老先生他就是完全不配合,他是没有生的欲望。

【解说】

这就是红区的常态,从医二十多年,陈澍正在经历着他职业生涯中最难熬的一个春天。

【实况】

陈澍:你想象一下,这边心跳停了在抢救,那边又在叫着第二个病人心跳停了,马上第三个病人心跳又停了。做到后来都怕了,因为病人刹不住车的。一个班上三四个病人,同时不好,一个个看着他们(走掉)。

陈澍:澍,什么意思知道吗? 及时雨。能够做到及时雨哪里这么容易啊,在病人最需要的时候能够帮到,很多时候只能是安慰,但是真正要解决很大的问题,这真不是太容易的事情。好了,我们走吧,开工。

医护人员:查房了,陈教授来查房了。

【解说】

在红区,医生救人的初心一直被现实挑战着。就像 12 床,他的新冠肺炎已经好转。但糖尿病让他的整个右腿迅速坏疽。

【实况】

陈澍:破不破啊?

医护人员:破的。

陈澍：老盛！

【实况】查房

陈澍：这个病人现在就是两个矛盾。就是说腿这个情况来看，无解的，它全部坏死了。你要解决这个问题，只有截肢，把这个腿截掉。那么腿截掉的话，现在看起来，在目前这个条件下和这个病人的基础情况下，我们讨论过两次，可能还是有些难度。81岁是很大年龄了，但是对医生来说，每个生命，只要有条件，我们还是能争取尽量争取。

【解说】

如果不立即手术截肢，接下来的脓毒血症会让12床万劫不复。他根本等不到拔管、康复出院的那天。可是疫情之下，隔离病房根本不具备手术条件。

【实况】

陈澍：想想办法，预后肯定不好，但还有什么办法吗？这么险的两关都过来了，我们还有什么机会可以给他再试一下吗？

【实况】上海和武汉的医生开会讨论

陈澍：所以这个病人也蛮尴尬的，因为他的命就靠这些设备吊着。

武汉医生：我是这样想的，因为现在放在这里，始终这个样子的话，到时候结果大家都知道，对不对？

上海医生：就是您觉得必须拔完管才能去别的地方做手术喽？

武汉医生：你不拔管，你怎么到隔离点，他去手术之前还得到隔离点待14天哪。

倪丽（上海第六批援鄂医疗队队员、复旦大学附属华山医院肾病科主治医师）：这个人的这条腿能不能进一步去救治？因为他现在这条腿释放的毒素，包括后期的感染的问题。如果这条腿不能处理，你拔了呼吸机，解决了他的肺，他醒过来看见他这条腿、这个样子，包括这只坏疽腿的疼痛。所以我们可能要考虑更长远一点，我们让他醒过来之后，我们能做什么？

陈澍：这里讲句怪话，这个人脚不好，这个人是没机会的。那你其他的事情去做它，对我们来说，它的目标是什么？

武汉医生：我们这边确实，坏疽这条腿确实，现在不具备手术条件。我最终的目的，还是要他能够出院，最后到指定医院去，能够做手术的话，还是尽可能要去做积极的一些干预。

陈澍：因为这个腿肯定有很多的坏死出来。

武汉血管外科医生：这个病人已经80多岁了，截肢的可能性已经蛮小。

陈澍：到底走哪个方向？要努力那么我们就拔管。要是没有努力的可能性，我们怎么让他最舒适？

武汉血管外科医生：后面那个腿的事情，即使转到我们血管外科去，都不一定能做，就是说医生不是所有的问题都能解决的。

　　武汉血管外科医生：现在动手术非常非常麻烦，即使平时去动手术，都是一个很大的问题。

　　【实况】

　　陈澍：这种你不弄的话就拖着，拖死了。老早就要截掉了，又没条件截，现在也没人肯截。这种病人有很大的医疗资源投入，但是他最终的预后是不好的。所以怎么说呢？我们人道主义吧，多活一天是一天，痛苦至少是没有的，他这样镇静着、插着管，他也不知道，至少没有痛苦。

　　【解说】

　　有时能治愈，常常去帮助，总是去安慰。这句话在这次疫情中，显得尤为深刻。

　　【实况】

　　医护人员：加油！

　　【解说】

　　2床的奶奶拔完管后，刚苏醒过来，但她拒绝吃饭，拒绝一切治疗。

　　【实况】

　　陈澍：老太太！

　　护士：她今天绝食，不想吃东西。

　　陈澍：要吃点东西的，知道吧？眼睛睁开来看看，眼睛睁开来。你不吃饭身体没力气怎么回家，好吗？回到家再好好养了。好，我们来，用点力气握一下手，好不好？非常好！

　　陈澍：她在用力握手，说明有信心啊。

　　陈澍：我们这边新冠的病人，特别是老人家，很多有些心理问题，不配合治疗，拒绝治疗。特别在重症病房里，他看到很多失败的病人，这些病人对他求生的欲望，或者说内心的打击很大，甚至于出现严重的精神症状，都有碰到。尽量做一点干预，比如说，有些老太太她不会用电话的，我们帮她拨通，或者让家里人拍视频，发到我们污染区的手机里，放给她看。好像是有一些帮助，但是看起来这个路还是蛮长的。

　　【解说】

　　病区 30 张床位，拒绝治疗的大部分是上了年纪的老人。医生们说，这一方面是因为痛苦，另一方面是老人觉得自己会给家里添麻烦。

　　【实况】

　　陈澍：老魏！老魏！叫你呢。

陈澍：他的蛋白降得很快。

【解说】

11床的老人因为绝食导致营养不良，医生们只能给他插上鼻饲营养管。

【实况】

医护人员：因为很多人是家里不止他一个人生病了，那么还有其他的家属也许就在隔离点。在这个环境里，也没有办法给他太多心理上的安慰。老年人最怕的就是孤独。

【解说】

第二天，2床的奶奶仍然拒绝一切治疗。

【实况】

医护人员：她就拒绝治疗，就躺在那里不太动。然后就给她吃，她也不要吃。给她吃药她也不肯。

医护人员：这是手机，帮我看看2床家里人的电话，我眼睛看不到，1758那个是吗？

医护人员：喂，你好。是这样的，我们是监护室，老太太现在人醒着，想跟你们说说话。

病人家属：好好好，视频是吗？

医护人员：视频可以的，你等等，你等一会儿。

医护人员：你等一下，我给你走过去。

医护人员：阿姨你们家里人很想你的，你跟他说说话，能说吗？

2床奶奶：我的病都治好了。

病人家属：你要听医生的话，听见没有？听医生的话，好不好？

2床奶奶：感谢他们啊。

病人家属：感谢医生，医生冒着蛮大的风险在给你治病，要感谢医生，医生是为你好的。

医护人员：你要配合我们，多吃饭，好吗？我们给你吃的饭、吃的药都要吃。

2床奶奶：对不起你们。

医护人员：没事的，应该的。你好好休息，休息好了，早点回去和女儿、儿子见面就更好了，好不好？

2床奶奶：谢谢。

医护人员：好的，没事，阿姨。

医护人员：真的还蛮好的，之前她还有点烦躁。今天早上她有点情绪，不肯吃药，通个电话就好了。总归还是想家里人。

【实况】打电话

陈澍：12床今天早晨讨论了一下，我们也看了片子和你发出的血气报告，觉得可能即便这个人腿坏疽、坏掉了，如果有条件的话，能拔管尽量还是争取一下。

【解说】

两天后，经过治疗，12床的呼吸功能趋于稳定。陈澍决定今天撤掉呼吸机，尽量给老人争取截肢手术的时间，保住性命。

【实况】

陈澍：这个不截肢是没有第二条生路的，只有截肢。现在他肺有条件拔管，第二个就是看有没有哪个医生有这样的胆量去做，再看他家属跟他自己的意见，总归三方咯。

【实况】

陈澍：12床脱掉呼吸机了。

陈澍：拥抱一下，随便找一个美女拥抱一下。

医护人员：好赞啊。

陈澍：赞不赞，开心吧。

【实况】

陈澍：人的意识状态不好，喊不醒。

医护人员：时间太久了。

陈澍：他清醒不过来，没有自发的咳嗽。

【解说】

可是撤机后，12床的意识一直恢复不好，根本叫不醒。而且，他坏疽的右腿已经开始有了渗出。隔着层层的防护，可以分明闻到臭味。

【实况】

陈澍：脚又恶化了，看起来这个脚是没有机会截了。呼吸机脱不下来。如果脱不下来，与其让他这样子拼命自己做功呼吸，不如用机器帮助他，这样他舒舒服服。然后我们再考虑下一步吧。

【解说】

无法拔管，无法手术。12床的治疗陷入了一个死局。

【实况】

陈澍：你说这个腿会痛吗？

医护人员：痛倒是……我觉得……

陈澍：你想想看，一条腿全部坏死，如果不处理掉，它里面释放多少东西？一块肉都要臭了。

【实况】

马昕医生：刚才说的糖尿病的腿，再不弄的话，我都想在这地方干了。给我十几把血管钳我就可以干下来。

【解说】

12床如果再拖下去,过了手术的窗口期,一切努力都无济于事了。

【实况】

医护人员:我觉得让他醒过来好残忍。

陈澍:这个人能活这么久,主要就是你的CRRT。

医护人员:我都不知道自己是做了一件好事,还是做了一件坏事。

陈澍:做了该做的事,应该这么说。

陈澍:很难啊,但我们努力过了。越到后头(呼吸机)越去不了。

【实况】

医护人员:求生欲很强。其他都蛮好,除了那条腿。

记者:你照顾他很久了?

医护人员:快半个月了。前段时间很难过的,这段时间已经好很多了。不过老爷子很赞的,生命体征一直很平稳,就是感觉他一直很想活的那种状态。我觉得其实真的应该需要帮他一下。我觉得他现在就是,除了那条腿,其实各方面,因为医生说他的肺其实情况还可以,就是有希望活。

医护人员:老爷子,我们医护人员都很努力,也希望你加油。虽然你现在可能听不到,也感受不到,但是真的希望你加油。

【解说】

面对不幸的人,面对无力的现实,该如何自处?这是每一个人都要接受的挑战。

【解说】

徐东亚护士说,那天有位病人去世了,但她锁在柜子里的手机响个不停,她没办法去接那个电话。

【实况】

徐东亚:他手机其实一直在响,家人就直接打不通他电话,让我觉得比较难受。

【解说】

印正护士说,她永远无法忘记那位好心的老婆婆。

【实况】

印正:她还帮助我们劝她隔壁邻床的一个小姑娘,因为小姑娘进来的时候挺烦躁的。因为她比较激动,她不愿意住在监护病房,她想跟她的家人在一起。老太太还劝她,小姑娘现在住个院不容易,能有病床了,你好好待在这里,这里的医生、护士都很好。这个小姑娘比老太太好得快,她先转到了普通病房。这个老太太,就离开了。所以每一次有病人离开的时候,我们觉得我们做得不够,我们应该更加努力地去把他们给抢回来,从死神手里去抢回来。

【解说】

除了心理上的压力,每个在红区工作的人,最直接的冲击,就是闷热、缺氧。

【实况】

医护人员:整个防护服里面是密闭的,不透气,所以现在我里面已经全部都湿了。

医护人员:我现在已经湿透了。

【解说】

热到极点,只能把手放在冰块上降温。

【实况】

医护人员:她现在不舒服,她说她想吐。

【解说】呕吐

那天,傅晶晶护士穿好防护服后,就呕吐了。

【实况】

医护人员:你先休息一会儿,好吗?现在里面人够的,没关系的。没事的,穿好了也不要紧的。身体出现状况,这个是没有办法控制的。

【解说】

傅晶晶觉得自己浪费了一套衣服,觉得给大家添麻烦了,她一直哭。

【实况】

医护人员:输血输上去。

【解说】

一位病人脱机后突然大出血,邹海医生只能用手紧紧按着出血点,一动不动。

【实况】

邹海:只能用人力去压它了。这是最安全的,但是也是最累的。

【解说】

知道了这些,也就不难理解,进入红区前,他们为何热衷于在防护服上画图画,开着玩笑。

【实况】

医护人员:我们的精神食粮。

医护人员:白白胖胖,充满希望。

医护人员:征婚征婚,我是单身。

【解说】

每天一定要合影,摆各种各样的手势。

【实况】

医护人员唱歌：啊～五环，你比六环少一环。

医护人员：她今天早饭吃了个双黄蛋，看来果然不一样，今天是她的Lucky day(幸运日)。

医护人员：然后我今天还看到了喜上眉梢。车开过的时候，我看外面，看见一只很肥的喜鹊，正好站在梅花树上，这个本来就是好兆头呀。

【解说】

这是自己给自己的勇气。

【实况】

医护人员：一定要让她完美出镜。

记者：一定，一定。

【实况】打电话

陈澍：喂，你好，我是同济医院ICU的陈医生。老爷子如果不把这个坏死的腿去掉的话，早晚要撑不住的。那么现在看起来医疗力量在恢复，他的新冠基本上也阴转了，所以可能可以出现一线机会，就是我们可以帮他做这个手术。

病人家属：尽量还是做一下这个手术。

陈澍：一线生机，我们尽百分百努力，好不好？

【实况】

陈澍：现在已经创造好了。本来是大家都不肯，后来大家再商量，我们再跟指挥部，再跟中法新城那边联系，可能就创造了一个条件。他们答应，只要家属愿意，我们可以转到那边去。那边条件好多了。手术条件就好多了，正规的。

陈澍：希望一切平安，他能够渡过这一关。现在在一个非常大的关口。

陈澍：小罗、小曹，他们忙着要转了。病人要转了。

【解说】

陈澍所说的最大的关口就是将12床，在呼吸机插管的状态下，在三级防护的状态下，转运到同济医院中法院区。对罗猛强、曹书梅两位麻醉医生来说，这是一个巨大的挑战。

【实况】罗猛强　上海第六批援鄂医疗队队员、复旦大学附属华山医院麻醉科主治医师

罗猛强：一旦出现问题，有可能就是致命性的问题。从一个病区转到另一个病区，刚才查了一下，好像是有几十公里，这个对我们来说是一个比较大的挑战。另外他是新冠肺炎的患者，包括我们路上的防护，对我们的职业暴露也是个危险。

曹书梅：有一线生机，也要尝试。

曹书梅：5 支阿托品、1 支麻黄碱、6 支肾上腺素。
罗猛强：一定要给他争取这个治疗的机会。
曹书梅：不转运的话他会死于脓毒血症的。
曹书梅：对，不能再拖了。

【实况】
陈澍：我也没想到，我本来以为也（没机会）。我几乎已经灰心丧气了，觉得做不成了，这桩事情。

【实况】
罗猛强：准备好耗材，我到时候就拿着呼吸机进来了。

【实况】
陈澍：有些人不敢接，总有医生敢接的。

【实况】
罗猛强：不要急，不要急。车子在那里。
医护人员：等一下。掉了。

【解说】
移床的时候，12 床的呼吸机接管突然掉了。在转运的过程中，这几乎是致命的。

【实况】
罗猛强：以后抬病人一定要我说可以才行，好吧？我们统一一下节奏。因为刚才我的管路还没好，你们就搬过去了。我们就是互相配合，好吧？这样我们统一步调，好吗？
罗猛强：走。

【解说】
12 床现在完全依赖转运呼吸机了。但钢瓶的氧气量最多能维持 90 分钟。

【实况】
罗猛强：接监护，快。放松点老爷爷。
罗猛强：把这个液体挂一下，快。
罗猛强：赶紧走，出发。

【解说】
从同济医院光谷院区到同济医院中法院区，40 公里，共计 50 分钟的车程，这一路不能有任何的意外。车辆颠簸、血压、血氧、心率，任何一点变化都可能是快速并致命的。而此时 12 床的心率，监护仪根本测不出来，曹书梅只能全程用手监测 12 床的脉搏。

【实况】曹书梅　上海第六批援鄂医疗队队员、复旦大学附属华山医院麻醉

科住院医师

曹书梅：心电图没有。这样摸着的话，一方面知道他搏动，一方面也知道他现在的循环大概怎么样。

【解说】

一路平稳，12床安全抵达同济医院中法院区，等待一场救命的手术。

上海的医生、武汉的医生，推着12床，一步步向前走。

【实况】

武汉医生：你还好吧？

上海医生：还好。

【实况】

罗猛强：赶紧的，我们已经很长时间在路上，赶紧接监护。

罗猛强：吸引器，快一点。

武汉医生：拿过来了！

罗猛强：赶紧，赶紧，快！

罗猛强：不够长啊！

【解说】

移床后，又是一波急救。

【实况】

武汉医生：把这个关一下，快点。

罗猛强：接氧气，快点，还有别的氧气瓶吗？拿一个。

罗猛强：一定要轻柔。

【解说】

这些时候，大家都是忘我的，无论来自哪家医院，职级高低，在救命这件事上高度统一。

【实况】

武汉医生：我们已经很配合了。

罗猛强：我知道。我们也是长途跋涉过来，穿三级防护都不容易。不能因为转运死亡，是吧？

罗猛强：因为他主要是有坏疽，我们那边没法做手术，所以一定要转到这边来才有机会手术。否则的话，他一直在那边拖，很快他的肺炎全都会出来了，就会拖死了。

【实况】

罗猛强：全身也湿透了。病人安全就好。

武汉医生：是的，刚刚突然那个呼吸机不能用的时候，我深切感觉到你的那种紧张。

【实况】

医护人员：这是樱花吗？

罗猛强：要不帮我们合个影吧，我们5个人。

医护人员：这个樱花好美啊。

【解说】

蓝色衣服的是上海的医生，白色衣服的是武汉的医生，他们一起拍了这张照片，却彼此不知姓名，也未曾见过对方的容颜。

【实况】打电话

陈澍：一线生机，我们尽百分百努力，好不好？

陈澍：那就这样。好，再见。

【解说】

给12床拼来了手术的机会，陈澍终于松了一口气。

【实况】

医护人员：11床和19床，你写点什么吧？

陈澍：我这个思维真的很不行的，你帮我想想吧，你来写吧。

陈澍：保佑必胜，加油。柚子嘛，再写个保佑，好不好？

医护人员：加油。叫他加油。

陈澍：加油，好。

医护人员：这个是19床的。

医护人员：我知道，一个19床，一个11床。

医护人员：这是吉祥物啊。

医护人员：你要玩吗？

医护人员：柚子是保佑我们的病人。

【解说】

在红区，柚子成了吉祥物。这不是迷信，而是灾难之下的象征和希望。

【实况】

医护人员：30床（血氧饱和指数）怎么89啊，不行。

医护人员：护士先过来，30床护士赶紧先过来。

【解说】

3月8日，饶才强还插着管，做着血液净化，生命垂危。但10天后他就要出院了。这时候不得不感叹，人的努力，生命的奇迹。

【实况】

饶才强：我住这儿一个多月了。

记者：一个多月了，跟他们说你出院的消息了吗？

饶才强：说了，他们喜"死"了。

【解说】

那天，他吹了一个大气球，他要感谢所有人。

【实况】

饶才强：李圣清（医生），她说你用手套吹，没有气球你就吹手套。你们这儿的护士太好了，我舍不得。对我太好了，就是要用自己真心换别人的真心。

【实况】打电话

饶才强：你下午什么时候来？

【解说】

饶才强和家人说他这次在医院的账单已经超过了30万元。他说如果不是国家，他要10年才能还清。

【实况】

饶才强：不吃不喝要10年，要吃喝，要20年。感谢我们习近平同志。

【解说】

26床在这里住了一个月，今天也要出院了。

【实况】

26床患者：特别的高兴，我不知道怎么感激你们，我也不会说话，真的，不知道说什么好。

26床患者：谢谢你们了。希望这个疫情早点过去，你们早点回家。

26床患者：希望疫情早点过去，你们都可以早点回家。太辛苦了。

26床患者：这个疫情早点过去就好了，我看到他们真的是好辛苦。

【解说】

一定没有人愿意再经历一次红区，但走出红区的人经历了一次奇迹。所有人也都希望，等待截肢的12床，会是一个奇迹。

3月16日，12床终于可以手术了。

【实况】

武汉医护人员：憋口气，快速出来。

武汉医护人员：老师您请进。

武汉医护人员：我们东西都会准备齐全，完了以后，在不同的地方也会有不同的巡回护士来给老师们做提醒。

【解说】

当我们赶到同济医院中法院区的时候，才发现主刀的医生是上海华山医院的领队马昕。他也是知名的骨科专家。

【实况】马昕　上海华山医院援鄂医疗队总指挥、复旦大学附属华山医院副院长

马昕：来一趟嘛，就把这事儿做到位，做到底，把这些病人处理好，这些病人该救活的救活。我们到哪儿都是当医生，就在这儿吧。

【解说】

马昕要和华山医院的沈云东、朱磊、武汉同济医院的尤洪波医生，共同完成这场特殊的手术。

【实况】

马昕：以前开会的时候见过，但是没有同台。

马昕：我们这儿所有的工作要依托我们当地的医院，靠我们自己那是搞不下去的。因为他们所有流程、各个方面他们最清楚，最熟悉。

【实况】

马昕：测试一下漏不漏气，闷肯定是闷的。

【解说】

手术前，每个人都要进行严格的三级防护，防护衣、护目镜、头罩一个都不能少。在这种密闭缺氧的状态下做一场截肢手术，难度可想而知。

12床的老爷爷已经深度镇静，他不知道这场手术有多么大的风险，即使在平日也少有医生敢于挑战。马昕说，如此高龄的老人手术的成功率可能连一半都不到。

【采访】

马昕：12床右下肢的坏死，这坏死平面已经到大腿的上三分之一了。这时候截肢必须做髋关节离断，就把整个下肢除股骨头之外，一定要拿下来。

【实况】沈云东　上海第六批援鄂医疗队队员、复旦大学附属华山医院手外科副主任医师

沈云东：我们现在迫切要把坏死的这条腿截掉，这样减少毒素的吸收，这样他可能还是有机会慢慢地好转。

【采访】

马昕：这个手术相对来说还是比较大，因为这边都是大血管、大神经。大肢的股动脉、闭孔动脉、后边的臀上臀下动脉，都会导致致死性的大出血，那这是我们比较担忧的。

【实况】

马昕：往我这边来移动。

马昕：沈云东，消毒消好了吗？

医护人员：好了，我们都准备好了。

【解说】

手术开始了,四名手术医生,两名护士,两名麻醉医生,上海和武汉一共八名医务人员投入了这场注定艰难的手术。

他们相互击拳,给彼此信心。

【手术】

12床坏死的肌肉组织、骨骼,一点点被分离出来。

声音嘈杂,我们根本听不清医生在讲些什么,只能凭姿势猜想,疫情下的这场手术对于医生来讲,绝对是体力的大考验。

【采访】

马昕:做这个手术我要隔着三层镜片,我自己的眼镜、护目镜,还有面罩上的一个面屏。稍微出一点汗,你看这个病人的手术视野就是模糊一片。整个动作你就会非常慢,比平时要慢多了,大家都看不太清楚。

马昕:我们队友会互相地说一说,这是血管吗?是血管。这是动脉吗?是动脉。

马昕:一步一步地往下走。

【解说】

马昕一直低头手术,但当他再次抬头时,我们看到,他脖子下方,汗水已经浸透了三层隔离衣。

【采访】

马昕:我感觉呼吸非常非常困难,我张大嘴巴呼吸,但是仍然觉得自己有窒息的感觉。

【实况】

马昕:把这个拿走。

马昕:快。

马昕:这个有点闷,有点闷。

马昕:面罩,快,摘掉头套。

【采访】

马昕:因为这个手术时间相对来说比较长,出了很多汗,这汗水把这个N95口罩,还有外科口罩那个缝隙全部给密闭掉了,这会导致你呼吸极其困难。

【实况】

马昕:这个面罩刚才绷太紧了。

【解说】

重新换好衣服后,马昕就这样站着,一动不动,他需要时间喘口气。之后,他要继续完成这台手术。

【实况】

马昕：这个口罩已经全都湿了，每个空隙都不通了。

【解说】

一个小时后，12床爷爷坏疽的右腿终于截掉了。他挺过了一场近三个小时的手术，暂时活过来了。

【实况】

马昕：顺利，非常顺利。

马昕：就是脑缺氧。

医护人员：辛苦了，您辛苦了。

马昕：就是脑缺氧。

【采访】

马昕：到最后我们手术还是比较成功的。出来的时候，我们每个医生还拍了一张照片，全身全部湿透了。每个人都有脱水的感觉，那天是非常非常疲惫，非常累，但是我们大家都很开心，我们救了这个病人。

【解说】

疫情之中，人们称赞医务人员是英雄，但具体到个人，这不过是一种朴素的职业精神，完成手术，救人性命。

【字幕】

3月30日，同济医院光谷院区5楼ICU病人清零。

【实况】

医护人员：华山医疗队，光谷ICU，完美收官！

【解说】

拥抱、哭泣，为那些冲破禁区重获新生的人，也为那些永远留在了这个春天的人。

红区是禁区，但我们相信，生命，终究是禁锢不住的。

离开武汉前，陈澍特地来到同济医院中法院区，看望正在恢复的12床。

【实况】

陈澍：去甲肾上腺素走多少？

医护人员：去甲肾上腺素走2。

陈澍：伤口的肿胀程度还是不错的，血管也好的。他这个伤口愈合还是不错的。

【实况】

陈澍：这个人能够救活了，我们回上海就感觉上真的……

医护人员：就是没有太大的遗憾了。

陈澍：就是创造奇迹了，不是遗憾了。
【字幕】
所有的生命都是奇迹。

附：主创人员名单

范士广、李闻、金翔、丁璨、任一、刘振宇、谢抒豪、刘跃、柯丁丁、周圣乐

忠实记录"红区"奇迹
正面宣传德义之基
——评点新闻纪录片《人间世》抗疫特别节目——红区

复旦大学新闻学院博士生导师 黄芝晓

习近平总书记在谈到正面宣传时，借用古人的话提醒新闻工作者"忠信谨慎，此德义之基也"，"要用心用情做，让群众爱听爱看，不能搞假大空式的宣传，不能停留在不断重复喊空洞政治口号的套话上，不能用一个模式服务不同类型的受众"，并具体提出"根据事实来描述事实，不能根据愿望来描述事实，同时要坚持马克思主义立场、观点、方法，搞清楚是个别事实还是总体事实，不仅要准确报道个别事实，而且要从宏观上把握和反映事件或事物的全貌"的要求。

《人间世》抗疫特别节目——红区，正是一部努力实践总书记要求、富有正能量的新闻纪录片。关于武汉抗疫斗争的电视报道，量多质佳，记录了当时发生在武汉的感人故事。"红区"除了具有大多数电视新闻的共性，还具有鲜明的个性：从一个特别的视角切入，忠实地记录了这场抗疫激战中医生与病人、医生与自身的心理战，增强了代入感，使观众感同身受地体会到抗疫斗争中不易为外人所知的另一种复杂性、多变性，从而进一步体会到什么是医者之仁、医者之大爱，也更深刻地认识我们赢得抗疫斗争阶段性胜利的根本原因。

这就构成了这部专题片的鲜明特点：精选典型，用事实说话；多线并进，突出价值观；描述具体，细处见精神；强调团结，沪鄂共奋战。

3月初，摄制组主动请缨前往武汉，两人一组，分别驻守在雷神山医院、金银潭医院和同济医院光谷院区，持续拍摄两个多月，零距离跟踪记录抗疫前线的感人事迹。现实中的"红区"是抗疫前线的前线，是最危险的暴风眼；专题片《红区》

则是聚焦于前线医护人员体力、心力的交集点,从多个侧面反映了医护人员的价值观。

在武汉抗疫前线,在"红区",抢救生命已是常态,反映抢救患者的报道也成为一种抗疫报道常态。然而,记者深入"红区"现场,以其眼力之敏锐与脑力之深思,在众多激动人心的抢救案例中,"既见人之所见,亦见人之所未见",捕捉到最能集中反映前线医护人员价值观的生动故事。

同济医院光谷院区的重症监护室是"红区"中的"红区",专题片先是以上海第六批援鄂医疗队队员、复旦大学附属华山医院感染科主任医师陈澍的一段话介绍了这里的概况:"你想象一下,这边心跳停了在抢救,那边又在叫着第二个病人心跳停了,马上第三个病人心跳又停了。做到后来都怕了,因为病人刹不住车的。一个班上三四个病人,同时不好,一个个看着他们(走掉)。"有了这样的背景衬托,片子转上主题,展开两条心理矛盾线的故事就有了合理的逻辑基础。

一条心理矛盾线发生在医护人员与患者之间。患者的心理状态有时很大程度影响着抢救的效果,医生要尽力抢救,而"有一些老先生他就是完全不配合,他是没有生的欲望"。这比技术抢救的难度还大。

另一条心理矛盾线发在医护人员自身。一些新冠肺炎患者并发其他基础疾病亟须手术,然而因为疫情,医院根本不具备手术的条件。如何抉择?医护人员不得不经受感性和理性的双重挑战。

该片在表现这些矛盾斗争时,没有空洞的政治口号,而是十分注意具体事实的运用和细节的展现。比如:一位拔管后刚苏醒过来的老奶奶,拒绝吃饭,拒绝一切治疗。医护人员很理解这些拒绝治疗的老人的心理,一方面是因为痛苦,另一方面是觉得会给家里添麻烦,而重症病房里很多抢救失败的病人对他们求生欲望的打击也很大。于是尽量做一点干预,帮老人拨通家里电话,或者让家里人拍视频发到污染区的手机里,放给老人看,由家属配合做心理疏导。

在反映医护人员自身的心理矛盾斗争时,记者选择了一个典型案例:一位81岁的新冠患者,因为糖尿病导致整条右腿出现坏疽、需要立即进行截肢手术,才能保住性命,但当时医院又不具备手术条件。专题片具体地报道了上海援鄂医疗队和武汉医护人员陷入感性与理性极度矛盾的心理状况:"这种你不弄的话就拖着,拖死了。老早就要截掉了,又没条件截,现在也没人肯截。这种病人有很大的医疗资源投入,但是他最终的预后是不好的。所以怎么说呢?我们人道主义吧,多活一天是一天,痛苦至少是没有的,他这样镇静着、插着管,他也不知道,至少没有痛苦。"正是这样的"实话实说",反衬了两地医护人员只要"有一线生机,我们尽百分百努力",终于创造了手术条件,挽救了老人的性命,创造了奇迹。这需要何等的毅力,才能战胜心理压力!

这一占据专题片相当大容量的详细报道,不但没让人感到冗长,反而因其浓缩了医护人员在这场抗疫斗争中表现出来的大仁大爱,展现了他们以人为本、救死扶伤、尊重科学的价值取向,体现了举国同心、一方有难、八方支援的伟大精神,深深地吸引了观众,还产生了很强的代入感:如果是我,会怎么做呢?加深了正面宣传的感染力、影响力。

正因为这样原汁原味而又有思想高度的记录,为受众带来与以往不一样的观察视角与思考方位,以"红区"为代表的《人间世》抗疫特别节目的系列专题片在东方卫视、哔哩哔哩、腾讯视频、爱奇艺同步播出后,受到了受众的热情追捧,相关话题频登热搜。从新闻业务的角度看,这部专题片也为坚持并提高正面宣传质量,以真实可信固德义之基提供了可贵的经验。

什么是真正的英雄主义
——《人间世》抗疫特别节目创作心得

上海广播电视台《人间世》抗疫特别节目总导演 范士广

在辞海中,"英雄"的第一条解释是:才能、勇武过人的人。对于一名纪录片作者来说,这次去武汉前线,记录一位英雄人物的故事,仿佛是一个职业本能。

但是到了武汉的第三天,在同济医院光谷院区ICU,我随便和一位护士聊了聊,发现自己之前的想法有些想当然了。

她叫张东亚,我和她聊天的时候,她已经高强度工作了3个小时。她很累,坐在那里一声不吭地休息。

我们就随便聊着,我拿手机这么拍着。突然,她和我说:"你知道吗?我现在最怕听到手机铃声响。"我问她为什么?她说,她一直看护了十几天的一名患者,不久前,抢救无效去世了。虽然只是萍水相逢,只相处了那么十几天的时间,但还是有感情。那晚,人去世了,被殡仪馆接走了。但他的手机还留在护士站,锁在一个柜子里,等待消毒处理。晚上的ICU,一切都很安静。只有柜子里的那个手机响个不停。手机在柜子里震动,那个铁柜也发出一阵阵"嗡嗡"的声响。

张东亚就坐在柜子旁边,她没办法去接那个电话。她脑子胡乱想象着这个电话是谁打来的,她没办法自处,每一秒都是煎熬。手机断断续续响了四十分钟,终于把电池耗干耗尽,才突然平息。东亚护士说,她觉得那晚柜子里的响动像是个魔咒,一夜心里不得安宁。

聊着聊着,她突然开始自责,她问我,是不是如果护理得更好一些,那个病人就不会走?隔着面屏,隔着护目镜,我看到她的眼泪吧嗒吧嗒地掉。不敢再谈,担心防护,我赶紧结束话题。她只是很普通的一名护士,极偶然地讲了一个没有多少情节的小事情,抒发了一点没有经过整理的小情绪。但是,这小情绪里,有同理心,有人情味儿。我才想,我们正在记录的这段历史,是多么庞大又复杂的叙事,它可能没有跌宕起伏的情节,也没有振臂一呼的英雄,它是深重灾难下,众声喧哗中,一群平凡人所展现出的德性。

这对我是非常大的一个冲击。我们真的不能只是为了完成自己所谓的故事,所谓的有冲突,有矛盾的故事,而忽略了人,忽略了个体的感受和经验。

上海援鄂医疗队有1 649名队员。我们人手有限,不可能全部采访。那我们采访一百位怎么样?所以,到武汉的第十天,我们就开始了一个"百人采访计划"。我们希望留下更多的个人影像资料。

我们相信英雄是有血有肉的。

第二个人,我想讲的是华山医院的陈澍医生。在同济医院光谷院区,陈澍最头疼的一个病人是12床,81岁。

那天,我跟着陈澍查房。他掀开12床的被子,我看到12床的那条腿,从腹股沟一直到脚趾,全部是黑死的状态。陈澍说,这是糖尿病引起的坏疽,已经开始有渗出。

陈澍说,这条腿如果不马上截肢,接下来会导致脓毒血症,12床必死无疑。陈澍说得斩钉截铁,我听得心惊肉跳。可是,因为疫情,光谷院区根本没有进行手术的条件。更何况,一名81岁的老人做整条腿的截肢,极大可能会死在手术台上,没有医生会轻易冒这个风险。

陈澍查完房,我看到他一个人静静坐在休息室的床上,闭着眼睛,待了好久。对于外界来说,一个患者的死亡可能只是一个难以避免的数字,但是对于医生来说,不论身在何处,他们的眼里只有生命。

3月14日早上七点钟,转机出现。有家医院具备手术条件,可以做手术了。我问陈澍:"你不是说即使可以手术,也没有医生敢接吗?"陈澍说:"总有医生会去担责任,会去冒风险的。"

当天,12床从同济医院光谷院区转移到了中法院区。这个过程中,我拍到了这张照片。六七个人推着老人的床,把老人送到ICU等待手术。夕阳下,上海的医生、武汉的医生,大家彼此并不相识,但步调一致,这份默契源自对生命的尊重,让人觉得好美。

两天后,12床动手术了,然后就有了这张照片。他是华山医院的领队、骨科的专家——马昕,是他接下了这台手术。那天的手术持续了近三个小时。手术很成功,但我们不知道的是,由于防护服过于严密,他极度缺氧,想吐,硬撑着完成了手术,汗水浸透了整整三层隔离衣。我忽然想起了陈澍那天说的"总有医生会去担责任",我才明白了他说这话的底气。

什么是真正的英雄主义?陈澍是12床的管床医生,他的职责是救人,责任的背后是敢于作为的道德和勇气。马昕是骨科专家,需要他的时候,他义无反顾,勇气的背后是过硬的医术。

第三个故事,关于陪伴。2020年3月27日那天,上海第一批援鄂医疗队所在的北三病区转走了最后一批病人。大家都很开心。但我看到一个人静静地坐在一张空床前,坐了好久。

她是华东医院的护士长陈贞。她坐在18床前哭了。她说,18床家里成年人都感染了新冠肺炎,他是顶梁柱,三十九岁,很快就走了。那晚,家里没人来处理他的后事。护士们能做的就是尽一个人的本能,帮他把裤子、衣服穿好,把污物擦掉。保持一个人最后的尊严,然后本能地说,一路走好,一路走好。

陈贞说,之前在医院也会碰到死亡的患者。但是在金银潭的那个深夜,这种感受完全不同。因为在病人生命的最后一刻,留在他们身边的唯有医护人员。这一刻,他们不仅是救死扶伤的白衣天使,更是唯一的陪伴者。

陈贞说,按照上海的风俗,人刚刚去世,不能惊扰。所以她和护士们万分小心地把死者的床,一点点从病房挪到走廊。然后,她坐在床边,陪了最后的十几分钟。这种陪伴无关是否相识,无关感情深浅,纯粹是在死亡面前,人与人之间发乎本能的人道主义关怀。

这种陪伴,有很多,护士们给病人洗头、泡脚、陪他们做游戏,护士们会拉着处于绝望中病人的手说:"你要乖,你拉着我的手,我会一直陪着你。"这一切看似和我们印象中英雄的高大上形象差距很大。但是,这恰恰是这个世界最宝贵的良善。

中山医院的副院长朱畴文是我们的第83位采访者,一坐在我们的摄像机面前,他就控制不住,哭了。他说,那些披挂上阵的医生护士,百分之六十都是90后。刚刚到武汉,他送那些小医生、护士去上夜班,看着他们穿防护服,挨个走进污染区。他很难受。他哭着说,他们都还是孩子啊,我们是让孩子们上战场啊。

可后来,谈到医生这个职业,他充满了自豪。他说,这里面有科学、有扎实的技术、有人道主义精神,你的使命是拯救。这真是这个世界上最好的职业。

说完,他哈哈大笑。

这次疫情中,网友喜欢引用基辛格《论中国》中的一句话来赞美英雄的付出,这句话是说:"中国人总是被他们之中最勇敢的人保护得很好。"

可到底什么是英雄?其实中国人不相信那个最勇敢的超级英雄,那个穿红色内裤拯救人类的超人。对于中国人而言,我们更愿意相信每一个平凡家庭、平凡岗位上的个人,在他世俗伦常的义务中,恪尽职守、宽容仁爱;有格物致知的精神,有承担责任的勇气,有对众生万物一视同仁的爱,这才是中国人心中的理想人格。

2020年度上海广播电视奖
参评作品推荐表

作品标题	"吵"出来的"001号"批文	参评项目	电视新闻
		体　裁	长消息
		语　种	中文
作　者 （主创人员）	谢丹青、洪焕铨、沈佳俊、林羡德、徐进	编　辑	瞿轶羿、虞之青、朱玲敏
刊播单位	上海广播电视台	刊播日期	10月31日19时02分32秒
刊播版面 （名称和版次）	新闻综合频道《新闻透视》	作品字数 （时长）	3分53秒
采编过程 （作品简介）	新闻透视《"吵"出来的"001号"批文》，聚焦的是长三角生态绿色一体化发展示范区的重点工程——元荡桥建设背后的故事。这是一座打通省际断头路、连通上海青浦和江苏吴江两地的跨省桥。记者从项目启动开始持续关注，特别是桥梁建设过程中跨域涉水审批，如何实现"从无到有"的问题。历时半年多，记者完整记录了多次协调会上三级八方的意见，通过这些"争吵"，展现了各方啃"硬骨头"的决心和务实创新的作风。在国内首张跨省域涉水项目审批批文出炉后，记者还结合了一体化示范区成立一周年成果展示，充分挖掘了此次跨域审批创新对全国区域发展的意义，整篇报道记录完整、采访扎实、意义重大、可看性强，成了示范区成立一周年系列报道中的亮点。		
社会效果	《"吵"出来的"001号"批文》报道在长三角生态绿色一体化发展示范区一周年成果展示会举行的当天播出，取得了良好的社会反响，相继被市发改委、一体化示范区、青浦区等官方公众号引用、转载，对推动社会各界关注聚焦一体化示范区建设起到了积极作用。		

"吵"出来的"001号"批文

【导语】

长三角生态绿色一体化发展示范区,马上一周岁了。示范区涉及沪苏浙两区一县,当遇上一些跨域项目时,要如何来互相协调呢?为了在上海青浦和江苏吴江交界处的元荡上建起一座桥,听说各方就差点"吵"了起来。

家门口跨越元荡的公路桥基本完工了,从上海搬到吴江养老的王老伯,迫不及待地来探探路。

(采访 市民王老伯:上海方向最好就是这座桥,方便呀,那边兜圈子。)

随着连接青浦东航路和吴江康力大道的元荡桥正式竣工,老百姓从吴江到青浦,不再需要开车绕行半小时。这也是一体化示范区先行启动区内首条打通的省界断头路。而这座桥,其实是"吵"出来的。

(实况 吴江区水务局工程管理处主任 陆雪林:这个项目的审批权限,不可能是苏州归苏州批,上海归上海批。)

今年4月初,示范区执委会专门为了这座桥召开协调会,上海、苏州、青浦、吴江和太湖流域局等各地的规划审批、建设部门人员悉数到场,展开热议。

元荡地处上海青浦和江苏吴江交界,沪苏省界就落在元荡中央。大家都知道,在元荡上建设一座桥,能大大方便两地百姓的出行。不过,如果按照老办法,申请人需要在上海、苏州两地分别审批。而哪怕最终能拿到两张批文,由于两地的技术标准不同,桥梁也可能依然建不起来。

(实况 苏州市水务局、工程运行管理处 袁野:委托上海市水务局这边统一出批文,包括监管。后续的评审、验收我们可以一同参加。)

可这样操作的话,会出现新的问题。

（实况　上海市水务局政策法规处处长　李剑：上海的水务局可以批到江苏去，法律上面这是一个空白。）

原来，跨区域审批，现行法规里没有直接依据。地方政府部门之间，授权、委托给一方批，也不符合《行政审批法》的规定。

（采访　上海市水务局政策法规处处长　李剑：不是简单的授权委托就完事了，首先法律上面站得住脚。）

这个瓶颈要如何突破呢？

（实况　长三角一体化示范区执委会生态和规划建设组副组长　刘伟：这座桥两家都有红章在上面，有没有可能……这没做过，先试试看吧。）

反复协商后，大家最终决定，由上海牵头，两地联合审批，共同出具一张决定书。此后的数次协调会上，大家逐字逐句对许可决定书进行斟酌，比如，两地各有各的桥梁防汛和通航需求的技术标准，但最终必须达成一致，落到纸上。

（采访　长三角一体化示范区执委会生态和规划建设组　组员　沈永飞：我们一定要把我们自己的顾虑放在桌子上，越是"吵"出来的东西越掷地有声。）

一个个细节"吵"过来，历经整整三个月，国内首张跨省域项目水务准予行政许可决定书，终于出炉。一张批文上，盖着上海、苏州两个红章，也诞生了一个全新的审批序列号：示范区涉水。项目编号为：2020年，001号。

（采访　长三角一体化示范区执委会生态和规划建设组组长　刘峰：是一个巨大的创新。在一体化的这个背景下面，那么大家怎么去突破，想尽了各种办法。）

除了行政许可的突破，审批流程也大胆改革。由上海牵头受理，申请人只跑一地、只跑一次；材料从原先的15份减少到7份，审批时限则从25个工作日缩短到7个工作日。"一家牵头、联合审批、多方联动"的创新模式，未来也将在示范区复制推广。

在这份001号批文的基础上，两地建设部门还就高不就低，统一了道路的建设标准，为未来协同作战打好了基础。示范区执委会还拿出了一份《跨域道路工程互联互通指导手册》，从规划、设计、审批、建设到管养各方面，形成了一套完整的体系，让制度创新的成果真正落地。

（采访　吴江区汾湖高新区建设局局长姚俊：跨域项目肯定是越来越多，提前谋划，规划形成一张蓝图，实现联合审批。）

充分展现冲突　创新解决矛盾
——评电视长消息《"吵"出来的"001号"批文》

复旦大学新闻学院博士生导师　黄芝晓

上海广播电视台新闻综合频道的电视新闻长消息《"吵"出来的"001号"批文》，以3分53秒的时长，透过长三角生态绿色一体化发展示范区的重点工程——元荡桥建设过程，提出了一个重要问题：省际毗邻地区建设如何既顾及各方要求，又顺利推进项目？同时也提供了有效经验：要在充分展现跨地域各方要求与冲突的基础上，通过制度创新解决矛盾、推进建设、取得实绩。这是一件内容表现有强烈的全局意识、创新意识、求实意识，采制过程有明确的站位意识、问题意识、历时意识的好作品。

由于问题既有特殊性，又具有相当的普遍性，消息的导语就直截了当提出问题：长三角生态绿色一体化发展示范区"涉及沪苏浙两区一县，当遇上一些跨域项目时，要如何来互相协调呢？"并且直击要害："为了在上海青浦和江苏吴江交界处的元荡上建起一座桥，听说各方就差点'吵'了起来。"这样，作品以直接的矛盾展现引起受众重视，同时又进一步深挖：上海、江苏两地为什么即使"吵"，也要建这座桥呢？

消息用现场镜头道出了原因：从上海搬到吴江养老的王老伯特地到基本完工的元荡桥上探路，他告诉记者，以前从江苏吴江区到上海青浦县要开车绕行半小时，现在不用"兜圈子"了。这就形象地揭示：像这样跨地域建设的民生工程，其意义已经远远超越了"一体化示范区先行启动区内首条打通的省界断头路"，而是"不忘初心、牢记使命"的具体体现，也显示了消息的全局意义。消息从这样的全局高度"破题"，内容上合乎逻辑，表现上具有创新意义，且体现了更高的政治站位。

然而，消息没有在此止步，而是抓住"吵"这个特殊点，继续深入开掘主题。建设长三角生态绿色一体化发展示范区，是实施长三角一体化国家战略的先手棋和突破口，同时也是全国跨地域建设的先行区。元荡桥跨度并不大，建设的难度不在技术，而是难在人们常说的体制、机制上。全国不少地方在地域辖区交界处都有类似的"断头路"，不是自然条件而是体制、机制阻断了本应通畅的交通，影响了两地的经济建设和群众生活。打通近在眼前、远在天边的省际"断头路",群众盼,干部也想,但政策、标准、审批等一项项无形的规制"阻断"了双方的政府间沟通,也影响了群众的交往,这才是问题的症结所在。

记者的问题意识不是只提出问题,要害在于正确认识问题,切实解决问题。正是带着这样的问题意识,记者的眼力越过了元荡桥建成给群众带来方便这一层次,也越过了先行启动区内"首条打通的省界断头路"的俗套,而是镜头一转,直接端出了"吵"的场面。"吵"的要害是跨水域建设的审批文件。这个项目的审批权限,不可能是苏州归苏州批,上海归上海批;而委托上海审批,又会碰到法律空白点——上海水务局怎么可以批江苏的项目?

解决这一"两难"问题本身就是体制、机制改革创新的过程。这样认识问题,消息主题就直奔更高的政治站位,也使内容富有创新意义,并推动了采编过程的改革——采用历时性采访手段,更真实、更完整、更全面地表现各方的矛盾是如何在"吵"的过程中逐步得到合理解决的。长三角一体化示范区执委会生态和规划建设组成员们提出的问题是真实的,讨论问题、解决问题的态度是真诚的,记者也是遵照习近平总书记要求的"按照事实来描述事实"的"笔力"要求,从项目启动开始就密切关注,历时半年多,真实、完整地记录了多次协调会上三级八方意见交锋、交流,一个个细节"吵"过来的过程,展现各方啃"硬骨头"的决心和务实创新的作风,正如相关人员所说:"我们一定要把我们自己的顾虑放在桌子上,越是'吵'出来的东西越掷地有声。"

这一份盖着上海、苏州两个红章,有着"示范区涉水"这一全新的审批序列号,项目编号为2020年,001号文件的形成过程,正是体现了长三角三省一市干部群众肩负习近平总书记寄予的深切厚望,肩负党中央、国务院赋予的重大使命,进一步增强政策协同、深化分工合作、凝聚强大合力,着力当好经济压舱石、当好发展动力源、当好改革试验田,在服务构建新发展格局、推进现代化建设中勇挑重担、走在前列的强大决心和坚决行动。涉跨地域建设项目共同批文的从"无"到"有",正反映了长三角从"有界"到"无界",敢为人先、锐意进取,探索促进区域协调发展的新路径,携手推进长三角高质量发展的改革创新过程。

消息稿采制历时半年,选择在长三角生态绿色一体化发展示范区一周年成果展示会举行的当天播出,正是向社会昭示:示范区最重要的任务就是制度创新。这也是示范区的示范意义所在。

积跬步方能至千里
一次制度创新背后的故事
——《"吵"出来的"001号"批文》采访心得

上海广播电视台融媒体中心记者 谢丹青

2018年,长三角一体化发展上升为国家战略,其中,高水平建设长三角生态绿色一体化发展示范区,是《规划纲要》中的核心亮点。2019年11月,一体化示范区正式揭牌,也开启了我和这片改革试验田的缘分。

"不破行政隶属、打破行政边界",这是我听到描绘一体化示范区的第一句话。在此后一年中,这句话始终萦绕耳边。一体化示范区建立了全新的工作机制,负责发展规划、制度创新、改革事项、重大项目和支持政策的具体实施机构,叫示范区执委会,有30多名工作人员,来自沪苏浙三地,他们着眼大局,合署办公,是真正的"长三角人"。在许多次的采访中,我几乎访遍了执委会所有部门,我常常能感受到,因为"不破行政隶属"的"一体化"制度创新,让每一位执委会的"长三角人",都痛并快乐着。但究竟难在哪里?一份份白纸黑字的文本背后,到底要跨过几道关?我很好奇,但始终没能真正理解。

2020年春节后,得益于长三角地区联防联控机制,一体化示范区很快实现了复工复产。当时,我一直紧跟着示范区一项重大基础设施互联互通项目——青浦东航路和吴江康力大道省际断头路打通的进程。3月底,两地道路段建设进入冲刺阶段,但项目贯通节点——元荡桥,似乎进展缓慢。项目负责人告诉我,因为上海江苏两地的省界落在元荡中央,桥肯定不能青浦、吴江各建一半,所以需要由一方委托另一方整体建设。而造桥就要审批,但跨省域涉水项目审批,在我们国家并无先例,到底谁来批?以怎样形式批呢?上海、江苏和水利部太湖局都还在协商,所以批文没出来,工程自然没法上马。

得知这一情况,我立即想到,2018年,青浦昆山的断头路盈淀路,也是需要建设一座跨省域的桥梁,而且已经建成通车了。难道这一经验不能适用在元荡桥上吗?我询问了示范区执委会,生态规建部的刘峰部长说,盈淀路是通过两地签署合作协议方式开展的一次创新试点,为跨域项目建设开了先河。但如何在目前法律法规框架下,将制度创新固化做实,形成可复制推广的成果,就必须在元荡桥项目上一一捋清楚、想明白、扎实落地。"丹青啊,我们示范区要做的,可不是'盆景',而是能够在全国生根发芽的种子。如果元荡桥项目'啃'下来了,那我们可是全国 NO.1。""那让我参与一下你们的协调会吧!"我向执委会提出了采访的想法,因为只有深入了解制度创新背后那一次次的"碰撞",才能真正理解一休化改革的意义。

在执委会的支持下,4月初,作为唯一一家媒体,我进入了涉水项目审批协调会的现场。上海、青浦、苏州、吴江的水务部门和水利部太湖流域局的相关人员都悉数到场,各抒己见。尽管大家对于推动元荡桥尽快启动建设达成了高度共识,可如何审批,分歧很大。苏州方面提出,委托上海造桥,审批也委托上海水务部门来实施,后续评审、验收可以一起参与。但这一方案并没有得到上海方面的认可。上海水务局政策法规处处长李剑明确表示,上海行政部门跨域批到苏州去,这在法律上是个空白。原来,跨区域审批,现行法规里没有直接依据。地方政府部门之间,授权、委托给一方批,也不符合《行政审批法》的规定。几番"争论"下来,各方都知无不言、言无不尽,把想法顾虑都放到了桌上。示范区执委会生态规建部提出,两地是否可以联合审批,在一张批文上出现两个红章。虽然没做过,但可以试试,如果真走通了,那跨域审批的问题就迎刃而解了。

反复协商后,大家最终决定,由上海牵头,两地联合审批,共同出具一张决定书。此后的数次协调会上,大家逐字逐句对许可决定书进行斟酌,真是一个个细节"吵"过来。在整整三个月期间,我并没有进入每一场协调会,但最终看到国内首张跨省域项目水务准予行政许可决定书的时候,还是非常感慨。这张批文上,盖着上海、苏州两个红章,印上了一个全新的审批序列号:示范区涉水。项目编号为:2020 年,001 号。在此之后,我又回访了很多亲历者。当初十分审慎的李剑处长,在谈及这次改革过程,激动之情溢于言表。他说,我们研究法律政策的人,更是希望改革的每一步都能行稳致远,踏踏实实地站住脚,这才是示范区真正该示范的。我深以为然。此后,示范区执委会还拿出了一份《跨域道路工程互联互通指导手册》,从规划、设计、审批、建设到管养各方面,形成了一套完整的体系,让制度创新的成果真正落地。

大胆试、大胆闯,不积跬步无以至千里。在一次次碰撞中,一体化示范区的制度创新迈开了步子。一年多来,我见证了示范区陆续形成了 32 项制度创新成果。今年,国家发改委还组织了全国区域发展的建设者们到示范区来"取经",这片试验田上,萌出了新芽。

如今,在元荡上已经不止一座行车的元荡桥了,还有一座蜿蜒的步行桥。碧波之上,这里已经成了长三角示范区的"网红"打卡地。我相信,那些掷地有声的"争吵",还在继续。

2020年度上海广播电视奖参评作品推荐表

作品标题	特别节目——从短暂停摆到加速复苏	参评项目	电视新闻
		体裁	新闻专题
		语种	中文
作者（主创人员）	蔡如一、陈涵露	编辑	王汇语、金旭旭、朱琳、康菊霜、陈坦儿
刊播单位	上海第一财经传媒有限公司	刊播日期	2020年3月28日 22:00
刊播版面（名称和版次）	第一财经频道	作品字数（时长）	45分钟
采编过程（作品简介）	\multicolumn{3}{l	}{1. 火速行动、创新模式，以扎实内容复盘真实事件 　　2020年初新冠疫情在武汉暴发后，全国企业被迫按下"暂停键"。与此同时，第一财经"商业财经蔡如一制作人团队"在第一时间展开行动，进行了大量扎实的前期在线访谈筹备，在疫情防控期间，创新摄录模式，对全国乃至全球各地的近三十位嘉宾进行了"云采访"，并对各种实地拍摄的素材进行精心剪辑和后期制作。作品以四个"机"的篇章展开：危机（疫情突袭）、契机（闯关之战）、转机（黎明之前）、战机（曙光重现）。整个节目以"化危机为契机，转机中觅战机"为主线，在一个有条理、有温度、有事实、有思考的叙事结构中较完整地复盘了从疫情发生企业停摆，到恢复经济开启复苏的过程。 2. 嘉宾重磅、观点多元，兼具思辨性与可看性 　　该作品嘉宾重磅且多元，涵盖三大产业、二十多个细分行业。来自旅游业、交通运输业、实体企业、金融企业、房地产业、电商平台、科技企业的近三十位企业家与众多权威专家、学者、投资人一起剖析现状、研判趋势。节目中提到的关于"生产中断险""共享员工的意义""双线战役的必要性"等关键问题引人深思，使得该节目信息量大、观点独到，兼具可看性和思辨性。 3. 创新模式突破形式"天花板"，高难度创作体现团队专业高度 　　"商业财经蔡如一制作人团队"具有十余年策划制作《头脑风暴》《中国经营者》等大型电视访谈节目的经验，过去以在演播室录制为主，嘉宾

（作品简介）采编过程	们在同一场域空间内围绕某一话题展开思想的碰撞和观点的交锋。然而在疫情防控特殊时期，嘉宾分布世界各地，棚录也无法正常进行，导演组不得不打破原有录制形式，在云端以短视频方式搜集采访素材，近30位嘉宾、100多GB视频素材，以画外音串联关键点，一系列创新手段具有一定难度。通过此次创作，节目团队也成功探索出一套新的制作流程独创出一种新的电视新闻专题创作手法，该作品也是一次融媒体转型的典型案例。
社会效果	该作品注重财经视角和客观解读，为受众集纳了近三十位权威企业家和专家学者的理性思考，也为有关部门的应对策略提供了积极的建设性意见，节目开播前后，不少企业家、投资人、专家学者在朋友圈中频繁预告转载，引发社会各界广泛关注。同时，作品也受到了相关部门的高度认可，不仅为政府相关部门建言献策，也为广大企业家和普通劳动者对恢复产能、加速复苏的信心提振，起到了积极作用。

特别节目
——从短暂停摆到加速复苏

第一章：危机　疫情突袭

2020年伊始，中国经济这列高速行驶的列车为一只名为"新冠肺炎"的黑天鹅紧急刹车。一时间，武汉封城，经济停摆，全国企业同时按下了"暂停键"，在那一刻，首先要应对的就是危机。

画面：一线护士：你现在最想见的人是谁呀？我能说C罗吗？
这位可爱的护士转身走向的，就是疫情一线的战场，而在后方，艰难的供需"战役"，也在封城的那刻打响。视频的拍摄者是武汉当地的自媒体博主：红包兄弟，他们在封城的第一天就主动选择加入"战役"，担任一线志愿者，主动为医护人员协调和运送物资。当武汉闭门锁道，当全城困守孤岛时，他们把亲身经历拍成视频传到网上，于是在城外的我们看到了一篇篇充满爱心与希望的《武汉封城日记》。

红包兄弟运送物资的一段＋志愿者本人采访
今天下午临危受命，帮助捐助人去湖北仙桃调集防护服。出城的各个关卡严防死守，这样做是对的。出城了，这样真的是很严格，确定明天仙桃封城了，除了专业车辆，其他所有的车，货运车辆都不能上路了。2 100件（防护服），往前线送"弹药"啊，一定能帮助上百位医生解一时之难。您是杨总吗？开了证明负责来拿这批货的。武汉封城的那一天，我准备当天回老家过春节的，然后知道封城这个消息之后，我就决定留下。志愿者工作当中，其实有非常多值得我们难忘的事情,我们的心中非常满足,因为我们从他们的眼神中可以看出那种感激。

配音:
在武汉,像他们这样的志愿者还有很多,然而个人的力量毕竟有限。危难关头,打破围城的,是那些在疫情防控期间仍然保持运转的企业,是那些斩关夺隘寻求契机的企业。

大众交通董事长　杨国平:
我们拿出了将近 200 万元,给这 1 000 多名医护人员的家属在上海提供免费的大众出行的服务。另外我们大众物流在运行过程中做到随叫随到,特别是急救中心,还有在金山的疾控中心,临时需要调用物品,一声令下,我们大众物流随时把物品送到位。

携程集团首席执行官　孙洁:
在这个过程中,我们想到的首先是客户,因为携程有上百万的客户,上亿的客户,所以第一时间我们就对客户说我们启动自然灾害保险两亿元基金来安抚客户。那对由于不是他们客户自己造成的这些取消订单,我们百分之一百地来采取取消政策。

春秋航空股份有限公司董事长　王煜:
我们也是在所有的要求的规定标准里,加大消毒,包括把飞机的那个通风开到最大,包括在整个值机过程中体温的检查,等等,保护旅客。然后,我们也是,很快我们要求尽可能尽我们的社会责任。在全民航,最早地来承运,免费承运我们的军用物资。

一嗨出行执行副总裁　蔡礼洪:
因为我们提倡在疫情防控期间自驾通行会减少和人群的接触。我们推出了新冠病毒肺炎的免费的保险,例如无接触者服务,例如全程的消毒的过程,对于企业来说,在疫情还没过去的时候,我们就要想尽办法开源节流,来同时提升自己的运营效率。

旭辉集团旗下永升服务总裁　周洪斌:
疫情暴发期间我们都有很多员工主动退了回家的车票,回到了防疫的第一线,每天有超过 6 500 名员工放弃与家人团聚,战斗在前线,我们深受感动。有的员工在不停地消杀,每天背负着几公斤重的盛满消毒液的喷雾器,日行3万步,社区的每一个角落,有时候一天下来肩膀都会磨出血,数十万业主足不出户,每天下来各类需求不计其数,我们的员工24小时在线服务,为了解决业主居家生活的需求。

配音:
全国经济的休克式疗法,阻断了疫情的传播,但也给资本市场按下了"暂停键",收入停下来了,成本还在往前冲,这就像快速奔跑的人突然被绊了一跤,越重的人,惯性越大。

嘉吉中国区总裁　刘军:
嘉吉目前有两个比较大的项目,在项目的承包商里边大概有几百人的隔离和管控,安全的措施对我们来说也是巨大的挑战。在今年新冠的基础上又出现了禽流感,所以从饲料企业和养殖企业来说,今年的挑战更大。

圣农集团董事长　傅芬芳:
我们在正月初十之前,度过了最困难的时候。第一我们的物资进不来,我们所有的物资都在外地生产的,我们的包装材料,我们的玉米、豆粕的原材料,没办法进。我们的物流出不去,我们的冷冻的产品出不去,这也是我们遇到的非常大的困难。

配音:
自2020年1月下旬以来,全国各地陆续启动重大突发公共卫生事件一级响应,要求取消一切集会,关闭营业性娱乐场所,餐饮、酒店、旅游等服务行业似乎一下子成了"经济重灾区"。2020年2月"第一财经首席经济学家信心指数"为49.33,低于50荣枯线。原本会给餐饮娱乐业带来较大收益的春节假期,也因为人们的足不出户被锁住了增长。春节档票房颗粒无收、全国零售和餐饮企业销售额大幅受损、旅游人数同期锐减、交通运输行业出行人数减少约七成、众多线下教育培训机构纷纷关停,延期授课。消费和服务业本就是中国经济增长的主要动力,疫情的暴发将他们推入冰冻期,甚至倒逼企业做出生存抉择。

财经评论员　石述思:
疫情对于结构调整中的中国企业来讲,是一次巨大的压力测试,而这次压力测试,面对着强烈的转型阵痛。那我觉得我们的企业能经受这样的考验,我相信就会从过去的快速增长,更有效地进入好的、平稳的、健康的、可持久的慢增长,没准能成为未来中国实现经济的大国崛起的中流砥柱。

配音:
2月初,清华、北大联合对995家中小企业进行了调研,调研结果显示,受疫情影响,85.01%的企业维持不了3个月生存。根据智联招聘《春季求职竞争周报》显示,36.52%的受访企业表示疫情防控期间经营正常,三成企业采取员工轮休、轮岗的方式以减少劳动力成本。此外,采取歇业停工和遣散员工措施的企业分别占比26.48%和13.03%。而疫情的发展也在催促着企业:想要脱困,还须自救。1月31日,西贝餐饮董事长贾国龙接受采访时表示,当前西贝账面上现金撑不过三个月。与此同时,以盒马为代表的生鲜电商也出现了"用工荒"。在贾国龙发出万名员工留守待业的呼声后,盒马宣布:"租用"西贝等企业的员工,共享经济的新模式——"共享员工"就这样诞生了。截至2月6日,1 200余人加入盒马临时用工队伍。随后,京东、苏宁、沃尔玛、步步高、联想等企业也纷纷加入共享员工计划中。也许在危机中诞生的一些新模式只是企业家们的权宜之计,但当"黑天鹅"来临时,这未尝不是提高企业反脆弱能力,深化互联网共享模式的一个契机。

上海交通大学中国企业发展研究院院长　余明阳:
像这次员工共享这样的模式,必须有相应的立法来给予支撑,我们知道西贝的董事长说,如果没有这个新的资金的进入,如果依然处于这样的状态,西贝的现金流只能支撑三个月,因为他每个月付的工资是一点五六个亿,共享模式的话,我觉得也是给我们提供了非常好的一个启示,就是未来的员工,实际上是跟着市场的需求而走,而不是跟着企业的所有制而走。所以未来这个员工共享模式一定会成为一个新的值得我们研究和关注的问题。

复旦大学泛海国际金融学院执行院长　钱军:
在疫情暴发以前,我们的保险体系,实际上覆盖面尤其是保险产品还是不够的。最近我们看到,在宁波、在海南地区,保险公司已经开始推出生产中断险,这样的险对中小微企业是很有帮助的。因为一般的财产险(公司在疫情突发时)是拿不到赔偿的。因为你的损失是由于生产中断,那么有了生产中断险,往下走对中小微企业,就有一个直接对冲风险的工具。所以我们说,这样的险种要迅速推广,它的定价机制和理赔机制,也要尽快地完善,这是保险体系能够为中小微企业做的事情。

配音：

面对突发事件，企业打破常规的自救与企业间的合作互救之外，资本的注入也至关重要。2月8日，西贝餐饮获得了浦发银行4.3亿元授信，其中1.2亿元已于2月7日到账，主要用于支付西贝将要发出的员工工资。西贝餐饮董事长贾国龙同时表示，愿意重新评估未来西贝上市的可能性，但在2018年，他曾表示西贝永远不会上市。

嘉御基金董事长　卫哲：

我们给创业者在危机中的建议，不仅是解决当前的危机问题，更重要的是，如何做好后危机的持续创业，持续经营。亡羊补牢，为时未晚。凡事预则立，不预则废。这次给所有企业上了很好的灾备一堂课，这次很多企业的四个在线，员工在线、产品在线、客户在线、管理在线，是被倒逼而实现了。我们也希望，这些在疫情中养成的良好的习惯，能够在疫情过去之后，得到持续的保持，作为投资机构，我们坚持用长期的眼光、逆向而行的决心来做好投资。我们还加快了目前在手项目的投资节奏，预计在2020年1季度，嘉御基金累计投资，将不会少于一亿美元。这是在我们成立八年多以来，投资金额最大的第一个季度，这是用实际行动来助力实体经济，来助力优秀的创业者。

下节预告一：

随着全国各地疫情拐点的出现，越来越多的企业开始陆续复产复工，谁能在危机中主动把握契机，谁就拥有更多在困境中破局的可能。

《特别节目——从短暂停摆到加速复苏》正在播出，稍后回来。

第二章：契机　闯关之战

一段火神山医院建设的延时拍摄画面＋医院医生工作镜头

配音：

2020年2月2日，火神山医院正式交付，从设计到建成交付仅用了短短10天，在艰辛的背后，我们看到的是一个个有责任有担当的企业在积极出力，用他们的实际行动诠释着中国速度。

上海盈创建筑科技有限公司董事长　马义和：

我们在一天的时间内，组织我们所有的力量，我们完成了15个隔离屋，并且运到了现场。第二天他们就投入了使用。这次我们专门为他们做了一个最大的创新,这 15 个房子里面,我们就研发了一款生态马桶,以后我们可以回收,并且把它灭菌,不会造成第二次污染。另外我们发现我们这个 3D 打印的这种密闭的隔离屋,它不光是在这次疫情上面得到应用,现在的旅游,农业看护,养殖种植的看护房,还包括我们这两天加速研发的澳大利亚的山火这种避难屋,我们打印出来,可能就要给他们发过去了。就是会有增加在灾难应急等很多这种应急的市场,会发现,我们会加速地跟踪,收集大量的数据去研究去调研,我们会在这上面去发力。

财经评论员　石述思:

很多线下的业务受到巨大的压迫,那我觉得我们如何把线下的业务,结合互联网结合 5G 时代,新的信息基础设施信息高速公路,迅速转上线上降低运营成本,实现某种经营模式、管理模式、盈利模式的转变,最终推动商业模式整体转变,我觉得是很多企业面临的课题。我相信对很多立足于新技术浪潮这个新消费浪潮,处于非常焦虑和扩快的企业,倒是容易帮助他们断舍离完成转型,拥抱新消费拥抱新技术拥抱新商业模式。

配音:

正如正和岛研究院院长王林教授说:"此次疫情对所有的企业都是一次倒逼:对早该倒闭的,逼你倒闭;对早该转型的,逼你转型;对曾对新兴产业观望犹豫的,逼你进入!"2 月 13 日,斗鱼上线"云蹦迪"线上音乐节,以"武汉加油"为主题的电音 solo 演出,直播间每小时观看热度和礼物收入挤入娱乐分区排行榜 Top3,累计总弹幕量达 1.35 万。2 月 24 日,阿里文娱发布了《"史上最长假期"云生活报告》。报告显示,不同年龄层在网上都有着不同的"云生活"。同时,全国层面的推迟复工也给"钉钉""腾讯会议"等企业服务软件带来了突破性的契机。2020 年 1 月 1 日至 1 月 18 日期间,钉钉共获得 67 万次下载,1 月 19 日至 2 月 25 日,下载量已超过 1 100 万次。腾讯会议总下载量从疫情暴发前的 25 万次激增至 500 万次。而对于一些直播平台、线上教育、生鲜电商等服务业的企业来说,也同样在危机中看到了宝贵的契机。

洋码头创始人兼首席执行官　曾碧波:

我觉得给电商公司其实是机会大于风险。因为大家在家里购物的欲望更强了,电商购物的这种便利性也在这个时候是突显出来了。做跨境的,又做跨境物流也有跨境电商的,这个企业是利大于弊的。你说困难有没有,肯定也有困难,但这些困难我觉得是全国范围的,甚至是全行业范围的,不一定是给我们这个企业带来的。

京东集团技术委员会主席、京东云与人工智能总裁　周伯文：

在这次抗疫过程中,京东是把数字化、网络化、智能化结合在一起。不但帮助自己的企业在这么一个艰难的时刻,继续服务社会、服务大众,也帮助社会上更多的民众、企业、政府在抗疫。在疫情发生到现在,我们大概帮助了六百多家政府机构、五百多家医院,达成了超过 6 亿件抗击疫情物资的快速地匹配和发送,这个东西我们也是从线上走到线下,包括我们的物流,每一个环节通过数字化、智能化的方式,特别高效地把商品送到我们的一线人员的手里。

配音：

有分析认为,2002 年的非典之后,网络电商在那一时期得到了飞速的发展。17 年后的今天,电商平台早已成为商家必争之地。疫情的发展也加速了中小企业的"云复工"。"到网上去!"——成为这个冬天所有线下门店的主题词。护肤品牌林清轩通过全员"数字化",创造了 15 天内从濒临破产,到业绩同比增长 145％的神话。2 月 22 日晚,在薇娅的直播间里,林清轩更是缔造了 3 秒钟卖光 17 000 支山茶花手霜的奇迹。

林清轩品牌创始人　孙来春：

突然过年黄金周,我们准备好好地卖卖货,提高一下销售额。但是,线下的所有门店实际上被冰封了,这个时候原来我们走线下这个路走得可顺了,一直就是接待顾客,做体验,突然之间这个线下的路全部被封死了。然后初一到初七就蒙掉了,但是我们在 2 月 1 日开始发现我们有数字化的办法,可以用互联网的手段触达消费者,然后冷静地分析了一下,发现其实消费者的需求还是在,只是他不敢逛街。

汉理资本董事长　钱学锋：

就像当年的 2003 年的非典,阿里推出了淘宝。5 月 10 日,在整个公司人员都被隔离的情况下,居然还上线了淘宝这个产品。那么淘宝实际上面是早年成就了阿里,包括像京东刘强东怎么样从线下卖家电的业务。因为是有非典,所以他就转到了线上,没想到一下子脱颖而出。

配音：

2 月 16 日,在率先宣布全面实现线上卖房后,恒大集团再放大招,宣布全国楼盘75折甩卖。

戴德梁行大中华区行政总裁　赵锦权：
第一时间我们发布了重磅级的严重报告。新冠肺炎疫情对中国商业地产的影响及应对，通过深入的分析，帮助业界思考应对的措施和方向，共渡难关。

弘毅投资董事长　总裁　赵令欢：
作为一个投资公司，我们有私募股权投资直投，有房地产投资，有二级市场，有公募基金。根据每个业务的特性不同，我们为我们的被投企业出主意想办法，把我们的专业和把我们的投管的经验，能够给企业贡献出来。

配音：
不确定的永远是环境的变化，而确定的一定是企业的竞争力和应变能力。在逆境中转型，在绝境中逢生，我们相信，那些勇敢穿越疫情的企业，定会迎来彼岸花开的转机。

下节预告二：
转机之中，哪些行业和领域潜藏商机？政策的叠加又会带来哪些机遇？企业又该如何提升反脆弱能力，来抵御突发事件？未来，中国经济在应对"黑天鹅事件"时又该做怎样的准备？
《特别节目——从短暂停摆到加速复苏》正在播出，稍后回来。

第三章：转机　黎明之前

30秒《武汉伢》这首歌的片段
配音：
2020年2月15日，武汉大雪，雪后初晴的晚霞分外绚烂，但那时，武汉疫情的拐点似乎还未全面出现。2月19日，中国工程院副院长、呼吸与危重症医学专家王辰表示，要做好与新冠病毒长期共存的准备。但此时，全面复工潮已拉开序幕，没有经济保障的防控措施是不可持续的，也难以达到最终战胜疫情的目的，同时，若不尽快复工复产，中国在世界产业链中的地位也将受到影响。因此，无论从国际形势还是国内需求来看，一手抓好防疫，一手抓好复工复产的"两线作战"都显得尤为重要。那一刻，医疗"战役"和消除疫情冲击的经济"战役"势将同时进行下去。

松下家电(中国)总经理　吴亮：

其实松下电器是有非常多的一些产品的里面的零部件是需要从日本进口，或者其他国家进口，尽管我们还是有一些备选的方案。但是一时，因为中国国内非常难能够复工，我们的下游企业有些关键零部件从日本也调不过来或者我们的配件不足，对造成我们恢复真正的产能起到一个非常不好的影响，所以说我们现在是群策群力加快我们中国国内的一些配套企业的一些产品的测试，启动一些代用的方法。但是跨省或者跨区域的时候，有这些情况的时候，协调还是非常非常困难的。这个协调机制如果能够加强的话，对我们恢复生产，恢复经济是有很好的促进作用的。

贝发集团董事长　邱智铭：

在这个过程中，供应链也给我们带来极大的挑战，贝发这次是申请被政府批准以后在2月10日第一批复工，但是我们上游大批的企业相继都没有复工。所以这样，我们组织生产资源交付订单上面遇到了很大的问题。因为贝发是做国际业务的，我们的合作客户都是世界500强，所以他们对商品的交付是有严格的要求的，只要你延迟七天，那么有可能就要被要求空运，一旦空运，那么也就是说不光是不挣钱的问题，如果空运就等于是十单白做。那么在这期间我们知道有几件事情特别重要，第一件事情就是抢订单，从某种角度来说也是建立起对中国制造的信心。最近一段时间多抢了1 000多万美金的订单，这也就是说，疫情防控期间也是有机会，只要客户对你产生信任，只要用户对你产生信任。

阿特斯阳光电力有限公司董事长　瞿晓铧：

第一(问题)就是员工到岗率还是不足。第二是供应链方面的短板。因为我们整个工业所有制造业都是依赖非常广的一个供应链，然后供应链是一环扣一环的。如果我们的供应商它供应不足，或者是供应商的供应商，它的生产跟复工状态不好，那就会直接影响到我们。我们第1个海外工厂是2010年就投产了，到现在已经有10年。现在，我们在全球除了中国以外，我们还在6个国家跟地区有我们的生产厂。这一个，这种国际布局，在这样的大灾大难面前，就显示出了它的作用了。我们就全力来保证，让这些海外厂能够不光是完整，还能够尽量做到超载，那就在一定程度上去弥补了国内生产条件的国内生产复工不足的这些问题。

芯恩董事长　张汝京：

这次的疫情对于芯片公司全球化的影响，我个人觉得是几家欢乐几家愁。

譬如说做红外线、耳温枪、额枪的这些芯片公司供不应求,统统卖光了,这一类的就好,但是也有一类,像做汽车的有一点滞销,就是这段时间销售不多,所以做汽车相关芯片的,它的需求量会稍微受一些影响。这次我们要全力反弹,大家都要努力,把芯片的研发和产能提升上去,弥补这段时间,因为受疫情的关系减产的问题把它补回去。

配音:

尽管企业在全面复工复产的过程中,遭遇了许多"拦路虎"。但对于优秀的企业来说,困境中一定会蕴含着转机,他们也似乎更有紧迫感,想要在破局之后重新夺回损失。强者恒强,头部企业想要利用这次机会拉开与第二梯队的差距,抢占没有竞争力的产品退出后而腾出的市场空间;而有差异化价值以及相对充分现金流的第二梯队企业,也想觅得转机,用智慧来获得弯道超车的胜利。

叽里呱啦联合创始人　许可欣:

疫情对我们带来的短暂的暴发,归根到底还是会回到课程的质量,用户的体验,还有学习效果。对我们来说,最大的改变应该是在危机意识上的提升,以及有效地去学习到如何在未来,在这样特殊的情况或紧急的情况发生之后,可以更高效地去管理我们的团队,确保我们公司的业务能够健康地运行下去。同时,也成了我们的加速器,我们也希望在这段时间能够快速地找到更多优秀的人才加入我们,让我们可以去深耕在在线教育行业的发展,能够更有效、更有趣地去一起改变这个世界。

威马汽车创始人、董事长兼首席执行官　沈晖:

由于疫情的影响,消费者的消费意愿和能力有所降低,实体经济全面复工面临着很大的困难,新能源汽车生产和销售服务承受着一定的压力,但是可以预见在"疫情之后",私家车消费会出现短暂的报复性增长,这也是汽车行业加速线上和线下融合,为实现行业数字化升级和变革的大好时机。同时,新能源汽车长期向好的趋势一定不变,汽车市场从来都不是赢者通吃,新能源汽车需要的是和传统汽车的竞争。

汉理资本董事长　钱学锋:

创业公司在这次疫情中多多少少都会受到一些影响,甚至个别的会受到重创。那么我们看到已经是有不少的创业公司纷纷表示高管要带头拿零薪水,在1月、2月员工要减薪,但是坚持不裁员,所以我想很多创业者,我觉得他的最大的社会责任,怎么样让公司存活下来?那么反过来讲,因为创业这个领域是竞争异常激烈的,只要你不"死",胜者为王,因为你的竞争对手可能这次就趴下去了。所以怎么样要储备足够的现金,把现金流给它保持住。无论是从团队的角度还是从业务的角度,还是从财务的角度,所以这次疫情,实际上面是对整个初创公司,创业行业的一次巨大的考验。希望我们所有的小伙伴,怎么样能够加倍的冲刺,在复工的这段时间里面,在安全防护的情况下面,怎么样拿出双倍的努力,然后把以前耽误的事情给它补回来。

复旦大学泛海国际金融学院执行院长 钱军:
为什么我们要关注,特别要关注我们的中小企业。有几个数字叫"56789",这些中小微企业为中国各级政府,创造了50%以上的税收,这是5。创造了60%以上的国内生产总值,创造了70%以上的创新,80%的城镇的就业非常非常重要,然后数量上占中国企业总数的90%。正因为这个中小微企业在各行各业,为社会的就业都提供了中坚的力量,所以我们要特别关注它们的这个复工的一些问题。

配音:
同时,在这种形势之下,全国各地都积极行动,财税部门密切关注疫情对经济税收的影响,及时研究并火速出台了诸如"税收减免""延期缴纳社保""防疫指导"等相关政策,多个行业协会也发起了为中小企业减免租金的倡议。截至2月11日,全国共有20个省(市)出台了疫情影响背景下支持当地经济、企业发展的综合性政策文件。从需求端到供给端的双向考虑,确保企业在疫情防控达标的前提下安全有序复工。此次疫情,是对企业抗风险能力的试金石,也是对国家宏观调控能力的一次严酷的实战考验。前事不忘,后事之师。17年前的非典疫情发生时,各项经济数据也都不太乐观。但疫情结束后,消费需求开始强力反弹,投资加码,出现了一波完美的V型反弹曲线。而17年后,体量更大、结构更加复杂的中国经济,还能在重启后强势反弹吗?打赢经济"战役"的关键又在哪?

嘉御基金董事长 卫哲:
嘉御基金投资的近五十家企业已经绝大部分复工了,但复工不代表复收,就是恢复营收,目前已经出台的很多支持创业企业支持中小企业的宏观经济政策,主要集中在节流方面,就是对很多税费的免减缓,除了这以外,我们还希望有一些政策能够直接刺激到开源,而最大的开源就是最大的消费单价的产品,在购房、购车政策上,如果能有一步到位的支持,那么不仅对这两个行业对很多相关行业的带动,对整个国民经济的快速复苏,是有极其重大的意义的,金融机构不仅要锦上添花,现在是考验金融机构雪中送炭的能力了。除了像我们的投资机构,能够加速把资金注入优秀的行业、优秀的企业中,以银行为代表的金融机构,也应该全面地真实地服务好创业企业和中小企业,也希望政府能够对这段时间,无论从投资角度还是融资角度,对创业企业中小企业给予支持的机构,对这个时间的投资和融资,在未来的退出上,给予一定的激励和优惠政策。

财经评论员　石述思:
希望疫情变成中国企业强身健体的一个动力,变成中国企业完成面对市场的新的要求,全球市场新的要求,面对技术的要求,面对消费者崭新的要求,能够完成一次产业重组企业并购的,完成一次这样的一种(改变)。战争为了获得最后的胜利,有时候一些战役是不惜一切代价的。但是疫情不同,我们所有的抗击疫情都是要有一个前提,就是将我们的损失,无论是我们的居民生活的损失,还是我们企业生存的损失降到最低。这是现代社会对我们管理者、决策者,也是对我们企业家的一个要求。

配音:
能否实现资源的有效重组?能否激发全社会的企业家精神?能否解决当下经济的最大瓶颈——让金融系统真正能够助力实体经济?当促经济、保就业超越一切,国企改革、重点领域的开放,能否在危机面前获得共识和推进等等这些问题,都需要我们用行动去探索,用实践去一一回答。

下节预告三:
有人说,中国的改革向来不是在阳光灿烂中进行,而是天寒地冻时的迸发。危机锻炼了我们的坚韧,危机也激发出全社会的进取心与活力。当我们再次按下播放键的时候,我们将以改革的姿态去反思,去进取,去将停摆的这一个月,重新夺回!
《特别节目——从短暂停摆到加速复苏》精彩仍在继续。

第四章:战机　曙光重现

武汉城市樱花画面＋方舱医院画面＋字幕:万物皆有缝隙　那才是阳光照进来的地方

配音：

2020年2月24日上午9:10，在上交所网站首页，一场具有历史特殊意义的远程上市仪式正式上线。这是上交所为一家总部位于湖北武汉的企业——良品铺子举办的网络上市仪式，这也是A股历史上第一次出现没有在现场敲钟的上市仪式，也是2020年武汉市第一家IPO（首次公开募股）的企业。

良品铺子董事长　杨红春：

在这个特殊时期，通过视频方式与大家一起见证，良品铺子上市敲锣。我的心情十分激动，怎么也没有想过，我们会成为上交所第一家远程视频上市的企业。面对疫情，很多人冒着生命危险，以赤诚之爱心，源源不断地支援湖北，奋战在抗疫的一线。他们是时代最美的逆行者，也有着众多的企业，仍在坚持为社会创造更多的价值，撑起一个生命力更加旺盛的中国。

配音：

上午9:30开盘，良品铺子上市即涨停，上涨44.03％，总市值68.73亿元。

复旦大学泛海国际金融学院执行院长　钱军：

由于中国在全球产业链上的重要性，我们复工做好了，我们可以修复全球的产业链、供应链，修复全球的贸易体系。所以在接下去的一段时间里，在疫情能够被比较好地控制的情况下，中国整个经济的复苏，不但可以把中国的增长找回来，我们中国还可以带动整个世界走出疫情的阴影，让整个世界，在短暂地受到冲击以后，也可以更快地恢复原状。

配音：

分众传媒的江南春近日表示，这次疫情危机给他带来的三大启示：危机即战机，是非即成败，分化即进化。每一次危机都有改变市场格局的机会，当有足够的雄心，有足够的勇气，你会发现机遇无穷。如何让危机等同于战机？当曙光重现时，我们的企业是否都已经整装待发？——这或许是当下的我们，包括所有企业家们应该立即去思考的问题。

上海交通大学中国企业发展研究院院长　余明阳：

这次新冠肺炎对于我们整个国家的体制来说是很大的考验，也让全世界了解到举国体制对于整个的像这样重大的灾难防控来说，是有着很重要的意义的。另一方面我们也反映出很多问题来。比如说我们的科研，大家知道这几年中国的科研投入非常大,我们的论文发展数量也在全球排到了第二。但是当新的疾病出现的时候,我们的研究能力往往会跟不上,我们的新药,针对性的特效药,我们的病毒分离能力,包括我们的疫苗的研制水平,就往往跟不上。我们的科研一定要解决现实的问题,而不是简单地去发论文,所以这次很高兴能看到教育部、科技部联合发表了这个文件。要求大学去掉唯论文的这么一种习惯,我觉得这些东西都对于我们未来的发展有非常积极的启示作用。

上海大学管理学院副教授　刘寅斌:

从 2020 年 2 月的下旬开始,我开始密集访谈了六十多位中小企业家。在和这些中小企业家访谈的过程中,我欣喜地看到,面对疫情的巨大压力,在这样一次大的危机过程中,中国中小企业家,所迸发出来的活力,迸发出来的创造力,正得到具体的体现,那有人会说,说中小企业家在疫情之后的崛起靠什么,第一个靠想象力,来自天马行空的想象力,第二个靠创造力,就是把天马行空的想象力转化成产品的创造力,第三个靠执行力,靠的是脚踏实地的执行力,天马行空的想象力,加上扎扎实实的创造力,加上一步一个脚印的执行力,中国企业在疫情之后,一定能够重塑辉煌。

风暴手记:
我们的企业和企业家们
或许从未像今天这样焦虑和困惑
也从未像今天这样迫切地想预知商业的未来
但此刻
当播放键重新被按下
当经济列车再次启动引擎
复苏就已然开始……

在本片制作过程中
湖北武汉已无新增病例
但境外疫情仍呈上升趋势
全球"双线战役"仍在继续
企业全面复苏振兴
正面临更大的挑战

触角敏锐 视角独到 理性思考
——评《特别节目——从短暂停摆到加速复苏》

市委宣传部阅评组组长 陈保平

2020年是一个特殊的年份,突如其来的"新冠病毒疫情"暴发后,人们的正常生活节奏全部被打乱了,全国的绝大多数企业被迫按下"暂停键"。在党中央的坚强领导下,全国人民团结一心打响了战胜"新冠病毒"的阻击战、总体战、人民战争,在疫情得到有效遏制的阶段性胜利后,党中央及时发出号召"防控疫情、复工复产",作为专业的财经媒体,敏锐抓住这一中国在全球率先恢复经济运行的重大契机,第一时间策划推出了这一特别节目,不仅具有新闻时效性,也具有专题节目的叙事完整性,在国内的媒体中独树一帜。充分反映出了他们的政治站位和财经专业深度。

由于疫情防控不能松懈,节目的采访十分艰难,很多权威人士无法到现场接受访谈,这反过来也倒逼着他们创新和改变。以"云采访"创新了采制模式,先后对国内外近三十位嘉宾进行了"云采访"。这是一次创新性的有效实践,取得了很好的效果。

整个特别节目注重财经视角和客观理性的解析,精准梳理当时疫情之下中国实体经济的现状,以"化危机为契机,转机中觅战机"为主题,就疫情冲击下的中国企业如何复工复产做了深入的、具有专业性的梳理,围绕着四个"机"来逐层展开:危机,疫情突袭让企业瞬间按下了暂停键;契机,短时间内闯过了最艰难的关口,世界经济持续萎缩,中国经济已经有了复苏的契机;转机,疫情总体战虽未完胜,但是,中国企业看到了重新振作的黎明之光;战机,疫情影响下的世界经济复苏的乏力,中国的实体经济一枝独秀,或将凤凰涅槃。四个层次,层层递进,逻辑清晰。

节目中,来自旅游业、交通运输业、实体企业、金融企业、房地产业、电商平台、科技企业的近三十位企业家与众多权威专家、学者、投资人一起剖析现状、研判趋势,以扎实内容复盘中国实体经济从短暂停摆到加速复苏的脉络,有条理、有温度、有事实、有思考。如节目中权威而理性分析了疫情影响下,企业将面对的社会保障、员工权益、坚定信心等热点问题,包括"生产中断险""共享员工的意义""双线战役的必要性"等关键问题。嘉宾们指出,境外疫情正呈急速上升趋势,而短暂停摆后的加速复苏是摆在中国企业目前亟待解决的难题。在"两线作战"的关键时刻,无论是民众还是企业,都需要用更积极的心态去争取"危"中寻"机",也需要更顽强的意志去重塑信心。这样的观点极具前瞻性。更为有关部门推动"复工复产"的应对策略提供了积极的建设性意见,极大提振了广大企业家和普通劳动者对恢复产能、加速复苏的坚定信心。

同时,该特别报道,在树立信心的基础上理性分析了疫情之下企业可能会遇到的问题,也做了理性分析,并且以具体的实例来提示,既不回避问题,也不放大焦虑,从实际出发,为政府相关部门建言献策,也为广大企业如何恢复产能、加速复苏进行了前瞻探讨,这是十分难能可贵的。

节目中,嘉宾们用财经视角观察思考,依据实际客观解读,独到的观点引人深思,不仅信息量大,且兼具可看性和思辨性。体现了主流媒体在此刻主动引导舆论的意义和价值。

站在大背景下观察中国经济
——《从短暂停摆到加速复苏》的创作感悟

第一财经《头脑风暴》责编、主创导演　陈涵露

《从短暂停摆到加速复苏》是第一财经商业财经视频蔡如一团队成员共同创作完成的一期新闻专题形式的特别节目,这部作品获得 2020 年度"上海广播电视奖"一等奖,作为主创导演,我也有一些创作体会和感悟。

一、议题——究竟想要说什么?

即便是再小的一篇稿子或视频,在生产之前,都要有清晰的定义,新闻类的专题片、纪录片更是毋庸置疑。团队的常规节目是《头脑风暴》,各行各业的企业家们正是这档节目的核心重要嘉宾,在疫情突袭之后,我们看到了各行各业的代表企业在复工复产中遇到的各种突发状况以及他们如何克服重重困难迎难而上,中国企业和企业家们的不畏危难、艰苦奋斗和积极向上的精神打动了我们,在那一刻,我们特别希望能够记录下他们,并通过镜头让更多的企业家和普通劳动者对产能恢复、经济加速复苏提振信心,这也是这部作品最大的意义和价值。由于当时仍处在疫情防控的特殊时期,嘉宾分布世界各地,棚录无法正常进行,

本着采访第一、新闻事件第一的原则,我们独创性地把原来的录制形式改成了"云采访",突破了传统节目模式。

二、洞察——发现了什么特殊又有意思的角度?

专题片首先是一种观点,一种看法,又或者是一种理念的表达,每一部成功的专题片都有一种特殊的视角和方法在观察、描述和记录这个世界。《从短暂停摆到加速复苏》这部作品采用双线视角,将"全民抗疫"与"企业复工"两条故事线并行,讲述的内容横跨疫情突袭到经济复苏近两个月的时间,较完整地复盘了从疫情发生企业停摆到恢复经济开启复苏的全过程,双线视角让这部作品既有条理、有温度,又有事实、有思考,同时,为了增加真实感和可看性,作品中还呈现了大量湖北疫区一手现场资料视频,保证财经视角和客观解读的同时又兼具人文关怀,也赋予了这部作品特别的温度。

三、叙事——怎么来组织故事和叙事逻辑?

任何成功的作品都有它特殊的艺术表现手段,核心一定是主题思想,这是每部作品的心脏脉搏,而清晰的叙事结构,独特的表现形式也是作品成功的关键之一。作为主创导演,如何述说好这个故事来让作品更饱满更具张力,这也是在创作初期花了很多时间认真思考的问题。《从短暂停摆到加速复苏》这部作品的内容以"化危机为契机,转机中觅战机"为主线,并分为四个篇章"危机(疫情突袭)、契机(闯关之战)、转机(黎明之前)、战机(曙光重现)"。在这四个篇章中,除了都使用了嘉宾的"云采访",还运用了不同的音视频展现方式,画面、元素细节、解说词、文字、背景音乐等等都有不同的设定和特色,让受众在接受镜头语言的同时产生强烈的共情感,在合理渲染情感氛围的同时也升华了作品的主题。

一部好的专题片如果能够呈现给受众一种思考问题的方式,或者能引发一个发人深省的思考,抑或能够表达一种态度鲜明的观点、展现一份对未来的期盼,无论哪种意义,它都具有存在的价值。

二 等 奖

2020年度上海广播电视奖
参评作品推荐表

作品标题	《不动摇——庆祝浦东开发开放30周年》(上集)	参评项目	电视新闻
		体裁	新闻纪录片
		语种	中文
作者(主创人员)	朱宏、谢申照、诸颖政、冯迪韡	编辑	集体
刊播单位	上海广播电视台	刊播日期	2020年11月12日 12:30
刊播版面(名称和版次)	东方卫视、纪实人文频道	作品字数(时长)	45分钟
采编过程(作品简介)	2020年正值浦东开发开放30周年。按照改革开放总设计师邓小平同志"抓紧浦东开发,不要动摇,一直到建成"的叮嘱,上海浦东经过30年的发展取得了举世瞩目的成就。 纪录片《不动摇——庆祝浦东开发开放30周年》主要围绕浦东开发开放决策背后的细节,以珍贵的历史影像为基础,独家专访浦东开发开放的亲历者。摄制团队从3 000分钟的影像资料和近百位嘉宾的采访中,挑选出最具典型意义、最能展现浦东三十年巨变的镜头和细节。充分利用口述史、回忆录、日记等文献资料,讲述了浦东开发开放的由来和以开放倒逼改革、不断破冰前行的故事。30年来浦东开发开放的决策对这片改革热土的深远影响延续至今,如今的浦东依然秉持初心不动摇,以敢闯敢试的精神奋楫争先,书写新的历史。			
社会效果	纪录片《不动摇——庆祝浦东开发开放30周年》在今年11月12日中午和晚上两次在东方卫视播出,吸引包括上班一族在内的大批观众。本片的学术顾问、上海市委党校常务副校长徐建刚表示:"作为一部向浦东开发开放30周年致敬的文献纪录片,《不动摇——庆祝浦东开发开放30周年》不仅回顾了30年前浦东开发开放波澜壮阔的历史画卷,更集中体现了浦东开发开放敢闯敢试、勇立潮头的精气神,时代主题、国家战略、上海责任贯穿其中,对新时代改革开放再出发,具有特殊的意义。"			

不动摇
——庆祝浦东开发开放 30 周年

上　集

字幕 5 秒：抓紧浦东开发，不要动摇，一直到建成。

——邓小平

引子：

【1990 年 4 月 18 日新闻联播：中共中央、国务院同意加快上海浦东的开发建设……】

随着开发开放一声号角，浦东成为中国改革开放的新地标。

三十年敢闯敢试，三十年奋楫争先。

党中央和国务院的伟大决策，改革开放总设计师邓小平的亲自推动，奠定了今天的传奇：

"抓紧浦东开发，不要动摇，一直到建成。"

出标题：不动摇——庆祝浦东开发开放 30 周年

上海，中国现代工商业的摇篮。

在新中国建设中，上海担负着主力军的重任，轻工业领域的"上海制造"享誉全国。

十一届三中全会后，中国拉开了对内改革、对外开放的大幕。南中国沿海的五个经济特区率先发力，珠江经济带异军突起，改革的春风吹遍全国。

靠着自身工业、技术、人才、文化的优势,靠着原有基础的挖潜改造,在改革开放最初的年月里,上海担负着"国家稳定器"的重任。

但光荣与艰难并存。

【采访李君如(曾任中共中央党校副校长):上海为国家作了很多贡献,上海本身有很多滞后的因素,影响了上海的发展,影响了上海人民的生活。所以从市委市政府开始,到上海每一个人,都有这种内心的冲动,要改变这种落后的面貌。】

【采访赵启正(曾任上海市副市长、曾任浦东新区管理委员会主任):和我熟悉的北京比,以及和我们知道的广东比,我们上海有些走下坡路,觉得一天一天地在全国的重要性下降了。那么由于深圳的突飞猛进,上海人看在眼里,急在心里:我们上海怎么办?我们上海怎么去做呢?】

1980年国庆刚过,上海的《解放日报》在头版头条刊登了一篇题为《十个第一和五个倒数第一说明了什么?》的文章。上海在全国的"十个第一",大家听得多了,也听得十分顺耳。但作者笔锋一转,又列举了上海在全国"倒数第一"的五大项,直戳上海的痛处。

【1984年纪录片《上海市城市总体规划》片段:这是一幢十户人家的楼房,小客堂里放了十只炉子,真是又挤又热……】

住房难、交通难、通信难、环境污染严重……财政收入不断拉响"滑坡"的警报,城市"膨胀病"愈演愈烈。

上海老了,上海被重重困难团团围住。

【2008年采访资料 沙麟(曾任上海市副市长、曾任浦东开发办公室副主任):现在人不知道,当时十平方米,三代同堂的不在少数。供应也困难。为了能源,市长要到山西去跑煤。为了供应,副市长要到临近的省市去买猪。摆在上海面前的是一个大的问题。上海向何处去?】

由于城市基础设施建设欠账严重,上海的"城市病"愈演愈烈。建筑之密,厂房之挤,道路之狭,绿化之少,均是全中国大城市之最。在计划经济时代对全国经济举足轻重的上海,在改革开放的大潮中成了"后卫"。虽然上交中央财政的钱没有打过折扣,但经济增长幅度开始下降。

上海已不能沿着老路继续迈进。向何处去?是南下还是北上?东进还是西移？越来越多的人把目光投向了与浦西一江之隔的这片土地。

【采访王战（曾任上海市人民政府发展研究中心主任、上海市社会科学界联合会主席）：关于浦东最早的文章应当见于1980年。当时就有人提出，上海的曼哈顿在哪里？】

那时的浦西已经非常繁华，但这份荣耀在黄浦江畔戛然而止。一江之隔的浦东还是一片阡陌农田，棚户区和大大小小的厂房杂乱分布其中。滔滔黄浦江像一道天堑，将同一方沃土割裂成两个世界，也在上海人心中横亘起一道无形的屏障。

【1990年专题片《浦东：上海的希望》片段：
假如浦东有房子你愿意到那里去吗？
现在还不愿意去。
为什么呢？
都不方便。
那么如果让你去呢？
让我去啊，我也不去。
为什么呢？为什么？
因为我住的地方在淮海路，比浦东好，买东西都方便。
那么你感到浦东住的条件没有浦西好咯？
住的条件是比浦西好，但是浦西出去，很方便的。】

这是1990年的专题片《浦东：上海的希望》，浦江两岸长久以来发展悬殊，一句"宁要浦西一张床，不要浦东一间房"道尽了黄浦两岸的繁华与落寞。

【采访胡炜（曾任上海市浦东新区区长）：我举个例子，你家里十平方米的住房，在黄浦的闹市区。我到浦东给你一套房，给你三四十平方米。他们说我在黄浦虽然小，但是小得有滋有味，我这是中国商业文化，服务设施最好的地方，交通最好的地方，方便的地方。我到浦东，轮渡，浦东的教育、卫生，所有的都不方便。】

1984年4月，在衡山宾馆举办了一场"上海经济发展战略讨论会"。上海的城市定位、产业结构应该如何调整？上海向何处去？来自全国各行各业的专家、学者第一次就上海未来的发展方向进行了大讨论。

刚刚卸任浦东改革与发展研究院院长不久的朱金海,参加讨论时只有36岁,他的办公室里至今还保留着当时参与讨论的学者们留下的发言稿。

【采访朱金海(曾任浦东改革与发展研究院院长):当时开这种会,规格那么高了,有很多部级的、副部级的领导都来参加。当时啊大家都非常平易近人,到了很多高官他也没有官的这个架子。这个我印象比较深的。第二条,当时的讨论,大家真的是把上海的讨论当作自己的,就是当作自己的事情一样来发表意见,大家都非常认真。】

这场讨论之后,浦东开发被正式纳入了市政府决策咨询研究的范畴。

这张地图,是改革开放以来上海第一次编写的"城市总体规划图"。图上清晰可见对浦东的开发计划。

1986年10月,国务院批复的《上海市城市总体规划方案》中明确,要有计划地建设和改造浦东地区,使浦东成为现代化新区。

【采访朱金海(曾任浦东改革与发展研究院院长):1983年、1984年,当时的讨论,开发浦东主要是为了解决就是说市区的拥堵问题。就我搞一个新区,我以后要发展新的工厂,或者在市区的一些老的工厂,我能够把它搬过去。"城市总体规划",它的这个提法就要比搬迁这种企业去发展制造业要高了一些。】

【1990年采访资料 汪道涵(曾任上海市市长):1985年2月,国务院批准了上海的经济发展战略,和1986年10月国务院批准了上海城乡总体规划的文件中,都先后指出了开发浦东,把上海建设成为太平洋西岸的国际性的经济中心的战略的目标。】

1987年6月,上海市政府成立了浦东开发联合咨询小组,已经退休的汪道涵被聘请为顾问,和大家一起进一步研究浦东开发问题。除了对台关系的"海协会"工作,怎样搞好浦东开发成了汪道涵一件心事。

他在工作笔记中写道:

几年来,我已记不清去了多少次黄浦江的东岸。每次我经过外滩,对岸陆家嘴地区的景色在车窗前掠过时,便会引起我的联想和思索。陆家嘴地区与上海的外滩只一江之隔,它应是外滩的组成部分,然而眼下的差距,是那么的明显。

——汪道涵《浦东行》

1988年5月,西郊宾馆内,上海市政府召开了"上海市浦东新区开发国际研讨会"。

研讨会开得十分隆重,除了国内的研究者,还邀请了不少海外顾问。来自世界50多个国家和地区的专家学者,140多人济济一堂,为浦东新区的开发开放出谋献策。浦东开发联合咨询小组的成员们也纷纷发言,畅谈浦东未来的发展。

【采访李佳能(曾任上海市浦东开发办公室副主任):当时有四个我们的中心发言,有总体规划,综合的开发,项目的政策,土地策划。在会议之后,我们当时,我陪同这些专家考察了浦东的陆家嘴。到了陆家嘴以后,他们一看,哎呀,对面就是外滩,多好的地方,应该作为金融中心。】

这次国际会议反响很大,来自日本、新加坡、美洲、欧洲的学者和商人,都提出要来参与浦东开发。

【1990年采访资料 汪道涵(曾任上海市市长):在这之后我们就组织了许多上海的专家从事法规、政策和规划以及组织等等的草案的拟订。我们也广泛地搜集了全世界的,作为一个新城市建设的许多宝贵经验。所有这些工作都激发了,也提供了浦东开发的一些准备。】

开发浦东的规划获得了海内外一致好评,然而从一叠图纸到一座新城又谈何容易。

坐落在外滩的浦发银行大厦,曾是市政府办公所在地。当年的研究咨询小组成员,就是在大楼底层大堂里,绘制浦东开发的蓝图。

开发浦东是上海人民多年的愿望。但囿于各种条件,很长一段时间内,浦东的开发并没有付诸实施。

1990年春节,邓小平和前几年一样,到上海过年。

此时,国内改革发展面临新的挑战,而全球产业结构和分工同样面临重大调整,经济全球化态势进一步显现。这是重大挑战、重大机遇与重大抉择并存的历史关头。

纵观国内外局势,中国改革开放的总设计师邓小平认识到,中国要在激烈的国际竞争中立于不败之地,必须寻找足以带动全国经济的新的发展极,"要研究一下哪些地方条件更好,可以更广大地开源"。

在中国的版图上,东部的海岸线好比一张弓,长江就像一支箭,搭弓射箭,浦东就是"箭镞"。

【采访李君如(曾任中共中央党校副校长):在这个很关键时刻上,邓小平就打一张牌,(他是)桥牌高手,就上海牌。】

在上海期间,邓小平提出:"请上海的同志思考一下,能采取什么大的动作,在国际上树立我们更加改革开放的旗帜。"3月,邓小平从上海回到北京后,对几位中央负责同志提出:"比如抓上海,就算一个大措施。上海是我们的王牌,把上海搞起来是一条捷径。"

【采访屠启宇(上海社科院城市与人口发展研究所副所长):就像邓小平同志讲的,上海是我们的王牌,那么浦东就是这个王牌打出的第一张,这个意义上是把浦东整个的开放开发放到了怎么样中国持续向世界表示我们,表达我们持续改革开放不动摇的这个决心。】

【采访徐建刚(上海市委党校常务副校长):邓小平完全是从战略考虑,就是要向世界证明,中国是继续走改革开放的道路的,我们不仅走这条道路,而且要走得更远,国门打得更开。从这个意义上说,浦东开发开放是一个国家战略,所以它承担的任务和原来不一样。】

1990年3月28日,国务院副总理姚依林受党中央、国务院委托,来上海视察工作。

姚依林此行,专程前往浦东,视察了建设中的南浦大桥工地,还转达了邓小平对浦东开发的意见:"小平同志讲不仅是开发浦东,还要开放浦东。"

【采访何建明(中国作协副主席、《浦东史诗》作者):开发必须是开放,才是我们今天中国走向四个现代化建设过程中,它的意义所在。所以小平这四个字,我认为今天理解下来,是具有世界的目光和世界的眼光,心胸也特别大。今天我们看到了浦东,它就是一个全世界开放的城市,它承载的是中国走向未来、走向世界舞台中心的那么一个桥头堡。】

【采访李佳能(曾任上海市浦东开发办公室副主任):当时我们是最紧张的时候,说谁来啦?说姚依林副总理来了,代表党中央来了。我们要汇报,当时哪有这个条件像电脑画图啊,都是手工画的,可辛苦了。那个大的图板挂在那儿,要一手一手地画出来,而且要把它复印起来,复印机已经了不起了。复印以后还

要把报告装订成册,让姚依林同志带到北京。】

在邓小平的眼里,上海不只是一座有着1 600多万人口的城市,也不只是一个忙忙碌碌的码头,同样也不只是机器轰鸣、敲敲打打的工业基地,而是能够带动整个长江三角洲和长江流域发展的"龙头",是一张能够左右全局的"王牌"。浦东的开发开放是一个事关改革开放和中国特色社会主义道路前途与命运的战略抉择。

【采访沙麟(曾任上海市副市长、曾任浦东开发办公室副主任):十五个开放城市,这样一个大的发展的格局已经形成。但是要在这个格局上形成一个深化,形成一个真正的突破。这个就必须利用我们国家经济实力最强,区位的辐射优势最大的长江三角洲和长江流域。】

【新闻原声:中共中央、国务院决定要加快上海浦东地区的开发……】
1990年4月18日,国务院总理李鹏在上海代表党中央、国务院正式宣布:中央决定同意上海市加快浦东地区开发。浦东开发开放的大幕正式拉开。由此,一个城市发展战略上升为国家战略,上海从改革开放的"后卫"变成了"前锋",这一重大部署的前瞻性和正确性将在未来不断得到印证,一个值得激动和奋进的新时代开始了。

作为近代中国金融业的重要发祥地,上海有着深厚的金融历史和人文积淀。黄浦江畔的外滩,曾是远东第一金融街。这里的一栋栋银行与洋行大楼是财富和名誉的象征。然而一晃多年过去,金融中心辉煌不再。

龚浩成被誉为上海金融界的"活字典",时任中国人民银行上海分行行长的他,是这次金融改革的参与者和权威见证者。

【采访龚浩成(曾任中国人民银行上海分行行长):1989年12月2日,朱镕基同志通知市委常委会,在康平路,开常委扩大会议。会议一开始,朱镕基就宣布这个会议研究两个问题。很明显,根据当年形势,上海要金融改革,要有一些大的动作。】

1990年12月19日,上海证券交易所开市,金融改革上的大动作,显示了中国继续对外开放的决心,也代表了上海重塑金融中心的雄心。

此时,计划经济与市场经济之争正是关键时刻。1991年春,上海《解放日报》皇甫平应战"姓资姓社"之争,发表了"羊年四论":

例如开发浦东,设立保税区,实行进入自由,免征出口税等带有自由港性质的特殊政策,如果我们仍然囿于"姓社还是姓资"的诘难,那就只能坐失良机。

【采访龚浩成(曾任中国人民银行上海分行行长):因为我觉得我们社会主义资本市场的特点,和西方国家不同的一条,最关键的是一个党的领导,一个就是公有制,我们有公有制就不怕了。小平同志不是讲过了吗?你们做吧,你们试吧,试得不好再改嘛。】

1991年大年初四的上午,邓小平在新锦江大酒店的42层旋转餐厅俯瞰上海全景,并听取浦东开发专题汇报。时任上海市市长朱镕基向小平同志汇报时说,浦东开发的战略是"金融先行,贸易兴市,基础铺路,工业联动"这16个字。小平同志听后说:"金融很重要,是现代经济的核心。金融搞好了,一着棋活,全盘皆活。"他叮嘱上海,要"抓紧浦东开发,不要动摇,一直到建成。"

【采访陈家海(曾任上海社科院区域发展研究中心主任):究竟上海的最核心的金融贸易公司放哪里?以前是沿着黄浦江在浦西的外滩一带,在那个地方空间非常小,不适合作为一个国际性的金融贸易中心的这样一个空间布局。从国际比较来说,像伦敦纽约巴黎都不会那么狭小。所以就想应该放到浦东,所以才有中国第一个叫金融贸易区。】

1992年春天,邓小平同志南下,视察了武昌、深圳、珠海,并再次来到上海。一路上,他又多次谈到浦东开发问题。邓小平的视察南方谈话掀起了浦东开发开放的热潮。

【采访徐建刚(上海市委党校常务副校长):为什么1992年会成为一个分界线?因为1992年邓小平作了一个视察南方的重要谈话,解决了长期以来困惑或者禁锢人们思想的一些藩篱,中央作出了一个决定,党的十四大决定,要把建立社会主义市场经济作为中国改革的方向。这是一个非常重大的决定。那么市场经济对于浦东来说意味着什么东西呢?意味着要素的流动。市场经济和计划经济最大的一个区别,就是要素的自由流动。】

王安德是陆家嘴金融贸易区开发公司的第一任总经理。走马上任之初,如何将陆家嘴打造成未来的金融中心,如何引来金融行业的领头羊,让要素市场集聚浦东,成了他最上心的事。

【采访王安德(曾任陆家嘴金融贸易区开发公司总经理):金融贸易区建设第一波的推动,上海的金融界功不可没。人民银行上海分行,他们很积极,龚行长,我到现在始终记得这个极其睿智的人,他是个学者,(我们)下决心来支持他。但是他说了他们很多困难。所以我们表态就是这个领头羊,我们服务到底。】

【采访龚浩成(曾任中国人民银行上海分行行长):浦东一开放,这个发展的空间大得多了。赵启正就动员我,他说你过来到我们这里,那就可以带动其他行过来的。所以那个地皮,盖楼的地皮,他说我们卖出去是1400美元(1平方米),你过来800美元(1平方米)。】

中国人民银行上海分行成了陆家嘴争取落户的第一个金融领头羊。经过1000多个日夜的忙碌,1995年6月,这栋名为"银都大厦"的大楼终于完工,浦东也终于将对方"请"进了陆家嘴。

【1995年6月18日新闻实况:上海金融界的首脑机构中国人民银行上海市分行,今天跨过黄浦江迁到了浦东新区陆家嘴金融贸易区办公。

采访赵启正:是中央银行的上海分行迁到这里来,意义重大。所以我们大家想送它一只山羊,希望它成为一只真正的带头羊。希望其他的金融机构、商业机构、贸易机构跟着进入浦东。】

人民银行来了,其他银行才会来,陆家嘴才有可能成为金融中心。

开业典礼上,浦东送上了一只小白羊,小羊的身上挂着一块红绸缎,写着"金融领头羊"。

【采访陈家海(曾任上海社科院区域发展研究中心主任):如果把金融贸易区作为一个未来中国的最大金融中心的一个核心功能区。那么这些最关键的有关货币政策、有关金融宏观控制的机构必须要放在这里。所以它也(有)非常大的象征性作用、带动作用,也体现了国家层面到上海、整个上海市层面对发展经贸区的决心,它的力度。它是必须来的。】

【采访邵煜栋(曾任上海市浦东开发办公室秘书处处长):法国的《费加罗报》都登出来,说当时一张照片是他的行长抱着这个羊,说中国的领头羊到上海浦东去了。所以,这个时候大家吸引世界眼光。中国改革开放这个大旗在上海浦东真正举起来,就是以金融为主要代表。】

1997年12月19日,上海证券交易所正式迁入浦东证券大厦新址。从证券交易所,到期货交易所,能源交易中心,乃至钻石交易所。大大小小的要素市场在陆家嘴的天际线下集聚起来。

在众多的要素市场中,省部楼是浦东开发开放中独特的存在。

【采访陈高宏(上海交通大学中国城市治理研究院副院长、曾任浦东新区管委会政策研究室主任):把最好的地段拿出来,首先吸引内资。裕安大厦、江苏大厦、嘉兴大厦,一大批国内,包括我们的金茂大厦。把这些核心地段开放出来,吸引他们,给他们优惠,让他们进驻。首先是这一批内资企业省部楼率先建立,把人气、商气带动起来。】

陈高宏是浦东新区管委会挂牌后第一批面向全国招聘的工作人员。1993年,他从老家安徽蚌埠通过公开招考,来到了浦东。

【采访陈高宏(上海交通大学中国城市治理研究院副院长、曾任浦东新区管委会政策研究室主任):要打破省市地域,打破编制和身份,打破职务高低的限制,三个打破,我记得很清楚,全国招一批干部。我就是那个时候报名考试。经过笔试、心理测试、面试,到浦东来。】

浦东开发之初,党中央和国务院就提出了"开发浦东,振兴上海,服务全国,面向世界"的方针。浦东开发开放,带来了全国各地共同发展的机遇。

裕安大厦,是浦东开发开放后确定建造的第一栋省部楼。然而第二年,安徽省就遭遇了特大洪灾。省内面临着十分繁重的救灾任务,资金和人力都需要向救灾倾斜。

时任安徽省委书记的卢荣景事后回忆道:

当时裕安公司的同志曾请示我,裕安大厦还要不要建,裕安的其他建设项目还上不上。我们省委经过研究最终决定:一定不能动摇,困难再大也要干。我当时讲过:"60年代初的三年困难时期,我们能搞原子弹,大水过后,安徽还要生存、要发展,参与浦东开发的机遇不能失,这是5 600万人民的重托。"

——《奇迹:浦东早期开发亲历者说(1990—2000)》

【采访陈高宏(上海交通大学中国城市治理研究院副院长、曾任浦东新区管委会政策研究室主任):它这个不光是个楼的问题,就是一个窗口。通过上海这个窗口和枢纽,通过人流、物流、资金流、信息流、技术流的交会,带动了长三角和长江流域的发展。】

克服了重重困难,历时五年,裕安大厦终于建造完成。此后,江苏大厦、齐鲁大厦,全国大半的省市、部委都在浦东建起了大楼。

【采访王安德(曾任陆家嘴金融贸易区开发公司总经理):全国享受省部楼政策的一共有23个楼,他们当中有十几个楼都做成了要素市场,就是带过来他们或者他们一起来组建这个要素市场,比如石油、煤炭、生产资料、小商品交易、粮食等等。】

【采访陈家海(曾任上海社科院区域发展研究中心主任):它的服务的扇面要面向整个的长江流域。那长江流域是什么?长江流域是中国的几乎精华很大一块都集中这个领域,体量超过中国经济的一半。】

伴随着浦东开发的建设大潮,上海的高度在不断攀升。1995年,东方明珠广播电视塔正式投入使用,这座463米的广播电视塔被誉为"新上海崛起的象征"。

【采访江欢成(中国工程院院士):东方明珠建设,我们自己理解,它是一个浦东开发开放,也是我们国家改革开放一个进军号。】

浦东的开发开放,打的是"长江牌""中华牌""世界牌"。浦东的规划和建设者们坚信,曾经负担全国财政收入六分之一的上海,要再度成为带动长江经济带的龙头,而浦东就是这条巨龙的眼睛。

【采访赵启正(曾任上海市副市长、曾任浦东新区管理委员会主任):在经济全球化中,这个国际的对话并不是整个领土在对话,而是通过最重要的城市对话。通过浦东开发,把上海提升为具有国际经济对话资格的城市。这我在脑子里是形成了一个概念。因此我们要在地球仪旁边思考浦东开发,我们和这些国际大城市什么地方有差距。】

在浦东开发开放中,陆家嘴金融贸易区是一大核心,小陆家嘴中心区更是核心中的核心。如何用世界的水准和眼光开发开放浦东?围绕小陆家嘴的规划设计,一个大胆的方案浮出水面:向世界"借脑",进行国际咨询。

【采访余力(曾任陆家嘴金融贸易区开发公司副总经理):当初还是时任上海市市长朱镕基同志和法国政府会谈的时候谈到浦东开发,那么法国政府表态,他们要支持浦东开发。所以在这种情况下,我们就派了一个考察团,一块到法国

去考察。考察了以后就感觉到这个方案一定是国际一流的,要向世界招标。】

1992年5月,陆家嘴中心区域城市设计国际咨询正式开始。这是中国历史上第一次为一个地区规划进行国际咨询。

随着一份份咨询征集书发向海外,往来鸿雁不断,最终,英国罗杰斯、法国贝罗、意大利福克萨斯、日本伊东丰雄和中国上海联合设计小组等五个团队受邀参加了国际方案咨询。

【采访胡炜(曾任上海市浦东新区区长):从一般人来觉得规划是一个很神圣的东西,是我们管理的核心,那当然应该中国人来做,中国人了解中国人,但是这次设计实际上从事实来证明,引进国际的先进理念和设计方案,更能够让我们开放和发展。】

【采访徐建刚(上海市委党校常务副校长):浦东所有的路,所有的改革都是打破原来的条条框框。它走出一条新路。那么现在我们要改革也是一样,没有现成路走,你也要打破条条框框。】

1992年11月20日,上海国际贸易中心三楼,世界顶级的规划设计大师们围坐在一起,各抒己见。他们讨论的中心,是摆放在他们面前的5个精心制作的模型,是这片土地蕴藏着的大都会之梦。

在20世纪最后的十年,描绘一张面向未来的新世纪城市蓝图,摆在这些规划大师面前的,是这个时代的重要课题。

【采访王安德(曾任陆家嘴金融贸易区开发公司总经理):罗杰斯看了我们这个东西以后亲口对我们说,现在你们都请了国外的专家,然后学我们的教科书。的确你们写出了很多东西。下一个世纪世界规划教科书上一定会出现中国的东西。】

1992年底,上海陆家嘴中心区规划深化工作组成立,按照"中国与外国结合、浦西与浦东结合、历史与未来结合"的原则,将国际大师们的概念荟萃提炼,进行陆家嘴中心区的规划深化工作。

【采访周伟民(原上海陆家嘴中心区规划深化工作组成员):领导当时就布置我们研究,就说假定是某一个方案的话,那我们开发的计划,五年计划十年计划,多少年能够把它开发完成。】

【采访李智宏(原上海陆家嘴中心区规划深化工作组成员):它是一个集大家的智慧综合决策,更加"一张蓝图干到底"的一个实施的组织过程。这个是我印象最深的。这张蓝图还在持续地、不断地优化。】

经过17轮讨论修改,1993年12月,陆家嘴中心区的最终规划实施方案终于面世。上海联合设计小组方案中的轴线大道,英国和法国设计师笔下的中心景观绿地,沿江的弧形高层带和三栋超高层建筑,这便是今天浦东天际线的雏形。

【采访邵煜栋(曾任上海市浦东开发办公室秘书处处长):它是面对世界的开发。所以它的高起点,就要按照世界的标准来做,就是按照国际大都市的标准来做。】

【采访赵启正(曾任上海市副市长、曾任浦东新区管理委员会主任):中央的意思就是给你们一个新的创新的天地,希望你们的创新能够得到推广和复制。】

【采访徐建刚(上海市委党校常务副校长):它很好地承接了国家的战略,或是说,它为中国的改革探索了一条新路,向世界证明中国改革开放道路是正确的。】

一张蓝图绘到底,曾经空旷的浦东海岸逐渐成了太平洋西岸最繁华的地方。一座座大桥横跨东西,曾经难以跨越的黄浦江成为通途,浦江两岸连为一体。一次次破冰,浦东开发开放将中国对外开放的大门打得更开。

对于浦东开发开放的成果,总设计师邓小平是满意的。1993年12月13日,风大雨寒,邓小平视察了浦东,车到杨浦大桥,89岁的小平同志坚持下车,在已经建成的杨浦大桥上走了二三十米。浦东热火朝天的建设场景深深打动了老人的心,他眺望着远处的浦东吟了两句诗:"喜看今日路,胜读百年书。"

2020年度上海广播电视奖
参评作品推荐表

作品标题	上海老公房加装电梯系列报道	参评项目	电视新闻
		体裁	新闻专题（系列）
		语种	中文
作者（主创人员）	朱齐越、汤捷、王天峰、刘水、汪鑫、查家旻、孔权	编辑	刘奕达、陶余鑫、虞之青、瞿轶羿
刊播单位	上海广播电视台	刊播日期	2020年9月20日、9月21日、12月10日
刊播版面（名称和版次）	新闻综合频道《新闻透视》栏目	作品字数（时长）	平均时长：3分41秒 分集时长：3分38秒、3分41秒、3分44秒
采编过程（作品简介）	上海是全国最早进入人口老龄化的城市之一，为老房加装电梯是许多"悬空人士"的"急难愁盼"问题。该系列报道关注与老房加梯相关的多个热点话题，基于全市各区的加梯经验和成功案例，总结基层创新的群众工作法，提示新型付费方式的便利与风险，思考加装电梯后的维保机制。同时，该系列报道还聚焦"一梯十户筒子楼"装梯遭遇"一波三折"的典型案例，提出目前阶段的管线迁移难等加梯共性问题，探讨解决方案。		
社会效果	该系列报道基于电视新闻对于老房加装电梯十年探索的持续关注，在回顾装梯成绩的同时直击现阶段困境，从装梯成功背后的群众工作法如何推广，到近期出现的新兴付费模式如何应对，再到可预见的后期维保问题能否未雨绸缪，以及普遍存在的管线迁移难题如何破解，助力上海老房加梯工作全面有序推进，在主流媒体推动加梯民生工程方面具有里程碑意义。		

上海老公房加装电梯系列报道

导语：

作为全国最早进入人口老龄化的城市之一，早在21世纪初，上海就启动了对老房加装电梯的探索，2011年7月，《本市既有多层住宅增设电梯的指导意见》出台，各方职责逐渐理顺，转眼至今已经历了又一个十年。十年间，《新闻透视》栏目记录了老房加梯的步步探索，一些问题在实践中开始萌发，同时许多"基层智慧"也在不断涌现。

本系列报道以上海出台政策后的"加梯十年"为契机，旨在挖掘各基层成功案例背后的"小窍门"，听取新一阶段老房加梯的现实问题，通过电视新闻系列报道，为有需求加装电梯的市民百姓梳理可借鉴、可推广的好做法，也为目前的基层工作者打开新思路。

为此，记者进行了为期半年的调查走访，在全市九个区进行一线蹲守，倾听近百名居民的加梯故事，拍摄超过600分钟新闻素材。记者在走访过程中发现，导致加装电梯"卡克"的"老大难"问题具有共性，其中最突出的莫过于居民思想不统一，如何做通低楼层居民的工作成了亟待解决的问题。从成功案例来看，若要说服意见相左的低楼层居民，"道德绑架"既不可取也不有效，正视"少数人"的需求，才是真正的解决之道。在此基础上，有的基层组织形成了一套长效工作机制，系列报道第一集则选取了具有代表性的基层经验进行阐述，为正在或即将加装的楼栋提供有益借鉴。

本系列报道也不回避目前阶段遇到的加梯瓶颈。例如，系列报道第二集关注到了一种全新的付费方式所带来的"两难"境地：分期付款加装电梯，看似缓解资金压力,但是否也存在着一定的风险隐患?记者在走访过程中了解到,该模式由于单次收费较低,受到不少市民追捧,但基层工作人员又出于对新事物缺乏了解而心存顾虑。记者通过调查,在系列报道第二集剖析了该付费模式的利与弊,为市民百姓和基层工作者答疑解惑,引导居民作出理性选择,也助力基层政府在为居民"把关"时理顺思路,真正做到"包容审慎"。

同时,本系列报道也对加装电梯未来的维修保养方案进行探讨,旨在通过呈现实践案例及其背后的思考,让老房加梯不仅"装好",也能"用好"。除此之外,系列报道还聚焦了一户"一梯十户筒子楼",通过跟踪其装梯遭遇"一波三折"的真实故事,提出目前阶段的管线迁移等加梯共性问题,探讨解决方案。

每一台电梯加装的背后都有独特的故事,也包含着每位"加梯亲历者"的努力和智慧。该系列报道希望以老房加梯为载体,展现民治民意融入制度创新的城市温度,以及超大城市精细化管理中的"上海智慧"。

上海老公房加装电梯调查报告(一):
低层居民的利益如何兼顾?

长宁宣化小区的这栋老公房去年底就启动了电梯加装的征询工作,不过,至今还没能进入下一步流程。

(采访 陈琼福 居民区党总支书记:30户人家,28户已经征询同意了,现在是有两户人家坚决不同意。)

这两户人家都是二楼居民,他们说目前的加装方案,会影响他们生活。

[采访 张先生 居民:(每户有)一根脱排油烟机(管道),一根热水器(管道),还有卫生间的一根(管道),一共三根管子,我们当中四户人家都是靠走廊通风的。]

[采访 朱先生 居民:这里将来要是成为(电梯)过道,风全部吹到我这里面来,门也不好开,开门一开全朝家里吹,你想我们怎么住呢?]

在老房加梯过程中,类似因低楼层住户反对而"卡壳"的案例屡见不鲜。有29户都同意加装,仅因一户居民强烈反对,而无法立项的。

(采访 王淑玲 华山居委会主任:她说装这个电梯,对我一楼有什么好处,装不装都和我没关系。)

有反对居民在工程动工后大闹施工现场的。

（实况：你报警呀，报警最好了呀！）

还有"出尔反尔"，使得已开工工程不得不搁置的。

（采访　罗奇蔚　仁德居委会主任：觉得吃亏了，然后还提出要一部分补偿啊什么的。）

为了帮助加梯征询的顺利推进，去年底，上海出台最新意见，把加装电梯楼栋的业主意愿征询通过比例，由此前的90%放宽到了三分之二。但实际操作中，还是会尽可能争取居民们百分百同意。

（采访　陈琼福　居民区党总支书记：如果是坚决强烈反对的话，从自身来说肯定是有原因的，如果这个原因不帮他们解决的话，可能会有邻里间的不和谐。）

这个争取的过程，蕴含着群众智慧，比如宝山区部分小区，就让一楼居民加入加梯工作组。

（实况　傅伟民　居民：一楼就算影响我进出不方便的话，算了，为了大家我从天井里走，你们二楼也好，三楼也好，六楼也好，一要你们方便，二是等效果图出来了，对你们不利或你们觉得不舒服，那我们再坐下来谈。）

看到并不需要电梯的一楼居民都同意了，楼上住户也松了口。

［实况　二楼居民：最好能装咯，那我们住在里面不享受（电梯）的人，也要考虑人家是否方便。］

而不少持反对意见的居民也并非无理取闹，他们的合理诉求能否被听取，也是征询百分百通过的关键。

比如普陀区美源公寓这栋楼，电梯位置靠近窗户，全楼居民商量后，决定为二、三楼居民定制"镂空"玻璃外墙，解决采光问题。

（采访　王萍　美源公寓业委会主任：通过协商尽量满足，这样才能保证每一层居民的利益。）

嘉定嘉德坊小区这幢楼，则通过拆除原有屋檐，打造垂直通风井道，来为低楼层住户解决通风问题。

（采访　二楼居民：我们一楼二楼也觉得确实是为我们着想了，很理解。）

在此过程中，不少基层政府也主动加入，帮忙调解矛盾。

［采访　曹维渊　宝山区大场镇副镇长：（政府）一定不做甩手掌柜，有一楼的居民一直不同意加装电梯，主要是因为他的残疾车原来放的地方被加装电梯的地方占了，我们就会在旁边的其他地方，为他专门开辟了一个残疾车的通道和残疾车的固定位置，这样也解决了他的后顾之忧。］

居民自治、互相体谅，加基层政府部门想方设法促成好事，正是不少社区攻克"加装电梯群众意见统一难"的秘诀所在。

（采访 徐晓峰 上海市房管局城市更新和房屋安全监督处二级调研员：楼上和楼下的居民，大家都要换位思考，其实就是友好协商，大家都本着自己的利益没有退让的，那么就没有协商的基础了。）

上海老公房加装电梯调查报告（二）：
分期付费加装电梯有没有隐患？

加装费用不用一次交清，而是后续按年或按月支付使用费，十五年内无须额外支付用电、管理和维护等费用。去年刚刚成立的骋隆公司提出的新模式，让正要加装电梯的东安四村47号楼居民很动心。

（采访 李阿姨 二楼居民：我因为是二楼的，付得比较少一点，每个月就三四十元钱。）

〔采访 奚先生 六楼居民：（每月付）两百多元，如果一次性付清要十万元，（现在）毕竟钱在自己口袋里，一个月一个月付，如果有什么情况，主动权在我们手里。〕

居民们的征询很快顺利通过，但社区和街道工作人员还是心存顾虑。

〔采访 袁飞 东安四村居民区党总支书记：（哪怕）安装好之后，不进行维保居民该怎么办，十五年之内居民是不是还要继续支付费用。〕

（采访 康胤 枫林街道住房保障和房屋管理所副主任：从属地的角度来说，也想为居民把把关。）

另一家加梯企业纯煦也在宝山推出了类似"分期付款"模式，与骋隆不同，纯煦要求居民们在竣工后先一次性付清五年费用，之后再按年支付。

（采访 彭阿姨 居民：一次性付款像我们五楼是五万八千多元，竣工以后我们第一次付两万元不到一点，然后第六年开始再付。）

先垫资建造交付，再按期收回款项，听上去似乎不赚钱，那加梯企业图的是什么呢？按照两家公司的说法，每台电梯完成加装，他们就能拿到政府补贴；另外他们有自有的设计和施工团队，再算上电梯广告收入，如果能实现批量化加装，就能实现盈利。

（采访 胡永跃 上海骋隆实业集团有限公司总经理：我们有300台基本上实现收支平衡，能够覆盖所有的运维成本。）

然而目前，尽管骋隆在上海已签约40多台电梯，但实际加装完成的只有一台，其他均还未开工。

业内也就此算了笔账。哪怕不考虑管线迁移等费用，按加装一台电梯50万成本计算,300台就意味着企业需要先行垫资过亿元,企业有那么大的资金储备吗?

(采访　秦炯　上海市电梯行业协会办公室主任:投入和产出在前期是不成正比的,所以他必须有一定的量的资金的投入,这对公司就会产生很大的挑战。)

〔采访　陈亮　宝山区住房保障和房屋管理局党组成员、副局长:可能(企业)会存在资金链断裂后续得不到保障的情况,企业首先要具备诚信度高,其次资金量要有保证。〕

纯煦公司承认,因为资金压力,今年他们在宝山加装的70多台电梯中,仅10来台采用了分期付款模式。

(采访　伊喜和　上海纯煦电梯工程有限公司创始人兼总经理:前期现在十几套是跟我们公司直接进行借贷关系,为了减小这个风险把银行和商业模式引入进来。)

试图引入金融机构的想法,不免让人联想到租金贷、学费贷模式,以后在电梯加装领域,会不会也出现企业拿到钱后拍拍屁股走人,居民却依然要持续还款的状况呢?

(采访　汪亮　上海市流通经济研究所所长:这种补充合约里面可能是一家小贷公司,或者是一家私募基金,这个你就要当心了,非常有可能资金来源是向非特定的群体去募集的。)

对于加装电梯的各种新模式,属地街镇大多采取包容审慎的态度,但也提醒居民,在选择加梯方案时眼光要放得长远些。

〔采访　刘春泉　律师:首先第一就要明确具体什么时候开工,付款最好是从投入使用之后才正式开始付款。)

(采访　陆晓燕　闵行区江川路街道办事处副主任:我们也对(加梯)公司这种运营模式可能产生的一些不确定的风险因素,和老百姓开展多次的专题培训,希望他们能够了解,你选择这种模式你就要承担相应的风险。〕

新闻透视:电梯加装的 管线难题能解吗?

(实况　施工单位工作人员:这个要移好长时间,一直移不了。)

2个月前,长宁区家化小区这部已经开工的电梯也曾因为线缆问题,按下了暂停键。

（采访 居民：各种各样很多的线，这里面的线也涉及很多人家，我们也弄不清楚，到底怎么解决我们也没方向。）

辖区内通信企业到现场勘探后发现，线缆迁移在评估、设计上需要不短的时间，此外如果迁移又牵涉到其他楼栋，还需要和那些楼栋的居民做进一步沟通协商。

（采访 中国电信西区局长宁分局工作人员：除了相关设计方面，我们一旦移位，还会存在移到另外一个地方，可能就会是其他居民的窗口等位置。）

不过前不久，家化小区的居民告诉记者，这个拦路虎问题，暂时找到了出路。加装工程已经重启，施工单位正在开足马力赶工期，争取能将耽搁的时间补上。

（采访 宋小华 长宁区家化小区业委会主任：电线围绕电梯转一圈就能解决了，电信在墙上打个洞就可以进户，弱电线全部下地，我们美丽家园的方案当中已经有的。）

街道、居委、居民们和电力、通信企业进行了反复的多方协商，最后拿出的方案是，施工单位先尽量避开线路，减少移线成本，让电梯工程能进行下去，线缆的整体迁移则将在后续的美丽家园项目中再同步完成。

（电话采访 通信基础设施建设管理办事处西区办事处工作人员：美丽家园不是小区里面可能会挖管道把那个线要排下去，就是让他们一起做掉，能够放在美丽家园一起做掉那么这是最好的。）

事实上，此前就已经有不少街镇在试点，把加装电梯可能会涉及的电缆排布问题，提前纳入美丽家园项目改造中去统筹考虑。浦东新区的潍坊九村，就在美丽家园改造时，专门为加装电梯留出了这个电箱，在管线排布时有针对性地对可能加装电梯的位置进行避让，为未来电梯加装创造条件。

（采访 姜海亮 潍坊九村居民区党总支书记：为了以后可能加装电梯做准备来节约大量的人力物力和财力。）

（采访 丁洁琼 潍坊新村街道办事处管理办工作人员：加大对美丽家园施工方和加装电梯施工方相互的协调工作。）

事实上，今年八月上海市通信管理局和上海市房屋管理局就曾联合发文，将由各区通信基础设施建设管理办事处统一协调，目前，各区的办事处也在不断摸索、优化办事流程，未来争取能为居民提供一门受理的线缆迁移服务。

［电话采访 通信基础设施建设管理办事处西区办事处工作人员：房管局审核完以后我建议就和我们沟通，那么在公示的时候就讲清楚这个事情要花3万元，甚至于30万元、300万元，和人家愿意讲清楚（就行）。］

不少加梯服务机构，也在不断优化自己的工作流程，把沟通跑在前面。

［采访 张朝晖 51加梯服务中心总经理：先跟他们（管线企业）联系，得到

一个确实的费用,然后再开工,否则里面风险太大。]

在此基础上,专家也呼吁,电梯加装政策、线缆移动的收费标准等相关配套文件需要不断地出台和更新,将原则性的条文变成可供操作的细则。

(采访　施彤　杨浦区房管局城市更新科工作人员:现在各类配套单位的相关扶持文件发了,我们觉得还是有待细化,让这个文件更具有操作性。)

(采访　张尚武　同济大学教授:我们强调最后一公里,甚至是最后一米,这是决定整个成败的,上海很多社区都有社区规划师,可以借助他们的专业力量先做一些判断。)

2020年度上海广播电视奖
参评作品推荐表

作品标题	公卫中心里的攻坚战	参评项目	电视新闻
		体　裁	长消息
		语　种	中文
作　者 (主创人员)	周文韵、吴佳亮、包钢	编　辑	虞之青、顾怡玫、朱玲敏
刊播单位	上海广播电视台	刊播日期	2020年2月22日 19时02分17秒
刊播版面 (名称和版次)	新闻综合频道《新闻透视》	作品字数 (时长)	3分56秒
采编过程 (作品简介)	本篇报道直击上海市公共卫生临床中心内高级别专家组和隔离病房内被称为"五大天团"的五家三甲医院ICU主任联手救治重症患者的全过程。主创团队通过在公卫中心两天一夜的蹲守，忠实记录下医生们为抢救一位重症患者生命，连续数小时与死神赛跑的故事。报道前半部分展现了生死关头，专家们临危不乱，抽丝剥茧分析病症，稳扎稳打按步施救，最终在一切手段都已尝试却依然未见好转的情况下，以会签机制通过ECMO治疗方案的全过程，体现了上海新冠肺炎医疗救治过程的科学、审慎、高效、精细。而报道后半部分，通过细致描写中山医院ECMO专家对新冠这一陌生病毒的临床思考以及"五大天团"ICU主任与新冠患者的床旁对话，生动展现了"一切以患者为核心"的"上海方案"原则。		
社会效果	该报道是上海抗击新冠疫情工作中，第一条真实记录并展示公卫中心救治重症患者的视频新闻，在新闻综合频道《新闻透视》首发，取得了良好的社会反响。报道还同步通过看看新闻网向全网分发，累计阅读量超过10万次。上海市卫健委将该报道评选为"2020年上海医药卫生优秀新闻作品一等奖"。市公卫中心将该报道收录进《公卫·特刊》，在医疗卫生系统内获得高度评价。		

公卫中心里的攻坚战

导语：

上海市公共卫生临床中心，是上海唯一一所救治新冠肺炎成人确诊者的医院。值得一提的是，在今天出院的16名确诊病人中，有4名重症患者出院，那么，在公卫中心里面，对于重症和危重症患者的救治到底是如何展开的呢？今天我们就将带大家一起进入公卫中心，直击里面医疗救治组的真实工作状态。

早上8点30分，公卫中心304会议室，由张文宏医生带领的市医疗救治专家组，开始了当天的第一次视频会诊。视频另一端是正在隔离病区内工作的主治医生。

公卫中心A3大楼收治着全市所有重症和危重症患者，他们有些做了气管插管，有些已经上了ECMO，每人至少需要2名护士同时看护。

（里面护士实况）"我们每天都会给他气切的护理，给他换气切管纱布。"

来自瑞金、仁济、六院、市一和十院5家三甲医院重症医学科的主任级专家组成"五大天团"，驻守其中，随时随地准备着从死神手里抢救生命。这样的视频会诊夜以继日。因为重症患者常常会出现炎症风暴，而突发状况又常常发生在夜间。

（实况）"这是瑞金的。他们刚刚在床头抢救完。"

2月18日晚上7点多，瞿医生负责的一名重症患者血氧饱和度一路下降，而血压突破170。团队给病人上了呼吸机,但情况并未好转。调整战术迫在眉睫。

(电话采访)瑞金医院重症医学科主任瞿洪平:"反复的心衰,肺部的一个渗出加重的基础上,我们已经做好了准备。这个病人可能需要进一步的呼吸的一个增强。"

前后方视频会诊后,专家们决定立刻上ECMO。

上海市公共卫生临床中心党委书记卢洪洲:"缺氧以后各个脏器都会受到累及,本身这个肺没有功能了。这个时候唯一有效的方法就是用ECMO。"

病房内,医护人员开始ECMO植入手术。而外场专家组则全神贯注盯着监护仪。患者血氧饱和度从最低的60%左右,渐渐恢复到98%,在抢救了足足4个小时后,患者终于被从死亡线上拉了回来。

(会议室实况)"氧饱和上来了,别的指标就慢慢上来了。"

稳定病人们的生命体征只是第一步,专家们还得想办法让患者的肺好起来。新冠病毒肺炎的并发症至今没有被完全破解,任何一个疏忽都可能致命。

(实况)"那他怎么会自己醒了?因为二氧化碳高了呀。"

中山医院心外科体外循环主任李欣,是ECMO专家。他属于隔离病区里的"自由第六人",专为五大天团提供关于ECMO的专业意见。

上海申康医院发展中心党委书记、主任王兴鹏:"我们还建立了其他的相关的专业支撑的团队,比如说ECMO团队,比如说呼吸治疗师,比如说心脏内科的专家。立体交叉的概念,形成工作的合力。"

中山医院感染科主任胡必杰:"重大医疗决策需要市级专家组和里面ICU的专家共同讨论确定,确实是非常需要的。"

比如,最普通的腹腔胀气,会让ECMO血流循环瞬间停滞,一旦发生,患者可能撑不过 20 分钟。结合大量临床观察后,李欣拿出了标准化解决方案。

(电话采访)中山医院心外科体外循环主任李欣:"就是插管的位置要往心脏右心房里面多伸进去几厘米,一定要保证 ECMO 流量。"

就是在这样分秒必争的精心救护下,不少重症患者都开始渐渐好转,他们大多不知道在昏迷过程中经历了怎样的惊心动魄,而待到清醒后,听到的总是鼓励和加油。

上海交通大学附属第一人民医院急诊与危重病科主任俞康龙:"大大进步啦。这只要你再屏住,拿掉这个,如果(切口)长得快,三天。样子就和你平时一样了。"

这些日子以来,鼓舞人心的好消息一个接着一个。

(会议室实况)"今天零(确诊病例)申报啊。喔,漂亮。(欢呼鼓掌)"

但在公卫中心,救治重症患者的攻坚战仍在继续。

上海申康医院发展中心党委书记、主任王兴鹏:"我们这支队伍是在攻堡垒的,我们是在打阻击战。"

(五大天团实况)"疫情不灭,我们不退。"

编后:
这就是公卫中心里的真相,所有的医护人员绞尽脑汁、费尽心力,夜以继日,与病魔抢时间,一次次地把重症病人们从鬼门关前拉了回来,感谢他们的付出,他们在隔离病区里创造着一个又一个奇迹。在此也再次提醒广大市民,攻坚战仍在继续,市民们能做的也就是再多屏一屏,直到迎来真正的胜利。感谢收看今天的新闻透视。

2020年度上海广播电视奖
参评作品推荐表

作品标题	守"沪"者系列	参评项目	电视新闻
		体裁	新闻专题（系列）
		语种	中文
作者（主创人员）	陈慧莹、戴晶磊、李连达、顾克军、孙翱、成奕霖	编辑	虞之青
刊播单位	上海广播电视台	刊播日期	2020年3月11日至5月16日
刊播版面（名称和版次）	新闻综合频道《新闻透视》	作品字数（时长）	平均时长：4分51秒 分集时长：4分38秒、4分54秒、5分01秒
采编过程（作品简介）	作为全国最大的出入境门户之一，为遏制新冠肺炎境外输入病例抬头，上海以最严谨的态度频频加码"外防输入"举措。2020年3月以来，先后在机场设立转运点、在各区设立临时集中留验点，进一步落实集中隔离健康观察，从机场到社区，构筑起无缝衔接防控闭环。而每每从发布最新举措，到开门运转，不过短短数个小时，如何在有限时间内紧急抽调人手，将物资人力迅速落实到位？从无到有，又该如何应对未知的突发状况？记者聚焦机场、临时留验点以及各区的集中隔离点，在"新规"发布第一时间蹲守现场，与工作人员同进同出彻夜跟拍，在防控境外疫情输入的第一线，全过程记录下"大白"们高效筑起"铜墙铁壁"的全过程。			
社会效果	系列节目播出后，不仅收获本地全天最高收视率，还在社会中引起广泛反响。不计其数的工作人员，他们随时随地应变调整，千方百计优化流程，齐心协力结成一个坚固的防控闭环。他们心里深知，守好上海的大门，就是守好国家的大门，也是守好老百姓的心门。			

守"沪"者系列之一

机场守"沪"者:"画"好从机场到社区的闭环

导语:

  为严防境外疫情输入,3月6日开始,上海16个区都成立小分队,24小时值守,负责将从重点国家和地区抵沪的旅客,从上海两大机场一直护送到各自的落脚点。他们被称为"转运人",昨天我们就跟随其中的浦东新区小分队,通宵值守了一次。来看报道。

正文:

  晚上7点,浦东区委党校灯火通明,转运队员们在大堂集合,他们忙着穿戴防护装备,互相在后背上写上名字。

  (实况)

  16人一组、兵分两路,分别前往浦东T1、T2航站楼;他们都是来自新区各委办局的党员志愿者,3月6日起组成临时工作组,吃住在党校,三班倒轮流驻守浦东机场。

  (实况:这里有教育局、政法,还有农委、出入境、检察院……)

  晚上8点,小分队到达T1航站楼,和白天团队完成交接,没来得及喘口气,就开始忙了。一批来自重点地区的旅客,刚完成入境检疫,他们护照上贴有代表可居家隔离的黄色标签,目的地为浦东。登记组开始逐个记录旅客信息,确认他们将以什么方式离开机场。

(实况:航班号多少?)

信息登记完毕,转运流程开启。对原计划搭乘公共交通的旅客,转运组安排了大巴,由专人集中送到家门口。

(实况:一共四位对吧?谢谢啊!)

而有私家车接送的旅客,转运人员会联络接车司机,由专人将旅客送到车辆旁,在记录车牌号,了解行车路线后放行。与此同时,转运员会立即与旅客所去的街镇取得联系。

(实况:塘桥城运中心吗?对。刚才有一位客人已经过来了。)

深夜1点,第一批出去的大巴转运员阮晓树,将11名旅客挨个送到后,回到了机场,来回花了4个多小时。

(实况:刚刚送好一车,这里全湿掉了……)

这个团队的转运小组主力,是一群80后、90后"娘子军",她们都是来自浦东教育系统的中小学老师。忙完一波的闲暇时,这些"大白""笨手笨脚"地在手机上为学生批改起了作业。

【实况采访】
(记者:充分利用时间是吧?)
(浦东接送重点国家人员入境工作组工作人员:对,在这里因为戴着口罩,而且老师大多是戴眼镜的……)
(记者:有点起雾?)
(浦东接送重点国家人员入境工作组工作人员:对。)

身着厚重的防护装备,驻场"转运人"们很少喝水。夜越来越深,无法趴伏,他们就坐着低头小憩,等待下一个航班的旅客。防护服里,一会儿湿透,一会儿又觉着冷,记者也体会着这群守门人的辛苦。

(王磊 浦东接送重点国家人员入境工作组T1一组组长:为上海守好第一道门,社区的工作压力很大,如果我们这儿松一松,他们的压力更大。守土有责!)

(陈慧莹 记者:现在是深夜2点20分,刚才T2的值班人员说,他们又接到了刚刚入境的旅客,尽管只有两位旅客,因为他们没有开私家车,所以我们还是得用大巴送他们回家。)

这班大巴的转运员是小学老师曹丽君,她一边联系旅客所在社区,一边和深夜回国的同胞聊天,1988年(出生)的她,宝宝才19个月大,这次瞒着父母报名参加了这项任务。她说,自己是老师,比较懂得沟通,可以帮着缓解个别旅客的焦虑情绪。

(曹丽君 浦东接送重点国家人员入境工作组T1一组组员:告诉我的孩子们什么是奉献精神,以实际行动来告诉他们。)
(胡先生 境外返沪人员:挺温暖的,那么多人围着我、迎接我。)

到达第一个小区已是凌晨3点20分,24小时值守制的居委人员已经等候在小区门口,交接、测温、登记、询问、叮嘱隔离事项,一切有条不紊。

(实况)

夜色中,大巴又出发了,他们还要将另一位旅客送回家。"转运人"的心中都有支画笔,精心画好闭环的衔接处。

编后:
在从机场到社区的防控链条上,前端是海关、检验检疫和机场工作人员,中端是各区派驻机场、集散点的转运志愿者,末端是街道社区的工作者,正是上述各方24小时不间断地接力付出,不计得失、跨前一步衔接补位,才最终实现了无缝衔接的防控闭环。谢谢你们,上海的守门人。

守"沪"者系列之二
直击留验点的守"沪"行动

导语：

  两天前，上海发布消息，在抵沪前14天内有重点国家旅居史的中外人员，在到上海后，会被分流转运到各区留验点接受检测，并一律实施居家或集中隔离健康观察14天。消息一公布，各区就紧急抽调人手、协调场地，在几小时之内，各区的区级留验点就开始了运转。下面来看记者蹲守两天一夜后发回的报道。

正文：

  （熟悉流程实况）

  第一晚，在杨浦区的留验点上岗的工作人员有20多人，他们都是从区里各部门抽调的。

  ［胡如兵　杨浦区集中留验点一组组长：我们手机现在用塑料袋套着工作，刚刚开始（工作），新的体系模式，总是要磨合一段时间。］

  刚上岗不久，一位重点国家返沪人员就到达了留验点。

  （工作人员：对，对，里面已经准备好了。）

  信息登记、采集咽拭子、安排入住、护送进房，每个人都迅速进入新角色。

负责信息录入的陈玉洁来自平凉路街道,过去一个月,她的抗疫"战场"几经调整,从社区一线到浦东机场,这次又到了区里的留验点。

[陈玉洁　杨浦区平凉路街道党建办科员、杨浦区集中留验点留验一组工作人员:之前也是做(机场的)登记工作,所以说这个工作跟那个有一个承接关系,衔接起来可以比较顺利些。]

当班组长胡如兵被拉进了四个微信群,上连机场下接社区,各种对接各种协调。

(胡如兵　杨浦区集中留验点一组组长:一个人衔接不会错,把它这个完整的链给闭环起来了。)

晚上九点是留验点的接待高峰,被送到这里的近十名旅客,大多是自欧美出发转机到达上海的。近20个小时的舟车劳顿,让这对带着儿女、拖着七大箱行李的夫妻失去了耐性。

(妻子:不知道今天晚上还要在这里待一晚上。)
(丈夫:要知道我们就不回来了,这个小孩才三岁,大人我压根就不在乎,不多说一句。)
(胡如兵:现在是为了害怕你们太累,我们把检测安排在宾馆,你们可以休息。)

理解他们的焦虑,工作人员一边宽慰着,一边帮夫妇俩搬行李。
咽拭子采集检测结果要6到8个小时才能出来,大家商量好当天采样的截止时间,以确保结果能在天亮前出来,这样检测呈阴性的旅客第二天清晨就能离开。

[薛仁翼　杨浦区卫建委副主任:还有五个人在路上我们就等着这五个人,到了我们就一次性采(样),采完了我们就送掉。]
[杨浦区疾控中心工作人员:尽量能照顾到全面,整个一个团队(一起检测一起出结果)。]

晚上十点,登记在册的留观者已达22人。此时,前方又发来消息,还有近

20人正在机场整装待发,这让只有45间客房的留验点面临"爆仓"风险。

(杨浦区公安局出入境管理局民警:我现在实时关注机场的消息……)

最终,留验点当晚共迎来了36位留观人员,这天晚上总算平安度过。为了应对接下来还可能不断增加的旅客,第二天,两张救灾专用帐篷在门外空地上紧急搭建起来,大家打算先将酒店五楼医护人员工作区腾挪到这里。

(任正国　杨浦区民政局基政科科长:可以腾出十来个房间,这个点如果真的容不下的话,现在我们已经在物色第二个点。)

与此同时,新一批旅客的检测结果出炉。留验一组的夏逸东、刘宇负责把其中17位结果为阴性的旅客送回家居家隔离,这趟转运要走12个地址,两个小伙子特意手绘了一张路线图。

(海外入境人员:多这一个环节对我们也是负责,我们回家也放心了。)

3小时后,17名旅客被一一送到小区,跟街道和社区完成交接。此时,夜幕已经降临。

[刘宇　杨浦区集中留验点留验一组工作人员:(有一种)如释重负的感觉,回去以后最想做的事情应该是先上一个厕所。]

返回留验点,他们终于能脱下身上的防护服。

(记者:现在什么感觉?)
(杨浦区集中留验点留验一组工作人员:啊哟,爽啊!)

这就是留验点的日常,每位工作人员都在竭尽全力,织密上海的防护网络。

(胡如兵　杨浦区集中留验点一组组长:虽然很辛苦,但是能为我们整个上海守住大门做出我们自己的贡献,大家心里还是很开心的。)

编后：

外防输入，口岸就是前线。而上海口岸的特殊规模和性质，又决定了其防控压力非常吃重。好在前期积攒的防控经验，已经让各区工作人员适应了上下联动、左右协同的工作方式。根据重点国家范围的不断扩大，他们也随时随地应变调整，千方百计优化流程，齐心协力结成了一个坚固的防控闭环。他们心里都知道，守好上海的大门，从某种意义上说，就是守好了全国的大门。

守"沪"者系列之三

用爱守护无声的世界

导语：

从3月28日零点起，上海市针对所有入境来沪人员，一律实施为期14天的集中隔离健康观察。最近，杨浦区的一个集中隔离观察点迎来了一批特殊的境外归来旅客，他们来自辽宁、湖南等地，全部都是聋哑人。而明天恰逢全国助残日，我们也来了解一下，隔离点的工作人员是如何用爱来守护无声世界的呢？

正文：

（送餐实况：老师帮我做翻译。你好，这个是今天帮你们加的家乡菜，不够的话这里面还可以加点辣的……）

每天中午11点30分，工作人员就会将热气腾腾的饭菜摆上小桌板。目前，这个集中隔离点接受观察的旅客有406人，其中16人工作人员会格外关注。

（陈华 杨浦区控江医院护理部常务副主任：因为这16个人是聋哑人士，然后他们已经三个月没有回到家乡了。）

这16名旅客是春节前赴国外旅游的，不期而至的疫情打乱了他们的归国行程，滞留当地。最终，在外交部门协助下，他们搭上了5月2日的归国航班，在上海中转。

［王小姐 海外入境旅客：3月订的飞机（票）失败，一直拖到4月、5月，到

了迪拜以后,回不来中国怎么办?等,非常着急,最后联系到了5月2日的航班。]

聋哑朋友的交流表达靠手语,隔离点里大家又都戴着口罩,看不到嘴型、面部表情,要互相理解殊为不易。

(陈华　控江医院护理部常务副主任:我们跟他们讲什么他们不懂,不理解我们讲的是什么意思,所以我们心里面还是比较忐忑的。)

在市残联的紧急协调下,三名手语翻译志愿者来到隔离点帮忙,后续又加了志愿者24小时排班驻守。

(葛玉红　集中隔离观察点防疫手语志愿者:我们交接班之前把当天的情况汇总以后和第二天交接班的人说一下,包括他们的吃饭、情绪、买快递、返程的信息,帮助他们解决问题。)

这个名为"守望你我"的微信群,是隔离点专为这些特殊客人设立的沟通平台。入住第二天,一段手语版温馨提示就及时推送给了聋哑朋友们。考虑到他们的世界是无声的,每天习以为常的拿饭动作,工作人员也会特别提醒。

(王海丹　控江医院护士:敲门他们是听不见的,所以等他们想起来的时候饭已经凉了,这时候我们会在群里通知拿饭的时间点,大家不要忘记,还失联的话就打电话,那么他可能会感受到震动,接到电话,或者就工作人员直接穿衣服上门,用手电筒光照一下他们能不能看得到。)

5月7日,一个突发情况让人紧张起来。一位聋哑朋友反映,量体温时不慎将水银温度计弄碎了。

(韩颖　控江医院护师:因为他们毕竟是聋哑人,在医学方面的知识也不是很懂,所以我们也比较紧张。)

工作组立即联系手语志愿者到达指挥室,通过视频边安抚客人情绪,并立马安排专业人员进房间清理。

（白小姐　海外入境旅客：做得非常快、非常好！工作人员非常辛苦非常快,非常满意。）

工作人员还自学了简单手语,抚慰这些在隔离期间的朋友们。

（视频聊天实况：33岁啦,结婚了生孩子了,孩子都很大了,是个男孩。）
（王小姐　海外入境旅客：他们都很辛苦的,非常感谢他们,各方面都进行关心照顾,所以非常感谢他们,辛苦了。）

今天,聋哑朋友们陆续解除隔离,后续将转搭其他交通工具离开上海回家。隔离点工作人员特意送上了最后一期"温馨提示",用简单手语为他们送别。

［陈华　杨浦区控江医院护理部常务副主任：（他们）有的是红眼航班过来,他们真的很疲倦很累,到最后出去的时候带着笑容跟我们医疗组表示感谢,我们真的很欣慰的。］

【结尾：聋哑人一组手语谢谢】

编后：
　　今明两天,这16名聋哑人士将全部陆续解除隔离,在漂泊许久之后,终于踏上回乡之路。在上海各处的集中隔离观察点之内,还有不少像他们这样需要被重点关注的人群,有孕妇、有长者,也有小朋友。"隔离不隔爱",工作人员正用他们的细心和爱心,为处在观察期的朋友们带去慰藉。在这里,也要向依然坚守在隔离点的工作人员道一声：辛苦啦！

2020年度上海广播电视奖参评作品推荐表

作品标题	中美观察		参评项目	电视新闻
			体 裁	新闻评论（系列）
			语 种	汉语
作 者（主创人员）	集体	编 辑	赵慧侠、凌健	
刊播单位	上海广播电视台	刊播日期	2020年8月31日—10月16日	
刊播版面（名称和版次）	东方卫视《今晚》	作品字数（时长）	14分58秒、12分22秒、12分29秒	
采编过程（作品简介）	\multicolumn{4}{l}{　　2020年以来，中美关系面临建交以来的最大挑战。尤其是美国悍然关闭中国驻美领馆、美国务卿蓬佩奥发表演讲全面否定对华接触等标志性事件的发生，让外界普遍担忧，中美是否会滑向"新冷战"。 　　为客观审视当下中美关系，同时为站在十字路口的中美关系寻找出路，《今晚》栏目推出"中美观察"系列报道，邀请哈佛大学肯尼迪政府学院创始院长、"修昔底德陷阱"提出者格雷厄姆·艾利森，美国前驻华大使芮效俭，日本前首相鸠山由纪夫，比利时前首相伊夫·莱特姆，英国剑桥大学高级研究员马丁·雅克等来自全球的知名政治学者、前政要等，与节目主持人以在线形式进行实时交流和深入对话，对中美关系发生变化的深层次原因进行客观分析和探讨，同时也对中美走向进行研判。}			
社会效果	\multicolumn{4}{l}{　　系列报道在《今晚》栏目播出的同时，还将电视版面转化成了更符合网络语态的深度评论稿件，在看看新闻App上刊发。同时结合互联网传播"短、频、快"的特点，节目组还摘选其中精彩观点，剪辑成十余条短视频，在头条、抖音等多个平台推出，共收获了一千多万点击量，形成二次传播和话题讨论。同时，该系列还经过重新剪辑在融媒体中心海外社交平台Facebook、YouTube上进行了发布，同样获得了较好点击量。内外出击，大小屏共振，既提升了节目在新媒体领域的传播力和影响力，也增强了观众对于中美关系的理性认识。}			

中美观察:"接触"还是"脱钩"中美关系将走向何方?

【口播】

何婕:进入今天的中美观察。就在中美关系敏感时刻,特朗普近日却再次鼓吹中美"脱钩"论,引发国际舆论关注。美国当地时间9月7日,特朗普在劳动节演讲中声称,美国就业市场正以史上最快的速度复苏,美国将成为全球制造业超级大国,因此他打算限制中美经济联系,并誓言要将所有工作岗位从中国转移回美国国内,以此"永远结束对中国的依赖"。

【导语】

何婕:美国政府为何一再鼓吹中国"脱钩"?与中国"脱钩"真的现实吗?今天我们要对话的嘉宾是美国前职业外交官芮效俭,他曾参与中美建交谈判,又在20世纪90年代初中美关系陷入低谷时出任驻华大使。经历过那些艰难而激烈的幕后斡旋,芮效俭对中美在追求各自利益的同时谋求共同利益的感触,在当下尤为值得一听。

【片子】

在今年7月举行的中美智库媒体视频论坛上,芮效俭直言,当前中美关系正面临建交40年来最坏的情形,如何通过政策实施来稳定中美双边关系,值得各方重视。

芮效俭1935年出生于南京,在战火中的成都长大,在上海接受教育……不同寻常的经历,让芮效俭尤为关注中美关系。20世纪50年代,芮效俭进入美国国务院工作,并于1976年被派往北京,出任美国驻华联络处副主任,并全程参与了中美建交谈判,是中美友好的亲历者和见证者。芮效俭担任驻华大使期间,美国对台军售、银河号事件等重大危机相继发生,不过,在中美双方的共同努力下,最终避免了对抗和冲突。

眼下,中美关系再次迎来新的挑战,两国能否再度管控分歧,化危为机?芮效俭在华盛顿的家中接受了我们的专访。

【访谈1】
何婕:好,那我们今天非常荣幸地能够对话芮效俭先生,所以首先第一个问题想问一下芮先生,您当年是中美建交的亲历者,我们其实是有一个困惑,为什么当时在冷战的大背景之下,最后中美双方能够做到坐下来对话。但是建交40年之后,我们就发现美国离对话的这个状态变得越来越远,在您的判断中这个问题到底出在哪里?

芮效俭:我们互相间的交流已经有40多年的经验,而且涉及领域非常广泛。在很多的场合下,我们现在见到的各级别中方官员们,是认识已经几十年的老相识了。但是现在的问题是,中美之间对应当合作应对的共同利益问题缺乏强烈共识。有很多的原因造成了现在的情况。从战略上来说,我们遇到了一个非常典型的问题,就是崛起国因实力逐渐强大而逐渐提出更多要求,希望在世界舞台上取得更高的地位;然而守成国不愿见到自己的统治地位遭到侵蚀。中国领导人之前就非常智慧地意识到,这个问题是会出现的,所以他们提出了和平崛起或者和平发展的概念。从美国这方面来说,在苏联解体后,也没有当好世界唯一超级大国的角色。美国在世界很多地方都随意地进行干涉,但并不明确自己到底在做什么。而且我们还没有很好地处理好国内的事务,这导致我们进入了非常严重的经济和金融危机,使得美国的自信有所衰退,毫无必要地使中国的崛起显得对美国更加有威胁性。我还要再提一个影响美国行为的因素。现在美国并不是以外交为主,辅以强大的军事力量,而是依赖军事力量,外交仅仅起到辅助作用。这是错误的方法。

何婕:我们看到现在随着中美关系紧张,美国政府在台湾问题上越来越活跃,有很多的动作,比如说接连地派军舰穿行于台湾海峡,另外还重新翻出了1982年的时候里根的对台"六项保证",宣称要加强对台关系。所以您有没有观察到这一点?

芮效俭：你说得对，台湾问题现在又开始成为中美关系之间的非常关键的外交问题。双边都必须避免导致形势恶化的行为，在大多数情况下，美国人并不清楚台湾问题的历史背景，他们也不太关心当年建交时，中美关于台湾问题的共识以及谈判细节。我认为，特朗普政府并不是想寻求和中国的军事冲突，在最近对台湾提供的支持措施中，也没有包括更加激进的对台援助措施，尽管有声音呼吁他这样做。还有两个月美国就要举行总统大选了，现在各方都不应该，不管是大陆、台湾、还是美国，都不应该采取可能会造成危机的挑衅行动。但是在接下来的一年中，我认为中美双方必须花更多的精力来让局势趋于稳定。如果局势失控的话，其中各方都会受损的。

何婕：是，保持冷静和克制非常重要，也正是因为这个原因，所以如果有一方不冷静不克制，也会让其他人感到很担忧。其实我们一直说要在历史的过程中，去寻找一些处理问题的经验。20世纪90年代，其实中美之间经历过不小的低谷，比如说经历过轰炸使馆、银河号等一系列的事件，可以说当时的双方关系降到冰点。那么当下现在的中美之间的冲突，跟我刚才举例子的20世纪90年代的那种冰点的状态，有没有什么相似的地方？同时还有什么不一样的地方？

芮效俭：我想这种情况是非常不一样的，中国的经济现在强大多了。在20世纪90年代的时候，中国的经济发展得很快，但是基数比较小。现在的问题是，中国经济已经非常强劲，想要厘清与美国的关系，但是美国感到受到中国快速崛起的威胁，并且想确保自己的安全利益不受损害。美国现在采取的措施，我感觉并不是正确的应对方法，但是同时在美国人的眼里，中国是在以带有威胁性的方式行事。这就是中美之间现在面临的一些问题，我们可以看到，它们和20世纪90年代的问题是非常不一样的。

【口播】
何婕：尽管美国政府不断鼓吹与中国"脱钩"，但似乎大多数在华美企对这一提议并不"感冒"。据彭博社今天发布的一项最新调查显示，在接受调查的200多家在华美企中，只有大约4%的企业愿意将生产转移回美国，超过75%的企业表示，不打算把生产移出中国。另据商务部援引美中贸易委员会8月发布的数据称，目前，91%的受访美国企业表示其在华业务保持盈利，83%表示将中国视为全球最重要或前五大市场之一，近70%的受访企业表示对中国市场未来五年的商业前景表示乐观，75%表示未来一年将保持或扩大在华投资规模。

【访谈 2】

何婕：继续请出芮效俭先生，对于中美关系您有过一个观点，那就是"接触"是唯一行得通的战略。但是我们现在看到的实际情况，在美国有很多声音已经不说接触了，所以想听听您的判断。

芮效俭：在冷战时期，我曾经与苏联方面打过交道，有近10年的时间。当时我们美国和苏联的关系是非常敌对的，但是同时我们也和苏联保持着接触。之后我又开始参与中国事务，当时中美的关系可以说不存在，或者说是敌对关系。但是尼克松总统和毛主席非常明智，找到了方法来进行接触，所以说我在外交方面的经验表明，你需要保持接触，尽管说你们之间的关系是存在困难的；好的领导人，是能够在他需要进行合作的领域找到办法合作的。而现在有很多的领域我们需要合作，所以我们完全不应该在中美之间谈论战争这件事，我们应该谈论的是避免战争。如果我们想要避免战争的话，我们就要保持接触。

何婕：我们注意到美国有很多实质性的"脱钩"的做法，甚至几天时间里美国政府就会出台一些类似的这个做法，所以您担不担忧？在这样的做法之下，美国会不会真的最后想跟中国"脱钩"？

芮效俭：我想可能会有一定程度的"脱钩"，但是程度不会太深。比如说，美国对中国的投资还在继续上升，美国的公司还是对在中国投资非常有兴趣的，因为它们大部分在中国市场的投资都是为中国市场生产产品的，我想这一点是不会变的。但是有一些领域可能会受到严重的影响，比如说中国获得美国半导体技术的渠道，可能就会受到严重的影响。这也会影响到华为，以及其他比较依赖美国半导体技术的中国公司。但是我不认为它会达到完全"脱钩"的程度，因为双方有非常多的共同的投资经贸利益。

何婕：您做过一个判断，您说中美之间没有战争冲突的问题，有的只是战略竞争。那这一年多时间来，其实我们注意到美国的一些做法，会导致两国关系进一步地紧张。也想听听您的观点，您现在还坚持这个判断吗？

芮效俭：我认为中美之间现在关系有一种不平衡。我读了习近平主席的一些演讲，他预见了中美之间长期系统性的战略斗争，但是他同时也谈到了合作。所以两国一方面有斗争，一方面也有合作。但是目前从美国的角度来看，我们看到的只是斗争，而忽略了合作。我想这是一个非常大的错误。两国在一些我们必须合作的领域加强合作,这也是很正常的。这包括避免战争,避免加重气候变暖问题,比如说维持东亚地区的稳定,这对中美之间都有好处。中国和美国都有责任,我想现在我们没有认真地对待这些责任,我希望将来能够改善,我希望明年两国之间能够出现更好解决问题的苗头。

【编后】
何婕:芮效俭先生曾说,美国一些人对中国有误判,同时也作出了错误的反应,他们都没有从历史中去寻找与中国相处的智慧。我们也希望这些清醒的声音,能被更多人听到。

中美观察：中美关系紧张下 菅义伟时代的日本能走好"平衡木"吗？

【导语】

尹凡：进入今天的中美观察。一段时间以来，美国在对台军售、拼凑反华联盟等方面不断制造事端。日本作为美国的盟友，同时又是中国的近邻，在对待中美两国的态度上一直备受关注。尤其在菅义伟接棒首相之后，日本能否在中美紧张关系持续升级之际，继续推行安倍的地缘政治平衡政策，被外界认为是摆在新内阁面前的一道外交难题。

【片子】

自菅义伟政府上台之后，日本在钓鱼岛问题上动作不断。就在昨天，日本官房长官加藤胜信宣称，日本将在今年内对钓鱼岛进行自然环境调查。同日，日本海上保安厅对美国的MQ-9B"海上卫士"无人侦察机进行测试，此举也被日媒解读为与钓鱼岛形势有关。

日本在钓鱼岛问题上的强硬，与美国的支持不无关系。今年8月，日美防长会晤，再次确认《美日安保条约》适用于钓鱼岛。在菅义伟就任首相后和特朗普首次通话中，菅义伟也明确传达了会继续以日美同盟为基轴的意向。10月初，美日印澳四国外长会在日本举行，则被外界解读为美国拉拢三国建立印太"小北约"，加紧围堵对手中国。不过，就在外界猜测日本是否会加入美国打压中国高科技的联盟之时，日媒今天报道，日本政府已经告知美国，日本目前不会加入美国的"清洁网络"计划，不会将特定国家的公司排除在日本电信网络之外。

安倍执政期间，日本一直试图在中美之间取得外交上的平衡。不过，随着中美关系日趋紧张,接棒的菅义伟政府,在美方的压力下,再度面临"选边站"。对此,日本又该如何选择?在接受东方卫视专访时,前日本首相鸠山由纪夫给出了自己的回答。

【访谈1】

尹凡:欢迎鸠山由纪夫先生接受我们的采访。有一种观点认为,在中美对抗中,日本是将"对冲"战略运用得最淋漓尽致的国家,您怎么看?

鸠山由纪夫:先说结论的话,我觉得未必所有的"对冲"战略都能获得成功。战后有一段时间,日本决定重新对日美关系加以重视,在政治上,或者在经济上,都是"向美国一边倒"。不过,这数十年来,中国以非常惊人的速度实现经济增长。在经济方面,比起美国,不如说中国已经成为更重要的国家。因此,日本希望与美国、与中国都构筑起良好的关系。本来,日本应该避免美国、中国在政治方面、经济方面或者军事方面发生冲突,日本应该起到这样的作用。但是,日本在这方面做得还很不够。安倍政权,现在是菅政权了,长期以来都非常重视"对美从属",而另一方面,对于中国,不如说是看成"威胁"。因此,"对冲"战略未必能做得彻底。

尹凡:新任首相菅义伟上台以后,他明确表态说要加强日美同盟关系,并且发展中日关系。在您看来,这两者有可能同时做到吗?日本政界也一直在谈论所谓中美日正三角的关系,眼下中美对抗加剧的同时,日本应该扮演一个什么样的角色,才能够在这样复杂的国际关系中找到一个平衡点?

鸠山由纪夫:简单来说,日本、美国、中国应该是一个等边三角形。现在大家有时候会感觉,在这个三角形中,日美的距离很近,菅首相政权可能也会这样想。但是,我觉得这个三角形中,应该把日本和中国的距离进一步拉近。

尹凡:您最近的一本著作《摆脱大日本主义》,花了三年的时间,现在终于有了中文版,所以您想对您中国的读者说些什么?

鸠山由纪夫:谢谢!其实,日本面积不大,经济上也不算很强大,绝对不能有"大日本主义"的想法。虽然日本人有自己作为日本国民的骄傲,但是我觉得我们还是应该建设一个使国民能够享受幸福生活的国家。抱着这样的想法,我写了这本书。如果中国的读者能看我的书,我将感到非常荣幸。

【导语】

尹凡：正如鸠山先生所说，美方一系列举动的背后，是对中国和平发展的焦虑。面对这种焦躁，中方始终予以理性应对。

【片子】

根据"南海战略态势感知"发布，今天，卫星图像在中沙大环礁东南海域捕捉到美海军"里根号"航母航向东北。这已经是"里根号"今年第四次进入南海。根据美太平洋舰队透露，"里根号"航母在南海期间，将执行海上安全行动，包括进行海上打击演习，以及水面和空中部队间的协调战术训练等。

除了在军事上频频挑衅、施压外，美国在经济、文化领域对华打压，寻求"脱钩"的态势也更加明显。在外媒接连透露美国政府将寻求对中国航空工业集团进行制裁，并对支付宝、微信支付等中国移动支付工具进行限制后，当地时间15日，美国国务卿蓬佩奥再度威胁，要关停全美所有的孔子课堂和孔子学院。

对此，中国外交部发言人今天回应表示，蓬佩奥等美国政客出于意识形态偏见和一己政治私利，污蔑抹黑孔子学院，蓄意破坏中美人文和教育交流合作，严重违背两国民意。

（同期）外交部发言人赵立坚：美方个别政客应摒弃"冷战"零和博弈思维，立即纠正错误，停止将有关教育交流项目政治化。

【访谈2】

尹凡：继续请出鸠山先生。在您看来，中美是否真的会滑向"新冷战"，重演像当年美苏那样的中美两极对峙格局？

鸠山由纪夫：在美国政府中，有相当一部分人企图把美中对立上升为意识形态的对立，而不仅是经济的对立。战后很长一段时间，美国拥有霸权，美国有危机感，觉得自己的宝座会不会被迫让给中国，或被中国夺去。美国国务卿蓬佩奥及很多政府重要官员开始提出反华。而另一方面，中国，我刚才也提到了，取得迅速的发展，今后也会继续发展。因此，美国对中国在经济方面，以及军事方面的严厉措施，我觉得也许会持续，不得不抱有这样比较悲观的想法。也就是说，美中关系或许已经向"冷战"迈出了一步。这样的倾向，无论特朗普总统再次当选，还是拜登当选总统，都会持续下去。也就是说，我觉得他们对中国的严厉措施或许不会改变。

尹凡：与美方态度形成鲜明对比的是，习近平主席演讲中明确表态，中国无意跟任何国家打"冷战""热战"，并且坚持以对话弥合分歧、以谈判化解争端。对于这番表态您怎么看？

鸠山由纪夫：我对此给予高度的评价。现在世界上对中国的态度有亲华的，有反华的，不只是对于中国，对于世界上多数国家来说，这都不是我们想看到的。可能有些国家表面上不得不和美国保持步调一致，但是这些国家其实是想和中国在经济上、社会上的交往更深入一些的，这样的国家有很多。所以中国从大局着眼，我认为是非常正确的判断。所以中国应该尽量与更多的国家保持友好的关系。虽然有一些国家会跟随美国，但是我觉得中国应该展示自己不同的态度，也就是说，用自己的软实力来解决这些方面的问题，来对抗。现在是软实力较量的时代，中国最好能发挥自己拥有的软实力，来体现自己的存在感。

尹凡：对于中美关系，你曾经表示，相对于美国，中国采取的是非常成熟的、像大人一样的应对方式。在你看来，处在十字路口的中美关系能否找到一条合适的相处之道？

鸠山由纪夫：我相信习主席有能力解决这个问题。对中国产品加征高额关税，这并不是一般国民所希望发生的事情。现在，因为不愿在总统选举中失利，所以都批判中国，中国应该能看到这一点，妥善应对。无论如何，最终美国的国民会掌握美国的政治，所以作为结果来说，我觉得美国国民能够防止中美两国"冷战"局面的出现。

尹凡：好的，感谢鸠山先生接受我们的采访。就像他书中想表达的那样，建设一个国家的目标是使国民能够享受幸福生活，鸠山先生也说到打贸易战，对另一个国家的产品征收高额关税，这并不是一般国民所希望发生的事情，所以希望鸠山先生提到的这个目标能成为全世界所有政治家共同的目标。

中美观察：中美正在走向"修昔底德陷阱"吗？

【导语】

何婕：今天我们的对话嘉宾是美国哈佛大学肯尼迪学院教授、著名国际政治问题专家格雷厄姆·艾利森。

【片子】

全面打压对华科技企业，利用新冠肺炎污蔑抹黑中国，在新疆、香港等主权问题上干涉中国内政。近段时间以来，美国对华施压不断加剧，似乎一个系统性的全面遏制中国计划正在逐步落实。

而随着美国悍然关闭中国驻休斯敦总领馆，国际上甚至出现了中美已陷入"修昔底德陷阱"的声音，担心中美关系失控影响到全世界的和平与发展。

"修昔底德陷阱"被用来形容守成大国与崛起大国之间的冲突，这一理论的提出者正是格雷厄姆·艾利森，2012年，他将这一概念首次应用到中美关系话语体系中。去年几乎同一时间，艾利森在接受我们的专访时，曾对未来一段时间的中美关系走向做出预判，并提出，如果中美之间能够建立互信，是可以管控好分歧、避免冲突的。

面对眼下的中美关系，他又有着怎样的看法，艾利森在美国波士顿的家中再次接受了我们的访问。

【访谈1】

何婕： 格雷厄姆·艾利森先生，您好，在去年接受我们访问的时候您曾经作出过预测，说今年的大选期间，美国政府针对中国的攻击恐怕会更加简单直白。那现在我们就已经看到了，美国对于中国的打压已经远远不只是在科技企业方面，甚至不只是经贸领域，已经扩展到了外交，也就是政治领域。像这样的一系列动作，在您的意料之中吗？那有没有哪些举动让您特别感到意外？

格雷厄姆·艾利森： 我们上次在采访的时候我就已经说过了，我觉得事情会越来越糟糕，而且将来也是越来越糟糕。中国在不断地崛起，这样的结果就是，中国正在占据美国已经认为是属于他们自己的"领地"，在所谓的美国"称霸"的世纪，所以这就是中美关系的症结所在。在这之上，是美国现在正处于政治上的大选周期，会出现许多关于中国的野蛮的言论，这让我很不舒服，肯定也让很多中国人不高兴。

何婕： 事实上包括您在内的很多的美国学者都有这样的观点，中美对抗的结果可能是双输，只会威胁两国经济和地缘政治的安全，却得不到任何好处。它为什么还要执意这么做？

格雷厄姆·艾利森： 在过去的一个世纪的时间里，美国一直是整个世界的一个领头羊，在制定国际规则等方面完成了不错的工作，它想要维持在这样的一个位置上也是可以理解的。这样就造成了一个不可避免的中美竞争态势。美国需要去意识到，中美之间除了竞争，还存在共同的利益。所以双方都需要找到能够让中美关系处于平衡的方法。

何婕： 事实上前段时间崔天凯大使在接受访问的时候，曾经提出这样的一个观点，美国到底有没有做好准备要接受一个跟美国可能有着完全不同的意识形态，但是完全无意跟美国来争夺世界第一的这样一个大国的发展。所以其实这个问题我特别想听听您的答案，您觉得美国做好准备了吗？

格雷厄姆·艾利森： 我对崔天凯大使的这个话是基本赞同的，现在是2020年，不是"冷战"开始的1950年，2020年的中国也不是我们祖辈所面对的1950年的苏联。更为重要的是，而且整个世界的其他部分，除了中美以外的其他国家的态度也发生了很大的变化。它们并不想被所谓的"征召"，而成为如国际象棋中对立的"黑棋"的一方或者"白棋"的一方。这与当年的"冷战"是大为不同的，尽管很多美国的政策制定者或者政治评论员用"冷战"来比喻现在的中美关系。

何婕：所以您觉得美国做好准备了吗？

格雷厄姆·艾利森：问题是在哪些领域中，中美有着共同的利益，在另外的领域中，特别是台湾问题等等，如果处理不好，有可能会将对方拖入战争中。那么我们是需要去避免这一点，所以这是最大的共同利益。全球问题比如气候变化，地球是共同的，如果中国释放温室气体，就会影响到美国，同样美国释放温室气体也会影响中国，所以这也是中美的共同利益，还有新冠病毒，对中国和美国还有全世界来说都是威胁，那么在疫苗研发这块，是需要中美携起手来共同努力的。我感到自豪的是，哈佛医学院和广州研究院在北京联手研制疫苗，如果他们能最快研发成功，这对中国有好处吗？有。对美国呢？也有好处。对世界有好处吗？当然。

【导语】
何婕：正如格雷厄姆先生所言，中美在诸多领域都有着共同的利益，但是面对中国迅速地发展崛起，美国并未做好准备。美国拒不接受可能失去世界主导地位，无论美国大选结果如何，看来这种心态在一段时间内都不会改变，那么，走在十字路口的中美关系出路究竟在哪儿呢？

【片子】
中美关系面临问题的本质到底是什么？正在欧洲访问的国务委员兼外长王毅给出了答案。

王毅表示，中美之间的分歧或矛盾，不是权力之争，不是地位之争，也不是社会制度之争，而是坚持多边主义还是单边主义，倡导合作共赢还是零和博弈。中国有发展的权利，中国从来不想跟任何人打"新冷战"，而且在全球化时代，也搞不成什么"冷战"。

王毅同时强调，中美对话的大门是敞开的，随时愿意就共同关心的问题同美方坦诚深入交换意见。

就在本月 25 日，中美经济对话牵头人时隔三个月再通话，就继续推动中美第一阶段经贸协议落实发出明确信号。有观点指出，越是在关系紧张时刻，中美经贸合作对保证两国关系正常化、不越红线就越重要。

美国国内不少学者也认为,美国没有理由拒绝与中国合作,否则最终损失的只会是自己的利益。

【访谈2】
何婕:我们注意到美国学者的很多观点还是理性的,也是客观冷静的,但是美国政界的做法不是这样。所以也很想听听您的观察,这个政界听不听得进学界的声音?

格雷厄姆·艾利森:我想分享一个关于美国政治非常有趣的一点,那就是美国人自称的政治"愚蠢季",大概在8月开始,到9月及10月变得更糟,也就是选举周期前的这段时间。美国政客的说辞就会变得越来越脱离现实。然而,我要提醒的是,在美国,比攻击中国更加激烈的,是两党之间的互相攻击。民主党人南希·佩洛西就把新冠称为"特朗普病毒"。在美国政界,特朗普与拜登团队批评对方的话比他们批评中国的话更加恶劣,我对于中国政府对此的成熟的反应感到印象深刻。中国政府尝试足够冷静地应对而不是激烈地回应,并且意识到,美国的大选将在11月3日结束,无论是谁当选,都需要建立与中国的可持续的关系,因为中国不会走开。

何婕:现在离大选毕竟还有好几个月的时间,而目前看上去美国方面的一些做法还在不断地激化,所以有很多人在担心说中美之间会不会存在爆发军事摩擦的可能? 您的判断是什么?

格雷厄姆·艾利森:我希望不会产生这个军事冲突。

何婕:您希望不会,您的判断是?

格雷厄姆·艾利森:当我观察台湾问题,我认为这是非常危险的。部分原因是,美国在煽动台湾,部分原因是台湾曲解了大陆处理香港问题的方式,声称并不想要像香港一样,想要最大限度地独立,如果发生不好的事件的话,会有很大的风险。所以中美双方需要共同努力,认清在那些可能让双方走到彼此都不愿意看到的境地的这些领域,尝试去控制目前的局势。

何婕：您刚才也提到了香港，也想听听您的观点，中国政府在香港问题上应对，包括前段时间的国安法，另外还有美国对于这件事情的反应，您怎么看？

格雷厄姆·艾利森：我对于中央政府对香港的应对方式并不惊讶，我认为，美国的批评部分是因为处于大选期间，中国的某些举动会被美国政客强调并编织成所谓的"右翼行为"，这是基于西方社会所声称的所谓独立的定义，这就是一个我认为中美会作为对手的领域。中国会尝试展示，他们的政治体制的好处，至少对中国人民来说是强于西方的。美国会尝试展示，美国的民主制度更好，至少对美国人民来说。但两国在使各自政治体制运动的过程中都会遭遇困难，特别是美国，中国也会有相似的问题。香港已经展示了它是富有创造力的，充满决心的，不管发生什么，我都相信香港能成功。

何婕：您怎么来看接下来这些美国传统盟友的反应？

格雷厄姆·艾利森：他们一直对美国，对蓬佩奥说，不要让我们做选择。对它们来说，与美国的军事上的关系让它们安全，与中国经济上的关系让它们富有。所以每个国家都是为自己的国家利益去服务的。

何婕：是，其实我也联想到了前段时间您在文章里面的一个观点，就是说美国必须放弃幻想接受现实，这个现实就是单极世界已经结束，不要期待其他国家还会屈从于由美国主导的国际秩序，但是做惯了领导者的美国恐怕不太能接受这样的现实。所以也想问一下在您的观察中，如果从现在一直到美国接受现实，这段时间会有多长呢？在这段时间里面会不会出现很多比较激烈的现象？

格雷厄姆·艾利森：成年人应该能处理复杂的关系，甚至是"竞争合作伙伴"关系，虽然单是对手或者单是伙伴的关系会简单得多，因为这种关系很清晰，如果两层关系都有，但这不代表我们没有别的更好的选择。所以这我之前也说过，中国和美国的关系是一个敌友关系。作为一个美国人，我当然希望是美国的企业在5G领域处于领先地位，可惜我们在这场竞赛中连参赛选手都没有，所以我能理解中国人对华为是很自豪的，我认为这是一家非常成功的公司。竞争总是存在的，比如亚马逊和阿里巴巴在印度和其他国家的竞争，比如中美企业在AI领域的竞争。事实上，在国际上、在生活中，竞争是一件很好的事情，市场竞争让新的产品、更好的产品、更低价格的产品出现。所以在有些领域，我们有共同的利益，在另一些领域，我们有竞争的利益，成年人应该要学会如何控制它。

国家应该像一个成年人一样行事,虽然在大选季保持成熟理性会显得更加困难。事情发展的历程是你无法预测的,可能需要很长的时间或者比较短的时间,但智慧的管理者会找到应对的方法。

【编后】

何婕:不可否认,美国的一些学者对美国当下的问题还是有着清晰的判断,对良性的中美关系,还是有期许。但是我们也看到,在美国的选举政治制度之下,中国议题已经远远超出贸易或其他方面的价值,美国一些政治人物希望通过极度歪曲事实、恶意贬损中国、全面极限施压,来获取自己的政治利益,这是非常可悲的,但遗憾的是,这也对美国社会认知中国产生了巨大的影响。在这种情况下,唯有看清局势,冷静应对,绝不随美起舞,把我们该做的每一件事情做好,才是应对之策。中美关系的未来,虽无定论、事在人为。

2020年度上海广播电视奖
参评作品推荐表

作品标题	2020年首展 国家会展中心按下重启键	参评项目	电视新闻
		体 裁	长消息
		语 种	中文
作 者（主创人员）	顾舜丽、严欣慰	编 辑	
刊播单位	青浦区广播电视台（上海广播电视台）	刊播日期	2020年7月2日
刊播版面（名称和版次）	《青浦新闻》青浦区广播电视台、《新闻坊》（上海广播电视台）	作品字数（时长）	02分20秒
采编过程（作品简介）	{{COL2}}		

其中采编过程栏内容：

该作品是上海各媒体中针对此事最早采写的新闻报道。2020年我国首个展会——中国机床展开展了，国家会展中心按下了重启键。中国展览业在全球率先重启是会展业一个令世人注目的标志性事件，在新冠疫情影响下，我国重启的第一个国际级展会也是一个热点新闻。记者第一时间采写报道了这一令人振奋的时刻。

2020年的首个展会与过去的展会有什么不同？带着社会的广泛关注，记者进行了现场探访。

体验最严的防控。展会实名制运行，展前实名预约，现场实名认证，三道测温，核酸检测，医疗点现场保障。首展为会展业疫情防控常态化下重启拿出来了上海标准。

突出最强劲的复苏。现场人气火爆，专业观众与买家预约人数超十六万，展览规模一经重启就创历史新高，参展商信心十足。

传递最大的信息量。国展中心今年7月到12月底的展览计划已经排满，将举办包括进博会在内的40多场展会，行业复苏的前景看好，并将对国际展览业产生深刻影响。

现场采访精心选择，警察谈疫情防控更让人放心，参展商和专业观众的采访也更让人感受其真实。作品展示了疫情防控背景下展会的操作实践与示范，之后被申报为国家标准。

社会效果	作品抓住热点,信息量大,可看性强。现场描述和现场体验结合,回答了这场展会到底与过去的展会有什么不同这一社会关注点。不仅报道了国家会展中心疫情防控措施不松懈,更挖掘了国家会展中心为第三届进博会的按期举办全面开启各项准备工作,传递了中国对外开放、复苏经济的信心,是反映我国一手抓疫情防控,一手抓复工复产的优秀作品。 　　作品传播影响广泛,深受好评。除青浦电视新闻、绿色青浦微信之外,报道被上海广播电视台当晚的新闻节目采用,在看看新闻网 Knews 中推送后引发关注,经上海广播电视台《新闻坊》《上海早晨》等各新闻栏目,澎湃网、新浪视频等网络平台广泛传播,传播影响力巨大。经层层选拔,作品获评 2020 年度上海广播电视奖。

2020年首展 国家会展中心按下重启键

【导语】昨天(7月1日),2020年的首场大展——中国机床展在国家会展中心开幕,中国展览业在全球率先重启,为受疫情影响的会展业、制造业带来了复苏能量。

【现场出镜】顾舜丽 青浦区融媒体中心记者

今年的展会和过去有什么不同呢?可以看到在我身后有一个观众实名认证流程的牌子,能不能给我们介绍一下。

【同期声】赵骏 国家会展中心治安派出所民警

在官方网站上可以用自己的实名认证信息进行预约,对于我们普通的(未预约)参展人员来说,来到现场可以通过观众实名认证流程扫码登录,然后填写本人真实的身份信息,进行观展。

【配音】通过实名登记、扫码、身份证验证、测温、安检等一系列严格的步骤后,记者终于进入展馆内部,虽然是暌违了半年之久的首个展会,但人气丝毫没有减弱,各展台吸引了不少观众驻足了解、咨询。据介绍,此次中国机床展整体展览面积达13万平方米,参展品牌企业超1 300家。截至6月30日,机床展后台专业观众与买家预约人数就已达到16万余人,参展商表示信心十足。

【同期声】谢建春 品牌参展商

对于展位的疫情管控我们做得还是非常到位的,对于生产商来说也有很大的信心,相信这个展会能够取得原本的效果。

【同期声】方先生 观展市民

从宁波慈溪赶过来,看到参展商也非常多,人也非常多,说明我们国家经济正在慢慢复苏,关于安保防控方面的话,我觉得举办方也做得非常到位。

【配音】在展厅内每隔一块区域就会有防疫物资供应点,配备了免费的一次性口罩、消毒液、医疗废弃物垃圾桶等。为了让展客商放心,国家会展中心已广泛动员全体职工自愿完成了核酸检测。

据介绍,国展中心今年7月到12月底将举办包括进博会在内的40多场展会,其中有20多场是上半年延期到下半年举办的,也有部分展会从其他展馆移师而来。复展后,所有展会将采取线上预约,并进行实名认证。

2020年度上海广播电视奖
参评作品推荐表

作品标题	新闻特写：浦东机场的不眠之夜	参评项目	电视新闻
		体　裁	短消息
		语　种	中　文
作　者（主创人员）	吴海平、张鹰	编　辑	龚晓洁、高敏
刊播单位	上海广播电视台	刊播日期	2020年11月23日 18时38分32秒
刊播版面（名称和版次）	新闻综合频道《新闻报道》	作品字数（时长）	1分29秒
采编过程（作品简介）			11月22日晚上，记者接到消息，浦东机场组织所有与货运相关的人员进行集中核酸检测，由于现场准备工作不充分，一度造成人员大量聚集。当时恰逢上海发现数例本土新冠病毒确诊病例均与机场物流有关。记者立刻出发，根据线索找到机场P4停车场，现场仍有不少人员等候采样。公安部门和机场方面派出大量人员维持现场秩序，按序放行、疏散人流。尽管前来检测的人员源源不断，但现场秩序逐步恢复。记者及时记录这些场景，并一直冒着严寒等候到清晨，待人流逐渐减少、检测人员逐步撤离后才结束拍摄，完整记录了这一忙碌的不眠之夜。
社会效果			这条新闻及时迅速又不失人文关怀，不仅客观展示了浦东国际机场核酸采样现场情况，还重点突出采样医护人员、现场维保人员的辛劳，其中，工作人员席地而卧休息的特写镜头让人印象深刻。因事发时，网上已有人群拥挤的视频流出，形成舆情，记者在现场拍摄新闻的同时，也第一时间将相关疏散措施和秩序恢复情况，第一时间做成新媒体短视频，及时发布，有效引导了公众舆论。相关新媒体短视频被"上海发布"采用。

新闻特写：浦东机场的不眠之夜
——浦东机场连夜组织货运人员核酸检测 累计采样1.7万余份

导语：

由于近期上海新增病例都与浦东机场货运区有关，昨晚，浦东机场对机场货运单位人员进行集中核酸检测。

昨夜今晨，在机场临时检测区，240名医护人员、300名工作人员，为1.7万多人完成了核酸采样。

深夜十一点，P4停车场外，等待检测的人排起了长队。门口的闸机处，设置了缓冲区。身穿防护服的工作人员，手拉手组成人墙，将人流隔离开。

（实况：慢一点，慢一点，排成一排，排成一排。）

沿着斜坡上楼，硕大的停车库内，灯火通明。临时检测台一字排开，每一张桌子后面，配备两名医护人员，平均每人每分钟可以采样4份。

（受检人员：没多少时间吧。我过来马上就做了。）

（记者出镜：现在是23日深夜的0:20，我们在现场可以看到，这个临时的核酸检测区仍然在工作中，现场除了大量的核酸检测人员之外，还有很多的工作人员进行秩序的维护。）

深夜时分，气温跌到10摄氏度。趁着换班间隙，工作人员坐在停车位的阻挡器上，歇口气准备再干；楼下站了一夜的"大白"们，在墙边的背风处席地而坐，补充一下体力。

凌晨四点半后，人流逐渐减少。大部队开始撤离，留下部分人手，为零星前来的受检人员服务。此时，一位可以撤离的医护人员，已经在工作椅上熟睡过去。

从昨晚7点到今天上午9点30分，这里共完成采样17 719份。

2020年度上海广播电视奖
参评作品推荐表

作品标题	人脸识别的隐私边界	参评项目	电视新闻
		体裁	新闻评论
		语种	中文
作者（主创人员）	王抒灵、李响、吕心泉	编辑	陈瑞霖、朱玲敏
刊播单位	上海广播电视台	刊播日期	2020年12月28日6时34分
刊播版面（名称和版次）	东方卫视《1/7》	作品字数（时长）	13分25秒
采编过程（作品简介）	人脸识别技术在数字经济时代已经广泛运用在生活的各个方面，这仿佛已经成了一种生活常态。但另一方面，人脸识别应用范围的日趋广泛也招致不少质疑。这项技术是否会导致个人隐私被泄露、公民权利受侵害等问题也日益受到公众的关注。 　　记者选择了两个典型性案例——上海某小区在业主强烈要求下撤换了含有人脸识别功能的新门禁系统；法律学者状告杭州野生动物世界"滥用人脸识别技术"。通过对上述两个案例的深入采访，记者对目前国内人脸识别在商用领域的使用现状和问题进行了深入浅出的评论，进而通过对国内多地就"人脸识别"进行地方立法的行为和《中华人民共和国个人信息保护法（草案）》的介绍，将讨论上升到一个新的高度。			
社会效果	该报道敏锐捕捉到公众对人脸识别技术滥用可能性的担忧，站在技术中立的立场，深入分析了个人信息保护与公共管理便利之间的博弈，并选取了具有代表性的案例进行深入分析与评论。话题紧扣时事热点，具有时代性与前瞻性。评论抽丝剥茧、深入浅出，取得了较好的传播效果。			

人脸识别的隐私边界

【同期】上海市浦东新区证大家园五期业主

(现在)试用,用起来觉得不方便。

他们是没有经过我们业主同意,他们就私自换,换了之后也不跟我们说,就莫名其妙在群里面说要换门禁。

要记录(个人)信息什么的,我们不懂(不会用)的。

【解说】

这场风波的核心,位于上海浦东新区的证大家园五期。业主们的不满,其实来自今年11月起在小区试点安装的智能门禁。新的门禁没有使用传统的有线座机对讲,取而代之的是一种整合了手机应用程序、人脸识别、刷卡等多种开门方式的门禁系统。随后,原有的实时对讲系统被切断,不再继续使用。不过,当记者在12月初走访该小区时,安装新型门禁的单元楼已经只剩下了两幢。

【记者出镜】

在证大家园五期小区,这一排的单元门都被率先使用了新的门禁系统,可以进行人脸识别。现在我们仍然能看到当时留下来的门禁系统改造的通知。但是在隔壁的单元门,我们可以看到,新的门禁系统已经被改回了旧版的门禁系统,不能再使用人脸识别了,当时的通知已经被撕掉了。

【解说】

短时间内装了又拆。矛盾的种子,其实在最初就已经埋下。

【同期】吴彤　上海市浦东新区浦兴路街道房管办事处主任

可能业主委员会认为这(装新门禁)是有利于全体业主的事情,所以他说他们的想法就是先试点。我们在(11月)25日就收到了信访投诉。因为他们(业主)认为没有征询他们业主的意见就采用了这种更新的方式,他们难以接受。

【解说】
没有事先做好征询工作,的确容易引起意见的反弹。但记者与业主们接触后发现,真正让他们担心的是,新门禁的认证工作需要业主提供的个人信息实在是太多。

【同期】上海市浦东新区证大家园五期业主
我看了他们手机应用上要上传身份证、房产证,这个不都是隐私吗?因为这本身就是很隐私的东西,为什么要去做人脸识别呢?
这个(安装门禁的)公司就是一个小公司,好像个人信息(容易)泄露出去。

【解说】
反对的声音,看来不在少数。那么,"拆旧装新"究竟是在什么样的背景之下完成的?这套系统当初又是如何顺利进入证大家园五期的呢?

【同期】王建国　上海市浦东新区证大家园五期物业客服主管
我们的(旧门禁)机器比较老,比较过时了,维修价格比较高。新的(门禁系统)它保(修)五年,也是免费维修。

【解说】
据了解,一套旧门禁的改造费用需上万元,而另一边是免费安装和五年内免费维护的新型智能门禁。单纯从经济实惠的角度来看,业主委员会似乎很难对新门禁系统说不。

【同期】吴彤　上海市浦东新区浦兴路街道房管办事处主任
业主委员会认为这个(换新门禁)对他们来说是一个极大的利好消息。如果说我们不采用新的智能的这个门禁系统的话,那么就意味着我们原来的老系统要重新地更新改造。而更新改造的这笔费用,也要最终从业主身上来出,那么那个时候业主的反响可能会更大,现在有免费的午餐,为什么不吃呢?

【同期】周宏民　证大家园人脸识别门禁系统所属公司城市经理
现阶段其实我们更多地叫作资源置换。我们在门禁屏上有一个10英寸的广告屏,通过广告屏通常在日常阶段的话,我们可以去做我们利益性(营利性)的广告。就是先把东西铺出去,把东西做起来,让大家真正地能去用。

【字幕】
业务员在其他小区推销智能门禁系统

【实况】销售和其他小区物业的对话
所以说我今天就是先初次(拜访)。
你们就是智能门禁是吧?
对。
先问一下,价钱是怎么样的?
我们在这边(屏幕)做广告的,置换。
如果维修呢?
维修都是我们(出钱)的。
都是你们的?
对。
什么费用都不要?
对。

【实况】记者和证大家园物业工作人员
它这个可能需要一些业主的隐私信息,这个会不会(有风险)?
这个有可能会,所以我们和业委会要沟通的。

【解说】
事实上,今年11月以来,以免费为卖点,这家公司已经在上海的400多个楼栋安装了智能门禁系统。不过业务员坦言,受证大家园小区事件的影响,目前正在接洽的其他小区的沟通工作,明显要比之前费力。

【同期】周宏民　证大家园人脸识别门禁系统所属公司城市经理
人脸识别它不作为强制性使用的一个功能。如果他(业主)不愿意使用人脸识别,没关系,他依旧可以选择刷卡,可以选择密码。

【解说】
在采访过程中,智能门禁公司的工作人员反复向记者强调,人脸识别和手机应用程序开门只是五种开门方式中的两种。如果业主不愿意被录入人脸或不愿意下载手机应用程序,仍然可以使用这套智能门禁系统。

【同期】陈家义　证大家园人脸识别门禁系统所属公司推广业务员

我们只需要业主提供一个手机号、一个房间号,就可以了。因为你也知道现在快递,还有送餐,都有你这些信息,我们只不过这套信息用在智能门禁上面来。

【记者出镜】

业务员的说法,显然无法打消全体业主的顾虑。再加上由于双方缺乏沟通,业主认为加装人脸识别是新门禁的必选项,这也在一定程度上导致了双方矛盾的加剧。那么对于选择了人脸识别的业主来说,他们其实是让渡了更多的隐私权,他们隐私泄露的风险等级也随之水涨船高。

【同期】周宏民　证大家园人脸识别门禁系统所属公司城市经理

记:有不法的工作人员去拿这个出去贩卖,有没有这种可能?

周:首先从理论上来说,不排除这种可能性的存在,但是现在我们把所有的数据都是杜绝了它的批量导出功能,也就是所有的数据它不存在批量导出,然后如果说有个别的信息,假如说通过逐条查询的方式查出来的话,通过对照片进行技术还原,我们是可以判断出来是从哪一个账号里面泄露出来的。

【解说】

虽然该负责人一再强调公司会尽力保护用户隐私,但从该公司与物业签订的合同可以看到,关于个人隐私信息的保护,只有一条简单的条款。对此,公司负责人表示,相关的保密协议仍在拟制中,尚未与任何物业公司签订。

【记者出镜】

很多场合过分强调人脸识别这项技术的便利性,却对人脸数据泄露可能产生的后果考虑不足。当下,使用人脸识别技术其实并没有太高的准入门槛。各家公司搜集的人脸信息就存在本地服务器中,而这种服务器其安全性是极低的。数据库被攻击,或者遭人为流出、贩卖获利,都是存在的风险。

【解说】

目前,市面上的各类智能门禁系统几乎都包含了人脸识别这一功能选项,且应用的场景也趋于多元化。上海社会科学院互联网研究中心助理研究员张衔认为，人脸信息属于高度敏感信息，应该和手机号等信息区别对待。

【同期】张衡　上海社会科学院互联网研究中心助理研究员

人脸信息，其实跟我们的这个指纹数据，我们的虹膜信息，还包括我们的声纹的信息，它都是生物特征数据。那么生物特征数据，它具有非常高的敏感性，那它的敏感性体现在它是不可变更的，它是具有唯一性的。如果这样的数据发生泄露的话，对个人来说会产生持续性的或者是永久性的，在人身、身份或者是财产方面的一些威胁，这会（导致）社会秩序混乱。

【解说】

事实上，在证大家园人脸识别门禁风波之前，各地已有相关争议事件被频繁曝出。2019 年，浙江理工大学法学特聘副教授郭兵因不满杭州野生动物世界提出的年卡用户必须刷脸入园的要求，对园方提起了诉讼。该案也被称为国内"人脸识别第一案"。

【同期】郭兵　浙江理工大学法学特聘副教授

（园方说）现在要人脸识别，我说那我们凭年卡可不可以进去？因为我办的卡，我这个是实名制的卡。他说卡也不行，他说必须人脸识别。我说是不是不进行人脸识别就进不去了，他是非常肯定的，就说那必须人脸识别。

【解说】

今年 11 月 20 日，该案宣判。杭州野生动物世界被判删除已采集的原告郭兵的面部特征信息，并赔偿郭兵合同利益损失及交通费共计 1 038 元。不过判决主要依据为，园方将年卡用户入园方式从指纹识别调整为人脸识别，存在合同违约。法院认为采集人脸和指纹信息本身并未违反相关法律规定。在该案一审宣判之后，杭州野生动物世界的年卡使用须知仍然明确要求持卡人须同时验证人脸识别及年卡入园。

【同期】吕生伟　杭州野生动物世界营销中心经理

现在我们所有的年卡用户都是采用人脸识别入园的，这个也比较快。游客也是比较能够理解这个东西，毕竟是为了他们的方便出发的。

【同期】郭兵　浙江理工大学法学特聘副教授

这个便利显然它是给管理方带来的便利，给我们游客是没有便利的。我个人觉得便利它是你在有选择的情况下才有便利,如果你没有选择,比方说作为我们消费者,如果没有选择的时候,这个便利根本就无从谈起。

【解说】
一审的判决结果虽然倾向郭兵,但郭兵依然坚持上诉,打算跟人脸识别死磕到底。

【同期】郭兵　浙江理工大学法学特聘副教授
其实人脸识别技术应用的时候,应当是要全面地告知消费者相关的安全保障措施。我这个人脸识别技术是谁提供的?收集的我们的人脸信息是怎么样储存的?使用的(时候)有没有其他的用途?人脸信息的收集、存储是不是有足够的安全保障?我觉得在这个方面其实很多的人脸识别的应用者,都是极不负责任的。

【记者出镜】
郭兵的担忧,并非没有道理。从2018年7月开始,浙江绍兴一男子通过非法渠道购买到2 000万条用户信息,并用软件将照片制成3D头像,在案发时,注册成功至少547个实名支付宝账户。今年10月,一项两万人参与的调查显示,有超过六成以上的受访者认为人脸识别技术存在滥用趋势。其中,在交通安检、实名登记、开户销户、支付转账、门禁考勤等场景中存在突出的强制使用问题。郭兵建议,应将收集脸部特征信息的人脸识别相关技术纳入行政许可范围,只有获得相应许可,才能从事或者提供相应的技术。

【解说】
作为一名法律学者,郭兵在经历了这次事件之后,更加关注个人信息保护的立法。今年10月,在杭州市司法局召开的立法听证会上,他作为陈述人,提出了"物业服务人员不得强制业主通过指纹、人脸识别等生物信息方式使用共用设施设备"的建议。在随后公布的新版《杭州市物业管理条例(修订草案)》中,他的这一建议被采纳。这也是全国首部将人脸识别纳入物业管理的法定条例。人脸识别应用的日趋规范,正是在社会各方的重视下一步一步推进的。

【同期】黄小依　杭州市司法局立法处副处长
在这个时候应当要体现立法的前瞻性。我们是希望能够通过我们的这个立法,首先去提示大家有这么一个风险。我们可以规定物业企业的这个义务,你在设立门禁的时候,你应该怎么去做,就是一点一滴地从一些比较小的规范开始去规定起来。

【记者出镜】
今年10月,中国人大网发布了《中华人民共和国个人信息保护法(草案)》全文,并向社会公开征求意见。这部法律拟建立以"告知—同意"为核心的个人信息处理规则,并匹配了最高五千万元的天价罚款。未来,个人隐私的安全性和公共管理的便捷性有望在法律的框架下寻找到一个平衡点,互联网企业在收集公民个人信息时也将受到这部法律的约束。

【同期】张衡　上海社会科学院互联网研究中心助理研究员
单独同意的要求就是说你在收集敏感个人信息的时候,要专门弹出一个选项,有个弹窗出来让用户去选择,是不是要去同意收集处理这个敏感个人信息。用户可以选择同意也可以选择拒绝,那么拒绝的话,其实并不影响他使用其他的一些功能。

【解说】
今年12月,南京多家售楼处的人脸识别系统面临拆除,南京住房保障与房产局通过一则内部文件通知,致力整改当地房地产商收集购房人个人信息的现状。同样是在12月,天津市通过了《天津市社会信用条例》,当地相关企事业单位、行业协会、商会等被限制采集人脸、指纹、声音等生物识别信息。

【记者出镜】
在数字经济、万物互联的背景下,个人信息保护已成为人们最直接最现实的利益问题。人脸识别技术的实施细则亟须出台,包括明确不同场景下应用人脸识别技术的必要性、安全水平要求等具体问题。而如何协调好个人信息权益保护、数字经济发展、公共利益维护三方的平衡,更是一个任重道远的课题。

2020年度上海广播电视奖
参评作品推荐表

作品标题	特别的爱给特别的你 救助站社工的暖心故事	参评项目	电视新闻
		体裁	新闻专题（系列）
		语种	中文
作者（主创人员）	汤顺佳、孙培杰、陈涛、王子亮	编辑	李军
刊播单位	上海广播电视台新闻综合频道《新闻坊》	首发日期	2020年7月7日、2020年8月2日、2020年8月31日
刊播版面（名称和版次）	上海广播电视台新闻综合频道《新闻坊》	作品字数（时长）	2分53秒、5分25秒、2分45秒
采编过程（作品简介）	2020年上海高考首日，全市高三生在自家父母的陪伴下前往考场，进行高考。然而当天上午，记者收到线索，了解到一名失去双亲、久住杨浦区救助管理站的困境儿童小汪将在社工们的护送下，迎战这场人生大考。 　　在与救助站取得紧急联系后，记者发现，社工们并不单纯为了完成工作而送考，反而大多是出于父母、长辈之心才来的，甚至自发定制了几件"逢考必胜"送考服，给孩子加油打气。因为小汪已经在救助站住了4年，与大家情同亲人，甚至直呼其中一位社工李晖为"晖妈妈"，把救助站当成了家。这份感情令记者也为之动容。为此，记者趁着小汪语文考试即将结束的间隙，于中午前赶到救助管理站内，从一份食堂阿姨精心准备的"高考午餐"拍起，一路跟着社工们坐上了去接小汪的车。路上，"晖妈妈"一直在念叨，说小汪的弱项是数学，担心下午题目太难。担心的样子，能看出她就相当于小汪的半个妈妈。而等真的接到小汪后，社工们更是一拥而上，忍不住问东问西，反倒是小汪比较冷静，安慰大家"题目不难，不要紧张"。一群人叽叽喳喳的场面逗趣好笑，又相当暖心。在接到小汪后，社工们已安排好了行程，带她到周边的空座上，享受救助站食堂奶奶"蔡阿姨"做的午餐，打开饭盒，里头是小汪最喜欢的白灼大虾、糖醋小排、八宝辣酱……社工们告诉记者，这些菜工作人员一向是没得吃的，只能每天看蔡阿姨给小汪"开小灶"的时候过过眼瘾。边吃边聊，在救助站，小汪			

采编过程（作品简介）	有社工哥哥姐姐可以说话，有"晖妈妈"照料学习生活，更有如亲奶奶般的蔡阿姨记住她每一道爱吃的菜、每一个细小的习惯。她也许失去了亲生父母，但她从不缺少家…… 正是这样的场面打动了记者。当天下午两点左右，记者回台，赶写这篇新闻报道，并于当晚《新闻坊》栏目播出。 此后，记者得知，8月2日正好是小汪的18岁生日。18岁，对一个少女来说总有一些不同的意义。于是记者再度探访小汪，记录下了她18岁生日这一天和日常的暑期生活。采访过程中，记者意外发现，在不善言谈的外表下，小汪其实是一个有冲劲的少女，从小得了不少优秀学生的奖项，还有很多爱好：滑滑板、弹吉他、跳健美操，甚至曾梦想做个主持人。也许是因为幼时居无定所，小汪似乎总在寻找"组织"，她向往入党，进社团，住宿舍，仿佛在寻求一个去处，寻求盟友。记者将这一切属于这个特殊少女的生活、性格细节记录了下来，予以呈现。一个更鲜活的小汪展现在了观众面前。
社会效果	系列报道在《新闻坊》栏目播出后，《新闻夜线》《上海早晨》等栏目也纷纷播出，多平台转载，这让电视机前的许多观众都看到了这位特殊的女孩，和在她身后关爱着她的社工大家庭。不少观众自己也有子女，再来看小汪这条新闻时，想必能品味出不一样的温暖与动人。 此外，新闻一经播出，也吸引了多家媒体、多路记者的关注。小汪非常感谢社会对自己的长期关心，成长路上，许多好心人帮助过她，促成她在初中时拿到上海户口，顺利地在上海继续念书，在爱与鼓励中长大成人。未来，她也将不负众望，勇敢地走下去。

特别的爱给特别的你　救助站社工的暖心故事

【导语】

（丁）：今天，许多孩子在父母的护佑下走进了考场，迈出了人生当中重要的一步。还有这样一位孩子，虽然不是父母送考的，可是有一群叔叔阿姨关爱着她，陪伴着她度过高考日。

（琰）：我们要说的这个是小汪，生活在杨浦区救助管理站里的一个孩子。她出生之后，母亲就失踪了，五岁的时候父亲也病逝了，之后她就一直在寄养家庭里生活了一段时间。四年前，她正式住进了救助站。小汪从此就把救助管理站当作了自己的家，社工们也把她当作女儿来照顾。今天要上考场了，社工们一起来给小汪送考。

【正文】白灼大虾，糖醋小排，八宝辣酱，色香味俱全，这是救助站食堂专门给小汪开的小灶。因为今天，是小汪高考的日子。

【采访】葛徐　杨浦区救助管理站社工：今天给她准备的都是她平时喜欢吃的菜。比如有虾，有糖醋小排，有八宝辣酱，都是她平时爱吃的菜。

【正文】11点30分，第一场考试散场。大家接到这个宝贝闺女，一连串的问题就开始了：考得怎么样？身体累不累？好像一个个比小汪还要紧张。社工李晖也来了，平日里小汪爱叫她"晖妈妈"，小汪的一切生活起居也都由晖妈妈来打理。每天早上叫起床，上学帮忙盯功课，甚至还要在微信上与老师沟通情况。今天，小汪终于踏上考场，晖妈妈也激动得一夜难眠。

【采访】李晖　杨浦区救助管理站社工：（昨晚）后半夜一声惊雷，之前我是半睡半醒，惊雷完以后我就全程没睡着过，感觉比自己高考还要忐忑。因为我们都是看着她长大的嘛，就把她当作自己的孩子一样。

【正文】这两天高考，站里的社工轮流来送考，社工葛徐是负责来送小汪参加数学考试的。

【采访】葛徐　杨浦区救助管理站社工：我们为了给她打气，针对她每门考试，都在我们单位里选了一个当年考得比较好的人（来送考）。因为她下午考数学嘛，我当年数学考得比较好，所以来给她打打气。

【采访】李晖：比较希望她能享受这个过程。自己努力过了，不管结局是如何，我们都会在背后支持她的。

【正文】晖妈妈说，小汪想考语言类的专业，心中理想的学校是上海外国语大学。希望小汪能够乘风破浪，实现自己的梦想。

【采访】李晖　杨浦区救助管理站社工：考进大学的话，她肯定要到学校里面去了。我们这边就像她永远的家一样，随时随地都欢迎她回来。因为她之前也说，她跟我们一块儿长大，后面还有很多弟弟妹妹，她也希望以后在闲暇的时候，节假日之类的，跟我们一块儿做弟弟妹妹的志愿者工作。

新闻特写：救助站"亲闺女"初长成准医学生开启新征途

【导语】

（丁）：上个月的节目当中，我们报道过一位在杨浦区救助管理站里成长起来的女孩小汪，出生以后母亲失踪，五岁的时候父亲病逝，靠着爱心人士和救助站的一路扶持，跟其他的孩子一样完成了学业。今年参加了上海高考，我们也曾全程记录了社工们为她暖心送考的故事。

（琰）：前几天，高考成绩揭晓了。小汪的分数超过了上海本科录取控制线47分，其中英语还考了全校第一，真的要为她竖起一个大拇指。我们的记者了解到,小汪第一志愿打算填报上海健康医学院,立志成为一名医生,实现救死扶伤的理想。而今天,刚好又是她18岁的生日,在救助站里,大家一起见证了她幸福的成人礼。

【实况】小汪:哇,好漂亮啊,还有花。

【正文】今天,我18岁了。这个生日蛋糕,是站里的社工小哥哥和小姐姐们给我买的。他们还凑钱给我买了生日礼物。吹灭蜡烛,切开蛋糕,从这一刻开始,我成年了。

【实况】小汪:我希望我有一个独立自主的人生,从今天开启。虽然我之后跟站里的叔叔阿姨哥哥姐姐,就不再是以前救助和被救助的关系,但我们以后还是像朋友,像家人。

【采访】李晖:从一开始跟她接触的时候,我是一种牵手的感觉。(18岁)这一刻来临了,对我们来讲就是可以放手。

【正文】18岁,对其他人来说,也许只是个数字,可对我来说,这是个巨大的转折。今年高考语文的作文题就与转折有关,而我认为,无论遇到什么样的转折,人生总要面对。过完这个暑假,我就要去大学过集体生活了。救助站里的一人一景,一草一木,我小小的卧室,大大的后院,我都舍不得,真想一起打包走。还有这个大食堂,也装满了我的回忆。

【实况】蔡阿姨教小汪切菜:当心手啊,注意安全啊。

【正文】都说家是孩子最温暖的港湾,而我第一次对"家"的认识就来自这里。是食堂大厨蔡阿姨让我慢慢明白,什么叫作家人。

【采访】蔡阿姨 厨师:她刚进来的时候,我们就觉得这个小孩没有声音的,她也不响,走进走出都不响。我们就跟她说,你看到人要喊,她才开始一点点(变得开朗),不管老的小的她都能说了。以前她吃饭,吃好了不声不响就走了,好吃不好吃她不说。后来她跟我们熟悉了,就说了,这个我不喜欢吃,那个我不喜欢吃,就像自己孩子。

【正文】每天,蔡阿姨都把我喂得饱饱的,让我个子也长高不少。所以现在,在离开前,我也想让大家尝尝我的手艺。虽然口味比不上蔡阿姨,但这至少证明,当年那个小姑娘已经长大了。

【实况】葛徐:蛮好吃的,味道不错。你这个咖喱一烧,可以比平时多吃一碗饭。

【正文】关于未来,我有好多计划。刚刚过去的 7 月 31 日,我去学校填了高考志愿。为了这事,社工哥哥姐姐们拉着我讨论了好几次。但其实,我早就自己拿定了主意。我的目标只有一个,上海健康医学院。我想从事医疗事业。不仅如此,我早就写好了一封入党申请书,等我进了大学,就要申请入党。

【采访】小汪:就是想找到自己的组织吧。然后我小的时候,国家也给了我很多帮助,我觉得这应该是我的归属。还想加入学生会,还有社团。虽然我没学过滑板,但我挺感兴趣的,还有吉他,还有健美操。

【正文】18 岁,我的很多同龄人告别父母,进入大学。我也将和他们一样,走出我的这个家,"杨浦区救助管理站",去寻找我的梦想。就像父母会给远游的孩子留门,这里的社工姐姐们也会为我留一张床,留一盏灯。我相信,只要有家在,我的生活,会越来越好。

【编后】
(琰):多棒的孩子啊。不光是在高考的考场上,在人生的这次考试中,18 岁的小汪也在她这个阶段拿出了漂亮的成绩。看得出来,小汪是一个非常懂得感恩的姑娘,也很有自己的想法。离开救助站,就意味着她要开启独立的人生征途了。未来的日子里,祝愿她一帆风顺!在这里也要补上一句,生日快乐。

杨浦救助站的"女儿"告别 "娘家"去"新家"

【导语】杨浦区救助管理站的"女儿"小汪的故事,一直牵动社会大众的心,最近,小汪的故事又有了新的进展。她要离开"娘家"前往"新家"了。

【正文】8 月 27 日,杨浦区救助管理站里一派喜气洋洋。杨浦救助站的"女儿"小汪从上海健康医学院校长黄钢手中收到了期盼已久的录取通知书,这也是上海健康医学院普通本科批次发出的第一封录取通知书。小汪还同时收到了"新家"宿舍钥匙和新生大礼包。拿到这份特殊礼物,小汪激动万分,因为崭新的大学生活即将开启。

【实况】小汪:为我自己感到开心,因为我马上就可以进入我喜欢的大学校园,去继续学习,本身就是一件幸福的事情。

【正文】录取小汪的专业,是上海健康医学院医疗器械学院生物医学工程,正是她喜欢的生物医学类专业。小汪说,四年的大学生活她已经规划好了。

【采访】小汪:我想要加入中国共产党,想要成为一名党员。其次我进入学校后要住校,可以结交更多的朋友,还可以培养自己的独立自主的能力,自主学习,自律自强。

【正文】看到小汪从一个牙牙学语的孩童,成长为现在独立自主的大学生,帮助过她的人,关心过她的人,陪伴过她的人,都深感欣慰。

【采访】居加定　杨浦区救助管理站站长:对于她来说,这是一个成长的进步,希望她在以后的大学生活中,学到更多的本领,然后去回馈我们社会。

【采访】周萍　杨浦区民政局副局长:我们民政部门还有一些政策可以覆盖她,每月的生活费都是足够的,所以基本不用为生活费发愁。

【采访】黄钢　上海健康医学院党委副书记、校长:我们并不希望以特殊的照顾,让她得到一些什么,而是希望通过自己的拼搏,通过她的爱心奉献,通过学校在公平环境下,为她创造同等的机会,让她有一个非常好的成长空间。对一个孩子的培养,并不能通过照顾来给予,而是要通过更多的机会,让她在机会中通过竞争,通过自己的努力,能够快速成长,这就是我们对孩子的培养。

【正文】小汪是一个身世坎坷的女孩。5岁时,因父亲去世、母亲失踪,她被送到杨浦区救助管理站。从2016年起,杨浦区救助管理站困境儿童保护中心就成了她的"娘家"。如今这份红色的大学录取通知书成了连接"娘家"和"新家"的桥梁。小汪,我们希望你在新家也能像在娘家一样健康快乐每一天。

三 等 奖

2020 年度上海广播电视奖
参评作品推荐表

作品标题	刚挖好的河道为何要回填？	参评项目	电视新闻
		体　裁	长消息
		语　种	中文
作　者（主创人员）	瞿轶羿、吴骥、洪焕铨、汤捷、李荣、孙佳逊、陈斌、孙启萌	编　辑	陶余鑫
刊播单位	上海广播电视台	首发日期	11月30日19点02分
刊播版面（名称和版次）	新闻综合频道《新闻透视》	作品字数（时长）	4分钟
采编过程（作品简介）	从一条市民报料线索入手，记者通过实地走访、航拍等手段，报道了上海金山区廊下镇勇敢村虹桥港及景阳村一沟渠在接近完工的情况下，又回填河道、破坏驳岸，造成不必要的人力、物力的浪费。通过对建设方金山区水务局的采访，调查还原了开挖后回填的原因：施工在前、备案在后。报道的最后，通过市人大代表的呼吁，为相关部门在今后完善相关工作机制给出了提醒。			
社会效果	报道播出之后，"河道回填"事件相关建设方金山区水务部门对所有在建项目展开全面排查，并成立专门工作组进行调查，总结相关经验教训，举一反三；有关部门在节目中的诚恳回应，也成为对这一事件此前引发的社会关注的妥当回应。			

刚挖好的河道为何要回填?

[导语]

  金山区廊下镇的虹桥港,是今年初才刚刚新挖好的河道,然而11月初,施工队又把已经挖好的28米宽河道回填了近一半,让村民们有些看不懂。而类似这样刚挖开又回填的情况,在当地竟然还不只是这一条河。到底哪个环节出了问题呢?来看记者调查。

  这里是金山廊下镇勇敢村的虹桥港,从空中,可以清晰地看到,北岸是簇新的石驳岸和草坪,而南岸是一大片绿网覆盖的烂泥地。

  村民们介绍,早在去年底,虹桥港就开挖了,到今年2月时,河道、驳岸、草坪,还有横跨虹桥港的福安新桥,都已经结束施工,等待验收。然而,谁也没想到,11月9日,有村民发现,又有工人进场,用挖掘机将新建的石驳岸拆毁,并开始挖土回填河道。

  蒋先生 勇敢村村民:本来河道开得宽宽的,现在把土填回去,看上去难看得不得了,太浪费国家的钱了。搞不懂,真的搞不懂!

  很快,河道宽度从刚做好时的28米,缩到了15米,这一变动也显得跨河的福安新桥样子很突兀。
  勇敢村村民:这样不是浪费资源嘛!
  勇敢村村民:那个桥建了没用,太高了,老百姓上桥也辛苦。

  为什么刚刚挖好的河道,又被回填了?记者找到了工程建设单位:金山区水务局。相关负责人承认虹桥港最初设计的河道宽度确实是28米,这一方案在

2018年经过了市水务部门审批,随后2019年8月27日正式动工。

根据建设用地相关审批管理办法,开挖河道涉及征用土地,必须先到规土部门报批,而根据上海市相关用地规定,这类河道的宽度原则上应控制在15米以内。可是,在还没有进行规划报批的情况下,虹桥港就提前开挖了。

张日新　金山区水务局副局长:施工在前、备案在后。施工和备案在沟通环节衔接上面出现了信息不对称,这是问题的关键。

如此先施工再报批的违规操作,不仅是虹桥港这一条河。在两公里外的景阳村,记者又找到一条沟渠。投诉人说,这条小河今年8月就开挖完毕,被拓宽到了15米,然而10天前,又开始回填。

实况:正宗的要挖1.5米宽,就是旁边那个小的(沟渠),是1.5米的。它现在挖了那么大,是15米。

对此,金山水务部门承认,景阳村的沟渠回填也是先施工、后报批。由于开河占用了永久基本农田,所以报批时没有通过。

景阳村村民:没有过多长时间,他们又把这条河要埋掉,所以这边又埋了好多泥了。

不经过用地审批,就草率拓宽河道,等走完审批流程,再进行回填,为何这样的情况会不止一次出现? 这些代价又由谁来买单呢?

勇敢村村民:石驳岸都建好了又填掉,损失多少钱? 图纸上规划是15米宽,为什么会开到28米? 说法一点都没有!

厉明　市人大代表:它造成的无形的浪费,还有市民朋友对政府公信力的不良影响,到底由谁来买单? 需要相关部门给我们市民一个恰当的、明确的答案。

金山区水务部门表示,已经启动内部调查程序,后续将举一反三,全面排查。

张日新　金山区水务局副局长:引以为戒、举一反三,既要提高程序意识、用地意识,同时也要把我们现在工作当中的管理环节抓得更加细致。

2020年度上海广播电视奖
参评作品推荐表

作品标题	一套中国式玩具向世界讲述"中国故事"	参评项目	电视新闻
		体裁	长消息
		语种	中文
作者（主创人员）	符强、薛唯侃	编辑	符强
刊播单位	上海市闵行区融媒体中心	首发日期	闵行电视台 2020年8月28日 20点05分首播
刊播版面（名称和版次）	闵行电视台《新闻报道》、上海电视台《新闻坊》	作品字数（时长）	3分29秒
（作品简介）采编过程	王震华是本台多次采访的榫卯技艺工匠，他的全榫卯微缩天坛祈年殿模型，曾斩获国际金奖。当天，记者在一场社区活动中发现，王震华与中国企业小米，将这套全榫卯祈年殿模型，开发成了"中国式玩具"。而事实上，在与小米合作之前，著名国际玩具品牌也曾找到王震华，但由于该品牌有其一贯的拼搭方式，因此对方要求舍弃榫卯拼搭。王震华严词拒绝。至此，他舍弃的不只是巨额报酬，还有出名的机会。但，正是王震华的坚持和舍弃，让记者发现，这一套玩具承载的真正新闻价值。		
社会效果	该报道不仅在上海广播电视台、闵行电视台、闵行人民广播电台等传统媒体平台播发，更被不少新媒体平台改编转发，获得受众与网友一片点赞。同时，该消息所体现的"中国故事"，也被各级媒体广泛认可。一些播发平台将该消息列为了重要且不可多得的"外宣题材"。		

一套中国式玩具 向世界讲述"中国故事"

【导语】
天坛祈年殿,作为中华民族悠久文化历史的象征,向世界展示着中国传统文化丰富的内涵。在闵行,一位名叫王震华的工匠,用全榫卯技艺创作了微缩天坛祈年殿模型,并将这套模型变成了玩具。记者在今天的一场社区活动中了解到,这套"中国式玩具"正通过中国企业,走向世界,讲述"中国故事"。

【同期声 王震华:这就是我设计的一个榫卯的祈年殿玩具。我转一转就可以把它解锁,它全部就解开了。】

正在给孩子们演示的就是王震华和他刚开发面市的玩具版祈年殿。877个零件全由榫卯拼接,不用一滴胶水。每一种榫与卯的结合,都传递着中国的古老文化和智慧。

【同期声 王震华:实际上你们在玩的时候就知道了什么叫燕尾榫、什么叫直榫、什么叫企口榫,什么叫销。】

王震华的爱人在一旁告诉记者,这套玩具的原型是81:1的祈年殿全榫卯微缩木雕作品,是王震华花了5年,打磨7 000多个零件,经过超10万道工序完成的。

【采访 王震华的妻子:那段时间,天塌下来他也不管的,他只知道做。最后做好了,获得了一个世界手工艺金奖。】

很快,一家全球著名的拼搭玩具公司找到了王震华,以丰厚报酬寻求合作。但由于该品牌玩具有自身一贯的拼搭方式,因此对方要求王震华舍弃榫卯的拼搭理念。

【采访 王震华的妻子:他不肯,直接拒绝了。因为别人说他是"当代的鲁

班",他就觉得他的责任是要把中国榫卯文化传承下去,要传给年轻人,当时我也愣住了。】

好在慧眼识珠的还有中国本土企业小米。尽管没有高价,但小米表示,看中的就是榫卯这一中国传统文化在玩具中的体现。这一下子打动了王震华。

【采访 王震华:归根结底,我不是要去做一个玩具设计师,我就是要做一个榫卯技艺的工匠。我的目的就是要让更多的孩子了解和喜欢上榫卯,还想让世界上更多地方的人发现我们中国的榫卯文化和民族智慧。】

正如王震华所期待的,首批3 000套玩具在小米官网上市仅几天,就全部售罄,其中还吸引了不少海外买家。这一消息,也让参加活动的孩子们更兴奋了。

【采访 孩子:很有趣,我们民族太聪明了,很神奇,很自豪。】

【采访 孩子:我觉得以后可以把这个在造房子中继续发扬光大,让我们中国人的聪明才智更好地展示给全世界。】

据了解,此次王震华开发中国式玩具还得到了华漕镇的很大支持。镇相关负责人介绍,这一套祈年殿榫卯玩具的背后,讲述的是从古到今的"中国故事"。

【采访 闵行区华漕镇党委宣传委员 孙雷:现在这种微缩的中国式玩具,包括像鲁班锁或者榫卯等,可以很好地向世界展示中国良好和优秀的传统文化,展示王震华老师这样的中国当代工匠。】

2020年度上海广播电视奖
参评作品推荐表

作品标题	白玛取宗：走出大山	参评项目	电视新闻
		体 裁	长消息
		语 种	中文
作 者（主创人员）	任烨	编 辑	薛松
刊播单位	嘉定区融媒体中心	首发日期	2020年12月30日 19:35
刊播版面（名称和版次）	嘉定新闻	作品字数（时长）	3分02秒
采编过程（作品简介）	创作过程中，主创团队通过一次次深入采访，敏锐地捕捉到：主人公白玛取宗身上的新闻价值，不仅仅在于她凭自身努力走出大山，帮助家庭摆脱贫困；更令人动容的是，她梦想积累经验后重回大山，为家乡今后的建设添砖加瓦，带动更多身边的乡亲共同走上致富路，这也是脱贫攻坚工作"授人以渔"的精神所在。 最终呈现的作品，展现了白玛取宗在嘉定工作、生活的大量丰富细节，更远赴云南，记录下她参加哥哥婚礼、与家人共度幸福时光的点滴。完整的逻辑结构，让这个勤奋、进取、努力的藏族女孩形象"立"了起来。同时，以小见大、以点带面，展现在决胜脱贫攻坚的过程中，嘉定积极搭建平台，以转移就业作为精准扶贫的重要抓手，帮助对口地区脱贫摘帽的用心、用情。		
社会效果	新闻播出后，不少观众在朋友圈主动转发，更有嘉定合作交流办、人社局等部门的工作人员表示，白玛取宗的故事让他们深受感动，更觉自己的工作有意义、肩上的担子沉甸甸。白玛取宗也成为嘉定-德钦对口帮扶的一个典型案例。		

白玛取宗：走出大山

导语：

在全面打赢脱贫攻坚战的收官之年，以优秀新闻作品呼应这一重大主题，是扎根基层的区级媒体的责任担当。千头万绪的宏大叙事中，我们选择将镜头对准具体的个人，用生动细腻的细节，通过微小的个体命运改变折射宏大的时代变迁，更好地体现脱贫攻坚之路上"一个都不能少"。

自2017年起，嘉定区与云南、青海9个贫困县结对帮扶，通过就业扶贫，先后吸纳1 091名当地劳动力在嘉定就业。作品的主人公——藏族女孩白玛取宗，就是其中的千分之一。

创作过程中，主创团队通过一次次深入采访敏锐地捕捉到，白玛取宗身上的新闻价值，不仅在于她凭自身努力走出大山，帮助家庭摆脱贫困；更令人动容的是，她梦想积累经验后重回大山，为家乡今后的建设添砖加瓦，带动更多身边的乡亲共同致富。在她看来，"出去一次是一种修行"，这种淳朴价值观，既代表着大多数贫困地区外出就业者的心声，更是脱贫攻坚工作"授人以渔"的精神所在，让群众用自己勤劳的双手，真真正正地击败贫困。

最终呈现的作品，展现了白玛取宗在嘉定工作、生活的大量丰富细节，更远赴云南，记录下她参加哥哥婚礼、与家人共度幸福时光的点滴。完整的逻辑结构，让这个勤奋、进取、努力的藏族女孩形象"立"了起来。同时，作品也以小见大、以点带面，展现了在决胜脱贫攻坚的过程中，嘉定区积极搭建平台，以转移就业作为精准扶贫的重要抓手，帮助对口地区脱贫摘帽的用心、用情。

新闻播出后，不少观众在朋友圈主动转发，更有嘉定合作交流办、人社局等部门工作人员表示，白玛取宗的故事让他们深受感动，更觉自己的工作有意义、肩上的担子沉甸甸。白玛取宗也成为嘉定—德钦对口帮扶的一个典型案例。

白玛取宗：走出大山

【口播】再过几天就是新年了，藏族姑娘白玛取宗结束了一年的工作，从上海嘉定回到家乡云南省德钦县羊拉乡茂顶村，参加哥哥的婚礼。

【实况】白玛取宗哥哥婚礼现场

【正文】白玛取宗的家乡，除了山还是山，不同村民组之间都隔着好几座山。就在两年前，一家人还在为何时能还清她哥哥读书和爸爸生病时欠下的债务发愁，直到3 000多公里外的上海嘉定向白玛取宗发出了一份邀请。

【同期声：白玛取宗 嘉定—德钦对口就业扶贫对象】

现在这个工作做钻针，嘉定跟德钦县对口扶贫，帮我们开了一个扶贫的招聘会。我们以前背石头、背肥料都要用很大的力气，我们没有机器，都是人手动干活。

家里的经济一年超不过一万元，现在（月收入）五千到六千多元，我可以说是我家的主要经济来源。

我哥读大学、我爸生病，一直借钱贷款，我到上海以后一年多就还结束，还完贷款以后就报了一个日语班，花了一个多月的工资，想学一点东西。像我妈这样的一辈子都没有出过我们的县，如果我留在老家的话我一辈子可能走不出大山。其实我刚来上海是一种戒备的心理，不认识周围的任何人，两个多月，一天到晚可能也不会说一句话，后来我可能幸运地被每个人都照顾了，对上海产生了一种喜欢。

我很喜欢火影忍者，他每次出去修行再回村里的时候就有很大的进步，我说我出去一次对我来说是一种修行，有经验、能经营了回去的话会更好。如果现在我在外面，村里能发展起来的话，以后我希望我能锦上添花，我要更加努力。

【字幕】2017年，嘉定区开始与对口的云南、青海9个贫困县开展就业扶贫工作。目前，包括白玛取宗在内，已吸纳对口地区劳动力在嘉定就业1 091人。

2020年度上海广播电视奖参评作品推荐表

作品标题	昔日小镇"刀鱼王"今朝长江"守护人"	参评项目	电视新闻
		体裁	长消息
		语种	中文
作者（主创人员）	朱卓君、陈冲	编辑	汪佳
刊播单位	上海广播电视台、上海市崇明区融媒体中心	首发日期	2020年4月9日
刊播版面（名称和版次）	上视综合频道《新闻坊》、崇明区融媒体中心《崇明新闻》	作品字数（时长）	4分45秒
采编过程（作品简介）	2020年受疫情影响，彭海兵推迟了巡江时间。4月第一次出船，主创人员跟随彭海兵及志愿者一路拍摄，听彭海兵讲述"转型"背后的故事，又实地记录了他现在所从事的工作。采访过程中，遇到现在难得一见的江豚出水画面，通过现场同期声进行如实记录。		
社会效果	该新闻在《崇明新闻》、上海电视台《新闻坊》相继播出后，引起了广泛关注。相继被上观、东方网、腾讯新闻、周到上海等新媒体平台转发。主人公彭海兵还接到不少热心市民的来电，大家主动希望加入志愿者团队，一起为保护母亲河，为长江大保护、打造绿色家园贡献自己的力量。		

昔日小镇"刀鱼王" 今朝长江"守护人"

导语：
　　每年的4月8日是"国际珍稀动物保护日"，在这样一个特殊的日子里，让我们跟随镜头去认识一位特殊的志愿者——彭海兵。出生于崇明陈家镇的彭海兵，年轻的时候以捕捞贩卖长江刀鱼为生，是当地小有名气的"刀鱼王"，随着近年来全国践行长江大保护战略，现在的他已经收起了渔网，成功"转型"成了一名长江"守护人"。

　　2020年4月8日上午9点，彭海兵和两名志愿者登上监测船，从陈家镇奚家港码头出发，前往长江流域开展长江珍稀水生动物监测工作。每年的3至10月是开展监测的最佳时间，但今年受疫情影响，这还是彭海兵2020年第一次出船。
　　采访：寻豚使者联盟队长彭海兵　昨天渔民在岸上见到了江豚，所以我们特意出来看一下，昨天他们发现的区域在堡镇下面的四滧港。
　　彭海兵现在是上海崇明中华鲟自然保护区的一名志愿者，协助科研人员对长江流域的珍稀水生动物进行监测。2018年，他还自发成立了寻豚使者联盟，从团结沙到东风西沙约100海里巡线，他和联盟里的其他40多名志愿者，认真监测记录着江豚出现的种群、次数、流向等信息。
　　采访：寻豚使者联盟队长彭海兵　江豚一般来讲很难得看见，以前十几年二十几年前，船开过去一直看到有江豚跳跃出来，近几年来相当少了，我们一般常规监测的范围要达到长度3～4公里，宽度4～5公里，这个范围里每一次去巡航监测最多发现过六七头，从来没发现过十几头。
　　春天的江风还有丝丝凉意，行船至五滧水域，看见江面一群水鸟飞过，经验丰富的彭海兵意识到这里可能有江豚出没，果然没过多久，志愿者们就大喊发现了江豚的踪影。

同期声：江豚、江豚看见哇，看见了。

同期声：上午9点50分在东经121度43分500，发现江豚两条，露出水面5次，每次间隔时间为三四秒，江豚最后游向东南方向。

采访：寻豚使者联盟志愿者沈欢欢　看到沉下去后又露出来，大概四五次左右，特别高兴特别激动，觉得自己很幸运自己能看到，平时也不是每一次都有机会能看到的。

1972年出生的彭海兵年轻时是当地小有名气的"刀鱼王"，从20岁开始，20多年里以捕捞贩卖刀鱼及其他长江鱼类为生。因为每年的鱼获每况愈下，加上各类宣传力度加大，彭海兵认识到了保护长江生态环境的重要性。2011年他收起了渔网，成为长江的"守护人"。

采访：寻豚使者联盟队长彭海兵　其实这一二十年来，我们在捕捞的过程中发现长江的生物越来越少，各种环境生态国家也重视起来了，各种宣传到位了，我们的心理状态也改变了，我们感觉保护长江生态是我们每个人的责任，所以我们的观念也在慢慢改变，现在的我们由当时捕捞破坏者变成保护者了。

同饮长江水，共抓大保护。除了开展巡航监测工作，彭海兵和志愿者们还会不定期开展净滩、珍稀水生动物宣传等活动，现身说法号召大家一同加入到保护长江生态环境的行动中来。

2020年度上海广播电视奖参评作品推荐表

作品标题	制造业产业链一线大调研："世界工厂"的新机遇	参评项目	电视新闻
		体裁	新闻专题（系列）
		语种	中文
作者（主创人员）	薛一婧、张毅	编辑	薛一婧
刊播单位	上海第一财经传媒有限公司	首发日期	首集：2020年8月17日 21时13分55秒
刊播版面（名称和版次）	第一财经频道《财经夜行线》	作品字数（时长）	整组报道平均时长为3分37秒
采编过程（作品简介）	1. 聚焦重大话题，紧扣"疫情下全球产业链重构"深度挖掘。 习近平总书记在中央政治局会议上强调，"十四五"开局，要增强产业链供应链的自主可控能力。2020年新冠肺炎疫情对全球经济造成了极大冲击，外资是否会撤离中国，中国如何筑牢产业链来应对冲击，中国制造未来何去何从等话题备受关注。记者瞄准制造业产业链一线，通过数个月的深入采访调查，梳理了如何"稳外资""稳外贸"等六个方面问题作出了极为有益的解析探讨。 2. 深入一线采访调研，专业性与可看性兼具。 为了扎实做好系列调查，采访团队在策划初期大量研读材料，多维度选取典型案例，使报道兼具专业性和权威性。四个多月的时间，采访团队实地走访调查了多家企业，记录多个生动的样本故事，积累了大量独家一手调查素材。 六集系列报道以"变局—冲击—重构—进击"的思路层层递进。第一集，多家外企的故事表明，市场在哪里，产业链就在哪里。外资在中国持续扩大投资信心十足。第二集，记者采访了企业界、金融界、学术界多位人士，从跨国公司全球配置资源等多角度分析，全球产业链不能脱离中国而单独存在。第三集，记者走进外资企业研发中心，持续优化的营商环境、完善成熟的产业体系等是确保全球产业链留在中国的关键。第四集，记者选取半导体"中国芯"这一极具代表性的细分领域，从中芯国际火速上市切入，彰显中国企业发力"卡脖子"技术，实现国产替代、突围核心技

（作品简介）采编过程	术的决心。第五集，好孩子集团和青岛酷特智能的故事表明，双循环新格局下，具有国际竞争力的创新型企业将不断脱颖而出。最后一集，年末外贸行业强劲回暖，通过对多个制造企业的实地采访，彰显中国制造业在全球产业链中无可替代的优势，中国制造成为全球经济"压舱石"。 3. 梳理清晰精准，前瞻中国制造业未来将迎新机遇。 　　中国制造的未来在哪里？一线调查中记者看到，中国制造业经受住了疫情考验，也为全球产业链供应链的稳定作出了巨大贡献。未来，中国制造业将成为中国乃至全球经济增长的强大引擎，产业持续高质量的发展将迎来重大机遇。
社会效果	该组报道充分体现了第一财经电视采访团队对焦点、热点话题的敏锐捕捉、潜心钻研、深度解读的专业功力。作为第一财经频道在2020年推出的重磅系列报道，该组报道电视收视表现优秀；一财网、一财客户端新闻专题同步呈现，融合报道效果显著。同时，报道还获得有关方面专家的一致好评，在各产业内部引起强烈反响，多家新闻门户网站、行业微信公众号对报道进行转载，为监管决策及制造业转型发展提供了重要参考。

制造业产业链一线大调研："世界工厂"的新机遇

【第一集】撤离中国？外资布局逆势飘红 中国仍是投资热土

【导语】新冠肺炎疫情的蔓延对全球经济造成了极大的冲击。在复杂多变的国际形势下,有关"外资撤离中国"的说法多次引发讨论。外资是否真的大规模撤离了中国？中国制造业的未来何去何从？第一财经记者深入了产业一线,带来了系列大调研。

【正文】武汉雷神山医院、C919国产大飞机、北京大兴机场……这些重大项目的背后都有法国达索系统的身影。新冠肺炎疫情暴发后,这家全球工业设计软件巨头更深刻地感受到了中国经济的韧性,决定在今年内将亚太总部迁入上海浦东,并持续加大对中国的投资。

【同期声】达索系统全球执行副总裁 罗熙文
我们在中国的计划没有改变,我们在上海武汉北京广州和深圳将加大布局。

疫情仍在全球蔓延,但外资投资中国并没有停步。法国欧莱雅集团近日公布的财报显示,集团上半年销售总额同比下降了11.7%,但受益于中国成熟的电商渠道和强劲复苏的市场,欧莱雅在中国的销售额同比增长了17.5%,实现了逆势增长。

【同期声】欧莱雅中国总裁兼首席执行官　费博瑞

在中国有很多的创新产品惠及世界其他国家,我们坚信中国有能力服务于全球产业,全球产业也能让中国受益。

不只在上海,长三角地区和其他城市正涌入更多的外资。日本参天制药将在苏州工业园区筹建全球最大的眼科制药基地,总建筑面积约12万平方米。新工厂将引进先进的自动化生产设备,建成后年产能将达到10亿支。

【同期声】参天制药(中国)有限公司总经理　山田贵之

我们看到中国市场日益增长的需求,这就是我们投资中国的原因。我也有不断壮大中国业务的雄心,现阶段参天制药全球最大的业务是在日本。但我想让中国的业务规模比日本更大,我希望在未来十年能做到。

【同期声】上海高级金融学院副院长、金融学教授　朱宁

中国市场是一个可能对全球跨国企业和金融机构最有吸引力的市场。

今年以来,外资大项目持续落地,1亿美元以上外资大项目到资占比68%。商务部近期的一项问卷调查显示,99.1%的外资企业将继续在华投资经营。美中贸委会最近对150多家企业的调查显示,中国优化营商环境的举措为外企在华生产经营创造了便利,美国企业依然看好中国市场。正在筹备的第三届中国国际进口博览会同往年相比,世界500强和行业龙头企业的平均展览面积将比第二届增加14%,充分显示了全球企业对中国发展前景的信心。

【同期声】普洛斯供应链集成服务平台总经理　高潭

我们很多的客户还是很坚定地留在中国,然后发展在中国的供应链。

【同期声】麦肯锡全球研究院中国副院长　成政珉

从市场的角度,目前我们通过商业的逻辑来看的话,中国的角色非常重要。

今年1至7月,全国实际使用外资5 356.5亿元人民币,同比增长0.5%,由负增长转为正增长。大量外资企业用实实在在的投资行为表明态度——中国仍是全球最理想的投资目的地之一,持续扩大投资理由充分、信心十足。

【第二集】制造业跨国企业大规模撤离中国 会成真吗?

【导语】继续《制造业产业链一线大调研》系列报道。国内制造业的复工复产正稳步推进,短期内,国际产业链是否会大规模撤出中国?全球产业链是否真的能脱离中国而单独存在呢?来看报道。

【正文】跨国农产品制造与贸易企业路易达孚不会撤离中国。负责人告诉记者,跨国公司在全球配置生产要素时,特别注重效率和成本。市场在哪里,产业链就在哪里。

【同期声】路易达孚全球副总裁 周学军
我们最重要的消费者客户群体是在中国,如果在东南亚国家加工生产,再把产品运送到中国来的话:第一有物流方面多重的叠加的成本,第二从食品饮料等等这些质量保鲜和新鲜度,即使是饲料原料的保鲜度来说的话都没有竞争优势。

在实施产业转移过程中,基础设施、产业体系和营商环境是更为重要的评估指标,东南亚等其他发展中国家短期内难以承接大规模的产业转移。

【同期声】路易达孚全球副总裁 周学军
从表面上来,中国的劳动力成本在提高,但中国提供的服务质量也在提升。从性价比的角度来说,中国市场提供的成本还是非常合理。

要将企业大规模搬迁,不能不算账。若将企业撤回美国本土,厂房、招工、物流和产业链构建等成本非常昂贵,受疫情影响,美国经济能否较快恢复也并不确定。

【同期声】复旦大学经济学院党委副书记、副教授 李志青
到美国后,我觉得最大的难点就是没办法补足生产供应链上的各环节。要进行新的投资,实际上在美国本土的成本,就会数倍于在中国开展的一些投资。

当前,个别发达国家出于自身目的试图改变国际经贸版图,一些发展中国家

也有承接一些劳动密集型产业的意愿,给全球产业链带来了新变量。但实际上,很多从中国搬离的制造业企业,更多地源于产能的溢出效应而非大规模转移。

【同期声】联想集团高级副总裁　乔健
中国的生产在发展,也向高端在发展,中国的生产制造也在溢出。我相信中国和其他的东南亚国家,未来发展当中是一个发展中的互补,然后是一个供应链的溢出。

【同期声】天风证券研究所所长　赵晓光
那么我们在中国做什么,中国就做核心的研发,做核心的技术的转化,就做更高屋建瓴的这种层面。

中国是世界上最大的制造业国家,是汽车、手机、医疗设备等产品的原料和零部件的主要供应国,也是国外制造业公司中间输入品的主要供应国。截至目前,全球制造业中间产品贸易中约有20%来自中国。长期磨合下,中国制造业产业链集群上的优势无可替代,各国在全球价值链上分工位置较大范围的更替短期内难以发生。

【同期声】中金首席经济学家　彭文生
中国作为全球这么大的市场,在全球产业链发挥这么重要的作用,所以我认为也不是说像有些人担心的,马上脱钩就能脱钩这么简单。

【同期声】中微公司董事长　尹志尧
即使有一些国家(的企业)回到自己国家做,也做不过我们的话,最后的结果仍然是还要到中国来生产。目前的情况看,并没有很多的公司把生产拉回自己的国家,主要是因为中国有相当的竞争优势。

因此,疫情下的全球产业链表现为结构性重构,而并非搬迁式重构,全球产业链调整不会以少数政客的意愿而转移。

【第三集】持续优化营商环境　为中国发展全球产业链留足底气

【导语】继续《制造业产业链一线大调研》系列报道。完善成熟的产业体系和广阔的市场空间是确保全球产业链留在中国的关键因素。中国将以更高的效率、更好的服务、更优的营商环境来留住外资。

在欧莱雅中国研发和创新中心里,科研人员正在实验室进行新产品的开发和测试。作为第一家进口非特殊用途化妆品备案管理注册企业,欧莱雅在"进口非特殊用途化妆品备案制"和"化妆品进口样品备案制"等创新制度的帮助下,实现了更多新品在中国的全球首发。现在,平均每天至少有一款新品在中国上市。

【同期声】欧莱雅中国首席执行官　费博瑞
我们也在浦东的这个项目中获益,让我们在中国市场能够快速注册和发布产品,这也是新的举措之一,让我们能够给中国市场带来诸多的创新。

外资对中国经济长期向好的预期背后,是中国庞大的市场规模、完善的产业链以及持续优化的营商环境。今年,上海相继推出了营商环境改革 3.0 版方案、加强投资促进 32 条以及进一步利用外资 24 条等举措,更全面地解决了企业落沪后的问题,比如人才如何留下来、如何保护知识产权等。

【同期声】迈羲医疗器械(上海)有限公司总经理　闵军
24 条当中,在知识产权保护的过程中,如果能够有加大,能够让外资更加有信心的话,那么中国原来的市场的容量是非常有魅力的,真正好的产品好的技术就更加容易引进到中国来。

那么,因为疫情无法来到国内的外国投资者如何展开经贸交流? 上海创新了线上线下业务对接模式,给全球投资者营造稳定、透明、可预期的投资环境。

【同期声】上海市商务委副主任　杨朝
我们在线看项目,我们的招商不停步,洽谈不停步,投资不停步。我们的政策在投资促进方面做了很多激励的措施,主要目的就是让我们外商投资的这些项目能够更加顺利地在国内找到一些投资合作伙伴。

当前,外资高技术产业企业数占全国约 1/4,跨国公司在华投资地区总部和研发中心超过 2 000 家。负面清单和一系列减税降费的措施,坚定了跨国企业深耕中国的信心。

【同期声】达索系统全球执行副总裁　罗熙文
上海市政府给我们提供了许多帮助和支持,会关心和了解我们的具体需求,然后在不同领域提供有针对性的帮助,比如和高校合作、设备设施、培训、办公环境等帮助。

【同期声】参天制药(中国)有限公司总经理　山田贵之
政府部门也在说服外资对中国的投资,我们作为外资企业也获得了优惠,所以我们认为中国市场是开放的,使得我们有机会能深耕中国市场。

政策的细化完善,将为实现全年稳住外贸外资基本盘的目标增添底气。国务院日前推出 15 项稳外贸稳外资措施,进一步稳住供应链产业链。商务部部长钟山表示,将重点在稳定外资存量、扩大外资增量上下功夫。中国将修订鼓励外商投资产业目录,鼓励更多外商到中西部地区、东北老工业基地进行投资。

【第四集】变局下的中国制造：国产替代崛起　重构产业链应对冲击

【导语】继续来关注《制造业产业链一线大调研》系列报道。全球产业链正在发生变化,相比跨国公司的直接投资,产业链的短板关系着中国产业链的安全和稳定。中国企业该如何发力,筑牢产业链？来看报道。

2020 年 7 月 16 日,本土晶圆代工龙头企业中芯国际正式登陆科创板,开盘大涨 246％,总市值一举超过 6 000 亿元,成为 A 股市值最高的半导体公司。

【同期声】中芯国际董事长　周子学
上市以后,中芯国际将进一步借助境内资本市场的力量,加速创新和发展。

中芯国际用了 46 天刷新 A 股 IPO 的纪录,它的火速上市令市场振奋。事实上,开板一年时间,科创板已吸引了 14 家半导体企业,未来还将继续扩容,为战略地位越发凸显的半导体行业开启新一轮红利窗口。

【同期声】上海科创投集团党委书记、总经理　沈伟国
你看一批集成电路创新先进的企业上市,而且表现亮丽,会号召更多的资源、更多的创新者、更多的科技人才来投身集成电路的发展。

中国是半导体的最大消费国,但90%的芯片需求仰赖进口。外部压力之大,产业面临着较大掣肘。这个困境激发了制造企业推动国产替代、寻求独立自主的热情。不少集成电路企业正逆势崛起,在产业链核心技术壁垒领域深耕突破,谋求更为先进的工艺制程。按照中国半导体自主化目标,到2025年,国产半导体的整体市占率要达到70%。

【同期声】中微公司董事长　尹志尧
我们一定要把产业升级,把那些更难做的这一项产业链,能够在中国发展起来。

【同期声】安集科技董事长　王淑敏
这是全方位全开放的一个产业链,不可能说某一个国家哪一个国家关起门来,中国同样。不管是别人愿意不愿意,我觉得我们都应该是抱着开放的态度、合作的态度,然后做好自己的事情。

新冠疫情在全球蔓延,各国采取相应的管控措施,带来了供应链中断的风险。构建中国自己的产业链、供应链体系势在必行。中国制造企业应加快补短板,在一些产业基础薄弱领域和关键环节实现突破。

【同期声】天风证券研究所所长　赵晓光
我们看到芯片行业一批新的公司在不断地崛起,在材料行业,也是每个环节有中国的企业家不断地在试图进入的领域。我最近也是见了一批想进入整个电子材料(领域)的公司,我觉得我非常看好。

【同期声】中泰证券首席经济学家　李迅雷
我们一定要在关键技术在核心技术上面取得突破,这样对我们能够获得更多的话语权,也是有好处的。

同时,疫情促使全球制造产业更重视"新基建"。推进人工智能、5G、云计算等新型基础设施建设,为中国构建强大的供应链应急响应系统提供了技术支撑,为产业链的重构提供了新的机遇。

【同期声】星环科技创始人兼CEO　孙元浩
国家层面甚至是企业都在意识到,这些重要的,像AI的大数据的核心技术,还是要自己来打造,自己来研发的,不能够完全靠其他国外的技术的。

【同期声】麦肯锡全球研究院中国副院长　成政珉
下一步如何把产业数字化的成分提高,这对中国来说是下一个机会。

【第五集】中国制造的进击之路：
"双循环"助力科技强国新格局

【导语】继续《制造业产业链一线大调研》系列报道。当下,加快形成以国内大循环为主体、国内国际双循环相互促进的新发展格局,是党中央对中国经济发展战略作出的重大部署。那么,中国制造业未来的发展路在何方?来看报道。

醒目的红唇、时尚的配色、环保的材质,让"好孩子"新一系列的童车一经推出就火爆市场。全程参与设计这一系列的世界超模 KK,就是好孩子的忠实消费者。在这个创新的模式背后,是好孩子集团创始人宋郑还多年的探索——过去制造业研究如何将产品卖给消费者,今天要跟消费者一起创造个性化的产品。

【同期声】好孩子集团董事局主席、创始人　宋郑还
中国的妈妈群是数以万计的,我们开创了这样子的一个模式,大家一起来创造。你假如有好的点子,我们的技术和设计部门可以来帮你实现变成产品。如果能够作为知识产权,比如说申报一个专利的话,这个知识产权今后的应用都可以一直分享下去。

同样,依托大数据和互联网,酷特智能实现了服装的 C2M 大规模个性化定制。大量分散的顾客需求数据转变为生产数据,这些数据驱动着打版、裁剪、缝制、熨烫、质检等全流程,日均个性化订单达到了 4 000 件套。

【同期声】青岛酷特智能工程系统总经理　李金柱
利润是过去的两到十倍,这不是价格的提高,而是把库存去掉了,把过多的中间渠道的费用去掉了。因为是先卖后做,我们没有库存了。

在中国这个巨大的内需市场中,"中国制造＋中国消费"的融合优势,将不断激发潜在的消费活力。

【同期声】上海临创投资总经理　吴巍

后端制造业是否准备好,是否能够以一种离散式的柔性化的生产,去满足前端的一些客户这样的需求,我觉得是中国经济未来非常重要的一个方向。

与此同时,中国制造业并没有放缓全球化的步伐。宋郑还告诉记者,从1994年布局国际市场至今,好孩子集团已发展成以中、美、德三个母市场为轴心的全球化供应链体系。国内产业数字化、智能化的转型升级,提升了全球市场内外联动的效率。

【同期声】好孩子集团董事局主席、创始人　宋郑还
我们德国的团队,他们也碰到了疫情的困难以后,学了中国的团队,订货会搬到网上,然后零售也搬到网上,各种各样的方式在做,结果渡过了难关。所以现在我们工厂的订单都很满了,危机来的情况下,我们反而抓住了机会。

【同期声】联想集团高级副总裁　乔健
我们也把这些技术不断地沉淀,希望能够赋能中国其他的智能制造,它也不断向高端再发展,而且这个技术也会在全球输出,赋能给全球的智能企业。

下一步,中国将更加积极主动地融入全球产业链。

【同期声】商务部副部长　王炳南
确保全球产业链供应链稳定,需要国际社会携手加强合作,共同应对挑战,推动产业运行回到正常的轨道。

【记者出镜】坚定不移地推动对外开放,始终是中国的心之所向。在一线调研中,我们深刻地感受到了这样一个共识:持续优化的营商环境、广阔的市场空间、不断突围的核心技术和坚定的全球化理念,才能让中国制造业在全球产业链的重构中,乘风破浪,重塑未来。

【第六集】外贸回暖在路上　中国制造
打造全球经济"压舱石"

【导语】下面进入《制造业产业链一线大调研》系列报道。全球疫情仍在蔓延,海外一些国家的产业链受到了极大的冲击。但是在中国,曾一度坠入冰点的出口

贸易,骤然刮起了一阵回暖风,来看报道。

位于浙江金华的家纺工厂横岗家纺日前在一个内贸批发平台上,接到了国际品牌 ZARA 定制几十万条桌布的订单。公司负责人告诉记者,这个订单占到今年公司订单总量的六成,接单后营业额比去年同期暴涨了 5 倍。

【同期声】浙江金华横岗家纺有限公司负责人　舒介武
印度做的话,可能是今年疫情的原因,产品的材质要改,给他们改可能要三四个月时间他们(客户)等不了,就给我们改,我们只花了大概 7 天到 10 天左右,就把材质问题给解决了,然后他把订单给我们,这个订单直接将我们原来的产量翻了好几倍,我们按营业额来说的话接近 200 万元。

订单回流并非个例。除了纺织厂们频频接到多个海外订单,家具出口企业也重新焕发了活力。吴玥昶是上海一家小型家具出口企业的负责人,日前一笔来自欧洲大客户的订单让他喜上眉梢。东南亚疫情让原产于马来西亚和印尼的芒果木家具的生产被迫中止,回流的海外订单占到公司全年业务的三成左右。

【同期声】上海浦荷贸易有限公司总经理　吴玥昶
一些同行业的公司,也接到了一些本来在欧洲,比如在土耳其或者是波兰,也有家具生产的这些国家,转回中国来生产的。一些比较高端的家具产品(的订单),我们公司已经完成了 2019 年全年的营业额。我预计到 2021 年春节的时候,可能可以将去年的营业额翻番。

海外订单猛增也让出口集装箱变得"一箱难求"。

【同期声】上海浦荷贸易有限公司总经理　吴玥昶
现在像是在抢箱子而不是订箱子,一方面是订单猛增需求旺盛,还有一方面是中国在把集装箱运输到目的港之后,比如说欧洲也好美国也好,当地(因为疫情)返回的集装箱非常少。

海关总署的最新数据显示,今年前 10 个月我国货物贸易进出口总值 25.95 万亿元,同比增长 1.1%,连续五个月实现正增长。订单回流的原因中,中国强大的价值链整合能力和稳定的原材料供应能力起到了关键作用,电子制造产业链也不例外。

【同期声】TCL实业副总裁　何军
国内就已经有了非常完善的供应链布局,你已经非常明显地看到很多的订单,转移到了中国,所以对我们来讲的话,我们对明年对后年是非常乐观的。

　　熬过寒冬的中国制造企业正成为全球价值链和供应链的中流砥柱,集成电路、生物医药、人工智能等领域正在形成世界级的产业集群。

【同期声】复旦大学泛海国际金融学院执行院长　钱军
中国的产业链从一开始最先受到疫情的冲击,到率先恢复,到完整恢复,现在开始可以说是填补国际产业链上的空白,还是显示了中国在整体产业链上的优势。我们一直说我们在更高端的价值链上要往上移,但是不能小看在制造业里面,中国的制造业和服务行业,在已有的国际产业分工里占据了牢固的地位。

【记者出镜】在全球新冠肺炎疫情的阴霾下,中国制造为国际动荡的供应链和产业链注入了强心剂,而如约而至的进博会也为全球经济的复苏带来了信心。我们有理由相信,在"双循环"的新格局下,中国制造的供应链和产业链通过升级和科技创新,一定能够在不断地开放中,和世界各国实现共赢。

2020年度上海广播电视奖
参评作品推荐表

作品标题	长三角造芯记	参评项目	电视新闻
		体裁	新闻专题
		语种	中文
作者（主创人员）	赵慧侠、凌健、秦扬轲、何婕、屠佳运、孙佳逊	编辑	朱声波
刊播单位	上海广播电视台	首发日期	12月20日12时00分
刊播版面（名称和版次）	新闻综合频道 东方卫视 《中国长三角》	作品字数（时长）	14分23秒
采编过程（作品简介）	为深入调查长三角芯片产业现状，记者耗时一个多月，先后来到南京江北新区、合肥、苏州、常州、无锡等等这些着力打造，并取得一定成绩的集成电路产业城市地区进行调查。采访中，记者发现面对来自外部打压，不少企业选择负重前行，他们的突围之路走得并不顺畅。 对于集成电路产业而言，它有一条极为漫长的链路，不少节点上都有"超车"的机会，但个别的亮点还远不能带动整个产业突围。这就需要整个产业链能形成闭环，"抱团"才有核心技术突围的希望。那么，如何在一体化时代高效打造产业闭环，"组团"出击的力量如何发挥？本片在揭示问题的同时，通过调查提出了一些非常有建设性的意见，有破有立。			
社会效果	节目播出后，在网络上被广泛转载，并引发讨论。南京、合肥等重点城市还组织相关部门学习观看。在第一届"芯机联动"产业对接活动成功举办的基础上，两城市相约根据节目中所反映出的实际情况，在第二届活动中，考虑引入更多的金融、保险机构参与其中，真正做到"创新无忧"。			

长三角造芯记

【导语】

进入"政商观察"。近日,国内部分中高端汽车厂家,第一次因芯片短缺,遭遇停产风波。信号本身的意义可能比实际产生的影响更大。这一年,美国对中国芯片的"绞杀"步步升级。从芯片产品到核心装备、上游软件、关键材料等等,留给中国芯片的时间不多了。如何突围将是一场艰难的硬仗,而坐拥国内集成电路产业半壁江山的长三角被寄予厚望。这里不仅有国内最顶尖的晶圆工厂,世界前列的封装企业,更重要的是一个完整的产业闭环在这里如何形成。它的价值或许要比几纳米的进步更让人期待。

字幕:苏州瑞红电子化学品有限公司

(实验室实况:这个形状会更加好看。在刻蚀的时候也会更加有效率。)

【解说词】

实验室里,工作人员在正在验证的是最新型i线250纳米光刻胶配方。光刻胶并非胶水,而是加工芯片的关键材料。生产过程中,它被涂抹在硅片上,在紫外线等辐射的作用下,经过蚀刻,最终在硅片上"画出"完整的集成电路。对于光刻胶来说,波长越短,意味着它"画"出的线路越加精细,造出的芯片体积更小,性能更好。

【采访:吴天舒 苏州晶瑞化学股份有限公司董事长】

(现在我们可以做到248的波长的,和365波长的i线,那这些光刻胶我们都已经逐步解决"卡脖子"的问题,但是再往上像ARF,就是可以做28纳米到100纳米之间的光刻胶,我们国家现在还是不能自足,到上面EUV就更没有产品。）

【解说词】
没有光刻胶就无法生产芯片。即便像韩国这样的芯片制造巨头，一旦被光刻胶"卡住脖子"，也会立即陷入被动。

【采访：吴天舒　苏州晶瑞化学股份有限公司董事长】
（去年韩国和日本其实有过一段的贸易战，那日本就是一个光刻胶，一个聚酰亚胺，一个氢氟酸，三个东西不提供给韩国，韩国一下子非常紧张，马上半导体整个都要停下来。）

【解说词】
目前高端的半导体用光刻胶，几乎全部被日美德三国企业所垄断。中国的光刻胶起步并不晚，20世纪八九十年代，国内就已经组织过科研院校进行重点攻关。但现实是，国内300纳米级别的光刻胶刚刚量产不久，而国际上已经达到了7纳米甚至5纳米。

（实验室实况：你可以过来看一下。现在在往上喷胶。）

【解说词】
苏州瑞红眼下正在优化提升的i线250纳米光刻胶，源自十年前的国家"02专项"计划。技术研发用了三五年，这"一滴胶"从实验室到批量进入芯片产线，却花了整整两年。

【采访：吴天舒　苏州晶瑞化学股份有限公司董事长】
（我们也希望能够国产化，我们也做了很多的研发。但是从整个的过程来看，我们下游这些半导体厂商，因为他们追求良率，然后要稳定性，其实给国产的材料的评估的机会不是很多，说实在的是很少。那像我们材料的积极性就会减弱。）

【解说词】
芯片从起点的制造研发、到最后应用于整机，是一条漫长的链路。曾经有段时间，我们希望能够用更省事的办法解决问题，"造不如买，买不如租"是主流思想，这也导致我国芯片产业链国产化程度非常低。随着国际形势风云突变，芯片领域"卡脖子"技术对国家安全的重要性日益凸显。在国家的大力倡导之下，如今一批像苏州瑞红一样的中国企业开始致力于芯片关键技术研发。然而就如同光刻胶技术一样，其他技术研发企业，尤其是上游研发企业，同样遇到了应用环境支持度低以及技术突破后"落地难"问题。

字幕：江苏省　南京市　江北新区

（实验室实况：你先看你能不能扫到这张卡。）

【解说词】
工作人员正在测试的，是公司上个月刚刚发布的一款多功能可编程适配解决方案"灵动"，它可以替代多种原型验证进口子板。

【采访：王礼宾　芯华章科技股份有限公司创始人】
（以前同类的这种国外产品，一个协议就要一块板子，假如六个协议就要六块板子。那我们现在做这个"灵动"，是把六个协议集中在一块板子上。而且性能也提高了，成本也下降了。）

【解说词】
位于南京江北新区的芯华章，成立于今年 3 月，从事 EDA 智能软件和系统研发。EDA 中文名称是，电子设计自动化工具，设计人员通过它来完成逻辑编译、分割、布局、布线和仿真等工作。

【采访：王礼宾　芯华章科技股份有限公司创始人】
（这么说，没有 1 颗芯片可以不用 EDA 工具就能做出来的。所有的芯片，都需要用 EDA，甚至不但是芯片，甚至你的系统设计，包括 PCB 的设计，你整个系统的设计，都需要用到 EDA 工具。所以为什么我们讲 EDA 是整个电子设计的命脉，是贯穿始终的。）

【解说词】
其实整个 EDA 市场并不大，每年全球加在一起也只有百亿美元左右，但它卡住的是身后 5 000 亿美元的芯片产业，上万亿美元的电子产业。

【采访：傅强　芯华章科技股份有限公司运营副总裁】
（所以我们说它为什么这么重要的原因，是因为它在最前沿。EDA 再没有上游企业了,就只有人和技术。)

【解说词】
目前市面上 95％的 EDA 市场份额被三大美国公司垄断。尽管以芯华章为代表国产 EDA 还只能在某些细分领域上实现突破,距离整体赶超还十分遥远。不过,公众和资本显然已经迫不及待。芯华章两个月内连获三轮过亿元融资。5月间,仅仅因为投资国内某 EDA 软件公司,申通地铁竟然 9 天 8 涨停,股价翻番。相比于资本和公众的热情,EDA 软件最主要的使用者,芯片设计公司的态度却并不积极。

(会议室讨论实况:主要是一些视觉感知过来的数据运算以及反映到执行上的处理。)

【解说词】
杰发科技是一家车规级汽车芯片设计企业,致力于车载影音系统、智能驾舱系统的研发,在这个细分领域,他们已经成为头部企业,部分产品已经完全能够替代进口。在他们看来,改用国产 EDA 软件的风险还是太大。

【采访:冯建华　合肥杰发科技有限公司副总经理】
(如果我贸然替换这些东西,有可能会面临着我做出来的这些东西跟下游的一些交付,其实对不上。对不上的话,我一次投片其实都是千万元级别的这样的投入,那我有可能因为部分参数的不匹配,导致我这个芯片就失败了。)

【解说词】
目前中国的芯片设计企业数量世界第一,水平世界第二。在长三角聚集了大量的芯片设计公司。但几乎都是中小企业,抗风险能力差。如何帮助他们打通产业链的"最后一公里",探索正在进行。

字幕:江苏　南京市　江北新区

【解说词】
冬季的南京有些阴冷,江北新区的会议室里气氛却颇为热烈。来自江苏本省和全国的专家,以及企业方代表,就新区 EDA 创新设计中心项目进行论证。设立创新中心的目标是结合产业上下游,集中力量推进国产 EDA 软件发展。除了设立平台，相关部门还会定期走访企业，帮助他们完成产业对接。

【采访：王礼宾　芯华章科技股份有限公司创始人】
（研创园他们每个礼拜一、礼拜四有个"开放早餐"，就是园区所有的企业都可以去那个早餐一起，你有什么样的需求，大家都有需求，都会到那边聚集起来，这样就很方便。）

字幕：南京集成电路大学

【解说词】
距离芯华章不远，全国首家以集成电路命名的大学，已经开始授课。学校全部由新区出资建设，生源主要来自高校大三、大四或研究生阶段的学生，甚至连在职的企业员工也可报名。在学校最早开设的一批课程中就包括 EDA 软件设计培训。目的是帮助有志于从事 EDA 研发的年轻人，快速完成从学校到企业的"无缝衔接"。

【采访：傅强　芯华章科技股份有限公司运营副总裁】
（EDA 本身并不是一个专门的专业，它可能是数学、物理、计算机，还有包括半导体和电路的整个综合的一个前沿交叉学科。所以您看到一门学科里边要上到一个博士都不容易，对吧？我们需要这么多的学科交叉，所以可想而知它有多难。）

【解说词】
如今的江北新区正在全力打造中国的"芯片之城"，目前这里已经汇聚集成电路企业近 400 家，产值将近 500 亿元。

【采访：罗群　南京市委常委　江北新区党工委专职副书记】
（创新中心我们也在建，集成电路培养人才我们也在做，我们还有集成电路的微企业的服务中心。现在我们 EDA 还没出来的时候，买 Synopsys 一个软件都要几千万元人民币，那一般的企业实际哪能用得起，就是像这样我们给他提供一个生态环境，包括还有一些资本跟产业的发展怎么链接起来，这个可能是我们江北新区整个要打造的一个生态圈。）

【解说词】
在江北新区的两翼，合肥形成了经开区、高新区、新站高新区，三大集成电路产业基地,设计、制造、封测及设备材料等上下游企业全部到齐;上海更是国内集成电路产业链最完整、产业集中度最高、综合技术能力最强的地区。从小圈变大圈,打造一条贯穿整个长三角的产业闭环,时机正在成熟。

【采访:时龙兴　东南大学首席教授】
(一方面芯片只有用了以后才能迭代,才能越做越好,得有试错的机会。另外一个角度,芯片只有用起来了以后,才能点石成金。因为芯片是由硅砂做的。如果芯片不被用,那么这个芯片又回到了石头。)

字幕:浙江　湖州

【解说词】
今年6月,长三角一体化发展重大合作事项签约仪式上,来自上海、苏州、宁波的三家上游材料企业,与合肥长鑫共同签约,联手打造合肥长鑫12英寸晶圆制造基地。

【采访:胡亚斌　合肥市投资促进局副局长】
[我们在长鑫的旁边嘛,还布局了一个集成电路产业园。主要还是长三角来的(企业),就近为集成电路为长鑫服务,也是为把集成电路产业链延链、强链、补链,把产业链做得更完整、更完备。]

【解说词】
(12英寸晶圆芯片是当下主流产品。截至去年年底,我国已建与在建中的12英寸生产线共25条,其中13条都在长三角地区。除了市场有需求,对推动高端芯片自主、带动上下游产业链的国产化,都具有重要意义。)

【采访:朱胜利　合肥市发改委主任】
(长鑫的产品,它也希望进入国内一流的应用商中,大家企业都来用,那对它提高信任,提高产品的竞争力有好处。所以大家最关注的,最有价值的就是市场的协作。)

字幕:江苏省苏州市吴中区

(工地交流实况:来得及吧,有点赶吧。够呛,够呛,起都还没起来呢,那边装备的进展怎么样?)

【解说词】
距离瑞红的老厂房 20 公里,一座崭新的实验室进入最后的建设冲刺。这里将要放置的是公司历史上最贵的一台设备。

【采访:吴天舒　苏州晶瑞化学股份有限公司董事长】
〔我们 10 月在韩国拍了一台 ASML 的 1900,浸没式的光刻机。像这一台光刻机,相当于 3 000 万美金,2 个亿(人民币),那每年折旧就要 2 000 万元,那你还要有每年的运行费用大概 2 000 万元。那么还有一些材料什么的,实际上你要去开发这样的一个光刻胶,每年的费用至少就要五六千万元这样子。〕

【解说词】
光刻设备是生产研发光刻胶的必需条件。苏州瑞红之所以愿意"天价"投入,正是因为它代表苏州参与了长鑫项目的签约。解决了后顾之忧,瑞红终于可以放手一搏。

【采访:吴天舒　苏州晶瑞化学股份有限公司董事长】
(长鑫跟我们也签署了一些战略合作伙伴协议,那我们未来做这个光刻胶可以在他那个平台上去测试。)

【解说词】
当然,打通产业链绝不是简单的"拉郎配",如何让双方都合作得安心放心,更多尝试正在酝酿出台。

【采访:吕会军　南京市江北新区集成电路产业服务中心副总经理】
(我们是不是可以从金融或者保险的这个角度来做一些尝试。那比如说我们通过提供一种金融产品或者是保险产品,这个过程当中如果发生一定的风险,那么我们通过这个保险或者是金融产品,来帮助这些设计企业去承担他们的风险。我想如果有这样一方面的尝试的话,是会有利于推动这个制造业、设计业、封测业三业之间的一种联动。)

【解说词】
下个月,苏州瑞红的光刻胶实验室,将会正式投入运行。对于未来,他们充满期待。

【采访:吴天舒　苏州晶瑞化学股份有限公司董事长】

(未来需要做28到55之间的光刻胶的,我们计划是3年之内把28纳米光刻胶攻克。)

【编后】

的确,核心技术的突围并非一朝一夕之功。不过,从企业单打独斗到形成产业链携手突围,长三角已经找到了自己的方向。当然,"拼团"也是个"技术活"。比如如何提供更多像金融、人才等政策上的创新,创造更加适合企业发展的产业生态,等等,都需要在实践中不断摸索总结。在一体化时代,当方方面面的力量被不断集合起来,分工合作更加合理有序,长三角的"中国芯"未来可期。

2020年度上海广播电视奖
参评作品推荐表

作品标题	生命·方舱	参评项目	电视新闻
		体裁	新闻专题
		语种	中文
作者（主创人员）	黄伊罕、陈瑞、邢维、李振宇	编辑	陈瑞霖
刊播单位	东方卫视	刊播日期	2020年4月8日22时
刊播版面（名称和版次）	东方卫视特别节目	作品字数（时长）	25分30秒

采编过程（作品简介）

　　《生命·方舱》由上海广播电视台融媒体中心拍摄制作，充分彰显了上海媒体记者不畏艰险、勇担使命的精神和斗志。面对突如其来的严重疫情，记者黄伊罕、陈瑞于2月4日第一时间奔赴武汉。57天时间里，他们在发回200多条电视和新媒体报道的同时，争分夺秒、连续作战，克服各种困难进行专题片的拍摄创作。主创人员最终从50多小时的素材中选择出不同维度的故事，医生、记者和患者从不同视角展开个性化的叙述，其中有恐惧与无助，更有温情与力量。众多令人动容的场景，结合翔实的数据，将方舱医院从决策、收治、运维到休舱的全过程完整呈现到观众面前，被誉为2020年武汉方舱医院收治过程的"全景式备忘录"。

社会效果

　　4月8日，在武汉宣布解封的第一时间，《生命·方舱》在东方卫视播出。首播当日便以0.27的收视率排名全国前四，专题片及其衍生短视频当日网络播放量即突破百万。节目中诸多珍贵的现场实况，也成为此后相关报道和纪录片创作的重要素材。节目英文版通过东方卫视海外版以及YouTube等平台在北美、欧洲、澳大利亚等地区落地，向世界呈现发生在中国的抗疫故事，在积极回应国际关切的同时，更彰显了在"人民至上、生命至上"的理念下，中国疫情防控工作取得的积极成效和有益经验，充分展现了中国精神、中国力量、中国担当。

生命·方舱

【镜头】(全片主要片段分屏)
【口述】
你好,武汉!
2020年3月31日,我在武汉的第五十七天。
【实况】武汉市民
武汉感谢你们!
辛苦了。
【实况】上海医疗队　队员
上海应急救援队,出发!
【口述】包丽雯　医生
今天是我在武汉的最后一天,结束了方舱的新冠患者救治,我们能够全身而退,回家。
【实况】武汉医生
谢谢上海医疗队,我们都一起拼过命!
感谢武汉人民!
上车,敬礼!
明年还要来看樱花。
一起看看我们武汉客厅真正的模样。
感谢上海,向您致敬!
感谢上海,武汉加油!
随时欢迎你们来武汉。
上海,我爱你。上海,我们回来了!
【实况】(新闻报道)

上海支援湖北医疗队首批返沪队员……

第二批返沪队员……

第三批返沪医疗队员,乘坐包机抵达虹桥机场。

【口述】包丽雯　医生

走出舱门,有一种如释重负的欣喜。熟悉的机场,熟悉的人群。2020年1月23日,完全是另一种气氛。

【隔断】2020年1月23日　未知的开始

【实况】机场集合点名

第一人民医院两人,第六人民医院两人,华东医院两人,第十人民医院两人。

【口述】记者

2020年的开头,疫病如旋风扫荡而至。这一天,素有"九省通衢"之称的武汉,史无前例地宣布"封城"。

【实况】世界卫生组织总干事　谭德赛

我宣布新型冠状病毒感染的肺炎疫情,构成国际关注的突发公共卫生事件。

【实况】国家卫健委高级别专家组组长　钟南山

肯定的,有人传人。

【实况】

大家都不要说话,听我的,安静！

医生护士还有病人全部都在这种环境下面工作。

【实况】中国疾控中心副主任　冯子健

救急的办法就是要外部的援助。

【口述】记者

我们跟随国家紧急医学救援队,从上海一路开到武汉。深夜里,往驻地去的路上,很久看不到人,也没有其他车,感觉整个社会停滞了。我看到这里的情况不只是惊恐,也有迷茫和无助。

武汉有1108万常住人口,分布在1287个社区和1883个村湾。进入2月,每天新增确诊人数都超过四位数。2月12日,一天新增确诊人数超过一万人。由于起病隐匿,传染性强,确诊困难,床位紧缺,有的危重患者甚至等不到入院,就不幸病故。数万计病人留而不观、隔而不离,求医无门。

【实况】呼吸与危重症医学专家　王辰

方舱医院它主要是收治轻症病人,它的医疗条件并不像正规医院那样完备,这个是目前解决问题的非至善之法,但是没有比它更善的办法的时候,这个办法就变得可取了,是解决收治这样一个主要矛盾的现实之策。

【隔断】2020年2月3日　艰难的收治

(AE)

【口述】记者

方舱医院是一系列具有不同医疗或技术保障功能的方舱组合而成,具有实施早期治疗的救治能力。

2月3日晚,首批三家方舱医院开始建设,武昌方舱医院床位数800张,位于洪山体育馆;江汉方舱医院床位数约1 600张,位于武汉国际会展中心;东西湖方舱医院床位数2 000张,位于东西湖区的武汉客厅。

22支国家医疗救援队,上万名医务人员进入方舱医院。上海医疗救援队主要负责武昌方舱医院和东西湖方舱医院的部分救治工作。

【口述】马昕 医生

第一次来到这个场馆,情况很复杂,这是一座体育馆,人员的入口出口,跟我们院感要求的流程非常不匹配。

这么大的一个体育馆改造的方舱医院,所有人都没有见识过。不管是医生还是患者,肯定都会有一个很大的冲击。

【实况】武汉市武昌区区长 余松

说实话可能到今天互相都不认识,不像整备的一个医院,但是这是我们现在必须迫切马上解决的一个问题,就是把咱们这些人捏合起来。我身边的两个人都已经是倒下了,我个人都几乎是拼得弹尽粮绝,但是不能长时间,否则的话迟早我也倒下。

【口述】记者

今天一早,从上海驰援的八辆救援车辆、两辆物资车、五十三名队员开始在武汉客厅的广场上搭建帐篷,这里将形成一个包含门诊、病房、检验、影像、药械房、通信、后勤在内的小型专科医院。

我们进入搭建中的方舱病区,眼前的一幕震撼到我们,上千张病床整齐地摆放在这里,阳光正好从舱外照射进来,这会是轻症患者的诺亚方舟吗?

【实况】患者 阿布

现在是2020年2月7日,我被(新冠肺炎)确诊了。然后现在要去方舱医院,可以看到现在有很多的确诊病人、轻症病人,到武汉的方舱医院去。

【实况】患者手机拍摄的视频

昨天晚上十二点钟,把我转到这个地方来,叫什么方,方正?方太?还是什么医院?里面又没有厕所,又没有药吃,又没有开水,上厕所还要在外面两百多米以外。本来指望进来医院好了呢,现在还搞拐了。

【实况】天气预报

昨晚到今天除了鄂西北外,我省大部都有小雨现身,武汉阴天有雨夹雪,气温还会下降。

【口述】记者

这一天,天气很冷。从半夜开始,武昌方舱医院收治了五百多个病人。面对大量的患者,大家都有些措手不及。卫生间不够、电源故障、电热毯无法使用……

病毒、矛盾、挑战、漏洞、危险……就像多米诺骨牌,迅速砸下来。这一天,武昌方舱医院的会议室,气氛有些紧张。

【实况】马永刚,武昌方舱医院常务副院长、武汉大学人民医院医疗队队长

(马永刚)重的他希望你赶紧给我转走,中间的,不轻不重的,他希望你给我生活条件好一点,这每一个人没有满意的。其中我们现在说的第一点就是重的病人,我们怎么样限制他,不要让重症的进来。

(护士)那病人说你为什么不让我进。

(马永刚)我们有标准的,我不知道你有没看到这个标准。

(上海医生)现在有这个文件吗?(有文件)拿出来我看一下。

(护士)那您听我说,我们在这里实际碰到的情况是,病人会拍桌子跟我们说,你干吗不让我进?

(上海医生)就你们这个第一版诊疗方案,第一我不知道是谁出的,第二这里面写的是无严重,我就说了,并发症你怎么证明轻、中、重。开玩笑,我有高血压你不要我吗?你敢吗?我血压控制很好,我有高血压,你要不要我?

(马永刚)我跟你讲,老师,我们收进来的病人有做了冠状心脏支架一个月的,能不能收?肺癌术后两三个月的,能不能收?

(马昕)你们各个区都已经分片了嘛,你的床位你来预检,我的床位我来预检,我来把关,我如果手松了,那接下去值班的人……

(上海医生)自己管自己的,预检分诊你需要结合看患者的状态,看患者CT纹理的范围,指标阳性等等这些,绝不是靠一个合并症就把人拒之门外的。

(马永刚)很多人说句实话,重症病人他住院,他想住院住不进去,他就搞个曲线,我到你这来,我只要进去,你肯定给我搞个医院去住的。

因为第一天有的人就坐在这儿不走,逗留两三个小时,我们两个人几晚上没睡觉,就是晚上每天在处理这个。

(马昕)我们(做)医生这么长时间了,我们一眼就能看出来,如果病人有意见,我们可以拿出来很多的文件。就说你这个心功能、肺功能各方面功能有问题,这实际上解释权在我们医生身上。那我们这些国家队的人,我们来负责把这个人挑进来,还是给他分出去。

(马昕)一个人出问题了,咱们几百个人全倒了。

（护士长）对，院感无小事。

（马昕）我看了，我觉得我们这个地方整个流程跟一个正常医院比差很多。大家一定要保持警惕，现在这一腔热血全冲过来了，潜伏期可是两个星期啊。

【口述】记者

参加完这场协调会，我在空旷的路上开了很久的车，没有方向。精疲力竭的医生、求医无门的患者，这就是现在的武汉。我能理解这里医生的无助，没办法，但我们得想办法，我相信一定会有办法，这不就是我们不远千里，来到这里的理由吗？

【隔断】2020年2月6日　努力的转机

【口述】马昕　医生

硬件不足，我们软件补，通过流程进行优化，尽可能地利用现有的建筑格局，让每一个场馆成为一家合格的医院。

（AE）

【口述】记者

武昌方舱医院一共划分为三个救治单元，物理分隔成清洁区、半污染区、污染区和污物区，医护人员共六百二十人。医护团队成员来自武汉大学人民医院，三支国家紧急医学救援队、中国疾控中心移动P3实验室，湖北其他四家医院和四支地方医疗队。实行四级管理制度，医护人员采取六班倒，每四小时一班，两天轮休一次。每个班次的两名医生和十四名护士，平均负责二百五十名患者。将患者按照病情不同程度分为四个等级，同时满足以上四个条件的患者，经病区和医院专家两级会诊，达成一致后可安排出院。

【口述】包丽雯　医生

2月6日，我当早班，和马昕院长查房。理论上，我们要在四个小时的时间里，给诊区内全部二百五十个病人开医嘱，平均每个病人不到一分钟。虽然时间紧张，我们还是仔细查看了很多病人的CT。

【实况】方舱广播

舱内广播背景音：要加油打气，相信政府、相信医护人员，保护好自己的情绪，保护好自己的心理健康，争取早日康复。

【实况】方舱内的医生和患者

（患者）我就要停药了。

（医生）我跟你说，先不要激动。

（患者）她好像那个手有点不对劲，打这个饭盒子都打不开。她来了三天，没吃药了，一次药都没吃，水都没喝。

（护士）这样吃，反过来把这个勺子反过来。勺子反过来，这样吃，对，是这样的。就这样吃好不好?

（患者）我各个方面机能很好的,能吃、能喝、能睡。

【口述】包丽雯　医生

大家都说疫情可能是一面镜子,照出了世间百态。我们只要在患者面前一晃,他们就心平了。很多的治疗不在于我给你了一片药,或者我给你静脉输了液,而是我们可能每一句话,每一种身体语言给他鼓励。

【实况】方舱内的医生和患者

（患者）你说我着不着急,我两个小孩,一个小孩读小学,另一个小孩才一岁多。

（护士）跟我走,我们跟你一起加油。

（患者）我想加油,可是你们没有让我看到希望。

（护士）你放心,慢慢来。我们都是刚来,好不好? 会越来越好的。

【口述】包丽雯　医生

穿上全套防护装备30分钟,我的护目镜就起了雾,呼吸在N95口罩的保护下,再怎么喘气也觉得缺氧,必须省着使用防护服。目前的情况下,每一件防护装备都非常珍贵。

【实况】华山医院　王兵

防护服要领十六(件),那个L的是十件,一共二十六(件),N95口罩你给我一盒吧,今天护目镜给我二十个吧,隔离衣三十件,医用帽四十个,上午不够用了。

【采访】华山医院　王兵

物资实际上今天都是上海来的,因为武汉的物资我们知道真的是非常缺。我非常感动的就是,他们让我开清单,你需要的我送,所以都是我们现在紧缺的一些生活物资和防护物资。

【实况】患者　阿布

今天是2月12日,已经是第六个晚上。之前还不是特别敢过来,害怕交叉感染,但是来到了现场之后,感觉很多东西都是可以接受的。

他们正在记录着今天的工作,所以你们也很辛苦。

（护士）还好啦,觉得你们都很亲切。

（阿布）谢谢你们!

我觉得全国力量都集中在了武汉,给我们增加了很大的信心。

【口述】包丽雯　医生

我们在隔离服上画画,表白,给冰冷的白色添上一些情趣。我们与患者的关系,从陌生的支援医护,变成了邻家小妹和知心姐姐。

【实况】方舱内的医生

嗨,我本人很漂亮哦!

【实况隔断】一组方舱生活画面

【口述】记者

方舱医院像一个社会学实验,揭晓了医患矛盾的答案。这里构成了一个乌托邦式的小型社会,这个社会是公益性的,遵循基本平等主义的原则。方舱一步步走上正轨,也就关掉了疫情蔓延的水龙头,我们都越来越有信心。

【隔断】2020年2月11日 曙光,逐渐显现

【口述】马昕 医生

2月11日,今天我把第一位康复的患者送到了医院出口,没想到这么快就出现了转机,疫情逐步被控制,方舱医院的拐点迅速到来了。

【实况】方舱门口的医生

(院长)这个是你的出院证。

(康复患者)谢谢您!

(院长)不容易,我们一起都不容易。

(康复患者)谢谢你们啊!

(医生)习大大说了,把老百姓的生命安全和身体健康放在首位。

(全体)祖国万岁!

【口述】马昕 医生

武昌方舱医院有了空床位,可以床等人了。3月1日,出院的病人越来越多,我们把剩下的病人搬舱合并到一起。

【实况】方舱内的医生

跟着我们的护士小姐姐一起走,东西一次性带齐,上去以后请报自己现有的床号,谢谢配合!

【口述】记者

护士们帮患者搬舱,从空气不流通的地下室,搬到条件更好的区域,这本来是一件高兴的事情,但这个B区都是离别的伤感。疫情之下,他们太珍惜这来之不易的安稳和幸福。这里真的成了诺亚方舟里的一个舱位。

【采访】方舱内的患者

住时间长了就有感情了,那些人可能心理上,比如说进来的时候心理会有一些在外面受创伤了。家里比如说有的人不在了,因为这疫情,但我们都尽量积极去帮助他们。包括我自己也是一样。我爱人是求医无门,求床无门,最后一天我送她到七院,急救车送到七院,然后没有抢救过来,已经病得很重了。

【实况】方舱内的医生和患者

（护士）小姐姐们，一起走啦。

（患者）再见了，B区！

【口述】记者

患者都离开了，护士们在最后进行检查整理，曾经喧闹的方舱，只剩下一张张空床，华山医院的护士长卫尹和湖北省人民医院的护士长熊娟拥抱在一起，我能体会到医护人员之间这种复杂的情感。

【采访】湖北省人民医院护士长　熊娟

虽然我们都舍不得病人，但这是整体的一个安排，所以说我们也希望，病人在转到A区和C区之后，为了身体的康复，能够更好地康复出院。虽然说这三个星期，我们从开馆到关舱，我们建立了很多的友谊，但是更重要的，我希望以后从这个地方出去，从舱内出去之后，以后大家可以有更好的明天。

【音乐隔断】

【隔断】2020年3月5日　休舱在即

【口述】记者

方舱内的医疗工作有条不紊地进行着，我们逐渐看到了结束疫情的希望，但是方舱之外，整个世界陷入了一场与新型冠状病毒的生死阻击战。

【实况】新闻报道

俄罗斯政府发布声明称，新冠病毒疫情是近五十年来最严重的全球卫生危机。

意大利、美国、西班牙、德国的感染人数均呈四位数增长。

纽约州将面临医疗用品短缺。

意大利累计死亡病例已经突破了四千人。

全球已经有二十二个国家宣布了不同程度上的停课。

伊朗决定加紧改造方舱医院。

由伦敦东部会展中心改造成的方舱医院。

西班牙马德里会展中心被改建成方舱医院。

【口述】记者

这一刻，世界似乎按下了暂停键。3月5日，晴，今天武昌方舱医院运行正好一个月，护士在领队马昕的防护服上画了一匹可爱的马，大家进入舱内，纪念这个特殊的日子。

【实况】华山医疗队医生

（护士）亲爱的病友大家好！我们的方舱满月了，我们给大家准备了满月的礼物，希望大家能够早日出舱，恢复健康。

（马昕）这个月里面我们感受到了武汉人民你们所遭遇的，你们的坚强，你们的努力,你们对国家政策的理解,我们大家都在一个战壕里,我们一定能打赢这场战争,在此我深深给大家鞠躬,感谢大家,辛苦你们。

【口述】记者

站在马昕旁边的小女孩现在上五年级,她和妈妈一起在这里隔离治疗。

【实况】方舱内的患者

(妈妈)我女儿从来没有这么开心过。我们全家被感染了,最开始的时候一家人被分到六处(治疗)。孩子说,妈妈,我都不想回去了,因为这里的医护人员给了她太多关爱。

(记者)你以后想做什么?

(小女孩)当画画老师。

(妈妈)这幅画是孩子昨天晚上画的,画了一棵大树,一棵小树,她说医护人员、医生们就像一棵大树一样,我们患者就像一棵小树被大树保护着。

【实况】患者 阿布

刚刚给我已经发了解除医学观察证明,代表我可以出院了,看到没有我要哭了,终于可以回家了。

【实况】患者阿布的女儿

第一时间等待你的妈妈回来。

【实况】患者阿布和女儿

我终于找到妈妈了,谢谢你。

【实况】患者 阿布

我现在出门去血站捐血去了,这个针头比我想象得要粗一点点。

【实况】方舱休舱,患者出院。

【口述】记者

2020年3月10日,是一个值得铭记的日子,患者们陆续地出院,不多的存量患者分流至定点医院,武汉的方舱医院全部休舱。到今天为止,武汉一共建设了十六家方舱医院,启用了其中的十四家,提供了13 467张床位。

【实况】护士

感觉特别棒,今天好多病人出院了,成就感满满的,我们很快就能回家了!

【口述】记者

华山医疗队所在的武昌方舱医院是首批运行的方舱,也是最后关闭的,善始善终。

【口述】包丽雯 医生

结束了方舱的工作,我们的队员分成了两个小组,一组人完成任务回家,另一组来到同济医院光谷院区报到,这里还有更为凶险的疫情拉锯战,我们要继续讲述战"疫"故事。
　　【音乐隔断】动人瞬间一组
　　【字幕】
　　方舱医院实现了零病亡、零回头、医护零感染,是非常时期的非常规办法,未来将规划为应对突发事件的至善之策。

2020年度上海广播电视奖
参评作品推荐表

作品标题	外卖骑手之困	参评项目	电视新闻
		体 裁	新闻专题
		语 种	中文
作 者（主创人员）	楚华、刘宽漾、李响	编 辑	陈瑞霖、王卫
刊播单位	上海广播电视台	首发日期	2020年9月28日 6:34
刊播版面（名称和版次）	东方卫视《1/7》	作品字数（时长）	17分17秒
采编过程（作品简介）	超时罚款、闯红灯、交通事故频发……外卖骑手的生存现状引发舆论关注。"疲于奔命"的工作状态，让他们成了危及社会公共安全的重大隐患。　　记者用时一周，跟踪记录一位外卖骑手的工作日常。在午间用餐高峰，记者目睹骑手在65分钟的时间里派送11单的过程。一个商家出餐慢，打乱了骑手的送餐节奏。担心超时，骑手不得不疯狂加速，甚至闯红灯。此外，记者还在上海市中心一路口蹲点观察一个小时，记录了骑手普遍无视交通规则的现象。　　从骑手因"超时焦虑"违反交通规则，到交通事故后无法维护自身权益的具体案例，再到警方的相关措施以及专家对未来规范的建议，成片多维度展现了小人物的情绪与大是非的立场。真正困住骑手的，是平台通过算法优化进行"时间套利"的欲望，是骑手对"多接单意味着多挣钱"的盲目追求。		
社会效果	本片从外卖骑手的生存现状这一热点话题入手，通过具体的案例、直观的数据，一层层解析了问题症结所在：平台利用算法优化实现"时间套利"；算法优化的逻辑不考虑特殊情况；骑手为"多挣钱"违反交通规则。本片逻辑清晰、调查扎实、有理有据。　　平台算法的"优化"不应以"利益至上"为原则，不能将破坏社会秩序作为前提，而骑手获得劳动回报更不能以牺牲自己和他人的生命安全为代价。涉及公共安全，平台和骑手都需要多一些责任。本片观点鲜明，发人深思，形成了积极正面的社会传播效果。		

外卖骑手之困

【解说】

上午11点,午间用餐高峰即将来临。美食城门口聚集了许多外卖骑手,他们个个摩拳擦掌,等待系统派单。

【实况】(系统提示音)

开始接单,请注意行驶安全。

指派单来了,请及时处理。

蜂鸟众包,来新单了。

【解说】

付新,45岁,是一名饿了么、美团等平台的众包骑手,手机上同时安装了多个外卖平台的软件,根据订单情况灵活选择平台接单。

【实况】付新　众包外卖骑手

这个就不能要了,这个是上小区里取餐,太费劲了。一般挑门面房,好送的地方,不耽误时间。怕它超时的话,就尽量少接,自己挑熟悉的(地方)。

【实况】(派单系统指令声)

指派单即将超时拒绝,请及时处理。

【解说】

上线仅3分钟,付新就收到了平台指派的11个订单。根据后台指示,他需要在65分钟之内,完成11单的取餐和配送,最远的一单距离为5.3公里。

【实况】付新　众包外卖骑手

满了,不能再接了。11单上限了,我就要收工(下线)。

【实况】系统声

您已休息,下班路上请注意安全。

【解说】

此时,系统评估显示"无超时风险"。记者不禁感叹,65分钟,11个独立订单,真的能做到吗?刚开始取餐,付新就遇到了问题。

【实况】付新　众包外卖骑手

付新:饿了么九十三(号),我看一下有没有。来,兄弟,我找一下有没有。

等餐骑手:八十几号?

付新:饿了么九十三(号)。

等餐骑手:八十多号还没出呢,还九十号。

付新:还没出来呢,等一会儿。没出餐,先取别人家,再回来。

等餐骑手:还有1分钟,一家都不让送了,都没时间了。

付新:九十三(号)好没好师傅?来三趟了都。

现在没到报备时间,现在报备不了。要是报备了再出不来,就可以先(把这个订单)放下了。

【解说】

平台规定,骑手到店5分钟后,如果商家在约定时间内不能出餐,可以报备申请延长派送时间,三次报备仍不出餐,骑手才被允许免费取消订单。但在付新看来,这在实际操作中并没有什么作用。他告诉记者,哪怕报备,系统延长的也只有这一单的时间,其他10单的派送时间仍然不变。

【实况】

九十三号,饿了么,有没有?再没有我就给你扔下了。

【解说】

嘴上说扔下,其实虽然在这家等了十多分钟,仍未过平台与商家约定的出餐时间。付新甚至都没有报备的权限。

【实况】

走,可算取到了。十五分钟取个餐,太费劲了。

【解说】

一个商家出餐慢,就打乱了付新整个送餐的节奏。取完所有的11个订单,付新已经花了整整20分钟。

【实况】

您的订单十分钟后即将超时。

【解说】

距离最近的一个订单即将超时,他还要在45分钟内,完成所有订单的配送。担心更多的订单会超时,付新不自觉地开始加速。

【解说】

记者尝试跟拍付新送餐的全过程,但由于他车速过快,11 单送餐,记者仅跟拍到了其中的 3 单。而就在这 3 单里,他就闯了一次红灯。

为了与系统争分夺秒,付新选择了超速、闯红灯这样危险的骑行方式,但即便如此,11 单的最后一单,他还是超时了。

【实况】付新

超了 12 分钟,扣了五元两角,减 20 个成长分。超时 1 秒就开始扣钱了,送得慢客户取消了餐损全是你的,所以说这帮小兄弟都这么拼命骑,也是没办法。

【解说】

此前有报道认为,造成超时的"元凶"是平台方所谓的"算法优化"。根据美团的公开资料显示,2016 年,订单的平均配送时长从 2015 年的 41 分钟,下降到 32 分钟,进一步缩短至 28 分钟。

美团 2019 年财报显示,美团餐饮外卖业务 2019 年全年交易笔数 87 亿笔,同比增长 36.4%。交易金额同比增长 38.9%,共 3 927 亿元。平台赚得盆满钵满,那么骑手的感受又如何呢?

【群访】

外卖骑手:(以前)正常三公里,(配送时间)都是五十几分钟。现在有的三公里,(配送时间)就只有四十几分钟,三十几分钟这样。

外卖骑手:钱减了一半,时间也减了一半。

外卖骑手:(以前)压力小,现在单接到手压力就大。

付新:以前制度是非常人性化的,以前那个时候恶劣天气,比如下雨了或者午高峰、爆单的时候,都不考核数据。超时、严重超时都不扣钱那时候。

【解说】

如果说速度是外卖平台的核心竞争力,那么超时就是压垮外卖小哥的最后一根稻草。通过严格的时间限制,严厉的惩罚措施,等级评估等方式,外卖平台看似实现了更高效、更优质的服务。但平台系统算法的层层优化,一点点吞掉的不仅是外卖骑手的派送时间,更间接带来"无视规则的骑行"所造成的公共安全风险。

【采访】方师师　上海社会科学院新闻研究所互联网治理研究中心主任

平台应该还是互联网公司,公司可能还是比较希望,我的业务利润能够最大化,那么在这个过程中,(平台)有可能不可避免地会把消费者的这样的一个意愿,或者他们的欲望,提升到或者是凌驾到我们外卖员的这样的一个利益上面去。因为算法虽然看起来是一种技术组件,但它其实是一个人造物,那么在这个过程中,大家就会发现,存在一个所谓的"时间套利"的现象。

【解说】

智能算法优化需要海量的数据供机器学习,但这些算法的缔造者在设计这套系统时,有意或者无意地,忽略了送餐时可能发生的各种意外状况。比如:排队等电梯,交通严重拥堵,外卖骑手无法骑行进入特定区域,等等。

【解说】

在移动互联网时代,外卖骑手的生存状态格外受到公众的关注。根据规则,与平台正式签约的专送骑手甚至没有拒单的权利,他们往往承受着巨大的工作压力。

【群采】

专送骑手:就没有拒绝(选项)的,(派了单)就必须去送了,路线的话就是这个路线。最多的话(同时)派了十二单。上一次下大雨,当时累得没办法,好几单都超时了但是没有办法。

专送骑手:只要你一直开着,它就一直给你派(单),很容易超时。单有时候都是乱派的,东南西北,取货(距离)都要差两三公里。

外卖骑手:超时肯定是会的,正常都有的,午高峰接一单,(平台派单)一下就都来了。高峰的时候单子会比较多,根本就送不过来。

闯红灯,逆行都是有的。

【解说】

付新曾经也是一名美团的专送骑手,半年前,他离开固定的平台,成了众包骑手。

【采访】付新

(专送)有区域限制和时间限制,众包可以 24 小时(在线),只要你想干随时都有订单。(专送)雨天下多大雨也是那些钱,众包就是不一样,众包要是恶劣天气,补贴、单价什么的(高一些)。

【解说】

像付新这样的众包骑手,在上海已经有相当大的规模。他们通过美团、饿了么等官方推出的众包 App 进行实名注册,平台审核后,就完成了电子签约,随时可以上岗。和专职骑手不同,他们可以根据实际情况拒绝系统的派单。那么,付新当天一口气接下 11 单的时候,为什么没有拒绝呢?

【实况】付新

可以拒,不过拒太多了,系统是有(记录)的。也会看你能力,总拒、总拒,认为你能力不够,派单就少。

【实况】众包骑手

拒绝次数过多,系统开始减少派单,看到没有。

【解说】

无论是对专职骑手的"强制派单"还是对众包骑手的"减少派单",平台的规则有意无意之间传达出的只有这样一个信息,快!而对骑手而言,少接单,就意味着少赚钱。在平台压力和自身赚钱诉求的双重影响之下,交通规则,在他们面前往往形同虚设。

【记者出镜】

现在是上午 11 点 40 分,正是午间用餐高峰,在我身后的北京西路明令禁止非机动车通行,而在陕西北路只设置了单向的非机动车道。那么接下来,我们将会在这个路口蹲守一个小时来观察骑手们的骑行情况。

【解说】

1 小时里,记者发现有两百多位外卖骑手违反交通规则。其中,闯红灯的有 56 人次,非法占用机动车、人行道的 122 人次,逆向行驶的 36 人次。

9 月 13 日,上海市交警总队公布了一份最新数据,今年以来,上海公安共查处快递外卖骑手交通违法 4.3 万起。

【网络素材】

(各种交通事故影像)

【群采】

外卖骑手:这个就是前天晚上(滑倒)缝了几针,缝了七针。当时下雨天,手上单子多,骑得也快。

外卖骑手:(膝盖)下雨天(摔伤的),(当时)摔倒了。

记者:之后还要继续送餐?

外卖骑手:对,要不然超时了怎么办,超时了人家扣你钱。

【解说】

人社部的数据显示,每天"跑在路上"的网约配送员已经是百万数量级的庞大群体。"疲于奔命"的工作状态,让骑手不仅危及自身安全,也成了危及社会公共安全的重大隐患。根据"上海发布"公布的数据:2019 年上半年,上海共发生涉及快递、外卖行业的各类道路交通事故 325 起,造成 5 人死亡,324 人受伤。

(夜景转场)

【实况】

小夕的妈妈:头部做了开颅手术,还有这边头骨摔伤。

小夕:经常头晕,现在一看到自行车、电动车就害怕。

【解说】

7 月 9 日,小夕骑电动车时,被一位饿了么骑手撞倒。事故导致小夕脑出血。她被紧急送进了重症监护室,随后又接受了开颅手术。

【采访】小夕的妈妈

(当时)听我女儿出事了,我当时就瘫倒在地了,我都不敢说这事了。

【实况】

这是我女儿住院的费用,手术费是六万多元,这边还有三万多元,加一起将近十万多元,这边还有这些费用。

【解说】

警方认定,在本次交通事故中,骑手承担全部责任。

然而,两个多月过去了,小夕并没有收到骑手或平台任何一方的赔偿。今年8月底,"饿了么"方面联系小夕的母亲,希望协商解决,但双方最终没有达成一致意见。

【采访】

小夕:很需要一个道歉,(他们)没有一个态度。应该承担的(责任),他们公司和饿了么骑手都没有承担。

【实况】(给律师打电话)

小夕的妈妈:怎么处理,我对这个也不懂,当时也没有立即报警。

【解说】

现在,小夕和妈妈正在寻求律师的帮助,希望通过法律途径维护自身的权益。

【采访】庄言律师

近几年的话,我们律所接受了有近百件类型的案件。然后主要是有接受来自外卖员的委托,还有受害人的委托。对于小的、轻微的交通事故案件,(平台)他是非常愿意去解决这个纠纷的。但如果是出现了重大的一些交通事故导致重大人员伤亡的这种情况,赔付金额又比较高,平台可能就有逃避的一些想法。

【解说】

庄言律师通过梳理以往的案件发现,在发生交通事故后,外卖骑手与平台的责任划分往往纠缠不清。特别是众包外卖骑手,虽然在官方App注册,并为美团、饿了么送餐,但签署劳务合同是跟第三方劳务公司。一旦遇到责任问题,作为派单方、计时方的平台,却很容易推脱。

庄言律师认为,应尽快出台能够清晰界定平台与骑手之间法律关系的法律、法规或司法解释;同时,平台也需要积极主动承担责任,保护骑手的权益。

【采访】庄言律师

平台方的话,它其实是这个外卖行业的最大的获利方。他应当要提供这方面的培训,对他旗下所有的外卖骑手进行系统的培训,告诉(骑手)自己发生交通事故后,怎样的处理方案。这个我认为也是平台的义务和责任。

【解说】

事实上,警方早已关注到骑手普遍交通违规的问题。上海公安机关曾采取多项措施,持续严查严管快递、外卖骑手交通违法。但是就长期效果来看,目前还并不理想。

【采访】方师师　上海社会科学院新闻研究所、互联网治理研究中心主任

我们外卖员自己(提高意识),规范他、教育他。但是当他遇到这种情况,他来不及了,他还是会用这样的方式。如果把我们的交通系统,也看作是一个算法系统的话,它同样也是涉及多方的参与,然后其实也是需要多方协商和进行调整,才能解决这个问题。

【解说】

上海公安机关日前表示,将深入外卖平台了解送餐时限、派单方式等内容,发现"时限"设置不合理容易引发骑手交通违法的,及时要求平台配合改进完善。

美团和饿了么均表示,将对系统进行改进。专家指出,与其将责任推给系统,企业更应从自身意识上,承担起应尽的社会责任。

【采访】方师师　上海社会科学院新闻研究所、互联网治理研究中心主任

现在一旦进入了跟社会相关,跟多方要素相关的时候,它叫作公共关涉算法。那么在这里它就不全然是一种技术组件,也不仅是数理逻辑,它是社会机制。企业需要考虑自己的社会责任,我们如何更好地保障外卖员这样的生存的状态,我们如何更好地社会向善。

(转场)

【解说】

深夜12点30分,付新完成了最后一单的派送。这一天,他工作了14个小时,共配送47单,收入近500元。

【采访】付新

看你想不想干,想干每天都能(接这么多)单量。(多的时候一天)800多元,拼点儿(每月挣)一万四到一万五千元。

【解说】

三年前,付新只身一人来到上海。为了多挣钱寄回家,付新已经两年没有回东北老家和家人团聚。

【采访】付新

反正我这人可能是比较乐观,只要说能有点事业,有点赚头,辛苦点,什么辛苦什么累,那就是只要说你收入够了,咱们说就是不管什么行业,你就把它当成事业看,你做出点成绩了,自己心里挺开心。

【解说】

不可否认,数以百万计的外卖骑手正在通过外卖平台,获得实实在在的劳动回报。但是,这种回报不能将破坏社会秩序作为前提,更不能以牺牲自己和他人的生命健康为代价。

算法优化是数字经济时代技术发展的趋势,但是,当算法涉及社会各要素,涉及一个个鲜活的个体时,除了机械地追求效率,平台也需要多一些关怀和责任。

2020年度上海广播电视奖
参评作品推荐表

作品名称		《周末开大课》第三季——热血熔初心　点亮这座城		
作品长度		30分钟	节目类型	新闻专题
播出频道(率)		上海教育电视台		
刊播栏目		《周末开大课》第三季		
播出日期		2020.4.25		
主创人员		孙向彤、姚赟勤、王东雷、李鸣、袁媛、张露嘉		
节目评价		2020年春天,举国上下万众一心、众志成城,打好新冠肺炎疫情防控战。由中共上海市教育卫生工作委员会、上海市教育委员会指导,上海开放大学、上海教育电视台、易班网联合推出的《周末开大课》第三季应时而生,结合上海高校构建"云上思政"的大格局,把全民战"疫"的鲜活素材带进课堂,把"战疫最美逆行者"请进课堂,把人人与国家同向同行的凝聚力注入课堂,将继续发挥凝聚优质资源、专业制作、立体传播的节目优势,让青年学子和观众们更加深刻地认识抗疫之战中所彰显的大国担当,进一步解读中国共产党领导和中国特色社会主义制度的显著优势。 　　本期节目特邀上海交通大学医学院附属瑞金医院副院长、上海市第六批援鄂医疗队领队、临时党总支书记胡伟国教授,在武汉同济医院光谷院区与现场实时连线,暖心分享与上海一衣带水的武汉城内,当号角吹响之时,党员先锋们如何冲锋在前,奋不顾身的模样;当春寒料峭之时,医护人员如何以无边大爱,温暖治愈病患身心。 　　没有生而英勇,只有选择无畏。本期节目展现了当疫情来临的时候,当号角吹响的时候,一个党员一面旗,在战"疫"前线,60后、70后、80后、90后,每个时代的热血青年逆行驰援,熔铸信仰与使命的初心。		
采编过程		国有大疫,幸有大医。当白衣天使们星夜逆行,奋战在战"疫"前线,守望党员初心,践行医者匠心,身为《周末开大课》的编导主创,唯有讲好这些感动人心的中国故事,才能不负青春热血,不负家国使命。 　　从确定选题的那一刻起,每个凌晨时分与刚刚出舱的胡伟国院长对稿讨论、素材梳理,从海量的"珍宝"里筛选最贴切的表达;直至深夜的彩排录制,各个工种、各个机位、现场导演们一次次打磨流程,为顺利进棚考量一		

采编过程	处处细节;与武汉连线嘉宾、技术老师们一遍遍试验远程直播连线,以确保录制当天的信号稳定;进棚前音频老师们一次次仔细核对话筒、耳麦,严格把控现场、云端、连线多条音轨的准确输出;当灯箱里逆行英雄们的身影一一点亮,当主持人露嘉那句熟悉的"《周末开大课》,一起来学习"响起,当耳机里胡伟国院长从武汉传来清晰的"大家好"…… 没有一个故事是冗余的,没有一份感动是雷同的,没有一句表达是乏味的,这就是本期节目竭尽全力意欲呈现的,环环相扣、温暖人心的爱与力量。
社会效果	《周末开大课》第三季在学习强国、人民网、澎湃、阿基米德、新浪上海、易班网等平台全媒体联动播出,《热血熔初心　点亮这座城》本期节目荣登学习强国 App 首页推荐并获 10 万+的视频播放点击率。

《周末开大课》第三季
——热血熔初心　点亮这座城

【片头】

【课代表】
露嘉:《周末开大课》,一起来学习。观众朋友大家好,欢迎收看由中共上海市教育卫生工作委员会指导,上海开放大学、上海教育电视台、易班网联合推出的《周末开大课》第三季,我是课代表露嘉,欢迎各位来到我们的课堂。那这一期的周末开大课,我们将连线武汉,共同开启"逆·光之旅"。首先要为大家介绍的是本期节目的特邀评论员,同济大学医学院人文学院教授,著名精神医学及临床心理学专家赵旭东博士,欢迎赵教授。

【人物片花】
赵旭东,同济大学医学院人文学院教授,精神医学及临床心理学专家

【课代表】
露嘉:好,接下来让我们一起认识一下本集《周末开大课》的青年观察团,他们是华东师范大学的王游方同学,上海戏剧学院的徐铭泽同学,以及上海交大医学院的方正滢同学。我们另外还有20位在线的青年观众,他们现在也正在实时观看我们的节目。好,接下来要为大家请出来的是我们本堂课的主讲老师,上海交通大学医学院附属瑞金医院副院长,上海市第六批援鄂医疗队领队胡伟国。

【人物片花】
胡伟国,上海交通大学医学院附属瑞金医院副院长,上海市第六批援鄂医疗队领队、临时党总支书记

【课代表】
露嘉:胡院长目前正在武汉同济医院光谷院区与我们进行实时的连线,胡

院长，感谢您在百忙之中加入我们的课堂中。

【主讲老师】

胡伟国：大家好！

「第一篇章」 没有生而英勇　只有选择无畏——因为"我是党员"

【课代表】

露嘉：那么今天的"逆·光之旅"，我想先用胡院长在朋友圈发的一篇文章开始。让我们一同把时光逆转，看一看胡院长他们刚刚到武汉的时候，那边是一个什么样的景象。

【Vlog】

2020年2月9日　星夜逆行　驰援武汉
看不见高耸的黄鹤楼　听不见奔流的长江水
我要向这黑夜发起挑战
白衣执甲　不破楼兰誓不还
至暗时刻我以坚守唤黎明

【课代表】

露嘉：我想问一问胡院长，我知道当时您的这个医疗队一共是有136位医护人员，他们是在不到两个小时的时间里面就迅速地集结完毕的，可以说是非常高效率、有速度。那这两个小时的时间里，您有做过动员吗？

【主讲老师】

胡伟国：上海市需要组织第六批援鄂医疗队，于是在微信里面就组织了大家报名。想不到不到两个小时的时间，大家都踊跃地报名，然后由医院来挑选。最后不到两个小时，我们医院班子挑选了一共136名同志，这个当中有一些是老同志，有一些是专家，有一些是著名的教授，比如说我们上海市内分泌研究所的副所长毕宇芳教授，她是一个大牌教授，博士研究生导师，她也报名了。这个当中，也有一些年纪轻的，也有一些中年人，比如说我们的辛海光。他是感染科的医生，他在2015年的时候，当暴发埃博拉病毒的时候，他就是以军人的身份赴西非与死神做斗争，去抗击了埃博拉病毒，在那边一待就是四个月。他说这次武汉我一定要去,我西非都去了,武汉人民是我的同胞,我更要去。我私下在武汉的时候,也问了一些队员们,我说:"你怎么来了?你怎么会过来呢?"很多同志都这么回答我,他说:"因为我是党员,我应该来。"有些医生跟我说:"因为我是医生,我应该来。"还有一些护士回答我说:"因为我是护士,我应该来。"所以他们的回答都很简单。后来他又说了,他说:"胡爸你不是也来了吗?"我说:"因为我也是一个党员,我也是一个医生,我应该来。"

【课代表】

露嘉:在这儿,我想问一下我们的青年观察员方正滢,她也是一位准医生。方正滢,你现在是上海交大医学院的一位在校生,你是不是有什么问题也要请教胡院长?

【青年观察员】

方正滢:我想问一下胡老师,这次驰援武汉,可能面对的是更多的未知。在出发之前,队员们的心里,会不会有一些忐忑,有一些顾虑?

【主讲老师】

胡伟国:谢谢小方。我们的心情怎么样,其实那个时候考虑的事情只有两个:一个零感染,一个如何去打胜仗,其他的可能都没有来得及想。

【青年观察员】

徐铭泽:胡院长当你们到达武汉的时候,您是怎么想的?您又是如何做好这些年轻医护人员的工作,能够让他们最终实现了零感染,并且可以更好地战胜此次疫情,做好了你们想要做的工作?

【主讲老师】

胡伟国:谢谢你提这个问题。其实我刚刚到武汉的时候,我们136名队员面临的是一个至暗时刻,是遇到了一个非常非常大的逆境和困难。我们的队员到了武汉以后,他的防控,他的训练刚刚开始。刚刚开始训练怎么样穿衣服,怎么样脱衣服,怎么样预防感染,病房还来不及装备好,我们的队员那个时候的自信心是不足的。再者我们到的是武汉的光谷院区,我们的电脑系统,医嘱系统,所有的医疗系统,完全是陌生的。我们的流程,我们要怎么样接病人,怎么样诊治病人,怎么样医疗病人,这些流程和规范,我们脑海里是没有的,没有这个流程和制度,所以我们忐忑。就在那个时候,我记得很清楚,我们是2月9日飞机晚上飞到武汉的。2月10日晚上一下子,命令到了,病人就进来了,一下子涌进28名重症病人,非常非常重的病人,而这些病人百分之七十都是老人,百分之七十五也就是四分之三的,合并各类的严重的疾病。所以那个时候,我觉得我们要齐心合力,我们要有一种使命感。所以那个时候,我赶紧跟所有的队员讲:"静下心来,我们来干吗的,我们来救治病人的,我们带着一种使命来的。面对这些困难,面对这些焦虑,大家重托我们,上海重托我们,瑞金医院的领导重托我们,叫我们来克服这个逆境,克服这个困难,来完成这个使命。"所以大家心一下子静下来,没什么好怕的。28个病人进来,我说第一批4个医生上,4个不够再4个,护士也是一对、一对、一对、一对,大家都是非常踊跃地进去了,然后我认为这个至暗时刻一下子克服了。

「第二篇章」 说星星很亮的人 那是因为他没看过你的眼睛——感谢爱有温度

【课代表】

露嘉:这136个人的医疗队,他们来自15个专业的医生团队和10个专业的护理团队。在这次的疫情之前,他们都分布在各个不同的科室。他们未曾谋面,但是当一声令下,集结在武汉的时候,他们从此成了最亲密的战友。而这样的一个转变,我觉得也是非常难能可贵的。我知道胡院长在誓师大会上有一段发言,很多的医务工作者都说,听了之后让人热血澎湃。在这儿能不能跟我们分享一下您当时是怎么说的?

【主讲老师】

胡伟国:我们刚到武汉的时候,我记得我这个双肩背包还没有脱下,在我们的这个中庭里,没有座位,只能站着,我们136个人,开了一个集体大会。我站在台阶上,没有麦克风,我是用非常洪亮的声音对大家讲了一段话:"请记住,今天开始,我是你们的战友,我们是身处同一战壕的战友。我们共同面临的是枪林弹雨,我们同舟共济,成为最亲密的战友。如果有一天我老了,我不记得你是谁,我忘记了你,只要你说,我跟你去过武汉,我跟你在武汉共同战斗过,那我一定会记得你,记得你们当中的每一位。"

【Vlog】

春天来得分外艰难　还好有你雪中送炭
没有无所不能的神　只有创造奇迹的人
难忘你明亮的眼眸　给我治愈　予我温柔
没有一个春天不会到来　当爱之花绽放的现在
我记得点赞的力度
我记得拥抱的热度
我记得胜利的喜悦

感谢爱有温度

【课代表】

露嘉:武汉成了他们内心的一个深深的印记,可能会相伴他们一生。胡院长在这儿有没有什么问题,想跟我们的观察员或者跟我们线上的同学们探讨的?

【主讲老师】

胡伟国:我想问问你们,就是说你们想象当中的,我们在前线的医务工作者,什么时候是最危险的,或者风险是最大的?是进污染区的时候,还是出来的时候,什么时候最容易被感染?

【青年观察员】

王游方:您好,胡院长,我是游方。刚刚您提到了,说是在进病房之前,还是脱掉这个防护服。我感觉应该是脱掉的那个时刻,因为脱掉的时候,你刚从这个病房感染了很多病菌出来,这是我的一个想法,但是我不确定,还需要向您请教一下。

【主讲老师】

胡伟国:其实穿隔离衣的时候,相对容易一点。脱防护衣的时候,也就是说当你从隔离区,从病房里面出来的时候是最有危险的。你刚才说得对,那个时候我们是被污染、被感染,所以脱,我们往往要至少花20分钟,才能一道一道,把一件一件衣服按照规定、按照规矩、按照流程脱下来,你难以想象,我们如果要脱一件防护服的话,我们手消毒大概要20次左右,所以脱是非常危险的。但是我们有一个非常非常优秀的90后党员叫石大可,他的专业就是医院感染,我们是上海医疗队当中,很少的带院感老师驻队的一个团队。石大可专门做什么事情?他为我们保驾护航,我们进去的时候,穿隔离衣,密封跟未封,穿得对和不对,都要他签字。他签在什么地方?他签在我们的防护服上。比如说我进舱,他写胡伟国医生,写好了以后,我才能进舱,他签字。出来的时候,他就守在我们脱防护服的第一道门里面,他也穿好防护服,在里面监督我们。所以我们任何的穿和脱,都是反复核查。石大可他是90后,非常年轻,但是他要求非常严格,他用了我一句话,他说:"我们现在没有上下级,只有战友,互相保护、互相监督。如果一个人感染了,其实是全军覆没。"所以他对我们所有队员的爱护,体现在他的严格要求上。

【青年观察员】

王游方:我刚刚听了胡院长的描述,比如说像反复核查这种细节,都能够感受到医疗人员之间的互相信任、互相劝勉,以及他们同舟共济的这种力量和情感。但是我注意到一个细节,就是在胡院长初到武汉时候的那条朋友圈,说看到患者那种冷漠的眼神。我比较好奇,想请教一下我们胡院长,医患之间的关系是怎么样的呢?

【主讲老师】

胡伟国:刚刚到武汉的时候,天气非常非常冷,非常非常阴冷。我进入病房的时候,我都感到冷。这个空气,也是在冷空气里面。为什么?没有空调。因为那个时候是一个传染病,所以所有的空调全部得关闭。第二个,病人给我的感觉非常冷漠,他的心很冷,为什么?有些患者他的亲人去世了,有的他的孩子去世了,所以他有点心灰意冷。第三个,我们百分之七十的病人是老年人,这些人本身来说,在患新冠之前,他长期的病程就很长,而且又是重症,他没有信心。他认为我已经肾功能衰竭了,再患一个新冠,我能抢救得过来吗?他没有这个信心。还有一些病人,往往不愿意吃饭,他到了吃饭时间,他唉声叹气地不愿意吃。我倒也想问问大家,你碰到这种情况,碰到这种困境,你们也给我出出主意,怎么样解决?

【课代表】

露嘉:来,我们的三位青年观察员,胡院长也是给三位提出了一个非常好的问题。

【青年观察员】

王游方:我个人感觉,医疗人员和我们的患者,其实也是要相对较长的一个相处的时间,是不是也需要进行一个破冰的行动呢?我经常在新闻上看到这样的一个手势,就是一个比大拇指的手势。我觉得这样子的一个动作或者姿态,能拉近彼此之间的信任感。

【主讲老师】

胡伟国:是的。来的时候,病人非常冷,所以我第一件措施,我说给病人加被子,让他们保温。第二个,我就讲了,病房冷冰冰的,四面的墙都是白颜色的,没有任何色彩。我说:"不行,你们赶紧去画一点好玩的彩色的画,贴在墙上,把那个墙全部给它装满了。"他们画的画挺有意思的,非常鼓舞人的。"热干面别怕,小笼包来了",非常非常有温情。武汉的天气逐步逐步变暖了,而我们医患关系也变暖了。接下来你看,这个病房里面色彩斑斓,护士服一个一个都画着小仙女,都写着名字,一下子我觉得很热闹。病人、家属对医生是非常非常信任:"你们从上海来,你们冒着生命危险来救我们,我们对你们还有什么不信任呢?"所以医患关系,这里,就变得比较简单了。

【课代表】

露嘉:是啊,正是有着这么贴心、温暖的人文关怀,还有过硬的专业素养,可以说让整个原本冰冷的病房有了温度,赵教授您怎么看这些医患关系的转变?

【评论嘉宾】

赵旭东:在我们专业里面,心理护理、心理治疗,他们做得非常棒,有很多创造性的方法。就是因为第一批到了前线的那些医生观察到这些现象,后来国务院的联防联控机制、国家卫健委就做出了决定,要派精神科医生、心理治疗师到前线,就是要在医疗团队里面,增加心理干预、心理抚慰疏导的力量。他们是从自己的专业角度,已经在自觉地做这些事,非常好。还有一个讲到,他们病人最大的担忧,其实是对健康的后果。这次感染,他们有硬核的力量,硬核的技术,让这个管理的病房,最大的希望树立起来,他们能够得到康复,这就是树立了他们的信心。

【课代表】

露嘉:所以说,慢慢地,这个温暖的团队也是得到了患者们很多的信任和肯定。一封封的感谢信,一面面的锦旗,一条条用心编辑的短信,就这样用爱来对温暖进行一种回馈。那胡院长,现在如果让您用一个词语来描绘武汉或者是武汉人民,您会选择哪个词?

【主讲老师】

胡伟国:我想还是用一个字吧,那就是"爱"。其实我们上海跟武汉,同饮一条长江水。我一直在想,我们的爱,如果形成一个闭环的话,那么这个爱会有一个升华。当我们给病人打针吃药,或者甚至做护理的时候,其实还有一批默默无闻的武汉人在后面。比如说当我们从驻地,赶到医院的时候,有一辆公共汽车,72路的公共汽车,那个司机也是志愿者。他每天五点钟就要起来,6点钟开始,要开19公里的路开到医院里面去。晚上1点钟,最后一班晚班才要接回来,所以他每天只睡4个小时。他打开公共汽车这扇门的时候,而我们的医务工作者,非常英勇无畏地在打开一扇一扇隔离窗的门,进入疫区,进入病房去。所以同样在打开这扇门的话,我们形成了一个闭环。我们在为武汉的病人医治,武汉的这些人民也在为我们提供更大的支持。所以我相信,这种爱的闭环形成了以后,会有一种升华,让我们做得更好。

「第三篇章」 我愿成为火柴 在武汉将你们点亮——爱,将信仰传递

【Vlog】

每个人心中都有一盏灯

缺的是点亮这盏灯的火柴

一旦被点亮

你们每个人都将光芒万丈

而我愿意成为你们每个人的火柴

在武汉
将你们点亮

【课代表】
露嘉：我知道胡院长还有一个身份，就是一名大学的教师。您在出征的时候，有同学就给您写了一个横幅海报，上面写着：今天你们出征，明天我们接棒，老师平安回来。当时您看到这样的海报，是一种什么样的心情？

【主讲老师】
胡伟国：当我看到这个海报的时候，我非常非常激动。因为这个海报的上半部分，是我出征那个时候的场面，誓师大会的场面。而下半部分，是我作为瑞金临床医学院的院长，给他们授听诊器的那个场面。所以我看到这个海报上的这句话，我深受鼓舞。

【课代表】
露嘉：我知道，当时您出征时候的海报，小方就是参与制作的。方正滢来给我们分享一下，当时你们为什么要做这样一个海报？

【青年观察员】
方正滢：当时看到我们亲切的老师们，都纷纷义无反顾地去驰援武汉，我们心中非常敬佩，所以我们就设计了这样一个海报，也是表达一种我们对老师的敬意。

【主讲老师】
胡伟国：谢谢小方，我每天几乎都要拿手机出来，看看这张海报，我非常感动。我在想我们30名医生，我们14名老师是不是也能为医学院这些孩子们做点什么。我们一商量，我们决定为他们授网上的开学第一课。我们在前线，就在我们同济医院的光谷院区，就在病房里面，我们14位老师为他们一起上了开学第一课。我记得开学第一课当中，我给他们提了三个希望。第一个希望，希望他们要有社会责任感。第二个希望是让他们不要偏废任何一门学科。第三个希望，希望他们要有点储备。这个储备分两部分，一部分要有心理准备：我们现在是医生，是医务工作者，要做好随时上前线的准备。那么第二个储备，是要对一些灾难医学，对一些传染病、感染病、预防、流行病学的这些储备。

【课代表】
露嘉：赵教授，您也是一位老师，您怎么看待师生之间这种爱的传递？

【评论嘉宾】
赵旭东：刚才胡院长一个"爱"字，概括了他对武汉的感受，和在医学教育里，爱的教育体现在师生的传承上，我也非常受感动。爱心、同情心、同理心,这是我们医学教育的最核心的人文要素,胡院长就用实际行动来体现了医学教育里的精髓,所以说我们医者也是要把这种大爱一代一代地传承下去。

【课代表】

露嘉:我知道胡院长有很多的称呼,胡医生、胡爸、胡老师,其实您还有一个称呼,就是胡书记。我知道短短一个月的时间,医疗队一共是有51名队员递交了入党申请书,那么在您的带领之下,18名队员在抗疫的前线加入了中国共产党。我听队员们说胡书记是非常非常严格的,火线入党的新党员,他们本身就是在党内已经接受考察很长时间的好同志了。您还与递交了入党申请书的队员们说:"虽然在武汉,在抗疫的一线,你们都非常出色地完成了任务,你们的表现都是满分,但是想要成为一名共产党员,还要看长久的表现。"

【主讲老师】

胡伟国:在我们这里一共有136名队员,其中有65名是共产党员,那么这65名共产党员,发挥了很大的作用。他们的一个党员一面旗的作用,我认为是发挥得特别好,以致我们51名队员,他们也在火线递交了入党申请书。说明什么?说明这些党员,用他们的行动,感化了这些非党员的同志,让这些队员们积极地向党组织在靠拢。我们有一个护士叫郭颖,她是2003年的时候,因为在抗击非典中,成绩非常突出火线入党的,那个时候她还年轻。她跟我讲,那个时候还很年轻,看到很多的前辈,冲在前面的都是党员,她特别想跟着他们的步伐,慢慢地迈进。于是她2003年的时候,成了火线入党预备党员。这次到这里十几年过去了,她是个老党员了,她现在往往是带着这些年轻的人,帮助这些积极要求入党的人,帮助他们朝她的方向,朝她的脚步慢慢慢慢地迈进。所以,我非常非常感慨。我还可以讲一个例子,就是我们第一天在至暗时刻,进舱的时候,第一批进去的时候,其实不知道里面是什么,也知道里面风险是什么。面对28个病人一下子涌进来的时候,第一批进去的全都是党员。他们非常积极,每一次在危难的时候,在逆境的时候,在危机的时候,挺身而出,让我看到了一种无形的党徽别在他们防护服上,让我看到了这种力量。

【课代表】

露嘉:所以有一句话,叫作"没有生而英勇,只有选择无畏"。在武汉,当号角吹响的时候,总能够看见共产党员冲锋在前,奋不顾身的模样。他们也在用医者仁心,温暖点亮这座城市。

【上海市第六批援鄂医疗队返沪前同期声画面】

"全体立正,准备关舱,请各队汇报。"

"报告领队,第一组圆满完成任务。""报告,第二组完成任务。""报告,第三组完成任务。""报告,第四组完成任务。""第五组完成任务。""报告,第六组完成任务。""报告,第七组完成任务。""报告,第八组完成任务。""报告,第九组完成任务。"

"全体队员辛苦了。"

"为人民服务。"

"我宣布,瑞金医疗队顺利关舱。"

2020年3月30日下午,上海市第六批援鄂医疗队完成使命,顺利关舱,返回上海,并于4月14日全体解除医学隔离。与子同袍,携手同归。沪汉双城,春暖花开。

【课代表】

露嘉:感谢胡伟国院长,今天跟我们一起分享您的"逆·光之旅",也感谢赵教授和同学们跟我们一起共享观点。《周末开大课》,一起来学习,下课。

【课堂笔记】

一个党组织一座堡垒

一名党员一面旗

堡垒无言　凝聚强大力量

旗帜无声　鼓舞磅礴斗志

守望党员初心　践行医者匠心

【青年观察员】

徐铭泽:非常感谢上海援鄂医疗队的努力和付出。我相信,昨夜你们逆流而上,共战疫情。明朝你们定能顺流而下,共盼春归。

【青年观察员】

方正滢:那么在这里还是想说,老师们,今天你们出征,明天我们接棒。

【青年观察员】

王游方:感谢所有抗疫的战士们共克时艰,让我们在乌云中,看到了一抹逆光。

2020年度上海广播电视奖
参评作品推荐表

作品标题	公益诉讼进行时第一集：守护生态环境	参评项目	电视新闻
		体　裁	新闻专题
		语　种	中　文
作　者（主创人员）	吴黎明、汪鑫、沈曦、车秉健	编　辑	沈雪颖、苏义宝
刊播单位	上海广播电视台	首发日期	10月12日21时00分
刊播版面（名称和版次）	新闻综合频道《案件聚焦》	作品字数（时长）	22分钟
采编过程（作品简介）	\multicolumn{3}{l}{　　长三角高铁沿线10万平方米跨省市拆违，是一个进行中且充满变数的选题。因牵扯利益巨大，现场大概率会发生激烈冲突，这是可预期的。但是从开拍到播出，只有小半年的时间，播出前能否取得有效进展很难说。另外，涉案地点在江苏，管辖权错综复杂，上海铁路、南京铁路、苏州地方都会被牵扯到，而且地方的态度很不明朗。检察院对前景也不完全乐观，因此拍摄风险极大。同时，这又是一个行政公益诉讼选题，罕见、特殊、意义重大。碰到这种情况，对新闻专题有敏锐嗅觉的记者，宁"错杀"，也断然不能放过。 　　昆山现场用无人机拍摄，高空俯瞰高铁沿线大片被非法侵占的土地，规模之大令人震惊。跟随检察官实地勘查跟拍，各种安全隐患更是触目心惊。与涉案对象接触后，冲突如期而至。凑巧的是，选题跟进拍摄的过程中，上海市人大常委会审议通过《上海市人大常委会关于加强检察公益诉讼工作的决定》。这部地方性法规为公益诉讼的进行提供了强有力的法律支撑。同时，牵头的检察官非常给力，既能雷厉风行，又能和风细雨；既能在法言法，又能兼顾情理。一趟趟往昆山现场跑，加快了拆违的进度。经过小半年的跟拍，待播出前，违建绝大部分已被拆除。 　　另外两个选题，相对而言要稳妥不少，但是敏感程度一点也不低。为一条鱼立法，为一条鱼公益诉讼，其目的需要讲通讲透。而全国首例"洋垃圾"公益诉讼案，更是撩拨着各大媒体的神经。在资料极其缺乏的情况下，如何把故事讲得出彩生动，普法更精准，考验的是记者的"手艺"。 　　专题片通过鲜活的案例，彰显了上海检察机关通过公益诉讼，为公众守护绿水青山，也为生态文明建设与绿色发展提供了有力的司法保障。}

社会效果	节目播出后，不仅得到最高人民检察院、上海市人大、上海市人民检察院高度肯定，也吸引各大主流媒体高度关注。人民日报、央视网、央广网、最高人民检察院官网、上海人民检察院官网、文汇报、澎湃等都予以长篇报道节目、视频转发。 　　收视率2.1，超上月平均收视(1.8)。《案件聚焦》抖音号点击343.2万多次。在新浪、腾讯、网易、爱奇艺、看看新闻、B站、豆瓣等网络平台引发热议。 　　作为公益诉讼类的专题报道，无论在体量、内容还是形式上都走在同行之前。为广大老百姓打开了一个了解公益诉讼工作的窗口，提升了全社会的法治意识。

公益诉讼进行时第一集
守护生态环境

【本期导视】

【解说】违法侵占铁路用地十万平方米。

【实况】老百姓跟政府打官司打得赢吗？打得赢多。你要把证据收集起来，弄出来，不是叫叫叫，在这里叫没用的。

【解说】为一条鱼立法，为一条鱼公益诉讼。

【实况】公开向社会公众赔礼道歉。

【解说】利欲熏心，走私"洋垃圾"，国家付出百倍代价。

【实况】牺牲的环境又是我们公众买单，这个怎么行？

【解说】详情请关注稍后播出的案件聚焦特别节目《公益诉讼进行时》，上海检察机关在行动。

【演播室1】观众朋友大家好，欢迎收看案件聚焦的特别节目《公益诉讼进行时》。检察公益诉讼是"公益诉讼"的一种，就是以提起公益诉讼方式履行宪法赋予检察机关的法律监督职能，更好地促进国家治理，维护公共利益。今年6月18日，上海市人大常委会通过《关于加强检察公益诉讼工作的决定》，规定检察机关应当为相关社会组织提起公益诉讼提供必要的支持和保障。从今天开始，我们将连续播出6集检察公益诉讼的特别节目，今天是第一集，首先讲一例检察机关强势出击的行政公益诉讼。

【实况】航拍

【实况】

现在我们就从涵洞隧道过来，沿着这条路直走，这条路两侧都是在侵占范围土地内。里面有堆场，还有一些钢结构的存放，包括还有一些泵车啊，渣土车之类的。

这个宽度有多少？两条铁路之间。

大概在 130 米,约 130 米的样子。

这边我们开下去得好几百米吧,大半公里有吗？

差不多将近一公里。

一公里不到。

【解说】这里是江苏省昆山市境内的京沪线上行线和下行线交界处,初步估算,铁路沿线被非法侵占的土地面积约 10 万平方米。航拍可以清晰看到各式各样的建筑以及堆放的建材。

【实况】两列火车交会驶过

【解说】京沪线客运和货运都异常繁忙,每隔几分钟就有一列火车通过这里。违法搭建、人员活动,以及危化品,都严重威胁到列车的运行安全。紧挨着铁路,有一排平房。平房的门口,停放着一辆油罐车。万一发生爆炸,光是想想就让人不寒而栗。而平房内,也堆放着易燃易爆物品。

【实况】这种油罐子都是危险品,易燃易爆的。你看那边塑料桶里面装的什么,肯定是易燃易爆的东西,所以它这里安全隐患很大的。

【解说】2020 年 6 月 18 日,上海铁路运输检察院邵维伦主任带队来到现场勘查,同行的还有上海铁路监督管理局和铁路上海工务段的工作人员。

【实况】

保护红线是多少米啊？

最近的是 8 米。

我们这个地方到它这个建筑的话,肯定是不可能有 8 米的。

对,没有,没有 8 米。

【解说】这栋违法建筑和坡脚的距离,不要说八米了,就算八厘米都没有。另一侧违法建筑的墙壁上,私接电线异常明显。两栋建筑之间,有一个贯通铁路下方的排水涵洞,涵洞内则违法搭建了供人行走的通道。一位妇女连忙过来解释。

【实况】板拿掉底下就是洞,(下面)是水不影响的。

【解说】殊不知这一项,已经严重违法。

【上海铁路运输检察院　检察官　邵维伦】

万一发生大雨、洪灾,整个洞能够起排涝作用,你把它一搭,整个排涝的面积缩小了。缩小的话,水来不及排的话,浸泡在这里,就会对我路基造成严重的威胁,会冲毁路基,所以这个是严重违法的。

【解说】违法搭建、停放危险品车辆、私拉电线、堵塞排水涵洞,十步范围内已发现四处安全隐患,触目惊心。更何况,这一片被侵占的土地足足有十万平方米。铁路管理方也派了人一起来。

【上海铁路监督管理局　二级调研员　邱治国】

铁路改革之后,这个执法权实际是没有了,执法证也都过期了,执法证也是地方给它授权。

他们都向地方(有关部门)说了,但是地方说要走流程,各种原因。时间拖,一直没有(解决)。

【解说】如果相关行政机关不履职,损害了社会公众利益,那么检察机关可以依法督促其履行职责,这便是行政公益诉讼。

【上海铁路运输检察院　检察官　邵维伦】

如果政府不履职的话,我可能要发检察建议,检察建议之后两个月还是这个现状,那我真的要起诉了。

【解说】在现场勘查期间,一位姓王的妇女找到检察官,自称是这一片区域的投资人。

【当事人　王女士】

谁叫你造这个房子的?

当时你们铁路好多领导批的。

哪个领导批的,你拿批文我看看。

我家里有呀,有批文。

来,给我看看。

行,我拿给你看。

【解说】王女士将现场勘查人员带到建有一栋二层房屋的院子内,院门上还挂着两块公司的牌子。据了解,院内的楼房是 2015 年、2016 年建造的,使用面积近 2 000 平方米。王女士自称手续齐全,可实际能拿出来的,只有一张没有盖章的图纸。

【铁路上海工务段　安全副站长　王建明】

我们铁路的内部资料怎么在你这里?

不是。

你倒说说看看。

你们是铁路签好给我的。

盖章呢,你盖章呢?

当时,你们说这东西就是这样的。

盖章有效你知道吗?

【上海铁路运输检察院　检察官　邵维伦】

她说铁路批文,不可能的。铁路部门没有这个权,这个权在地方规划部门,铁路自己在这里造房子,也要经过规划部门批准的。

【解说】没有合法手续就造房子,毫无疑问,这是一栋违法建筑。问题还不止于此,据了解,2013年这对夫妻曾在此租下了这块地,可到2014年年底合同就已经终止了。然而这对夫妇没有离开,还建造了房屋,继续大搞开发,扩大了侵占范围。

【上海铁路运输检察院　检察官助理　王剑】
协议里面,当时签的合同是29 000多平方米,用无人机去拍摄了一下,现场实际侵占的面积大概有10万平方米。

【现场实况】
土地出借是一年一次。
你们签是这样签的。
你现在已经过期了你看到吗?
当时就是这样签的。
你们不跟我们签,我们有什么办法。

【解说】明明是违法搭建,私自侵占,却喊得比窦娥还冤。检察官说,因为整治牵扯到巨大的利益。而且,这还不是个例。

【上海铁路运输检察院　检察官　邵维伦】
很多人就盯着铁路这块肥肉。
利益,就是为了利益。
一个人租好之后,他是最便宜的,五角钱六角钱,然后他转租给别人,翻一番的,他做他的二老板,他每个月总归是四五十万元是很轻松的。
那这个收益不得了。
是啊,他所以是痛的。

【解说】其实,这一类的铁路侵占属于历史遗留问题。起初铁路沿线被外来人员或者流浪人员侵占,铁路方面考虑出租反而有利于管理,可谁知在实际管理过程中,产生了一些问题。

【上海铁路运输检察院　检察官　邵维伦】
发过检察建议,就要求:一个,土地租借时间不能长,每年一签都是临时性的。第二,规定不允许在上面建永久性建筑,因为永久性建筑一旦建立起来,就会有很大的后遗症。

【解说】经过现场协调,违法侵占铁路用地的夫妇松了口,愿意做出退让。

【现场实况】
别的地方全部整治掉。
只要留这栋办公楼,其他都整掉。

对啊,其他都送给你。

租给我用个十年也行,我照出租金给。

【解说】离开现场后,邵维伦和他的同事做好了两手打算,一方面研究这个要求的可行性,另一方面则加紧联系属地检察机关和有关行政部门,如果通过协商无法完成整治,就可能要督促属地政府和行政部门按照法律的规定,实施强拆程序。

【上海铁路运输检察院　检察官　邵维伦】

因为从目前公益诉讼的法律框架来说,这个事情它的实际管辖权,行政管辖权肯定是在昆山。根据我们原来铁路检察院的案件管辖来说,它还属于我上海铁路检察院范围。所以我们针对这块地方,也跟南京铁路检察院进行了沟通。

【解说】凑巧的是,就在勘查现场的6月18日当天,上海市人大常委会通过了《关于加强检察公益诉讼工作的决定》。这部地方性的法律,还特意提到了本市检察机关应当加强与长三角区域检察机关协作,推动跨区域系统化治理。邵维伦主任的南京之行,取得了不错的成果。而侵占铁路用地的清理,也逐渐开展。

【上海铁路运输检察院　检察官　邵维伦】

昆山市政府把这个事情落实给交通委,因为它属于交通口子,所以我们跟交通委取得联系。

【解说】9月2日,时隔两个月多,邵维伦主任再度带队,来到昆山段,查看铁路沿线拆违与清理的进度。

【现场实况】

这边不是拆完了么,墙都倒了。这边全部拆完了,但是里面这个东西呢?

东西这边肯定政府还要弄了,还没清理完。

它这边将来都是绿化。

这里要准备拆了吗?

拆,拆,拆,知道了,家里有一个八十岁的老人,我也答应政府了,答应政府尽快拆掉,找到地方就拆掉。我这里的地方,已经拆了。

在找,找好就搬走,政府告诉你们这里要拆了对吗?

对。

说了对吗,都知道了对吗?

都知道了。

好。

【解说】违法侵占铁路用地的区域,刚好位于昆山市巴城镇和高新区接壤的地带。在铁路外围巴城镇这一片区域,拆违已经完成了一部分。拆违完成后,会对地块进行彻底整治。然而,对于高新区内王女士徐先生夫妇侵占的那片土地的后续处理上,意见出现了分歧。

【上海铁路运输检察院　检察官　邵维伦】

最后当事人她同意,把侵占的所有外面的土地全部归还,这幢楼她说再租给她,继续租给她使用,再给她几年时间,工务段它不肯,它坚决不肯。

【现场实况】

违章是违章,把道理给你讲清楚,你认为铁路同意你的,造成你投资损失了,可以打官司,你拿出证据来。

老百姓和政府打官司能打得赢吗？

打得赢的多。

现在你静下心,要把这个方案弄出来,不是空口说,在这里叫是没用的。叫它赔,赔钱可以的,铁路我们也会盯住。

它不出面,我跑到办公室多少次。

【解说】王女士担心铁路方面不肯出面,邵维伦主任也提出了解决方案。

【现场实况】

不出面你跟我讲,我把他叫过来。你到我检察院来,我把他叫到这里来。

行,只有你们政府说了有用。

对吧,你就是要把证据找找好。

【解说】尽管还面临着许多阻力,但经过检察机关的协调,事情还是有望在诉前解决。

【上海铁路运输检察院　检察官　邵维伦】

其他的,他们都已经达成一致意见,全部复绿。这就牵涉到很大一笔费用,那现在昆山市政府,他们愿意出大部分,铁路也出小部分。

我发现你们还是蛮有用的,政府部门有压力。

我们不能说工作做得简单化,我就给你政府压力,我不管你什么手续,你去想办法解决,这不利于问题解决,我们也要去疏解当事人的问题。

【解说】后续检察机关会继续跟进,推动问题的治理。

【解说】上海铁路运输检察院通过去年一年的行政公益诉讼,基本将上海境内铁路沿线16处安全隐患清理干净,这是检察系统关于生态环境和资源保护公益诉讼的有益实践。而这一次对昆山段隐患的主动出击,更为今后长三角协同公益诉讼配合机制的建立提供了可行的经验。

【演播室2】除了行政公益诉讼,检察机关还会对破坏生态环境的犯罪嫌疑人提起刑事附带民事公益诉讼。今年5月14日,为了更好地保护生态环境,上海为一条鱼立了法,《上海市中华鲟保护管理条例》审议通过,至此,这种有1.4

亿年历史,与恐龙同一时代的物种,有了法律的保护。

【解说】中华鲟是中国一级重点保护野生动物,每年10至11月,它们到长江上游繁殖。幼苗顺江而下,在大海中发育,性成熟后中华鲟游回长江继续繁殖后代,往返路径长达5 000公里。正是由于这种执着的千里寻根的习性,人们称它为"中华鲟"。就在《上海市中华鲟保护管理条例》通过的当天,上海铁路运输检察院为了一条鱼向崇明法院提起了公诉。

【解说】被告人邢某,江苏滨海人,渔民。2019年8月6日,开船到崇明区佘山岛区域无证捕捞,用拖网捕到不足两斤的中华鲟幼鱼一条。在明知中华鲟是国家一级野生保护动物的前提下,抱着侥幸心理,将其放入冰柜冷藏,准备带回家满足口腹之欲。谁知上岸时,被崇明区渔政人员当场查获。

【实况】
我问你这条鱼哪里来的,我照的这条鱼什么地方来的?
放在冰箱了。
你放冰箱里准备怎么处理这条中华鲟。
准备吃的。

【解说】除了追究其刑事责任,上海铁路运输检察院还提起刑事附带民事公益诉讼。

【上海铁路运输检察院 检察官 徐嘉炜】他的这个行为不仅是涉及刑事犯罪,同时也是破坏了我们长江这边稀有物种的生态资源,损害了社会公共利益。

【解说】经过审理,崇明区法院当庭做出一审判决。

【庭审实况】被告人邢某犯非法猎捕杀害珍贵濒危野生动物罪,判处有期徒刑一年,并处罚金人民币5 000元,赔偿因非法猎捕杀害珍贵濒危野生动物所造成的国家野生动物资源损失共计人民币4万元。

【解说】被告人邢某,当庭由律师代为宣读公开赔礼道歉声明,并表示愿意分期赔偿国家野生动物资源损失。

【解说】生态环境和资源保护公益诉讼,其实就是为了维护我们共同生活的家园。让水更绿,让山更青,让空气更清新。小作坊炼化"铜泥"排放废气,显然会污染空气,而废渣更是污染土壤和地下水。这个道理谁都懂,可在利益的诱惑下,偏偏就有人铤而走险。而这些污染的源头,竟然还是花钱从国外买来的"洋垃圾"。

【上海市人民检察院第三分院 检察官 沈迪】
由于国内的货主想购买一批铜污泥,就找到了一家有进出口资质的被告单位,宁波某公司负责人张某找到了一个有国外货源渠道的被告人薛某,想通过薛某在韩国组织一批铜污泥的货源进口到国内,并且把这批铜污泥的报关和运输交给被告人黄某负责,最后他们三个人通过这样子的一个方式,将138吨的铜污泥伪报成了铜矿砂进口到国内。

【解说】138吨"洋垃圾"藏在集装箱内,试图蒙混过关,但是被海关查了出来,三名被告人均被判刑。

【上海海关隶属外高桥港区海关查验五科　科长　张龙】

这种废弃物是不容许进境的,我们必然是要按照国家的法律进行处理,一种是要退运出去,另外一种是要做无害化处理。无论是退运或无害化处理,都要产生相应的费用。

【解说】这起案件中涉案三人,所获利益加起来不足10万元。然而,要对这批"洋垃圾"进行无害化处理,国家要花费十倍以上的费用。

【上海市人民检察院第三分院　检察官　季刚】

如果要对环境进行修复的话,我们花的代价是几百倍的代价,现在的处理费用可能要高达8 000元一吨,像这个案子的费用就100万元都不止。

【解说】为此,上海市人民检察院第三分院,对涉案的被告人与公司,提起了公益诉讼。

【上海市人民检察院第三分院　检察官　季刚】

做这种事情,他只能通过牺牲环境来取得他个人的盈利。而牺牲的环境又是我们公众买单,这个怎么行。

【解说】购买铜泥提炼的企业,虽然免予刑事处罚,但在公益诉讼中不得不掏出钱包来赔偿公众利益的损失。

【上海市人民检察院第三分院　检察官　季刚】

这四个违法的公益的侵害人,要承担105(多)万元的经济赔偿。

【解说】既严惩了侵害人,又保护了环境和资源。检察机关生态环境和资源保护公益诉讼的价值,由此可见一斑。

【上海市人民检察院第八检察部　屠春舍　主任】

我觉得上海公益诉讼,可以说要打好三张牌。第一张牌应该说是(维护)民生牌,特别关注守护老百姓身边的环境。第二张牌是前端的防范,要让原来有侵害危险的事情,不要让它变成实际的损害。第三张牌就是后端的修复。我相信随着市委市政府这样一种支持,还有人大决定这样一个支撑,我相信今后,我们这三张牌打得更好。

【解说】检察机关提示,市民可以通过12309电话热线、上海检察机关公益诉讼平台等方式举报线索,参与公益诉讼。

【演播室3】去年一年,上海检察机关在生态环境和资源保护领域,推进水域治理专项监督。制发诉前检察建议64件,提起诉讼10件,督促治理恢复被污染水土面积1 847亩、清理被污染河道49公里。还办理了全市首例"洋垃圾"公益诉讼案件。绿水青山就是金山银山,检察机关通过公益诉讼,为公众守护绿水青山,也为生态文明建设与绿色发展提供了有力的司法保障。

2020年度上海广播电视奖
参评作品推荐表

作品标题	不朽的英雄赞歌	参评项目	电视新闻
		体　裁	新闻纪录片
		语　种	中　文
作　者（主创人员）	朱宏、谢申照、冯迪鞞、诸颖政	编　辑	孙敏
刊播单位	上海广播电视台	刊播日期	2020年10月23日 22:00
刊播版面（名称和版次）	东方卫视、纪实人文频道	作品字数（时长）	48分钟
（作品简介）采编过程	纪录片《不朽的英雄赞歌》从一支以上海籍子弟兵为主的部队参加长津湖战役切入，讲述我军在战场上以劣势装备打败美军陆战一师的故事。为了保家卫国，上海人民响应号召积极参军。舍小家为大家，上海派出的志愿医疗队也开赴前线。区别于全景式的大制作，节目从小视角展现了70年前抗美援朝这场伟大的战争。 　　摄制组寻访了上海还健在的志愿军老兵和历史亲历者，结合国内外关于抗美援朝的影像资料和档案文献，用故事的方式讲述英雄的事迹。正如电影《英雄儿女》中的《英雄赞歌》所唱，英雄们"舍生忘死保和平"才换来了"大地春常在"。70年后，缅怀英雄，赞歌不朽。这场战争所展现的中国人民团结勇敢和无畏牺牲的爱国主义精神将永远被后人铭记。			
社会效果	纪录片播出后，广受关注和好评。据国家广电总局2020年12月发布的《中国纪录片发展报告（2020）》统计：《不朽的英雄赞歌》节目黏性高，和央视同题材纪录片《英雄儿女》在播出时观众的忠实度都达到50%以上，是地方卫视抗美援朝节目的出色代表。 　　审片专家认为，"在抗美援朝的大历史背景之下，纪录片选取了以往不多见的上海视角切入，以小见大：在历史的关键时刻，上海从来不缺英雄。片中志愿军老兵和历史亲历者的口述，以及一些珍贵文物和档案资料的再现，也非常具有史料价值。用故事的方式讲述英雄的事迹，让历史更加贴近，更为生动感人。"			

不朽的英雄赞歌

引子：

实况（志愿军第20军抗美援朝出国作战70周年座谈会）：

今天，我们的原20军抗美援朝出国作战70周年（座谈会）现在开始。请全体起立，向在抗美援朝战争中牺牲的革命烈士默哀。

70年前，伟大的抗美援朝战争期间，中华儿女舍生忘死、众志成城。他们用血肉之躯，铸成共和国不可侵犯的尊严丰碑，也奏响了一曲曲可歌可泣的赞歌。

【陈泽：1949年8月参军，12周岁，我是第二批入朝的。

朱俊贤：你15岁怎么好当兵啊？我讲，15岁，准备穿上军装，拿起武器，到朝鲜去了。

顾定宇：就马上到东北辑安，要求26日打响（战斗）。

刘石安：11月3日，火车从梅河口直接开过鸭绿江。

朱凯：穿的回力球鞋，单军装，就这样过去，过朝鲜了。

陈仁虎：1950年12月，在朝鲜三年，那个地方叫"裕文山"。

方学兴：1952年9月，支持他们，第一次上甘岭战役。

刘素鸿：1951年8月参军的，整个23军到朝鲜，那么我随部队一起到朝鲜去。

朱锦翔：空军部队女同志特别少，我那个时候坚决要去。

夏武阳：1952年年底，我们就奉命到朝鲜去。

周培忠：一直打到朝鲜战争停战，我们再从朝鲜回国。】

出片名：《不朽的英雄赞歌》

解说：

1950年10月1日，新中国刚满周岁，天安门广场上举行了中华人民共和国成立一周年大阅兵。从这段珍贵的彩色影像中可以发现，当时天安门城楼上的毛泽东主席神情有些复杂，仿佛若有所思。

就在三个多月前的6月25日，朝鲜战争爆发。第二天，美军第七舰队驶入了台湾海峡。9月15日，以美军为主的"联合国军"在仁川登陆，并迅速向北推进。10月1日这天，联合国军越过了三八线，朝鲜半岛局势危急。刚刚获得新生的中国再次笼罩在战争的阴云下。

在全国人民欢度国庆之时，驻扎在江苏、上海等地的第九兵团下属第20军突然接到了中央军委的命令，一列列火车正满载着士兵悄然北上。

【刘石安：我们就坐着闷罐车，火车轰隆轰隆就往前开，往哪个方向开我们当时也不知道。到了山东兖州孔林那个地方，才知道，这是孔子的故乡。这个时候，朱德同志来曲阜了。给九兵团团以上干部做了报告，就是讲要抗美援朝。】

第九兵团是解放军中的王牌部队，下辖20军、26军、27军三个军，总计15万人。军中大多是华东的子弟兵。作为原中国人民解放军第三野战军的主力，他们曾经参加过淮海战役、渡江战役和解放上海的战役。其中第20军不仅以上海籍士兵为主，更是一度肩负了解放后上海的防务。由于20军入城后纪律严明，不住民宅睡马路，因而广受好评。

新中国成立后，第九兵团一直在上海周边进行军事训练，任务是渡海作战、解放台湾。这一次，面对朝鲜战场的复杂局势，毛泽东亲自选定由第九兵团出国参战。

【苏荣：他跟九兵团宋时轮司令讲的时候，就说为什么我们要劳师远征，从南方调你们九兵团到朝鲜作战，就是因为你们在解放战争中练就了一身硬功夫，调你们进去，就要扭转朝鲜的战局。】

第九兵团将要面对的是美军的三个师和韩国的一个军团，共10万人。其中美国海军陆战队第一师堪称王牌中的王牌。在第二次世界大战中，他们在瓜达尔卡纳尔岛、硫磺岛、冲绳岛等战役中取得过辉煌的战绩，被称为"从没打过败仗的常胜师"。这一次来到朝鲜战场，美军的气焰更加嚣张，指挥官麦克阿瑟扬言要在圣诞节前结束朝鲜的战事。

第一次出国作战，又是面对如此强大的敌人，第九兵团司令宋时轮不敢轻敌。他花了大量时间研究对手，制订作战计划，希望入朝的第一仗不负众望。然而，九兵团还未走出国门就碰上了难题。

【刘石安：沈阳的军区的一个副司令，贺晋年来看大家了。我们都有介绍了。贺晋年一看，这个部队都是，头上还戴的大盖帽。棉衣呢，很薄很薄的单棉衣，鞋子穿的是上海的回力解放鞋。贺晋年当时就紧皱眉头，就很严肃地讲了，"你们这个部队能打仗啊？这种装备你进去，冻也要把你们冻死。赶紧换装。"哪里来得及换装？

苏荣：毛泽东下命令，无论如何解决一个棉袄、一个大衣、一个棉鞋、手套，东北军区哪里搞得到这么多东西？当时东线美军登陆的一个师，一支部队已经到达鸭绿江边。】

虽然没有足够的装备补给，战士们依然士气高昂。火车从山东一路开到东北辑安。

11月8日到12日，第20军各师陆续跨过鸭绿江，抵达朝鲜待命，成了第九兵团的开路先锋。

长津湖位于朝鲜北部长津江上游，是朝鲜第二大人工湖，周围崇山林立，平均海拔约1 300米。因为70年前的一场战役，这里承载了中美两国军人都无法忘却的惨烈记忆。

【迟浩田（采访资料）：这么长的时间，但是长津湖战役对我来说，刻骨铭心，因为在我军的战史上，我参加过很多战役战斗，但是像长津湖这样的战斗，过去没有过。】

今年87岁的刘石安曾是20军59师的一名文化教员，曾经参加过长津湖战役。当年他只有17岁，还是一名新兵，抗美援朝的这段经历让他终生难忘。近年来，刘石安一面筹建第20军历史研究会，一面联络在上海的志愿军老战友做采访口述，希望英雄们的事迹不被湮灭。长津湖战役就是20军历史上最为英勇的一场血战，是战士们用生命铸就的丰碑。

当时，朝鲜战场东线的美军在长津湖地区沿着古土里、下碣隅里、柳潭里、新兴里70公里狭长的山间公路一线，摆成了长蛇阵。第九兵团决定采取"迂回切断、包围歼击"的战法。为了达到奇袭的效果，志愿军十多万大军翻山越岭、昼伏夜出,连续急行军,向长津湖一带秘密开进。

【顾定宇:任务非常紧,一个命令接一个命令,要我们马上赶到长津湖,26日打响(战斗)。后来拖到27日,为什么拖到(27日),(因为)有个山过不过去,叫死鹰岭。老鹰飞不过去,老鹰要死了,叫死鹰岭,就是这个名称。老百姓讲就是这个名字,你们志愿军能翻过去啊?】

从朝鲜的边境到长津湖地区,最近的有两三百公里。要凭借着两条腿追赶美军的机械化部队,志愿军战士只能选择最难走的山路。高海拔的严寒减缓了行军速度,这些大部分来自江南水乡的士兵,有的甚至还是人生中第一次看见雪。

这一年,长津湖的冬天格外寒冷。50年不遇的西伯利亚寒流使原本零下30多摄氏度的气温又下降到零下四五十摄氏度,战士们完全没有抵御极端寒潮的经验。

【严菊生:一天晚上总是110里路,就是按公里55公里以上。晚上一走,到天亮了,宿营地就去。我们小孩也变成白毛女。那个时候胡子、头发都是白的。

刘石安:气温越走越低。达到了零下40摄氏度。你晚上根本不能睡觉的。一睡觉就完了。睡觉就等于死掉了。不断地行军。那么,有的耳朵、鼻子都冻掉的都有。有的鞋子和脚都连在一起了,冻在一起了。

顾定宇:冻伤,这里出来的,主要脚,都是发黑了。我们曾经(13营)的当卫生员的副营长下来见了我,他这两个脚脖都发黑了,不能走路。冻死的不能谈了。】

1950年11月27日傍晚,20军终于赶到了长津湖西侧预定地点,和位于长津湖北部和东北部的27军形成了夹击之势。两军分别以美军陆战一师两个团和第7师的31团为主攻目标。

夜半时分,长津湖战役打响,20军、27军突然发起了猛攻,美军在毫无准备之下被分割成了五个部分。

【苏荣:麦克阿瑟这时候意识到很危险,必须马上撤出来。陆战一师师长就讲了这么一句话,他说:中国军队很可怕,他们有高昂的情绪,我们无法抵住他们,我们只有赶快撤出去,就是逃出去,这样的话可以保留我们陆战一师的编制,保持我们陆战一师的荣誉,否则我们陆战一师从这个,全部被消失了。】

美军犹如困兽,拼尽全力要打通被截断的各部阵地。为了尽快摆脱志愿军的包围,他们动用了全部机械化装备,在飞机和炮火的支援下一路向南撤退。第九兵团则挖路炸桥、围追堵截,想要阻挡敌人的退路。

【顾定宇:我们要跑一天,他只要一个小时。敌人快进快出,为什么他快进快出,机械化部队,就是摩托化。坦克飞机掩护,大炮掩护,你像我们立式装备,两个脚,11号车子怎么赶得上,赶不上的,是吧?所以吃亏我们也吃亏在这里。

袁念琪:他们那个部队60师,就穿插到敌人后面,把那个桥炸掉了,以为这样敌人的退路就切断了,就把敌人包围里面了。他说没想到,敌人用飞机吊来钢板,把这个桥又架通了,又跑掉了。】

在长津湖下碣隅里的外围地带,1071.1高地被称作小高岭,小高岭下就是下碣隅里和柳潭里之间的公路,这是陆战一师撤退的必经之地。20军58师172团的杨根思连就坚守在这里。

【顾定宇:杨根思讲只要人在,阵地就在。最后打得一个连基本伤亡了,都下去了。最后,没有了,只剩下了司务长、只剩下个通信员,这样一个。他下命令,通信员、司务长,"下去。"命令。那么通信员,不肯下,"你一个人怎么办啊?""你不要管。"那么他在最后,手榴弹打光了,子弹打光了,最后拿炸药一个引线一拉。】

后来,杨根思的英雄事迹被写进了电影《英雄儿女》中,主人公王成的形象就参考了杨根思的原型。

在长津湖的这场战役中,不只是杨根思,还有许多无名英雄用另一种壮烈的方式坚守在阵地上。

【刘石安:有一次我们177团在山上,美国人要晚上进攻,坦克就开路、步兵跟着冲锋。他们一看,哎哟,有志愿军拿着手榴弹,拿着爆破筒,吓坏了,坦克就吓得掉头跑。

苏荣:第二天早上再攻的时候,结果发现没有,志愿军没有人抵抗。他们就派人过去看,一看,一个连100多人的部队,全部成射击姿势,全部变成冰人,全部冻死了。

刘石安:我们59师在草鹰岭这个地方,在一个山上就有一个连队全部冻死。还有一个我们60师180团二连也全部冻死。另外还有一个是二十七军的

一个连队,也全部冻死。成为三个冰雕连。】

长津湖战役让美国海军陆战队最精锐的陆战一师受到了前所未有的重创。第7师的王牌"北极熊团"3 000多人被歼灭,团旗被缴。与此同时,西线志愿军部队也在彭德怀总司令的指挥下对美第8集团军展开猛烈进攻,取得了清川江围歼战的胜利,志愿军于12月6日成功收复了平壤。

二次战役彻底粉碎了麦克阿瑟圣诞节之前占领整个朝鲜的妄想。志愿军九兵团在长津湖严寒中的这场殊死决战,对整个朝鲜战场局势的改变起到了决定性的作用。这个战绩得到了中央军委的肯定,毛泽东评价说"九兵团此次在东线作战,在极困难的条件下,完成了巨大的战略任务"。

【新闻资料:上海欢送抗美援朝志愿医疗手术总队】

(新闻原声)"上海市抗美援朝志愿医疗手术总队,在1月25日出发北上到朝鲜去。医疗总队里面,有经验丰富、闻名全国的外科专家和内科圣手,他们将以自己优越的技术和高度的爱国热情去为保卫世界和平、保卫祖国而受伤的中国人民志愿军和朝鲜人民军服务。……"

这段新闻影片记录下了1951年初上海抗美援朝志愿医疗手术总队出发的情形。上海首批医疗队共321人,编成了三个手术大队。由林竞成、黄家驷、张曦分别担任三个大队的大队长,黄家驷为总队长。医疗队员们来自上海医学院、同济大学医学院等医学院,以及上海各市立医院和私立医院。

为了探寻医疗队背后的故事,我们在北京拜访了黄家驷教授的儿子黄文昆老人。从70年前的影像中,他一眼便认出了父亲的身影。

(黄文昆家中)

黄文昆:这就有了,在这里,就是他。他是领队嘛,要拍一定会拍到他的。

黄家驷是中国著名的胸外科专家。1933年毕业于北平协和医学院,在上海医学院任职,曾赴美留学。在抗战时期,黄家驷就曾加入协和医疗队奔赴热河前线救治伤员。这一次,他积极响应上海医疗界"抗美援朝、保家卫国"的号召,率先报名参加志愿医疗手术队。

【黄文昆 上海市抗美援朝志愿医疗手术总队总队长黄家驷之子:抗美援朝开始的时候,需要组织医疗队,那个时候还是有一些阻力。跟美国打仗就说会

有点害怕。大家都有点犹豫,他报名参加就起了一个带动的作用。就是说黄医生都报名了,大家就跟着走这样,就开始很踊跃了。】

在短短一个月的时间内,志愿报名的人数就达到了 1 233 人。胸外科专家黄家驷把家里尚在病中的一双儿女托付给了妻子,出任医疗总队队长兼第二大队队长。

1951 年 1 月 25 日,春节前夕,首批上海志愿医疗队告别亲人,在医务界两万多人的欢送下,从上海北站乘火车开赴东北。

【黄文昆　上海市抗美援朝志愿医疗手术总队总队长黄家驷之子:他们到了东北之后,中央有一个考虑,就说这些医务人员很宝贵,不放心让他们过江……就在黑龙江的齐齐哈尔,齐齐哈尔有一个第二陆军医院,重的伤病员就都送到那里去做手术。

刘素鸿　23 军野战医院医疗 3 所护理员:如果轻的伤,就给他们处理一下,包扎好,就留在医疗所,让他们养个把月再回到前线去。伤势比较重的就往后方送。】

在朝鲜战争中,由于以美国为首的"联合国军"使用了凝固汽油弹、化学武器和细菌武器,加上当地冬季的寒冷,让志愿军伤亡惨重。

除了烧伤和冻伤的伤员,在战场上被美军飞机投放的子母弹炸伤的志愿军战士也不在少数。

【黄文昆:大家都是应对地方医院的医疗任务,那么对于战伤,就是作战受伤的这些治疗护理方面有所不足。所以他们在那里就查找文献,找世界上最先进的一些战伤治疗技术,治疗方法,他就把它翻译过来,翻译过来借鉴,就编成了叫《军阵外科学》。】

【朱俊贤　23 军 69 师 207 团卫生员:如果打在重要部位的话,必须知道,这个是不是动脉血管,如果动脉血管的话,那个血喷射式的,用血管镊子把它系起来,然后急救包扎上去,上面注上个标记,一个红布。叫担架兵来抬的时候,告诉他,这是红布伤员。你不能在伤员旁边讲他是重伤,不能讲,红布伤员,这个担架员知道了,马上抬走。】

战地医院不比平常,尽管设在大后方,却还是会遇到医药物资匮乏和缺血的情况。遇到这个情况,医疗队员和医务兵们就成了志愿军战士的急救血库。

【刘素鸿:我记得当时我的血型和一个伤员配上了,他是B型,我们首长不让我配。他说,你小孩好像刚发育不能够输血的。但是他是B型血,不一定都能配得上,好几位老战士,大家都撸袖子配的,别人都配不上,只有我配得上。我说没关系的,输吧。】

【黄文昆 上海市抗美援朝志愿医疗手术总队总队长黄家驷之子:志愿军在治疗的过程中,半昏迷当中,还念念不忘杀敌,念念不忘冲锋。这种英雄主义对(我父亲)的教育非常大。】

(黄文昆家中实况)
那个时候还有这种纸绳子,现在都没有了。

这是黄家精心保存了近七十年的珍贵之物——一百多个名牌代表着上海志愿医疗队第二大队的一百多名成员。

在抗美援朝期间,上海市先后派出了14支医疗队,奔赴朝鲜前线和东北各地。医疗队不仅救治伤病员,还帮助各部队建立卫生机构健全卫生制度,培养医护人员。共有746位上海医务工作者参加此项志愿行动,其中有208人立功受奖。而参加抗美援朝的这次经历,也让黄家驷等医疗队成员很有感触。

1951年10月,黄家驷应邀列席了全国政协一届三次会议。晚宴上,他有幸坐在毛主席身边,毛主席对他说:"只要我们团结,中国就没有问题。"

(新闻原声)"自从抗美援朝总会发出捐献飞机大炮的号召后,上海市的市民们就普遍地用实际行动响应了这一号召。格致中学的同学们,为了完成上海学生号飞机正在捐献。住在普陀区锦绣里的居民,都来捐锦绣号大炮,以抗美援朝。公安局老闸分局的工作人员,为了把上海人民公安号飞机早日献给祖国,也热烈地捐献。……"

在"抗美援朝,保家卫国"的号召下,全国人民都被动员起来,有钱出钱,有力出力,成为前方战士的坚强后盾。

全国各地的青年也在感召下报名参军,奔赴朝鲜前线。从此,他们的履历上有了一个共同的身份——中国人民志愿军。

【夏武扬(1军):我是复旦大学的,那时候抗美援朝爆发了……那我就报了名了。

方学兴(23军)：当兵是1951年3月,三八妇女节。

周培忠(高炮523团)：那时候我才14岁,正是个小孩。所以也不怕。

陈仁虎(23军)：轻伤根本就不下火线的,贴一贴还要去打。没有饭吃,照打仗。

陈泽(26军)：几次都是和死神擦肩而过,很危险、很危险。但是也过来了。

刘素鸿(23军)：大家都有一个思想准备。从过了鸭绿江以后,就是抱着为祖国牺牲来的。】

父母送别儿女、妻子送别丈夫。朋友、恋人、兄弟姐妹在临行前告别。年轻的战士从全国各地汇聚而来,他们用热血写下自己的青春故事,也留下离别的悲歌。

【男】：锦翔,我从提出抗美援朝来之后,我的工作与飞行都进(了)一步。上级这次给我们的任务是空中转移,任务是艰巨的。上级这样提出,我们这次能从空中转移得好,我们可以成为半个飞行家……如果我没有其他病或意外之事,半个飞行家咱们保险当上,这称号你不高兴吗?

【女】：鸣坤同志,虽我们不够了解,但在几次的谈话与通信已有了一种革命同志的感情。……

这是1951年抗美援朝战火中的情书。这一年,朱锦翔18岁,鹿鸣坤22岁。他们是中国人民解放军空军第2师的战友,也是一对初恋情侣。

两个年轻人从第一次见面就彼此看中,很快就成了经组织批准的未婚夫妻。

【朱锦翔：我很喜欢他。他是1942年当兵的,那个时候他13岁,小学刚毕业,山东人嘛,山东人在抗日战争中是立大功的,为国家。尤其是1942年,那是战争最残酷的年代,妈妈把他背在肩膀上,送到部队里当兵去了。】

那个年代的飞行员不允许在外长期逗留,更不允许在外吃饭,鹿鸣坤和朱锦翔都把自己的爱情寄托在往来的书信中。

正当两人憧憬着美好的未来时,朝鲜战争爆发了。鹿鸣坤所在的空2师6团接到了作战任务,即将开赴东北,入朝作战。

【朱锦翔：我们师部搬出来了,驻到程家桥,程家桥的斜对面就是现在的动物园,那个时候叫高尔夫球场。我们最后有一次见面大概就在高尔夫球场。我

们就在那儿说话。后来他说了"咱们抗美援朝回来以后,咱俩一块儿到山东看看我妈妈"。】

那个下午,两个年轻人的见面就像往常一样。临别时,鹿鸣坤对朱锦翔叮嘱道:"到了前线,我给你写信,你要回呀!"朱锦翔轻轻点了点头。

对于军人来说,"抗美援朝、保家卫国"不只是一句口号。在部队誓师大会上,朱锦翔也在大会上发言,要求到前线参战。

【朱锦翔:我那个时候有个毛病,我总觉得我们,在这儿当个小会计,还不在前线,我就想到前线去,我想换个工作。他呢,还是在陆军时候的旧观念。女孩嘛,有对象了,结婚了,有孩子的一般都不上前线了,都是家属嘛,他就认为我不应该上前线。但是我们俩的好处呢,一交谈呢,他都想得通。】

1951年7月,朱锦翔如愿到了东北前线。虽然还是做后勤工作,但她格外努力。通信处人手不足,她既做会计,又做出纳,有时还要兼采购员。

在前线,离爱人也更近了,但是朱锦翔依然不能和鹿鸣坤见面,也无法通电话。他们还是用写信的方式相互交流和鼓励。

【女】:鸣坤同志,为了将来的幸福,在目前,我们只有各奔前程,待胜利重归,那种情景何等愉快。……请你安心工作,熟练技术,完成飞行任务,勿要使自己的思想有所分化,不然会影响事叶(业)。

【男】:锦翔,我坐在飞机上,拿着地图,与地面目标对照,一去一回,我的一双眼睛,没有一时地不注视地面,是为完成这次上级给我们的重大任务。这次我们都去锻炼,你是在战争环境锻炼,我是在空战中锻炼,你望我当英雄,我望你争早日入党成模范。现在那里还不冷,满山的大豆、高粱、苞米,都是绿的,有特别一种感觉。

在信中,鹿鸣坤说起战斗生活总是乐观和自信的。来到前线后,朱锦翔才切身感受到了战争的残酷。

1950年成立的中国空军,此时还未满周岁,却要面对世界上最强大的对手。以美国为首的"联合国军"空军拥有14个联队,各型作战飞机1 200多架,大多数飞行员参加过第二次世界大战,飞行时间在1 000小时以上;而我国志愿军空军只有2个歼击师、2个轰炸师和1个强击师,作战飞机不足300架,飞行员的平均飞行时间只有100多小时,没有任何空战经验。

朱锦翔(空2师):我们很多科目他们都没有训练过。什么夜航,都没有训练过。天气复杂的情况下也没有训练过。但是需要就去了。

志愿军空军在战场上学习,在战斗中锻炼,毫不畏惧。朱锦翔日日期盼着战友们多打胜仗、平安归来。

朱锦翔(空2师):他在上海说过,"要么当英雄,要么就牺牲。"听到他说这个话,不知道怎么回事,当时眼泪就掉下来了,我说,"怎么可能呢?你怎么可能会死呢?"他说,"我开玩笑,我开玩笑。我和日本人面对面拼刺刀都没有死,我怎么可能呢?现在有飞机保护着。"所以后来再不提牺牲的话了。

1951年12月,朱锦翔随师部机关奉命先行从前线调回上海。沉浸在爱情中的她每天都盼望着男友的下一封来信。然而这封信迟迟没有到来。

【朱锦翔:有一次从机场门口回到营房的路上,碰到一个战友聊起来。那个年代我们一说就是前线仗打得怎么样。总是这个话。他说,"六团又牺牲了一个大队长。"我说,"哪一个大队啊?"他说,"好像是三大队。"他不知道我,我也不认识他。这一下来我回去,把工作一处理,我就睡下了,我就不起来了。就这么在床上躺了三天。】

从1951年1月,志愿军空军首次同联合国军空军编队遭遇,到朝鲜战争结束,2年多的作战中,志愿军空军被击落飞机231架、击伤151架,牺牲空勤人员116名。

鹿鸣坤牺牲后,战友将他收藏在飞行地图图囊中的照片带回国内,交到朱锦翔手中。这些照片和信件陪伴着朱锦翔度过了各种艰难的岁月,一封封信中爱人的叮咛带给了她勇气和力量。

【朱锦翔:任何情况下,我就想到牺牲的同志,我们没有什么可悲伤的,没有什么可消极的。他们都那么年轻,为国捐躯,我们活着我们为什么不多出点力。】

时光荏苒,当年青春年少的志愿军战士,如今都已成了耄耋老人。然而每一位经历过朝鲜战场的老人似乎都不愿意休息,他们要把抗美援朝的故事和精神告诉给后人。

朱俊贤在退休后,骑着单车周游全国,宣讲抗美援朝的故事,其间他曾八次进藏。如今年事已高不能骑行,朱俊贤就在上海志愿军文献馆担任义工。

【朱俊贤:我的血液当中,人生唯一的,为和平而战斗,为友谊努力劳动。为人民的幸福,埋头苦干。这才是人生的最大梦想,人生的最高目标。】

83岁的陈泽是上海浦东新区上钢街道的红色讲师团成员,他经常到党群服务中心的志愿军展示馆做义务讲解,把抗美援朝中的动人故事讲给年轻人听。

【陈泽:当年参战195万部队,有30万功臣,5 000多个集体功臣单位,平均6个战士里面就有一个功臣。的确是了不起的。我们打出了军威、打出了国威,在国际上取得了应有的地位。】

刘石安1970年退伍回到上海,他给自己找了个副业——寻找当年20军的老战友。年复一年,刘石安联络的战友从一开始的十几个人到如今有1 200多人。

【刘石安:不怕苦,不怕牺牲。要把个人利益看得最小,不怕牺牲个人的一切。这也是伟大的抗美援朝精神。如果没有这种精神,我们就会成为一盘散沙,我们就不能战胜任何敌人。】

1953年7月27日,《朝鲜停战协定》在板门店签署,久违的和平终于降临这片土地。三年间总共有近240万中国人民志愿军战士先后入朝,歼敌71万多人。这场旷日持久的战争中涌现了无数英雄的身影,也有无数的战士永远地留在了这片土地上。

2020年9月27日,第七批在韩中国人民志愿军烈士遗骸及相关遗物回到祖国。

从2014年到2020年,已有719位烈士遗骸回归,安葬于沈阳抗美援朝烈士陵园,他们的功绩将永远被后世铭记。

字幕:

抗美援朝战争不仅奏响了一曲曲可歌可泣的凯歌,而且锻造出伟大的抗美援朝精神,这就是:祖国和人民利益高于一切、为了祖国和民族的尊严而奋不顾身的爱国主义精神,英勇顽强、舍生忘死的革命英雄主义精神,不畏艰难困苦、始终保持高昂士气的革命乐观主义精神,为完成祖国和人民赋予的使命、慷慨奉献自己一切的革命忠诚精神,以及为了人类和平与正义事业而奋斗的国际主义精神。

——习近平

2020年度上海广播电视奖参评作品推荐表

作品标题	武汉记忆·钟鸣	参评项目	电视新闻
		体　裁	新闻访谈
		语　种	中　文
作　者（主创人员）	陈瑞霖、刘凝、李响、吕心泉	编　辑	陈瑞霖
刊播单位	上海广播电视台	刊播日期	2020年5月4日6时34分
刊播版面（名称和版次）	东方卫视《1/7》	作品字数（时长）	10分44秒
采编过程（作品简介）	\multicolumn{3}{l}{　　专访钟鸣教授是自新冠疫情发生之后《1/7》栏目组重点策划的一个人物访谈。由于各种原因,最终决定在钟鸣教授完成任务并结束隔离后对其进行面对面的访谈,也由此形成了"武汉记忆"这个概念:通过访谈来还原钟鸣教授在武汉75天的心路历程和他所奋战的"抗疫最前线"。 　　在钟鸣教授返沪后隔离期间,记者多次通过微信与其联系,深入沟通,为节目的最终呈现打下了一个很好的基础。正式采访前,记者又与编导多番讨论,形成了富有层次和逻辑的采访提纲,明确了采访重点,确保在有限的时间内让访谈"有干货、出情绪"。访谈过程中,考虑到钟鸣教授在武汉工作期间承受的巨大压力,记者除了提问和倾听之外,还适时地给予宽慰和鼓励,也体现出了栏目一以贯之的人文关怀。 　　本片编导虽然未前往武汉进行采访报道,但从2月初至3月末,一直在后方保障前方记者的采访工作,因此对于武汉经历的每一个重要时刻都非常熟悉。在后期剪辑的过程中,编导将疫情防控期间的新闻播报同期声巧妙地嵌入访谈,两者共同形成了完整的叙事逻辑。访谈的主体结构采用先抑后扬的手法,通过访谈的层层推进,叙事基调逐渐转向光明。《1/7》栏目与钟鸣教授的这一次访谈,也从一个侧面展示了中国必将取得疫情防控斗争全面胜利的信心和决心。}
社会效果	\multicolumn{3}{l}{　　节目在电视端播出的同时,还通过看看新闻客户端及其微博、秒拍、头条号等多渠道刊发了访谈的新媒体衍生产品《我"骗"她只插几天管,她}

社会效果	用手机打出生命中最后一句谢谢》(http://www.kankanews.com/a/2020-04-30/0039233161.shtml),全网阅读量近百万。新媒体产品除了访谈视频外,还配有编导采访手记,对访谈内外的一些细节进行了进一步的补充,从第三者的视角进行讲述,使得钟鸣的人物形象更加立体丰满,更加适合互联网传播。此外,该访谈在医务工作者和医学生群体中掀起了广泛讨论,也加深了公众对医务工作者的了解,对改善当下医患关系有一定的积极作用。

武汉记忆·钟鸣

【新闻播报同期声】

为了全力做好新型冠状病毒感染的肺炎疫情的防控工作,武汉市从今天早上的十点起实行封城。

机场、火车站离汉通道暂时关闭。

上海医疗队正式接管了武汉金银潭医院的两层病区。

(监护屏特写,生命监护仪实况声。出字幕:监护屏上的那些生命指标都非常糟糕。)

【访谈】

记者:你刚到金银潭的时候,金银潭到底是什么样子?

钟鸣:那个时候有大量的急危重的病人,一下子就出现了。很多病人就是处于一种严重的呼吸衰竭的状态。我记得很清楚,我第一次走进到我们南六(金银潭医院南楼六层)的办公室,看到所有病人的生命指标投射在一个中央的监护屏上面。当时我还是非常吃惊的,有这么多病人都处于这么危重的状态,那些指标都非常糟糕。金银潭的ICU(重症加强护理病房)是重症病房里的ICU。

记者:重症就是意味着离死亡最近,但是也是给生最后希望的一个地方。

钟鸣:我们刚开始能够着手的就是支持治疗。呼吸衰竭我给他上呼吸机,甚至上ECMO(体外膜肺氧合)。

记者:而且你们这种都是短兵相接、肉搏战。

钟鸣:有时候口罩戴久了,其实嗓子会干,会不舒服。那就在想,这个是不是跟我防护不好有关系的。

记者:有没有做一些不太好的思想准备?

钟鸣：我们每一个去一线的医务人员，其实都是有这种心理准备的，就是我们可能会病倒……

记者：可能会回不来。

钟鸣：夜深人静的时候，有可能会闪过这样的念头。在我们的病床上也有医务人员，也有跟我们年纪相仿的人。那个时候你很容易有一种（代入感），就是觉得我可能就是他，他可能就是我。

【新闻播报同期声】

全国31个省、自治区、直辖市和新疆生产建设兵团，一天报告新增的确诊病例是3 694例，新增死亡病例73例，新增疑似病例5 328例，新增治愈出院病例261例。

【实况】（钟鸣去上班的路上）

钟鸣：今天先去交班，护士会把昨晚的情况交代一下，包括转入的病人、死亡的病人、抢救的病人。

（字幕：2020年2月6日，钟鸣已经在武汉满负荷"运转"15天。）

【实况】（钟鸣走进金银潭医院南楼，与记者道别）

记者：再见。

钟鸣：好，再见。

【访谈】

记者：你有没有撑不下去的时候？

钟鸣：2月初的某一天下班的时候，我一个人从医院走回酒店的路上，没有一个人。我想，这是大武汉啊，曾经那么熙熙攘攘的、生活气息这么浓厚的大武汉，没有一个人。当时这个气氛就很悲凉。那个时候在防护下面，每天的这种疲劳感和那些对这种病毒的未知，以及最重要的一点是当时觉得根本不知道这样的状态、这样的生活何时是个尽头。

记者：一位医生说，她看见你了，但是她看你的眼睛说，钟老师已经不行了，应该让他赶紧回去。

钟鸣：有很多次其实是体力上疲劳，但是最关键的是，经我们手治疗的病人每天都有人在去世。我们也尝试了各种我们在ICU里面用的那些治疗方法，但是病人依旧在不受你控制地去世。

（字幕：我不能让她带着绝望离开……）

【访谈】

钟鸣：当时她已经在外面治疗了很长一段时间，但是缺氧依旧很严重。她来的时候49岁，她的生日是她戴着ECMO过的，所以那天以后她50岁了。第一次进去查房，我和我们的医生到她床边，她双目其实非常有神。她看着你，她那个时候还能说话。她就说："医生，请救救我。我想活下去。"非常强烈的这种求生的欲望。我们要让她趴过来，俯卧位。因为在那里，俯卧位被证实是能够改善氧合（状态）的一个好的方法。

【实况】

（通过呼吸机传出的沉重呼吸声）

【访谈】

钟鸣：其实一个清醒的病人要趴过来是很难受的，但是她非常配合。她是我遇到的最配合的病人，因为她有强烈的求生欲望。她就趴过来，在那打着无创呼吸机趴20个小时，她可以一动不动。她非常听你的话，医生不说动，她绝对不动。其实趴着是很难受的。当时在我心里，我就告诉我自己，对她来讲，我要尽一切努力去救她。只要我能做到的，我一定要去做到。

记者：结果呢？

钟鸣：还是有一天，她靠着无创的呼吸机并不能维持她的正常生命的需要，我们要给她插管。其实在这一次的救治过程中，在ICU里面，插管的过程对医生是一个巨大的挑战，不仅是因为插管本身对于这种病毒暴露的风险很大，在这次疫情里，对医生，对于我们来讲，更大的挑战是在于情感上的。因为插了管之后必须用镇静，她很有可能就再也醒不过来了。所以，她说的话可能是她留在这个世界上最后的一句话。当时我们跟她说，我们要给你插管。她当时已经不能把呼吸机拿下来说话了，因为气太急了。她跟我们的沟通就是通过手机，用她的手机给我们打字，打下来给我们看。她当时问我们："我插管要插几天？"这真的是个非常重击我们的问题。其实我们心里很清楚，很有可能你插了管，你再也没有机会醒过来。

记者：你怎么回答她呢？

钟鸣：我让我的医生跟她说，我们就插几天，好了就拔掉。虽然我们知道这是违心的，我们其实对这个时间根本没有任何的把握，但是我们要告诉她，我们希望她可能在这个世界上最后的一点情绪反应是有安慰的，而不是那种带着绝望去进入一种镇静的状态。

记者：但还是没有活下来。

钟鸣：对，最终结果是不好的。这是我们的一个很大的遗憾。

（武汉雪景，口琴配乐。出字幕：爸爸，你不是很了不起吗？怎么还有人死了？）

【访谈】

记者：所以女儿琳琳问你的话，你怎么回答她的？"爸爸，你不是很了不起吗？怎么还有人死了？"

钟鸣：其实那天我真的没有回答她这个问题，就是沉默。那天其实我真的不知道怎么回答她那个问题。

记者：那时候你的状态是怎样的呢？恐慌？害怕？

钟鸣：未知，有一点沮丧。在那个时候你来不及去思考，你来不及让你心里的情绪去发酵。你看到的这些异常的病人的情况，你就要条件反射性地去做很多事情，是职业的反射。只是在当效果不好的时候，有病人去世的时候，在那一瞬间你会觉得有些沮丧，你会觉得有一种发自内心的这种悲痛。过去的经验，过去的这种学识、认识都不起作用了。

记者：那怎么办呢？

钟鸣：在经历了一小段时间的这种沮丧之后，反正我心里就激起了一种……

记者：斗志。

钟鸣：类似于斗志或韧性一样的吧。我说，不可能（没有办法），任何疾病都会有它的规律的。只要我们潜下心来，一个一个的病人，随着不停地累积，我们总会发现它的规律的。有些病人好了，可能很多病人他去世了，都是在他们身上我们看到了治疗的效果，我们看到了疾病发展的规律，才慢慢地对这个疾病的危重病的发展规律逐渐地清晰了起来。

【实况】（新冠肺炎病人康复出院）

我们今天出院了，谢谢你们的关心。

【新闻播报同期声】

在武汉，昨天一天共有36名新型冠状病毒感染的肺炎患者治愈出院。现有的重症病例已经下降到了100例以下。

【访谈】

钟鸣：其实到了后期，治疗效果也很好了。我们其实有很长一段时间，一个病人都没有去世过。我们有一位医生，跟我年龄一样大。我刚去这个病房不久，他就来了。他在金银潭，在我们那里住了两个月，他见证了我们整个的治疗过程，包括他自己。他一度非常差，两个肺都完全白了，真的是靠他自己非常乐观的心态，靠我们整个医护人员对他的，真的是无微不至的关心，他最终熬过来了。

（字幕：2020年4月20日，结束隔离医学观察的钟鸣回到中山医院。）

【实况】（钟鸣回到中山医院）
钟鸣：(离开)三个月了，还是这里是最熟悉的地方。
记者：下飞机的时候问过您，瘦了十斤。现在补回来了吗？
钟鸣：补回来五斤了。
记者：补回来五斤了。
钟鸣：这是我体重增长最快的一段时间。

【访谈】

记者：回到上海隔离的14天会好一点吗？
钟鸣：好多了。其实14天对我来讲，隔离的是和武汉的生活做一个告别。当然，更多的时候我在想，如果我们有了我们后期的那种对防护的自信、对这种病毒的无所畏惧，以及我们对这种病毒的了解，我们能够带着这种状态再回到1月23日刚去武汉的那个时候，可能会做得更好。
记者：你已经做得很好了。
钟鸣：我跟我的队员讲，我说，可能我们做得还不够好，但我们对得起自己的良心，我们尽力了。
记者：所以金银潭这个地方对你来说，是你职业生涯当中有着非常深的意味的一个地方，是吗？
钟鸣：对。"金银潭"这三个字，自打我第一天去那家医院，我就知道在我的这一生中是不可抹去的。这段经历真的给了我很大的帮助，前所未有。

（字幕：钟Sir，谢谢你为武汉拼过命！）

2020年度上海广播电视奖
参评作品推荐表

栏目名称	这就是中国——而立浦东正风帆		创办日期	2019年1月7日
专栏周期	周播	播出频道 东方卫视	语种	中文
播出单位	上海广播电视台	主创人员	集体	
播出日期	2020年12月7日	时　长	46分50秒	
作品评介	《而立浦东正风帆》是东方卫视原创理论节目《这就是中国》的第83期节目。本期节目由复旦大学中国研究院院长张维为教授担任主讲人,并邀请国务院新闻办的原主任、浦东新区管理委员会的首任主任赵启正担任嘉宾。节目通过讲述浦东开发决策拍板的过程、回顾落地执行所克服的困难、瞭望浦东发展的未来等内容,展示了中国人民的伟大智慧和敢闯敢试的中国精神。 　　在主题演讲中,张维为教授从浦东30年的今昔对比照片引入,清晰地展现出浦东开发开放30年来发生的巨变,回忆了改革开放之初上海发展的困境,以及在此背景下,浦东开发这一决策拍板的全过程。张教授讲述了"十四五"规划期间,浦东将"重点打造六大产值超过千亿元的硬核产业"这一振奋人心的计划,重点强调了习近平总书记在浦东开发开放30周年之际,对浦东提出的新的五大要求。接着,浦东新区的首任党工委书记和管委会主任赵启正作为浦东开发开放的亲历者,讲述了在浦东开发的初期是如何思考规划,如何落地执行浦东开放的过程。节目最后,观众们也进行了角度新颖的探讨。本期节目运用丰富的历史、曲折的故事、真实的情感、深刻的思想,讲述了浦东开发开放30周年的精彩历程。			
采编过程	节目始终以"努力做习近平新时代中国特色社会主义思想的模范践行者"为目标,夯实导向基石、创新节目模式、紧扣时代话题,敢碰热点难点,以思想理论的火花,向社会传递"四个自信",向世界传播中国声音。节目由复旦大学中国研究院院长张维为教授担任主讲人,何婕担任主持人。 　　2020年是浦东开发开放30周年,令人惊艳的浦东巨变也是中国改革开放的象征和上海现代化建设的缩影。因此,节目组紧抓时事热点,与张维为教授共同策划了这期以"而立浦东正风帆"为主题的节目。在节目中,张教授既是浦东开发的见证者,也是历史的讲述人,从浦东30年前的旧貌到浦东开发决策的前后过程,再到浦东未来的发展规划,张教授做了非常详细、生动的讲解。节目的嘉宾赵启正老先生已是八十岁高龄,一谈到开			

采编过程	发浦东的过程仍然满怀热情。赵先生的到来赢得了现场观众的热烈欢迎。赵先生讲述了执行者们在浦东新区开发过程中的理念和行动,重点讲述了陆家嘴的诞生过程。而在圆桌讨论环节,主持人更加详细地询问两位嘉宾,浦东的开发过程有哪些难啃的"硬骨头",执行者又是如何"杀出一条血路来的"等问题,共同分析讨论了浦东的未来发展和可能遇到的挑战。 　　现场的观众是节目组在网络平台上面向大众征集而来,他们在现场积极踊跃地提出了多个问题,有科技从业人员关心国家级新区如何互相借鉴共同发展;有大学生在思考浦东未来的发展中,求稳和求变该如何权衡;还有研究生关心浦东的人才引进战略,不同年龄的观众延展了节目的话题维度和深度。
社会效果	本期节目 CSM35 全国收视率 0.2,上海收视率 0.68,不含电视剧同时段排名全国第 5。在各个平台上,本期节目也收获了众多观众和网友的留言和好评。有网友留言:"中国芯、蓝天梦、创新药、未来车、智能造、数据港,浦东悄悄形成了这么强大的实力!"还有网友说道:"浦东的开发波澜壮阔,我有幸在开发之初到了浦东,亲眼看见浦东的崛起,今天听了赵先生说开发引进的初端,更是有经历历史的荣幸感!" 　　本期节目网络版在 bilibili 网上的播放量 14.1 万,点赞量 37.5 万次,评分高达 9.1 分,深受年轻人的好评;节目在腾讯视频上的播放量 17 万次;在抖音平台的拆条视频共获得 1.8 万的点赞量;在《学习强国》平台上播放量超过 15 万次,点评超过 5 800 条;在海外播出平台 YouTube 上的展示次数超 220 万次,播放量达 14.9 万次。除此以外,节目在微博、观察者网、观视频、搜狐、咪咕视频等网站上,也有不错的关注和点击率。

这就是中国
——而立浦东正风帆

预告：

张维为：浦东的这个沧桑巨变是上海巨变的一个缩影，也是中国迅速崛起的一个缩影。

赵启正：总书记要求浦东高水平的改革开放造就上海成为社会主义现代化建设的引领区。

观众：浦东如何在国际竞争中招揽到更多的人才？

节目正片：

主持人：大家好，欢迎来到《这就是中国》，让我们一起在这里定位中国，也读懂中国。今年是浦东开发开放 30 周年，30 年的时间从阡陌农田到一个现代化的城区，浦东交出了非常非常亮眼的答卷，它不仅完成了经济产业的发展，也进行了很多制度方面的探索，也留下了非常宝贵的精神财富，今天我们就一起来走进浦东，拥抱浦东。我们演播室两位嘉宾，一位是复旦大学中国研究院的院长张维为教授。另外还有一位，要特别为大家介绍，这就是我们国务院新闻办的原主任，也是浦东新区管委会的首任主任，赵启正先生，欢迎赵老。好，那接下来，我们还是把演讲的时间留给两位，稍后开启对话。来，有请张教授。

张维为：今天我们一起来谈谈浦东，那浦东 30 年巨变，令人叹为观止。我记得曾经在这里讲过一个故事，美国 Quora 网站，曾经贴出了一个问题，就是为什么中国还不爆发"颜色革命"？一位来自上海浦东的留学生，发了一张浦东 1990 年的照片和一张浦东 2010 年的照片，然后他这样写的，这是我老家，20 年内，从一穷二白到现在这个样子！我们看上去像受迫害的样子吗？像被洗脑的样子吗?像没有自由的样子吗?像要换一个更好的政府吗?谢谢你的建议,中国现在制度运行良好。过去上海流行的说法是:宁要浦西一张床,不要浦东一间房,现在浦东已经是中国的一张靓丽的名片,浦东的经济是上海的半壁江山,经济规模是1990年,30年前的210倍。

浦东的这个沧桑巨变是上海巨变的一个缩影,也是中国迅速崛起的一个缩影。回想20世纪80年代,上海处在一个特别艰难的时刻,改革开放的试点在广东等地已经如火如荼,上海周边的省份通过改革开放,乡镇企业迅速崛起,经济活力四射。相比之下,上海的竞争力明显滑坡。比方说,随着市场化改革的推进,原材料价格普遍上涨,那么上海是中国维持计划经济,持续时间最长的地方之一,在计划经济下上海生产的工业制成品原则上不允许提价,结果20世纪80年代上海的企业普遍亏损。大批有经验的熟练工人和技术人员被周边省份的乡镇企业挖走。市政建设投入严重不足,坦率地说市民满腹牢骚。那么1980年10月3日的时候,上海市委机关报《解放日报》曾经刊登过这样一篇文章,标题是《十个第一和五个倒数第一说明了什么?——关于上海发展方向的探讨》,当时直言就是上海面临的困境。文章列举了上海经济指标在全国的10个第一之后,说上海在城市建设等一些方面,全国的"倒数第一":一个是上海按人口平均计算,每人居住面积为4.3平方米;第二是4平方米以下的缺房户,占全市总户数的60%左右,这都是全国之"最";人均绿化面积仅0.47平方米,就像上海《解放日报》那么大;市区人口密度,平均每平方公里4.1万人,也是全国之"最"。20世纪80年代初的上海市市长汪道涵,曾经这样回忆,他说,"我当上海市长那段时间里,每天早晨看到马路上有那么多的煤球炉在生火,到处是烟雾腾腾,那么多马桶在马路上洗刷,我真感心痛。"城市基础设施严重失修,我记得当时时任上海市市长朱镕基,到复旦大学来做报告,他说自己经常晚上睡不好觉,最担心的就是突然半夜接到一个电话,某个地方又发生了重大的事故。上海怎么办?

实际上早就有人提出过,开发浦东的设想,最早可以追溯到孙中山先生。早在1918年的时候,他撰写了《实业计划》,当时第一次世界大战刚刚结束,他住在上海的香山路的寓所,精心描绘了他心目中的中国工业化的理想和规划,他提出了在浦东建设东方大港。那么1986年4月,在时任市长江泽民的主持下,上海市政府提出了开发浦东的初步方案,并向中央上报。但最后提出浦东开发具体方案的是朱镕基市长,拍板的是邓小平本人。1988年4月25日,朱镕基作为市长候选人发表了一个演讲。他坦言:"到上海来了以后,这三个月的白头发比什么时候都多。"他大声地说:"目前上海的困难还没有走到谷底,应该大家有一种危机感,然后从危机感里面激发起一种奋发图强的精神,哀兵必胜啊!"对上海的困境,朱镕基专门提到了"浦东开发"。他说,目前我们的希望是浦东开发,黄浦江上面多建几座大桥,把工厂、把人口向浦东疏散,这样老市区才便于改造。这件事情是非常重要的。浦东是上海未来的希望,那边要建设一个"新上海",以减轻"老上海"的压力。所以对开发浦东,江泽民同志很重视,主持会议专门讨论这个问题。这个建设是一个宏伟的计划,不可能在短期内实现,但是我们总要扎扎实实去做工作,先苦后甜。在密集调研的基础上,朱镕基提出,要把浦东开发成"新上海",把挤在破旧、混乱"老上海"弄堂里的市民搬到"新上海"去。要充分利用外资,发展金融、贸易等第三产业。要"通过浦东开发,使上海这个城市,整体上成为全国最大的经济、贸易、金融、信息中心"。

1990年1月21日,邓小平到上海过春节,朱镕基向他汇报浦东开发的思路。邓小平说,浦东开发晚了,但还来得及,上海市委、市政府应该赶快给中央报。朱镕基回答道,开发建设的报告还不理想,还不敢报。邓小平说,不用怕,报嘛。那一年,邓小平在上海过完春节准备回北京,朱镕基前来送行。邓小平再次鼓励朱镕基和上海的领导,说放开胆子大胆干。他后来在南方谈话中还表示过遗憾,他说"浦东开发晚了,这是我的失误。当时建四个经济特区主要是从地理上、外资情况考虑的,没有考虑到人的因素。上海人聪明,但让你们失去了一次机遇"。他语重心长地告诫说:"90年代的机遇不能再错过了,这是上海最后的一次机遇。现在浦东的开发只能进、不能退,而且没有退路。浦东开发是晚了,这是件坏事情,但也是好事,你们可以借鉴广东的经验,可以搞得更好一点,搞得现代化一点,起点高一点,后来居上,我相信这一点。到1995年,浦东就会有很大的变化,我还可以看到。"

当时江泽民刚赴北京担任中共中央总书记,那么邓小平对朱镕基说:"你们要多向江泽民同志吹风。"朱镕基面有难色地说:"泽民同志是从上海去的呀!我们不方便多讲呀。"邓小平理解这一点,表示自己本人要亲自去中央呼吁浦东开发。所以邓小平与中央政治局领导人谈话说:"我已经退下来了,但还有一件事,我还要说一下,那就是上海的浦东开发,你们要多关心。"朱镕基也雷厉风行,1990年2月26日,上海向中央提交了《关于开发开放浦东的请示》。一周以后,邓小平找江泽民、李鹏等领导人谈话:"要研究一下哪些地方条件更好,可以更广大的开源。上海是我们的王牌,把上海搞起来是一条捷径。"1990年4月18日,国务院总理李鹏在上海代表党中央、国务院正式宣布:中央决定同意上海加快浦东地区的开发。

大家可能注意到,中央给浦东定的这个名称是浦东新区,不是特区,也不是经济新区,而就是新区,但许多经济特区的政策在这里都可以用,同时这也为后来提出浦东综合改革试验铺平了道路。邓小平当时这样说,"开发浦东,这个影响就大了,不只是浦东的问题,是关系上海发展的问题,是利用上海这个基地发展长江三角洲和长江流域的问题",他要求"抓紧浦东开发,不要动摇,一直到建成"。浦东开发的初心就是四句话:"开发浦东、振兴上海、服务全国、面向世界。"

小平同志当时要求上海,"一年一个样,三年大变样"。浦东确实发扬了"敢为天下先"的精神,迅速成为全国改革创新的一个非常重要的"试验田"。比方说,这里率先试验了新的土地开发模式,当时浦东新区财政没有足够的资金,而开发任务又非常紧迫,在这种情况下,用土地折价入股的方法应运而生,而且是滚动式开发,这为后来的中国各地的城市改造,为中国的基础设施革命,进行了非常重要的探索。浦东开发又是高度国际化的。我记得我们的启正副市长曾经说过,我们在浦东管委会机关食堂,进门处贴了一条标语:"在地球仪旁思考浦东开发",也就是提醒每个浦东的开发建设者,都要在世界大格局中思考和推进浦东的开发,正是这种超前的国际化的思维,使浦东方方面面的发展从一开始就处于相当高的起点。我记得启正副市长您当时还要求你的下属在介绍浦东时,不能拿着稿子念,你要拿着稿子只能说明"你还没有用心思考浦东开发的眼前和未来",只有把浦东的存在与未来远景清晰地记在你的脑子中,才能更有创新的激情和勇气。

三十年过去,弹指一挥间。今天上海浦东新区仅占全国约 1/8 000 的土地,但创造全国 1/80 的 GDP 和 1/15 的外贸进出口总额。30 年间,浦东的生产总值,增加了 210 倍。浦东创造了一系列的中国改革开放的"全国第一",诞生了中国第一个金融贸易区、第一个保税区、第一个证券交易所、第一个自由贸易试验区,以及临港新片区等。浦东已经形成了现代服务业、战略性新兴产业、先进制造业为代表的,全新的现代产业体系。浦东承载了上海建设"五个中心"的重要的功能,国际经济中心、金融中心、贸易中心、航运中心、科技创新中心。浦东新区人民生活的水平整体获得了跃升。2019 年城乡居民人均可支配收入是 71 647 元,人均预期寿命从 1993 年的 76.10 岁提高到 84.46 岁,超过日本,属于全世界最高的行列。浦东现在人均 GDP 是 33 000 美元,早就超过了台湾。我个人的感觉,浦东的实际生活水平明显高于人均 GDP48 000 美元的香港。这正好印证了当年邓小平所说的:我们的人均 GDP 不一定非常高,但我们是社会主义国家,人民得到的实惠比较多。

浦东三十而立,而今再出发,在"十四五"规划期间,浦东将重点打造六大产值超过千亿元的硬核产业,其中不少现在产值已经超过千亿元:一个是"中国芯"。芯片虽小,但牵动所有国人的心。美国发动的贸易战和科技战使全国人民都认识到了,芯片产业对于中国崛起的重要意义。浦东新区现在已基本形成了国内综合技术水平最先进、自主创新能力最强、最为完备的集成电路产业链。现在中芯国际 14 纳米的工艺制程芯片已经在浦东实现了量产,一大批重大项目也将陆续投产,在芯片领域内,虽然我们与国外先进水平还有些差距,但这个差距将被克服。二是"蓝天梦",中国商飞、中航商发等都在这里。C919大客机在这里首次腾空起飞,CR929正在加紧研制,ARJ新支线飞机走向规模化、系列化。这里将成为亚洲最大的、世界著名的民用航空产业基地。三是"创新药",张江从零开始建起了药谷,我们现在国家每批准3个1类新药,就有1个源于张江。四是"未来车"。2019年,这里已经是新能源汽车、无人驾驶汽车、智能网联汽车应用的大型基地和"竞技场"。五是"智能造",也就是聚集机器人、数控机床、海洋装备等产业不断地智能升级。六是"数据港",作为数字经济的基石产业,浦东软件和信息服务业也在这里迅速壮大。

浦东开发开放30周年之际,习近平总书记专程前来上海,对浦东的发展又提出了新的要求:第一,全力做强创新引擎,打造自主创新的高地。第二,加强改革系统集成,激活高质量发展的新动力。第三,深入推进高水平制度型开放,增创国际合作和竞争的新优势。第四,增强全球资源配置能力,服务构建新发展格局。浦东要努力成为国内大循环的中心节点和国内国际双循环的战略链接,在长三角一体化发展中更好地发挥龙头辐射作用。第五,提高城市治理现代化水平,开创人民城市人民建的新局面。

习近平总书记最后还满怀深情地说:"装点此关山,今朝更好看。上海是一座光荣的城市,是一个不断见证奇迹的地方。浦东开发开放30年的历程,走的是一条解放思想、深化改革之路,是一条面向世界、扩大开放之路,是一条打破常规、创新突破之路。展望未来,我们完全有理由相信,在新时代中国发展的壮阔征程上,上海一定能够创造出令世界刮目相看的新奇迹,一定能展现出建设社会主义现代化国家的新气象!"

浦东的故事还有很多很多,我讲的只是开个头。下面我们请浦东开发开放的伟大亲历者,浦东新区的首任党工委书记和管委会主任启正部长给大家讲他所亲历的浦东故事。

赵启正:大家好,刚才张维为教授用简洁的语言把浦东开发的历史、深厚的背景讲得很清楚了。我呢,有幸成为执行层的一员,浦东新区成立以后,我们怎么想的,怎么做的,想来大家一定很感兴趣。那么在浦东开发的初期,"经济全球化"这个词在中国的媒体上已经开始流行了。我们浦东开发怎么做?我们需要吸收国内的资源,吸收国内的人才,在各兄弟省市的帮助下,我们可以启动。但是我们当时深感黄浦江的鱼是不够吃的,我们一定要吃太平洋的鱼,也就是说我们面向全球,所以我们有一个说法,就是在地球仪旁边思考浦东开发。比如说城市规划,世界上那么多城市,规划特别理想的并不多,那我们要吸收这类教训,把我们浦东新区的规划做到一流。那么我们清楚了还不行,还要跟投资者讲清楚。

我们对外国的投资者说,当你在黄浦江上岸了,你面对的是长江的经济发达区,请你转过身去,你是面对太平洋,你伸出左手是对东北亚,伸出右手是对着东南亚,所以你是在东亚你就占了一个好的位置,所以你不只是到了中国,你是到了东亚,这很有说服力,逐渐地吸引了大批的外国投资者。我们并不是只吸收他们的资金,随着资金的到来,他们的技术和管理也应该到来,现在有些西方媒体说我们强迫他们技术转移,不是的,我是亲自和他们谈判的,是和他们讨论如何进入中国的,那么他们来了以后,他们的确是取得了市场,他们的确是吸收了大量的中国工程师降低了成本,所以浦东开发过程中,的确通过这个窗口,使世界理解了我们浦东开发的意义。

可是,浦东刚开发的时候可不是这样子的,因为大家知道,那时候上海是长期地实行计划经济,上海多年来自己的基础设施建设,新的厂矿的开发都比较少,因此上海有本地的困难。我们怎么规划呢?既然是新区,我们的发展不是专一的经济开发,我们是社会开发,是争取社会的全面进步,不只我们的城市结构合理,而且功能要合理。比如说我们的陆家嘴是金融贸易区,这是全国唯一的,外高桥最初的设计,我们是按照自由贸易区来设计的,只不过由于当时条件不成熟,我们暂时就叫作保税区了,所以后来外高桥过渡成为自由贸易区是顺理成章的。所以说我们当时做了很好的这些铺垫。现在很多的硬件建设已经达到了我们原来的预期,当时我们的设计,是比较精密的,以陆家嘴为例,小陆家嘴是1.7平方公里,我们当时请了4个外国的好的设计院,加上我们中国的一个设计院,一共5个小组,同时设计,然后把这五个规划统一为一个规划。最后是470万平方米。我们当时是这样计划的,每20平方米容纳一个金融的白领,那么470万平方米应该容纳23.5万个白领,今天已经充满了。那么整个上海市现在有多少金融界的白领,没有一个精确的数字,但一般认为是35万人左右,也就是说陆家嘴的建设成功了,它使上海成为世界的金融中心之一,它发挥了作用。伦敦有一个研究单位,每年发表全球金融中心指数的顺序,今年9月,我们上海是第三名,纽约、伦敦、上海、东京,可见我们这些年的努力的确使上海振兴成为一个国际的,最重要的中心城市之一。现在的问题是我们往下怎么做?如何再继续努力?习近平总书记说了,要支持上海,进一步的改革开放,总书记要求浦东高水平的改革开放造就上海成为社会主义现代化建设的引领区,这是很高的要求,我们如何去做,是我们目前思考的一个主题。我希望和大家座谈的时候,请大家提出更多的问题。谢谢。

主持人:谢谢两位刚才的演讲,尤其是赵老刚才这段演讲,也是带大家回望浦东开发开放30年,那个时候那种突破,那种创新,真的给我们现在很多的启发。在前段时间庆祝浦东开发开放30周年总书记讲话,他特别说到浦东就是勇于挑最重的担子,啃最难啃的骨头,所以也想听听您的解读,咱们浦东这一路走来,啃过哪些难啃的骨头,挑过哪些最重的担子?

赵启正:当时做浦东开发的时候,就有顾虑,说这里农民很多,旧的厂房很多,你这里如何地处理、安排农民呢?处理不好呢,就是社会不安定,农民同志会受苦。在浦东开发的最初七八年吧,大约有40万农民脱离了土地,这是绝大的一个数字。这个安排,我们下了很大的力气,要给他们的房屋足够的补偿,每棵树都要算它的成本,赔偿他们,老年农民,离开家的时候,他会围着他的家,围着他的井转来转去,是舍不得走的。中年农民,在市区我能做什么?我会种田,我不会开机床,我不会开汽车,我更不懂电脑。中年农民就是要培训,比如说当时我们很需要出租汽车司机。请他们作为驾驶员,但这也不容易,他们开了车之后,开几个月不想开了,说我不认识路。因为当时还没有导航,要看地图。

主持人:完全靠自己的认知。

赵启正:他说我开到浦西,我更不行了,我把驾驶证还给你们,那我们还得再给他想法找工作。另外不太习惯于工厂的准时上班,准时下班,特别不适合在流水线。我记得有一年过春节的时候,我们在现在的环球金融中心的地基上,那年停工了,因为金融危机的时候断了来源了,我在那发表个演讲,我说这停工是暂时的,浦东列车越开越快,现在外地的农民工都上了车了,我们本地的农民不上车吗?请大家一定要上车,一块儿前进,这是第一个困难的,关于农民的问题。第二个困难,就是我们高水平的设计,刚才说了,以陆家嘴为例,要每栋楼都设计好,以后盖的时候,绝不能像木匠边设计边施工,一定要严格地按照我们的模型制作。

主持人:就按规划来。

赵启正:这里是个楼就是个楼,是圆一点方一点,你投资者可以做主,但是我们体积、面积就这么大了,因为我们按照这个供应电、供应水,供应交通通道。那么这样精细的规划,我们就问了,全世界哪个城市是这样规划的,回答没有。那么怎么做?外国有规划好的经验是局部的,法国、英国都有,他们有小的开发区,没咱们这么大,我们都去看过。但是他们有经验,我们请来,最后5个设计小组,5个模型,5个图纸,把它归一。也就是说第二个是关于人才的问题,是高端人才我们缺的。到如今,这两个问题都得到了解决。

主持人:是,所以您看啊,其实浦东啃过的难啃的骨头很多,刚才启正先生就是用了两个小小的案例,一个说人,一个说人才,其实可能还不止这些,包括还有钱的问题,您刚才在演讲中也特别说过,那早期建设根本就没有钱啊,国家也没有钱给你,大家那个时候日子都不好过,那我们怎么来解决钱的问题,当时也是很大的突破。

张维为：对，这个实际上是蛮重要的，就是土地入股，然后政府就开始有点钱了，然后你把这个1.7平方公里的陆家嘴这么小块开发起来，滚动开发，周边土地就溢价了，然后土地溢价是归公的，然后进一步地开发，我觉得这个是后来我们城市改造的模式，普遍都采用了。另外你看这两天我们在讨论RCEP（区域全面经济伙伴关系协定），经常提到TPP（跨太平洋伙伴关系协定），当时你看就是因为美国要搞TPP（跨太平洋伙伴关系协定），还要跟欧洲搞一个，他实际上是把中国排除在这个之外，所以上海开始自贸区的试点，就是以更高的标准来看我们能不能通过。所以像负面清单、一个窗口对外，证照分离等等，都是开始试验的，实际上就是为了适应进一步的改革开放，对，硬骨头。

赵启正：小平同志说过一句话："改革开放要杀出一条血路来"，我们不懂，怎么会杀出一条血路来呢？后来知道你要改革开放，一定要破除原来的旧思维，乃至原来的法规，比如说土地，中国土地是公有制，农村的是归生产队或公社所有，城市的是国家所有，《宪法》第十条第四款说了，任何个人和机构不得占有、出租、转让土地，这都是非法行为。中国土地没有价格，并且你不能出租，不能转让，外国投资者怎么办？深圳走在我们前面三年了，他们就遇到这个困难了，怎么办？那最初有一种做法，外国人来了，想做一个大宾馆，五星级宾馆，上海，我们没有钱，我们说这块土地，这么大面积，你的宾馆是3万平方米，你的设备全是你的，你经营15年，然后还给我。这叫什么？这叫合作制。那么你的土地多少钱，股份怎么算？不知道，因为中国没有定价。可是上海比较严谨，就率先地在1987年12月，上海市就公布了一个土地使用权的转让办法，这是突破。中央很谅解，4个月后，《宪法》做了修订，就是土地使用权可以依法转让。这种突破，上海是带头的。这也是当初的难点之一。

主持人：这种突破力度太大了，可能现在的人都很难想象，启正先生说的这个杀出一条血路，它到底难度有多大，包括当事人要负的责任有多大。

赵启正：大家是很有勇气的，穷则思变，的确是很积极地主动求变。

主持人：我记得李强书记说浦东开发开放精神的时候，他说过三句话，三股气，特别形象的总结，一个就是跟全球顶级水平对话的一种志气，还有一个就是强烈渴望建功立业的一种心气，还有一个就是那种艰苦奋斗、忘我工作的朝气。当时浦东开发开放的那一代人，包括现在从事浦东开发开放工作的这些人都是这种（状态）。

赵启正：我们和外国人接触，也是磨炼出来的，我今天一上班，我可能接待5个、8个就是聊天，很平易地讲我们浦东开发的意义，其中就透露了如果你们来，你们是有利益的，这样一点点地说服。其中一个值得说一说的人物，就是基辛格博士，他在美国是提倡和中国接触，和中国交往符合美国利益。所以在1990年浦东开发宣布之后,外国人来得很少,他们说你们是口号,不是行动,那么他说他来看看。他说政治我到北京去交流,经济我到上海,因为上海是中国经济的中心,那我们到上海,浦东是新的,我到浦东,因此有机会多次见面。那么第一次来,他看见我们这个地图,这叫黄浦江,这叫浦东,第二次来看到一个模型,第三次来看到塔吊,这么多塔吊,你们是行动,不是口号。我说拜托,你在欧洲、在美国也说一说,推荐一些人物来行不行?他说可以。这就是高层对话,这样举不胜举。很多国家的总统、总理级,像叶利钦、希拉克,日本的天皇都来了,日本首相等。

主持人:那个时候跟全球顶级水平对话也一点都不怵。

赵启正:我们通过对话发现我们的智商一样。

张维为:对,还高一点。

赵启正:幽默感,中国人幽默感不差。

主持人:所以真的是有这样的一股子劲在里头。就像我们也知道,有很多人当时就看到了浦东开发开放的消息从全国各地蜂拥而至,到浦东来贡献自己的青春。

张维为:我上次看央视播那个浦东30年纪念的一个纪录片,一个细节打动了我,就是一批像您这样的年纪的第一批参与浦东开发的干部,他们见面的时候热烈拥抱,你看起来很自发的,这一定是一起战斗过的日日夜夜的这种友情才看得出来的。

主持人:就是战友情谊。

张维为:战斗情谊,战友情谊。

主持人:其实我们浦东开发开放不光是浦东自己的命题,也不光是上海的命题,它从一开始就在整个国家战略发展格局中是有很重要位置的。总书记这次也说,浦东要成为更高水平改革开放的开路先锋,建设社会主义国家的一个排头兵,这都是一个非常高的定位,所以也想听听您的见解,就接下来咱们浦东还有哪些担子要挑?还有哪些骨头要啃?

赵启正:要挑的担子很多,因为要成为社会主义现代化建设的引领区。

主持人:引领区这三个字分量很重。

赵启正:那么就应该各方面都能引领了,但是你还得具体的一项一项的事情去做。比如说我们如何地带动长江流域,特别是长江三角洲?长江三角洲的大小城市,相对的比中国其他地区的都发达,原来我们简单地说,上海作为火车头,把这几十个城市拉起来,带动了,现在我不这样说,我们是动车组,他们每个城市都有动力。

主持人:都有动力。

赵启正：大家一块儿使劲。所以这个动车组名字叫作"三角洲号动车组"，这样，我们是平等的，是共同努力的，上海市并不是高高在上，而是上海市要多出力，更慷慨地把自己的人才，把自己的资源提供给诸位，特别是机会要提供给诸位。在浦东开发初期，有很多投资者到了浦东，一看浦东土地比昆山、比苏州、比无锡贵，他们说我们到那面去行吗？行啊，我们说应该去，当时我就说，我们拿红布写请到浦东来，那个牛就冲进来，啪，一冲，冲过了，冲到昆山了，我们是不是把尾巴拉住？不要拉，请他去。有一位投资者说，我在昆山建了厂，我将来，我的制造点，我不能写上海，我卖起来不如上海制造好卖，我说可以呀，你把零件放在那边，把总装放在这儿，那不就是上海制造，他说好，那就这样。

主持人：你看思路非常灵活，一点都不僵化。

赵启正：是的，我们为他们把这些牛引进来也是立功啊。

主持人：是。

张维为：你看昆山当时是吸引台资最多的地方之一，当时我估计可能双方上海和苏州或者昆山达成一个协议，昆山是可以使用上海的电话号码。

主持人：区号。

张维为：区号。所以他们在昆山土地相对便宜，然后他对外是021的区号，觉得就在上海。

主持人：这个非常有意思。这个是上海的一种眼光和格局，所以我们浦东开发开放它的格局就在这儿，这不光是我们一个城市、一个部分、一个新区的事，它着眼的就是长三角，着眼的就是整个国家的格局。

张维为：实际上很多布局是蛮早的，你包括现在我们也强调中国芯片，实际上你看中芯国际是20年前，中威电子也是十八九年前就开始了。那么现在虽然还没有达到国外的这个水准，但是毕竟这个基础还是相当不错的，还是有实力的。

主持人：对，这个跟当初的规划的远见密不可分。

张维为：对，就我说这个眼高手低没有关系，但眼一定要高，然后手慢慢也高起来。

主持人：眼高手实，非常扎实地做这件事。

张维为：对。

主持人：浦东开发开放另外还有一个成就，我们比如说看高楼大厦，是看得见的成就，还有很多看不见的，比如我们整个城市的现代化的治理能力的探索，因为未来也是咱们国家要探索的一个方向，上海在这一块也是排头兵，而上海排头兵的排头兵可能就是浦东这块城区，所以它对于城市治理来说，当时你们有些什么样的探索？

赵启正：那时候的管理，非常注意的是，我们整个是浦东新区，里边有几个功能区，就是外高桥、张江、金桥、陆家嘴，还有一个叫孙桥，现代农业区。那么我们如何发挥这几个开发区的作用，我们政府去管他们管得过分了，又回到计划经济时候。如果一点不协调，这几个区它会遇到困难，所以我们当时有一个办法，就是这几个开发区的第一负责人，比如说总经理或者董事长，是我们管委会的副主任或副书记，在屋里开会的时候，大家对规划、对你的做法敞开说，一出门，你是企业家。很大程度上，不必事事向我汇报，如果那样的话效率就很低，另外我也承认，你事事向我汇报，我可能会耽误，因为我还没有你知道得细。

张维为：将在外军令有所不受。

赵启正：对了，所以你们自己规划告诉我一声就行了，你们去做吧。当然你胆子是大了，但是做得快了。所以当时我们的治理，特别注意这几个功能区要充分地发挥作用。

主持人：而且这些功能区之间的功能它还是互相协调。所以您看在我们探讨浦东的现代化城市治理这一块的时候，它的协调性就非常强，您的观察，您住在浦东，半个浦东人。

张维为：现在你看这次中央又给上海新的任务，要成为双循环的链接。

主持人：对，战略链接。国内大循环的中心节点。

张维为：实际这个就跟城市治理也有关系的，然后跟我们整个总体的设计也有关系的，你比方说上海现在已经有了两三千家陆家嘴各种各样的金融机构，然后大概是有130多家国际跨国公司的区域总部在这儿。这个实际上就是进行这种战略链接得很好，你知道外地的企业到上海，无论是内营外联，这么多的外国机构的存在，交易成本就下降了。包括中心节点的核心是你这个地方的交易成本相对比较低，它的人流、财流、物流等等都在这里。它还可以一站打尽，做很多事情。像我看包括现在进博会也好，工博会也好，这些都是进行节点链接的方法。

主持人：对，所以我们一说城市治理，大家可能概念就是人住在这儿很舒服，那当然这是非常重要的，题中应有之义，还包括企业也愿意来，各种各样的跨国公司的总部愿意来，就是您说的人来、钱来、资源来，就这些来是非常重要的。所以浦东我们也看到，它这些年不断地在进行探索、突破，打造最佳的营商环境，在不断地努力，关于浦东开发开放其实维度非常多，侧面非常多，我们把接下来的时间再给现场的朋友，听听他们对浦东有一些什么样的观察。有问题的可以举手示意告诉我。来，欢迎提问。

江浩波：两位嘉宾好，主持人好。

主持人：你好。

江浩波：我叫江浩波，是一名程序员。

江浩波：我想问的问题是，现在在中国内地也涌现出来，越来越多的这种国家级的一些新区，比如说两江新区、江北新区、天府新区，那现在浦东新区该如何处理好和这些新区之间的关系？浦东新区作为第一个开放的新区，它有没有什么好的经验或者教训，能够提供这些后来的新区借鉴呢？谢谢。

主持人：好，请坐，一个非常好的问题，听听赵老您的见解。

赵启正：这个问题挺重要的，现在正式的国家级的新区是19个，坦率地说，交流得不够，缺少交流的机制，彼此过来看看、走走，有，也不多，所以我觉得，上海或者是浦东，可以主动一点，我们建立一些交流的机制，交流的机制是平等地在一起互相学习，互相探讨。但是由于地理条件不同，也就是地缘经济不同，资源不同，工业和经济的背景不同，人才的背景不同，所以这里头互相能够借鉴的很多，但是绝不是简单地拿过来就用，即使是在浦东，把当年我们做成功的，今天重复用，都未必行。

主持人：对。

赵启正：因为条件变了。

张维为：实际上现在就是民间的，包括我们微信朋友圈里边，还是看到不少比较不同的新区、不同特区、不同城市更多，民间这种研究还是有一定的水准的。但我同意赵部长说的，就是系统性的这方面的研究还不是很多，所以你看这么多新区，这么多的园区，实际上有些地方是有问题的，有些就是为了开发而开发，有的时候什么都是大家一样的，雷同的，我这个重点是汽车，你那个也是汽车，那也是汽车，这个就是属于要宏观调控的问题。

主持人：对。有一些雷同的部分，造成成本也浪费、效率也低下的部分，我是不是可以通过互相学习，得到一些启发，我可以不走这个弯路，这点反而更重要。好，谢谢刚才这位朋友的提问，一个很好的角度，来，机会给这边，这边有没有朋友？来，欢迎提问。

王启明：我叫王启明，是一名大一学生。

主持人：欢迎，好年轻，大一学生，关心这个话题。

王启明：政府调控还是以求稳为主，而改革创新则以求变为主，那么在浦东未来的发展中，求稳和求变该如何权衡呢？因为现在浦东处于一个领先的状态，那我是需要保持还是接着突破，谢谢。

主持人：现在开发开放已经取得一些成就了，但我们依然要改革创新，这个改革创新会不会某种程度上难度会更大？

赵启正：那是肯定的。你念初中好念，你念硕士生好念，你博士生就难念，那是一定的。那么原来，我们很多空白，一看什么外国工厂都比我们先进，来吧。

现在我们已经比较先进了。你不够更先进,我们不要了。那么比如说金融,金融业绝不只是大楼,而是大脑,很多的金融产品、衍生产品,设计者往往是数学家,那么他设计好了,我们不明白,我们却买了,你这不是吃亏吗?那我们现在就是功能设计,就是我们有哪些功能,掌握这些功能的人还是少,因此浦东开发的形态设计,就看得见的桥,看得见的楼,这叫形态,看不见的叫功能,功能设计更亟须了。比如说在陆家嘴,单栋的大楼280多个,接近300,单个的楼交的税收一年亿元以上的100个。

主持人:哇,很大的数量。

赵启正:叫总部经济。这是什么,这是功能。它总部,它领导在亚太地区的都归它。所以我们今后功能设计很需要。

主持人:其实再看浦东的未来,你会发现创新的空间依然很大。不是说没有,是很大,只不过可能创新的难度,现在到了攻坚克难的时候,但空间依然是非常大的。我们再来看这边还有没有朋友要提问,来,欢迎这位同学。

王瑶:我叫王瑶,是一名来自安徽大学马克思主义学院的研究生。

主持人:欢迎你。

王瑶:在促进浦东发展的过程之中,人才是一个非常重要的因素,那么去年浦东的国际人才港已经开港了,它究竟有什么竞争的优势,能够让中国在国际竞争中招揽到更多的人才,并且把他们留在中国,为促进中国以及浦东发展服务?谢谢。

主持人:谢谢,请坐,也非常关心浦东的人才。她的问题可不可以这样讲,就是一个人才港,它应该具备些什么样的条件,它才是对人才来说最有吸引力的。

赵启正:我们得有足够的英雄用武之地。

主持人:平台。

赵启正:有很多的地方吸引人,如果说来了,他不能发挥,那他就走了,或者他不来。当然我们在他的生活条件、工作条件上也要尽可能地给予满足。那么现在是人才流向中国的机会,因为在西方,现在由于疫情的关系,很多的岗位丧失了,也就是说有些人才浮出水面了,请他到中国来。那么关键是要说明白我们有哪些岗位,我们在这里,他怎么样可以英雄有用武之地,他能用什么武。这必须表达明白,否则,仅仅高赏之下必有勇夫,不够的。因为一个有聪明才智的人,他不只追求待遇。

主持人:对,所以他也可以去看看2035的浦东的远景规划,寻找些共鸣。

张维为:现在是个机遇期,就是因为可能是特朗普这四年来对华裔学者、专家的或多或少迫害,现在很多人都是在考虑回中国,那么你从各个大学,包括我们研究院，海外来的申请你看得出来，质量都比过去要高。我想这是普遍现象，这是很好的事情。那浦东实际上它在吸引海外人才方面是做了很多创新的，第一张"绿卡"，浦东发的，全国第一张。第一个就是在中国的外国留学生，在中国工作，执照也是中国的，浦东发的，这都是带有开创性的。所以我觉得真的，看我们这个节目的海外，有志于到浦东、到上海，到中国来发展的人才，只要你真的是个人才，不管跟世界任何地方比，中国还是用武最大的地方，真是这样。因为中国这个社会是跳动的脉搏，天天都在变化，要有这种感觉，参与这个社会的，真的是一种崛起的伟大进程。

主持人：我们聊浦东，看浦东，就是应该像浦东本身一样，充满活力。我们老说30岁是人最青春的时候，浦东也是非常非常好的一个时候，每次说浦东内心挺激动的，因为看着浦东这一路的发展，看着它从我们说的阡陌农田到一个现代化的城市，这里头是无数人的突破，无数人的创新，带着志气、心气、朝气一路走到现在。所以我在想，带着这三股气，再加上浦东的这些实践，最后真的凝聚起来，就是总书记说的，中国理念，中国精神，中国道路。

主持人：所以也谢谢两位来到演播室，我们一起来说浦东的开发开放的故事，也谢谢我们现场所有的朋友，我们下期节目再见。

媒体融合

一 等 奖

2020年度上海广播电视奖
参评作品推荐表

作品标题	上海医疗救治专家组组长：一线岗位全部换上党员，没有讨价还价！	参评项目	短视频现场新闻
作品网址	https://www.yicai.com/news/100483417.html		
主创人员	孙冀、石留骏		
编辑	刘若鹏		
主管单位	第一财经	发布日期	1月29日15时56分
发布平台	第一财经	作品时长	1分40秒
作品简介	在疫情不断发展，医疗救治和防治进行到最艰难的时刻，记者在抗疫现场华山医院感染科采访上海医疗救治专家组组长张文宏，经过剪辑选择，第一时间在第一财经App上刊登了此篇短视频。短视频上线后即成为"爆款"，先后被人民日报、央视新闻、界面、青春上海、上海大调研等国内主流媒体转载，登上了学习强国，全网流量近2亿，登上了微博热搜，在港澳台地区媒体上也有播出。造就了"共产党员上""硬核主任"等网络热词。		
推荐理由	疫情尚不明朗的情况下，记者进入医院抗疫一线，采访权威专家与观众讲述抗疫的最新最真实的情况。报道中核心的关键词"共产党员上"不仅极大地鼓舞了冲在一线医护工作人员，也鼓舞了其他广大的正在抗疫一线奋战的"战士"。展现了主流媒体的作为担当，成了一财传播史上罕见的"破圈"报道。更重要的是，该短视频唱响了主旋律、弘扬了正能量、提振了精气神，展现了共产党员应有的样貌。助推全市乃至全国掀起了共产党员带头抗击疫情，坚决打赢疫情阻击战决心，形成良好的舆论氛围。		

附：二维码

上海医疗救治专家组组长：一线岗位全部换上党员，没有讨价还价！

上海医疗救治专家组组长　张文宏：

其实我们华山医院的病房不需要我查房，我去查房的主要原因，其实只有一点，要消除我们医生的恐惧。就是说你主任老是在后面指手画脚，不进去跟病人的亲密接触，然后让我们老是在危险的第一线，我怎么可以接受，所以我们今天做了两件事情。

第一件事情，我自己每个星期要进去查房，这是至少一次到两次，这是一个。第二个我今天做了第二个决定，换岗。把所有在年底到现在为止的医生，全部换掉全部换岗。

这一批都是了不起的医生，在对疫情的风险性、传播性，它的致病性一无所知的时候，他们就这样子把自己，暴露在这个疾病的前面、暴露在病毒的前面，我认为他们都是非常了不起的医生。所以人不能欺负听话的人，所以这一次我做了一个决定，把所有的岗位的医生全部换下来。换成谁？换成科室的所有的共产党员。

共产党员在宣誓的时候不是说嘛，把人民的利益放在第一位，迎着困难上。我说现在开始把所有的人都换下来，共产党员上，再给我做出自己的样子来，所以我前面还开了一个党小组的会议。就是说共产党的口号，你平时喊喊可以，这个时候，你平时入党我不管你有什么想法。对不起，现在你马上给我上去，不管你同意或者不同意，你都得上去。心理上为了信仰上去也好，是因为党的约束上去也好，没有讨价还价，肯定是上去！

抗疫最强音的第一传播
——评短视频现场新闻《上海医疗救治专家组组长：一线岗位全部换上党员，没有讨价还价！》

市委宣传部新媒体阅评组副组长　袁夏良

第一财经客户端推送的这则短视频，无可争议地霸占了2020年上海主流新媒体"破圈"传播作品的首位。

"把一线换成科室的所有共产党员……共产党员在宣誓的时候不是说吗，把人民的利益放在第一位，迎着困难上……为了信仰上去也好，为了党的约束也好，没有讨价还价。"短视频虽然只有短短1分40秒，但华山医院感染科主任、上海医疗救治专家组组长张文宏的这段话，瞬间在网间流传，网民点赞无数，人民日报、央视新闻、界面新闻等国内主流媒体热情转推，全网流量近2亿。张文宏由此成为"网红"，时至今日，网民还把张文宏的形象同他的这一"硬核"讲话联系在一起。

短视频推送于2020年1月29日，当时正值抗疫初期，医学界对疫情的风险性尚未完全掌握。短视频传递出的"共产党员上""没有讨价还价"的声音，成为2020年中国抗击新冠疫情的最强音；而第一财经客户端的短视频则是率先传递这一最强音的主流媒体。因此也可以说，这是"抗疫最强音的第一传播"。

必须一提的是，这一短视频并非由第一财经记者独家采访而来，当时在场采访的媒体很多，但是在报道中都"屏蔽"了张文宏这段"硬核"内容。唯有第一财经，从记者现场采访的视频影像素材中，经过剪辑选择，取其一瓢，把短视频聚焦点落在"科室所有的共产党员上一线"，并第一时间在客户端上独家推送，编辑的新闻意识和选择的目光，敏锐而又犀利，独特而又准确，从中也反映出编辑的解读与理解，深解其意才有"取一瓢"之标准。视频中，戴着口罩的张文宏，语气坚定，无可辩驳，近似白话的朴实语言，不带装腔作势，不见矫情作态，网民虽然看不见他的面部表情，却看到了他的内心情怀。第一财经这一短视频正是因为突出了关键词"共产党员上"，把具有强大感染力的正能量传播于网上，激起了民众内心的波澜，也极大鼓舞了不顾危险奋战在抗疫一线的广大医护人员，展现了主流媒体的作为担当，形成良好的舆论氛围。

不是独家采访却做出了产生重大影响的独家报道，其中有着诸多值得主流媒体人深思的地方。网络时代,每家主流媒体都在追求"爆款""破圈",为此炫技不叠、取宠网民、制造流量。其实,"爆款""破圈"不是能够事先设计的,只有在丰富多彩的生活中才能捕捉,而这需要记者编辑突破传统僵化的思维方式,转变理念,否则,有机会也会和"爆款""破圈"擦肩而过。

记录凡人"疫"事
——短视频《上海医疗救治专家组组长:一线岗位全部换上党员,没有讨价还价!》采制体会

第一财经　孙冀

今年春节,新冠肺炎疫情突如其来。这个春节,我们不少新闻战线的兄弟姐妹一样,积极响应疫情就是命令,放弃休息重返岗位。

1月29日,农历正月初五,上午我在华山医院采访了上海抗击疫情专家组组长张文宏。当时病毒的致病性、传播途径都不明朗,正是抗击疫情最为艰难的时刻。在采访进行中,张文宏向在场采访的记者描述,当时一线医护人员不分昼夜不停歇的工作状态,他们也有害怕和退缩的时候。随着时间的推移,他作为一线业务领导和支部负责人,排班几乎都没法正常进行下去了。遇到这种前所未有的情况,怎么办?张文宏给出的答案是共产党员带头、共产党员上。说实话,同样作为共产党员的我,他的一番叙述深深地感动了我,作为"对时代负责"的媒体的一员,我认为应该将这样的精神传递给更多的共产党员,应该让人民知道危难时刻在他们身后有一道坚实的屏障。因此,在众多的采访中,我选取了一段关于共产党员危难时刻应该冲锋在前的阐述,制作成了融媒体作品。

晚上7点,那天《新闻联播》的头条《抗击疫情党员干部冲在一线》引起了我的注意。吸引我的不仅是新闻中一位位共产党员的无私奉献的人和事,还因为这条新闻的主题与我下午所采写的主题完全相同。

看完这条新闻我并没有多想,目光从电视机上收回,继续做起手里的事情。大约十分钟后,微信提醒的声音越来越密集。不少朋友同事都来询问:亲,"共产党员上,没有讨价还价"是你采写的吗?我说是啊。还有朋友直接发来评论,说当此危难之时就应该共产党员冲锋在前。还有人说,"这才是共产党员应有的作为"。当然,其中我也收到了一些,有些负面,甚至不正确的观点和评价。当第一波的"聊天"结束,我所在的不少微信群内,都转发了我的这条新闻,就连我家

小区的群里也出现了这条片子,还有不少邻居一条接一条地跟着评论讨论。随后,还上了微博热搜。一场"疫情之下共产党员应有怎样的作为大讨论"就此展开。

看到自己采写的片子,在当下这么关键的核心问题上引起了这么大的全社会性的讨论,而且还夹杂着不少杂音的时候,其实我的内心是忐忑的。不知道在舆论的发酵下,会不会偏离采写时"为抗疫战士鼓劲、为全国抗疫加油"的初心。一直到7点30分《新闻联播》播放结束,全网的讨论还在进行着,并且参加讨论的人也越来越多,当不同的观点不断碰撞的时候,突然有网友在网上亮明自己的身份,说,我就是一名党员,正在抗疫第一线;还有的说,我是一名基层居委的党支部书记,我正在组织居委辖区内的居民区进行隔离;还有人说,我是一名在家隔离的群众,居委的党员社工帮我们送菜到家,解决了许多生活困难,我们看到了共产党员们都冲在第一线。说到这里,不少大拇指逐渐地竖了起来。这时,我心里的石头才落地了,对于共产党员在抗疫过程中的作为,群众看在眼里记在心里。通过这次大讨论,可以看到,共产党员无论何时、何种情况下,都是始终把"为人民服务"的五个大字写在心里的。

对于我来说,这样的故事不仅发生在网上,还发生在我身边,抗击疫情期间恰逢春节,第一财经不论党员与否,全部随时加入战斗,采编冲在一线,行政的同事想尽办法为我们购买口罩等防疫物资;而我们深入金银潭医院重症监护室采访、在武汉的街头记录这个大事件的点点滴滴,并跟踪关注财经如何支持抗疫,抗疫应有怎样的财政金融政策,企业如何在疫情之下生存。让我记忆犹新的是,我们有一位同事下午刚出产房,晚上就投入工作中,协助前方记者完成采访。同时在这个特殊的火线上,她郑重地选择、宣誓加入了中国共产党,成为九千万党员的一分子,我想这就是共产党强大的生命力所在。

最后,跟大家重温一下《党章》第一章党员中的第二条:"中国共产党党员必须全心全意为人民服务,不惜牺牲个人的一切,为实现共产主义奋斗终身。"

2020年度上海广播电视奖
参评作品推荐表

作品标题	快看上海｜百年里弄迎旧改，半年告别拎马桶	参评项目	短视频现场新闻
作品网址	http://m.kankanews.com/n/1_9452938.html		
主创人员	丁元骐、庄毅、寿子扬、张佰量、沈姝艳、顾克军		
编辑	沈姝艳、陆熠		
主管单位	上海广播电视台	发布日期	2020年7月5日
发布平台	看看新闻Knews	作品时长	2分27秒
作品简介	旧改是具有上海特色的民心工程，市委书记一年内三次走访宝兴里，每次深入基层，记者都在现场做了有心人，不仅详细拍摄记录现场实况，新闻播出后，还详细整理收集素材。但是旧改征收十分敏感，在征收过程中，记者没有予以新媒体二次传播，整整等了一年，直到所有居民搬迁完毕，再采用Vlog的形式，一边以第一视角带领受众走进宝兴里这座百年里弄实地感受困难的居住环境，一边穿插大量之前篇幅所限没有在新闻中播出的生动素材。以书记三下宝兴里为主线，将宏大严肃而复杂的时政报道，转换为老百姓听得懂的讲故事的语态。 老小旧远，是总书记调研上海最牵挂的四件民生问题。其中旧改又是最难啃的骨头，社会关注度高。由于该新闻牢牢把握新媒体传播规律，既有生动鲜活的现场细节，又有深入浅出的理论分析，一经推出，立即引起强烈反响。将以往不受网民关注、相对比较枯燥的时政新闻，转化成了网民津津乐道的爆款小视频，成了"人民城市人民建、人民城市为人民"的生动写照。		
推荐理由	这是一条具有创新和突破的时政短视频新闻，是记者践行时政新闻"守正创新"的最好体现。将严肃宏大，历时一年的时政新闻，转化百姓爱听的两分多钟故事，既需要作者有深厚的时政功底积累，也需要作者对新媒体传播规律有深入的钻研创新。但一旦突破成功，影响力、传播力也是几何级爆发增长，真正成为构架在市委与市民之间的沟通桥梁。新闻以小见大，让时政类新闻报道更"接地气"，更有可看性，获得了良好的传播效果，成为时政新闻报道的一次有益创新。		

快看上海|百年里弄迎旧改，半年告别拎马桶

　　宝兴里是坐落于外滩旁边的上海石库门弄堂，旧改征收从二轮征询生效到完成搬离，仅用了不到半年时间。解决旧改难题的钥匙是什么，跟着快看上海一起去探寻吧。

柔软之中见硬核

——评短视频现场新闻《快看上海|百年里弄迎旧改,半年告别拎马桶》

市委宣传部新媒体阅评组成员　袁夏良

《快看上海|百年里弄迎旧改,半年告别拎马桶》是一则现场短视频新闻,时长2:27。从内容上看,涉及旧里改造,当属时政新闻。

这条以短视频形式推送的时政新闻,以柔软的屏幕感受很好地呈现了当下的"硬核"内容:上海旧区改造。短视频讲的是上海黄浦区宝兴里旧改的故事。出现在镜头中和故事里的,不仅有宝兴里的居民,还有上海市委书记李强。镜头从已经完成旧改征收的宝兴里现场切入,把观众带回了一年前的场景。2019年7月8日,李强来到宝兴里,现场了解居民生活上的困难,听取居民的诉求;2019年9月20日,宝兴里动迁签约率达到99.69%,李强第二次来到宝兴里,感谢社区干部和党员居民的辛苦付出;2020年6月8日,李强第三次来到宝兴里,和大家一起讨论这次征收工作中有哪些好做法好经验可以推广应用。短视频中,居民笑逐颜开,和市委书记交谈无拘无束;市委书记李强在镜头中虽然没有画面声音,但也是一脸笑容,和居民交流随和,相谈甚欢。居民和市委书记欢快互动的场景,传递出党与政府和民众之间有着一条互通的桥梁,比起美丽的口号、慷慨的评论更能打动观众的心。

在民众的印象中,媒体上的时政新闻都是严肃的,语言是"标准化"的,出现在镜头中的人物常常体态紧张不苟言笑。《快看上海|百年里弄迎旧改,半年告别拎马桶》的时政短视频新闻,用3分钟不到的时间,将严肃的报道主题转化成吸引人的暖心故事,转化成网民津津乐道的爆款作品,成了"人民城市人民建、人民城市为人民"的生动写照,增强了传播力、影响力,符合媒体的传播规律,也体现了身处网络时代的主流媒体人对网络传播特点的把握,无疑是时政新闻报道的一次创新突破。

值得一提的是,这款短视频在呈现的具体手法上、编辑上花了很大功夫。在短短2:27的时间内,短视频并没有简单地扫描现场的几个镜头,也不是由现场记者一人出镜叙说,而是从一年来多次拍摄的素材中选择生动的场面,穿插在相关的报道节点中,从而使得故事的讲述更生动可感。

时政报道里的"烟火气"

——《快看上海|百年里弄迎旧改，半年告别拎马桶》采制心得

融媒体中心记者　张佰量　沈姝艳

老小旧远是习近平总书记调研上海最牵挂的四件民生问题。其中旧区改造是民生工程，更是民心工程。它是最难啃的骨头，社会关注度高。该题材符合民生关切，也是市委市政府关心的大事。

其实对于旧改的报道，传统媒体做了很多，如何通过新媒体平台，把这样的题材做软、做通俗、做到老百姓的心里去，《快看上海|百年里弄迎旧改，半年告别拎马桶》这条片子做了有效的尝试。

上海市委书记李强一年内三次走访宝兴里，每次走进这条石库门弄堂，记者都在现场做了有心人，不仅详细拍摄记录现场实况，新闻播出后，还详细整理收集素材。但是旧改征收十分敏感，在征收过程中，记者没有予以新媒体二次传播，整整等了一年，直到所有居民搬迁完毕，再采用Vlog的形式，一边以第一视角带领受众走进宝兴里这座百年里弄实地感受困难的居住环境，一边穿插大量之前篇幅所限没有在新闻中播出的生动素材。以书记三下宝兴里为主线，将宏大严肃而复杂的时政报道，转换为老百姓听得懂的讲故事的语态。

Vlog新媒体的形式只是手段，内容才是核心。这条新媒体的关键是在于记者对新闻事件核心内容解读分寸的把握。在准确深入地理解新闻内容的基础上，再通过个性化、口语化的语言表达方式，解读新闻信息、充实新闻内容，深挖新闻背后的影响和意义。在确保准确无误的前提下，只有将内容做扎实，以受众听得懂、看得懂甚至喜欢听、喜欢看的话语文字，喂给受众新闻内容，才能达到通俗的目的。在这个过程中，我们也要用好新媒体属性的表现方式，如音乐、花字等各种元素，辅助受众理解感受。让传统意义上的时政新闻更加鲜活、年轻，富有时代感。

当然，时政新媒体的"深度"，并不仅是思想的深挖，还包含了深入一线的感受和体验，要做出"内行不觉浅、外行不觉深"的新闻报道，让"脚上沾满泥土"。在拍摄前一天小编先去宝兴里踩了点，除了感受到楼道环境的阴暗，墙壁的潮湿发霉，旧楼梯的吱呀作响，还感受了现场蚊子的猛烈攻击，当天回来满脸满腿都

是包,这也让小编深切体会到住在这里的居民真心不容易。深入一线,才能感受更深,这样的感受也是最真实的。成片就以亲历者的视角来呈现事件,给予受众更强的代入感和视觉冲击,也更容易让受众与传播内容间产生共鸣。它不仅让受众更好地"进入"事件的空间,甚至在一定程度上成为"当事人",提升观看专注度。而从此般环境差与旧改力度大的对比,也展现了"人民城市人民建、人民城市为人民"的生动写照。

短短2分多钟内,综合展现内容、质量、深度、新意,需要反复推敲打磨,挤掉水分,留下满满干货,这并不是件易事。首先难在对客观事物的深刻认识上。看不清本质,抓不住要点,就不可能提纲挈领,切中要害。其次难在精确表达上。浅入浅出不行,深入深出也不行,只能是言简意赅、深入浅出地精确表达。这一条具有创新和突破的时政短视频新闻,是记者践行时政新闻"守正创新"的最好体现。将严肃宏大,历时一年的时政新闻,转化百姓爱听爱看的两分多钟故事,既需要作者有深厚的时政功底积累,也需要作者对新媒体传播规律有深入的钻研创新。但一旦突破成功,影响力、传播力也是几何级爆发增长,真正成为构架在市委与市民之间的沟通桥梁。新闻以小见大,让时政类新闻报道更"接地气",更有可看性,获得了良好的传播效果,成为时政新闻报道的一次有益创新。

2020年度上海广播电视奖
参评作品推荐表

专栏名称	新闻坊微信订阅号	创办日期	2014年7月21日
参评项目	新媒体新闻专栏		
发布单位	上海广播电视台	2020年度发布总次数	1 830次
发布平台	微信订阅号		
主创人员	王郁岑、陈辰、金莹莹、沈骏、曹嵘、王彦、许馨元、朱静文、庄姜申		
编辑	曹旭、魏颖、王卫东、籍明、周震烜		
专栏简介	新闻坊微信订阅号是一档立足于微信平台,专注民生资讯、社会热点,深耕本地新闻、辐射全国事件的新媒体新闻专栏。该专栏已持续发布6年。2020年全年无休,持续更新366天,总发文数7 983篇。 新闻坊微信订阅号原先推送次数为一天3次,推送时间分别是每天的7:00、12:00、17:00。2020年,为能更及时地发布疫情信息,为广大市民做好提醒和服务工作,推送次数增加到一天5次,增加的2次推送时间为14:30和20:00。同时,遇到重大、突发事件,也多次出现过一天5次以上不超过8次的推送。 新闻坊微信订阅号推送的文章来源,首先是本台记者和区台记者的供稿,其次是转载并解读官方账号和其他媒体账号对上海本地新闻、全国热点事件的报道,最后是整合网络信源和网络热点自行撰写的报道。不管是记者的供稿,还是其他来源,推送的文章都是编辑经过二次创作后再发布的,二次创作的内容包括新闻事实的再整理、类似事件的搜集整合、文字和图片的润饰、版面的美化、标题的再提炼等等。除了二次创作的内容,新闻坊微信订阅号通过自己的网络信源,还推出了原创版块"寻人寻物"和"小坊上潮",每周六、日17:00档定时推送。 此外,新闻坊微信订阅号也与《新闻坊》新闻栏目有长期稳定的大小屏联动,网友可以通过订阅号首页底部的菜单栏,参与《新闻坊》新闻栏目里每日的晚高峰话题投票,收看每日新闻直播并可回看新闻,还可以通过"市民大爆料"提供新闻信源。 2020年,新闻坊微信订阅号的总阅读数超过3亿,点赞数超过159万,在7 983篇推送文章中,阅读数超过10万的有907篇,平均下来每8篇文		

专栏简介	章就有 1 篇的阅读数在 10 万以上,传播力超过全国 99.99% 的微信公众号。12 月已跻身全国微信号第 7 名,位列省级电视媒体微信号第 1 名,也是上海本地民生微信号的第 1 名(数据均来自新榜统计)。 　　新闻坊微信订阅号信息量大,日均发文 20 篇以上,超过全国 99% 的公众号。受众广泛,既有普通市民,也有政府机构、兄弟媒体单位,在上海乃至全国范围内都具有极大影响力。推送的文章多次被人民日报、央视新闻、澎湃新闻、上观新闻、新民晚报及各省市头部媒体微信号转载,报道的正能量故事和人物也多次登上新浪微博热搜并受到市委宣传部、市网信办的肯定。 　　2020 年是特殊的一年,新闻坊微信订阅号在抗疫防疫斗争中也作出了自己的贡献,全年推送涉疫文章近 2 000 条,既有疫情最新动态又有防疫服务信息。在新闻坊微信订阅号推送的文章结尾常常会有这样的话:"疫情尚未结束,不可掉以轻心""勤洗手、戴口罩,就是对抗疫一线人员最好的致敬"……这些叮嘱也在留言里得到了粉丝的踊跃回应,为巩固抗疫成果起到了积极的作用。
推荐理由	新闻坊微信订阅号虽是官媒出身,却能熟练掌握并运用新媒体传播规律,在恪守官媒报道底线、弘扬社会正气和正能量的基础上,丰富新闻报道的形式和内容,贴近网民生活,是 SMG 旗下知名度与美誉度均位列前茅的新媒体新闻专栏,也是全国范围内有影响力的头部新媒体账号。 　　2020 年是艰难的一年,新闻坊微信订阅号却能逆势上扬,从去年的全国第 53 名晋升至今年 12 月的全国第 7 名,影响力进一步扩大,从全年趋势来看,依然有潜力可挖,因此推荐其参评优秀新媒体新闻专栏。

新闻坊微信订阅号之一

沪一老伯昏厥路边，95后女孩冲上去边哭边做人工呼吸……原来她是……

坊友们！今天小坊请大家一起记住一张脸和一个名字！就是她↓因为，路遇昏厥老人的她，果断上前急救，为老人争取到了一线生机！

市民熊阿姨给我们留言：昨天下午，她途经浦东新区龙居路，看到一名老大爷倒在路边，而一名年轻女孩正在对他进行急救，一边哭一边做着人工呼吸。

目击者袁女士也向坊记回忆了昨天事情的经过：昨天下午两点左右，这位大爷突然倒在路边。黑衣女孩正巧路过，立刻上前施救。

公共视频拍下了整个过程。袁女士当时问女孩，要不要把老人扶起来，女孩说不能动，怕产生二次伤害。说完女孩就和老人说话，语气很是着急。同时，周围的热心市民拨打了110、120。女孩则紧张地采取急救措施，给老人做人工呼吸。

"你醒醒啊……"见老人一直没有反应，女孩当场急哭了，但她没有放弃，一边流着泪，一边继续对老人进行急救。这一幕感动了路人。

根据警方提供的记录仪画面，急救进行了约15分钟，女孩的救援一直在进行，直到老人被抬上救护车。

这一刻，女孩终于瘫坐在路边，眼泪还在不停地流，但她并没有透露自己的姓名。报料人熊阿姨想起女孩的举动也是一顿夸。

熊阿姨：对这样一个素未相识的老年人，她自己岁数这么小，与他口对口，这是我在现实中第一次看到。她这个精神我们真的非常感动，特别是这样的非常时期，她能这样做，我们中国的90后是有希望的。

熊阿姨说，她当时只知道女孩是新华医院学临床的，希望《新闻坊》能找到这个女孩，让更多人看到她的善举。

坊记拿着熊阿姨拍摄的视频和照片，立马联系了新华医院。几经核查，医院已经向我们确认，她正是新华医院的实习医生——年仅23岁的广西女孩唐玮鲜。

小唐回忆：我在想他可能有心肌梗死的情况，就摸了他的口袋翻查有没有药品，但没有找到任何药，摸他的颈动脉当时比较弱了，都触及不到，就去摸他的桡动脉，他的脉搏当时还是有的，就慢慢减弱了，最后呼吸也没有了，我就开始做心肺复苏。

坊记了解到，小唐到医院实习仅一个月，之前没有对真人实施心肺复苏的经验，决定人工呼吸时，她虽有顾虑但并没退缩。

小唐回忆：我一个人面对另一个人的生死时，真的非常恐惧，所以整个人从冷静渐渐到崩溃。他的心跳呼吸始终没有恢复，我的心态就不行了，开始哭，到后面就是一边哭一边做，我也不敢停下来。作为一个刚刚实习的实习医生，我甚至不敢说出自己的身份，现在想起来还是觉得很懊恼，为什么没有做得很好……

唐玮鲜的带教老师知道了小唐挺身而出救人的事也对她刮目相看。据带教老师介绍，小唐在平时的学习工作中就是个热情、细致的姑娘。

小唐说："我是一个社会青年，我觉得有义务对社会、对身边的人，有责任去保护他们。"

随后坊记辗转了解到，民警已经找到了受助老人的家属，老人虽未脱离危险，还在抢救，但正是小唐的善举为老人赢得了抢救的宝贵时间，让他有了生的可能，为她点赞！

新闻坊微信订阅号之二

=冻=冻=冻=！-5℃寒潮之夜，马路被淹，小孩走失……守护上海，许多人一夜未眠！

❄雪下得那么深，下得那么认真❄（忍不住唱出声的坊友请举手）昨晚，"霸王级"寒潮带着纯雪光临魔都↘↘↘

上！海！真！的！下！雪！了！刚刚，道路结冰黄色预警发布↗

坊友们都看到了吗？朋友圈拍雪大赛都参加了吗？还没看够的话，小坊又为大家收割了一波图片↓

上海各处的小伙伴们都兴奋地在网上晒出了雪景照↘↘↘

今早6时30分，上海中心气象台发布寒潮情况通报：

受强冷空气影响，昨天夜里本市出现小雨夹雪或小雪，雨雪量在5毫米以下；截至今天6时，全市气温降至零下5摄氏度到零下3摄氏度，嘉定、青浦、金山已发布霜冻黄色预警信号，本市部分积水道路仍有积冰。

预计今天为多云到晴天气，白天风力仍较大，最高气温零下2摄氏度到零下1摄氏度，明天最低温度零下6摄氏度，郊区零下8摄氏度到零下6摄氏度。目前本市寒潮黄色预警、大风黄色预警、低温黄色预警和道路结冰黄色预警信号维持。

盼着下雪的网友们得偿所愿，但对保障城市运行的人们来说，这又是一个忙碌的不眠夜。昨晚，担心的事还是发生了！

昨天21时32分，江宁路近昌平路路口发生水管爆裂，超60米路段被淹，积水面积超过600平方米。

救援队到场后发现，现场车辆拥堵情况严重，街面有多名群众被困。救援力量迅速对积水路段进行封闭警戒，并第一时间疏散被困群众。

公安、上水公司到场后，救援人员配合相关职能单位，对积水路段做关阀处理,并打开排水井盖加速现场积水排出。23点,救援结束,此次救援共计疏散59名群众。

从22时15分,市民热线和微博上发现老管道爆管,到22时55分初步完成抢修并恢复通车,周边道路积水在消退。"一网统管"的公安、水务、应急、城投以及市区城运中心等各部门通力合作值守中。

让人揪心的不止这些……昨天傍晚5点,气温急速下降。可在嘉定区江桥镇富友社区,突然出现了一个独自在风中行走的小女孩,像是迷了路。

这时有个顺丰快递小哥发现了她,又恰巧网格志愿者正在挨家挨户通知居民注意防冻,两人于是将小女孩抱至社区网格城运工作站。得益于"一网统管"工作的技术支撑,小区完善的视频监控系统很快锁定了女孩居住的楼道,再通过比对人口信息系统登记的信息,工作人员很快联系上了女孩母亲,从发现到相见,整个过程不到半个小时。

据孩子母亲熊女士表示,下午4点多,她出门去接大女儿放学,年仅3岁的小女儿独自在家不见妈妈,便出门寻找,没想到在小区里迷了路,这才发生了先前这一幕。

昨夜,沪上各大救助站也十分忙碌。为救助流浪、乞讨等生活无着露宿街头的人,市、区两级民政部门加大了街面应急救助巡查力度。寒潮到来前夕,上海的市、区两级18家救助管理机构也均已设立了流浪乞讨人员的临时避寒场所,储备了充足的御寒物品与防疫用品。

23时,黄浦救助巡查人员就在浙江南路附近的一个小花园发现了两位老人。两人都年过八旬,其中一人直接睡在长椅上,另一位衣物单薄,甚至还光着脚,几经劝说,两位老人终于愿意跟随工作人员回去救助站。

而在上海南站,徐汇民政首次和南站合作,开辟了临时避寒场所,棉被、热水、泡面等,基本生活所需,都备在这里。

相关部门反应及时,处置迅速,这一切离不开各行各业各部门的未雨绸缪。

寒潮来临,全市水务部门严阵以待。为确保市民用水安全,工作人员彻夜对全市住宅小区的水表水管开展巡检,尤其是暴露在建筑物外的表位和水管,是重点检查和保障对象。

午夜的12点30分,上海市中心的气温已经下降到0摄氏度,在淮海中路670弄小区,黄浦供水管理所的工作人员对楼道内的水管逐一排查,确保几天前做好的包裹完好,对海绵层有脱落的及时补缺。

而像这样的检查,凌晨完成之后,今天早上还会再进行一次,确保万无一失。

为防止路面结冰,影响早高峰车辆通行,昨天凌晨,南浦大桥和中环部分路段也开始撒融雪剂,不一会儿,原本的结霜处就化成了水。

为应对寒潮,沪上不少小区也提前行动起来。其中就有一个小区采取了反向操作,为防止水管爆裂,竟给居民们停水!

昨天,闵行区浦连路150弄博雅苑的物业贴出了一张停水通知,称从下午三点起停水,让居民们感到十分费解。

接到求助后,坊记来到小区,在居民家中看到了大大小小、盛满水的水盆。据了解,上一次寒潮来袭时,也就是2016年,小区曾发生过大面积的水管爆裂,供水系统一度瘫痪,断了一周水。为避免重蹈覆辙,这回物业无奈采取了主动停水的措施。

物业表示,停止供水的时间实际改到了晚上七点。如果那时气温低于零下3摄氏度,他们便会对水箱停止供水,水箱里剩下的水,还能继续使用2个小时左右。反之,如果气温没有低于零下3摄氏度,那么小区正常供水。

只有停水这一个办法了吗?坊记注意到,小区里的水管其实已经做好了防寒保暖措施,但物业说,这些远远不够。物业称,小区使用的供水系统先天不足,这才导致水管在低温状态下容易爆裂,解决问题最直接的办法是更换供水系统。

既然知道问题所在,为啥迟迟不解决呢?居委会工作人员解释,搁置的原因有二,一是技术难度较大,二是维修基金有限。目前,这个项目已提上了小区议事日程,但真正实施仍需时日。

你家小区有没有类似问题?大家又是怎么维护小区设施的呢?今天中午11时23分,新闻综合频道播出的《民生一网通》节目中,小坊将继续关注寒潮动态~

明年,《民生一网通》就将扩版,每天中午11:05—11:53,为你解决更多"急难愁"!

地方电视新闻栏目的凤凰涅槃
——评新闻坊微信订阅号

市委宣传部新媒体阅评组成员　方颂先

《新闻坊》原是上海电视台的一档本地民生新闻栏目,该档节目每晚5时—6时播出,长期以来深受上海本地居民,尤其是中老年观众的喜爱。面对网络时代信息大潮的冲击,《新闻坊》迎流而上,勇立潮头,较早地开设了《新闻坊》微信号和抖音号,成为上海电视台融媒体战阵中的先锋战士。

《新闻坊》微信号是一档专注民生资讯、社会热点,深耕本地新闻、辐射全国事件的新媒体新闻专栏。《新闻坊》微信号原先推送次数为一天3次,推送时间分别是每天的7:00、12:00、17:00。2020年,为能更及时地发布疫情信息,为广大市民做好提醒和服务工作,推送次数增加到一天5次,增加的2次推送时间为14:30和20:00。同时,遇到重大、突发事件,也多次出现过一天5次以上不超过8次的推送。《新闻坊》微信号成立6年以来,全年无休,仅2020年就持续更新366天,总发文数7 983篇。这样的发布频率,与电视栏目一天1小时相比,无疑是一个重大的飞跃。

下面,拟就《新闻坊》的作品《沪一老伯昏厥路边,95后女孩冲上去边哭边做人工呼吸……原来她是……》,试析《新闻坊》微信号的几个特点:

一、多手段迅速还原真相

2020年6月22日,有市民在"新闻坊"微信平台报料,当天下午2点左右在浦东新区龙居路路边,一名老人突然昏厥倒地,一路过的年轻女子当即上前进行急救,还脱下口罩对老人进行人工呼吸等。由于老人没明显好转,女孩边继续急救边痛哭,一直坚持到民警和救护车赶到现场。这一幕感动众人,报料者也提供了现场拍摄的视频,希望能通过《新闻坊》找到这位热心救人的女孩,并让大家看到她的善举。

《新闻坊》编辑立刻和事发地的浦东融媒体中心联系,帮忙从浦东警方处获得公共画面和执法记录仪画面,更好还原事件全过程;另一方面,《新闻坊》记者在6月23日上午前往事发现场采访目击群众,充分了解事发过程和后续,同时也顺利地找到了救人的女孩。

在获得了完整的事发经过和画面后,编辑迅速抓住"95后女孩""见义勇为""满满的担当和责任感"几个关键点,并没有刻意拔高女孩的"光辉形象",而是用最质朴的语句还原了整个事件的真相,以此来突出女孩的平凡和"人性光辉"。用图片、动图和视频来辅助文字描述,让观众读者对"边哭边救"留下深刻印象,文中还选取了目击群众的采访,以目击者的感动来进一步渲染读者的情绪。在消息最后,编辑还补充了后续通报,老人虽然仍在抢救中,但因为女孩的施救而获得一线生机。

新媒体作品中,能够综合运用文字、图片、动图和视频(包括公共视频、警方执法记录仪、路人现场拍摄等),这是传统电视媒体所不能比拟的。

二、全媒体链发现、发布新闻

过去,人们只能到了播出时间,等在电视机前观看《新闻坊》节目,而如今,《新闻坊》新媒体可以随时发布和更新新闻。在6月23日15时,《新闻坊》率先制作了短视频通过《新闻坊+》抖音号发布,而后《新闻坊》微信号和《新闻坊》电视节目相继迅速播出,大小屏幕联动、互动,充分发挥了媒体融合的优势,引发社会的强烈反响。

值得注意的是,这条新闻的发现,也与传统的新闻制作流程迥然不同,该消息是市民在《新闻坊》微信平台上的报料,编辑发现后及时投入采访,进一步发掘出真相。

从现场到微信,从微信再回现场,形成全面的报道后,再通过抖音、微信、电视,一次偶发的抢救呈现在千千万万人们的面前,感动了社会,温暖了人心。

三、优秀内容形成二次(N次)传播,影响力无远弗界

网络时代的一个重要特征是传播力和传播面的乘法效应,媒体的影响力并不局限于媒体本身,好的内容引发的二次传播乃至N次传播,才是更高的境界。

95后女孩边哭边做人工呼吸的消息发布后,在观众和网友间引发热烈讨论,更让大家心中升起积极行善的冲动和强烈的社会责任感。不少网友表示"社会需要这样的正能量""看哭了!""新一代中国好青年"……

根据有关数据显示,该报道全网总浏览量超3 400万。《新闻坊》微信号头条推送,反响热烈,当晚点击量就超过了10万,2155"在看",抖音平台点击量超300万,获赞超22万。同时,人民日报、央视新闻、澎湃新闻、新民晚报、北京晚报、潇湘晨报等多家媒体纷纷转载,点击量都超过5万,多者超过10万。这一故事还成为全国热点新闻话题,登上新浪微博"热搜"。有关主管部门发布的第374期《一周新媒体观察》中,用《"新闻坊+"正能量故事聚起全网暖心热流》一文对该报道给予肯定。

守正创新,让流量守卫导向
——新闻坊微信订阅号创作谈

融媒体中心通联部　周震烜　籍明

2020年,对于所有媒体人都是不平凡的一年。而对于创办五年的新闻坊微信订阅号,更是勠力前行、奋勇开拓的一年。

在这366天里,新闻坊微信订阅号全年无休,7 983篇推送文章的总阅读数超过3亿,点赞数超过159万;有907篇文章取得"10万+"的好成绩,传播力超

过全国 99.99% 的微信公众号。

在"刺刀见红"争夺流量的同时,新闻坊微信订阅号从不曾忘记过自己的使命——研究贯彻新媒体传播规律、恪守官媒报道底线、弘扬社会正能量,给网民带来更丰富的新闻报道,力争成为上海传媒界一块有温度的文化品牌。

一、既增量又保质　抗疫报道成亮点

2020 年伊始,疫情突如其来。为及时发布权威信息,服务广大民众,新闻坊微信订阅号的团队克服重重困难,加更为一天 5 推,日推文数也增至 22 篇。

新闻坊微信号的整个团队前后联动紧密,全员以"007"的状态迎接挑战,新媒体编辑组直接分为两班倒,每班都是"0 点到 12 点"的满负荷运转,两组团队早晚接力,一举打破时间空间的禁锢。记者在前方一手采制后,新媒体编辑迅速反应整合,在版面上第一时间予以呈现。不管是疫情防控,还是物资配给补充和社区居民互助,哪里有上海老百姓关心的内容,哪里就有坊记的身影。

以口罩供应为例,坊记紧抓热点采访了上海企业研发口罩垫片的新闻,新媒体编辑也找准网络传播亮点,赶制了记者亲测短视频,推出了《口罩又缺?上海企业 10 天研发新产品,有了它一个口罩变 N 个》。文章一经推出,立刻引来网友们的热烈转发,一度冲上热搜,仅一篇推文的阅读量就逼近百万。在网友普遍焦虑抢购口罩的时刻,这则新媒体报道无疑给大家吃了一颗定心丸,上海制造的品质和创新精神的理念,通过一篇生动翔实的报道传递给了大家。

像这样的新媒体后端和坊记同步发力的例子不胜枚举,新闻坊微信订阅号全年推送涉疫文章近 2 000 篇。其中,坊记们提供的大量鲜活素材,经过编辑精心的二次创作,收获了众多爆款。如《一女子藏身轿车后备厢欲混进上海》《失踪 36 年,一老人因疫情排查被找到》《为赶上医疗队出发时间　护士高东收费口向警方求助》等佳作,传递着这座城市快速反应、精准防疫的科学精神和白衣执甲、邻里互助的温暖,增强了市民对上海防疫的信心。

二、大视野巧心思　强势跻身全国头部号

从初创开始,新闻坊微信订阅号一直比对全国头部大号,从没有因为地方媒体的身份局限自己的发展。

在日常的推文布局中,栏目定位精准——专注民生资讯、挖掘社会热点、深耕本地新闻、辐射全国事件。对传播要求上和目标上,编辑部一直都对标全国大号,栏目上上下下每天都会对标几十张版面,不管是全国强号还是各档电视新闻,甚至是小众垂直领域的优质自媒体,都是大家学习和研究的范本。

值得一提的是,不管是本台记者的自采供稿,还是各类其他来源,新闻坊微

信订阅号所推送的文章都必须经过二次创作后再发布。新媒体编辑会对新闻事实进行梳理,新闻背景进行搜集整合,当然更重要的是还要以"网感"为标准,对文字和图片进行润饰,对"一招封喉"的标题进行提炼升华。这些巧心思还体现在了版面不断地推陈出新上,根据网友们的需求,新闻坊微信订阅号通过自主网络信源,开辟了原创版块"寻人寻物"和"小坊上潮",也成为许多沪上市民见证正能量的第一个窗口。

订阅号高质量的推文也多次被人民日报、央视新闻及各省市头部媒体微信号转载,多次登上新浪微博热搜。2020年新榜全国公众号500强上,新闻坊位居第14名,其中12月已跻身全国微信号第7名,位列省级电视媒体微信号榜首。

三、抓原创推爆款

得原创者得天下,新闻坊微信订阅号提升内功,聚焦本台信息来源,不论是各档栏目,还是本部门记者,加上全市16个区台的一线坊记,都能在第一时间为订阅号提供接地气、富有感染力的报道素材。2020年,新闻坊微信订阅号每天的原创稿件量已增至3至6条,全年单条的原创推文最高阅读量超过100万。

在正能量报道、舆论监督类报道及社会突发事件中,原创推文以其稀缺性和独特性,成了版面中最受欢迎的内容,再加上贴合受众阅读理解的新媒体表达,爆款频出。如:《网传上海保时捷车祸75岁老伯顶包?司机是车内女子?真相来了→》《500斤的上海小胖今天手术!老母亲当场落泪……他说要感谢这些人↘》《10℃的天气里他们一夜未眠!截至6点,浦东机场核酸检测共采样超16 700份》等推文,都成为全城乃至全国热议的爆款话题。

流量不是唯一,但通过全方位提升自身技能的同时,以流量守卫导向,为人民群众提供真正喜闻乐见的新媒体报道,是新闻坊微信公众号的责任与担当。获奖来之不易,离不开全台和各界的支持,也离不开前方后方的共同努力,但获奖更是对未来的鞭策,不积跬步无以至千里,新闻坊还将继续探索,还将继续创新。

二 等 奖

2020年度上海广播电视奖
参评作品推荐表

作品标题	上海医疗队驻守金银潭医院第一夜	参评项目	短视频现场新闻
作品网址	https://mp.weixin.qq.com/s?__biz=MjM5Mzk2MTk3MQ==&mid=2650793455&idx=1&sn=91fd6762093a108ba2a5136b0ee50e60&chksm=be84477389f3ce659ae3d55d16cb4fb9ae591d401e3dbdb9a97944bb99787248f3e6629276cd&scene=21#wechat_redirect		
主创人员	盛陈衔、杨黎萱、孟诚洁、顾隽契		
编辑	孟诚洁		
主管单位	东方广播中心	发布日期	2020年1月27日17时
发布平台	上海新闻广播微信公众号	作品时长	2分47秒
作品简介	上海医疗队抵达武汉后接管了金银潭医院北楼的两层病区,由于缺少防疫物资,夜班医护人员需要连续值班8个小时以上,虽然在疫区,上海医疗队仍然保持在上海时的各种习惯,按时召开早交班会议梳理工作流程。 刚下夜班的护士说,为了预防交叉感染,病房里不能开空调。接近冰点的气温环境下他们的手都冻麻了,但他们选择咬牙坚持,努力克服人员不足带来的种种问题……		
推荐理由	这是上海医疗队抵达武汉初期,驻守金银潭医院第一夜后记者拍摄到的画面。面对陌生的环境,医疗队队员们选择坚守岗位,咬牙坚持。支撑他们的不是豪言壮语,而是那一份最朴实的,对自己职责的坚守。 新媒体视频的及时报道也让上海关心医疗队的广大受众了解到了前方的最新情况。该条视频被国家广播电视总局列入《坚决打赢疫情防控阻击战》专辑在各大视频网站推荐转发。仅在上海新闻广播微信公众号就有超过111万的点击率。上海也在后续派往武汉的医疗队中,增加了护理人员的占比,更好地支援武汉的救治工作。		

驻守金银潭医院第一夜，上海这些护士说，非常累，手都冻麻了！但我们只能坚守岗位

截至26日24时，国家卫生健康委收到30个省区市报告累计确诊病例2744例，现有重症病例461例，累计死亡病例80例，累计治愈出院51例，现有疑似病例5794例。累计收到港澳台地区通报确诊病例情况，香港特别行政区8例，澳门特别行政区5例，台湾地区4例。

新闻中报道的死亡病例，其实就发生在身边，在上海医疗队支援的武汉金银潭医院里，与死神的赛跑每天都在进行。目前医院北楼二楼和三楼病区都由上海医疗队接手，其中，三楼的28位病人中多位情况危重，一位78岁的病人昨夜心跳骤停，抢救无效，不幸离世。

……

昨夜，这里又新收治了一名病人，血氧饱和度最低只有40%，经全力抢救，在呼吸机的辅助下，这位病人现在的血氧饱和度已经上升到98%，人已经清醒。

……

全力以赴、保护生命，这里每一位医生护士拼上全力不断与新型冠状病毒抗争。

早上8点，已经连续值班8小时的夜班医护人员，仍然坚守在岗位上，新一轮排班的人员，已经提前抵达。当地医院的电脑系统还没来得及给上海医生开通权限，使得他们暂时还无法查阅病人的病历和片子。一大早，上海医疗队的领队就召集队员交流病房里病人的情况并梳理接手一天来遇到的问题，马上着手

与院方解决。"冷得我手都麻了。"为了避免交叉感染,病房里不能开空调,还得要开窗通风,一夜下来,不少护士的手都冻麻了,摊开手掌,五指通红。

虽然条件很艰苦,但是看到亟待医治的病人们,医务人员还是咬咬牙,坚持下来。"大概8小时,不吃、不喝、不拉,就围着病人转。"

交班后,换下密密实实的防护服,最想做的一件事是什么?

"回家,洗澡。"

支撑他们的,不是豪言壮语,而是那一份最朴实的对自己职责的坚守,含着泪也要笑着说:"我在这个位置上,我只能坚守岗位!我再怎么样,我只能站在那里!我很累,我很冷,那能怎么办?!"

当班护士坦言,现场的病人的情况,的确要比想象中严重,到了新的地方,还要重新梳理医疗流程,到今天白天结束,上海医疗队已经倒了三班,经历了整整一天的工作。

"我们会自己梳理一下,每个班、每个小时该做什么。"

医院里不仅防护服不够,人手其实也很紧张。按照规定,监护室的病人要求的床位和护士比是1比2.5到1比3,按照现在的28张床来计算,这里至少要配备70名护士,但是目前只有48名护士,缺口非常大,大家唯有互相支援,多顶一会儿是一会儿!

"我觉得困难点是人员不够。我们护理人员缺口比较大。昨天我们跟普通组的老师商量以后,他们很好,支援了我们15名护士。"

护士们工作时,必须穿着白色的防护服,戴上N95的口罩,按规定,其实4个小时就要换下,而在金银潭医院北楼的这个病区,上海医疗队这些中班和夜班护士,昨天的工作时长都达到了8个小时。

当班护士说,每个人整晚都不能合眼,要密切关注着自己负责的4个病人,因为有的重症患者已经昏迷,无法自主呼救。当然,还有2~3名病情较轻的病人。

"我们会跟他们聊聊天、握握手。"

"鼓励一下他们。"

这里是没有硝烟的战场,这里是不放弃希望的地方。

2020年度上海广播电视奖
参评作品推荐表

作品标题	CBNData疫情地图H5工具	参评项目	融合创新
作品网址	https://z.cbndata.com/2019-nCoV/index.html?timestamp=1602648251974（二维码请详见下方）		
主创人员	集体		
编辑	集体		
主管单位	上海第一财经数据科技有限公司	发布日期	2020年2月6日17时
发布平台	CBNData	作品时长	无
作品简介	2020年春节，新型冠状病毒肺炎疫情暴发，影响着社会的方方面面。在疫情初期的繁杂信息中，及时、透明、客观的信息变得尤为重要。为方便民众及时、精确了解所处位置疫情动态，提升防疫注意力水平，做好防护工作。2月6日，第一财经、第一财经商业数据中心（CBNData）结合自身"数据＋媒体"基因禀赋，面向社会公众推出公益服务"疫情地图查询工具"，让人们知道自己所在城市的病例分布，知道应该规避哪些区域，通过信息的透明化和聚合性减少迷茫中的恐慌感。 　　该款工具覆盖334座城市数据，其中近223座城市精确到小区或街道地址，为用户提供实用、直观的信息查询服务。 　　随着新冠肺炎疫情控制的不断加强，各地的治愈病例捷报频出。部分城市已经连续出现了治愈人数大于新确诊人数的病例负增长现象。 　　为此，"疫情查询工具"于2月中旬再次升级，上线"本市疫情"功能，帮助迅速了解所在城市的最新确诊病例及治愈病例数，同时还附有这两项指标的10天变化趋势图，让用户可以清晰、直观地了解当地的疫情发展趋势。 　　同时，第一财经团队依托自身强大的媒体资源，从城市、消费和生活三个内容方向，为用户全面提供抗击疫情的相关延伸资讯。 　　此外，CBNData疫情地图H5工具成功接入了47家互联网平台和媒体账号，将服务和影响力延伸到政务、金融、医疗、公共服务、媒体传播等场景中，为更多应用场景下更广泛的用户群体提供服务，平台覆盖用户超10亿。		

效果反响	CBNData 疫情地图 H5 工具在上线三天后,访问量即突破 1 个亿,日均 UV 突破 3 000 万。截至 2020 年 3 月 31 日,总访问量近 2.2 亿,为第一财经旗下新媒体矩阵账号吸引粉丝超过 10 万。 CBNData 疫情地图 H5 工具一经推出,引发公众广泛关注和高频使用,在朋友圈及好友群进行主动转发,形成良好的口碑传播效应。2 月 9 日,"学习强国"主动联系第一财经商业数据中心合作。此外,支付宝、津心办(天津政府官方 App)、平安银行、北大医信(北大三院医疗 App)、趣头条、小米、WiFi 万能钥匙等 47 家互联网平台和媒体账号接入工具服务。工具还获得李佳琦、薇娅两位达人的宣传支持。
推荐理由	该项目系第一财经旗下第一财经商业数据中心(CBNData)在疫情防控期间推出的公益产品,是媒体利用大数据和新媒体技术进行创新,并产生良好的社会效益的典型案例,发挥了媒体应有的价值。截至 2020 年 3 月 31 日,CBNData 疫情地图 H5 工具总访问量近 2.2 亿,为第一财经旗下新媒体矩阵账号吸引粉丝超过 10 万。

一、作品名称:CBNData 疫情地图 H5 工具

二、作品网址及二维码:

  https://z.cbndata.com/2019 - nCoV/index.html? timestamp=1602648251974

2020年度上海广播电视奖
参评作品推荐表

作品标题	结棍！闵行70岁健身奶奶三个月减脂28斤,越战越勇登上央视舞台！	参评项目	短视频现场新闻
作品网址	https://mp.weixin.qq.com/s/BsEigKshgUo3nVT9fXjxWw		
主创人员	张昱、蒋化、何婷婷		
主管单位	闵行区融媒体中心	首发日期及时间	2020.8.30
发布账号（App）	今日闵行微信公众号	作品时长	2分16秒
采编过程（作品简介）	今年70岁的陈阿姨在2018年12月29日第一次走进了健身房,这一去就一发不可收拾,她在这之后1年多时间里,健身房几乎一天都没缺席过,每天不间断地训练,让很多的年轻人都自叹不如。她不但在三个月的时间里成功减脂28斤,还希望通过自己的实际行动带动更多的人参与到健康生活的行列中来。我们觉得这样励志的题材值得让更多的人知道,于是通过短视频的制作手段,以微信、App和抖音的形式把阿姨的故事作了新闻报道。 　　从这个选题的策划开始,我们就紧密贴合时代发展的脉络、近期热点的关注、本地特色的挖掘。我们之所以会关注陈奶奶健身这个内容,一个是离不开8月是全民健身月这个热点,第二个是依托"厚积薄发",我们一直在小视角的报道形式中积蓄能量,虽然很早就与陈奶奶认识,但是在持续的沟通、交流中迅速捕捉到适合当前报道的契机,并且精准发力,推出了这篇超越地域、紧跟时事、能够抓住受众眼球的短视频报道。		
社会效果	报道一经播发,在今日闵行的阅读量达到了1.5万,这在短视频内容的报道里面不多见。同时,经过央媒和市媒的全媒体转载,在央视新闻的阅读量达到了10万+,人民日报客户端的阅读量达到55.3万,新华社上海频道的阅读量超过110万,中国青年报的抖音浏览量超过1000万,东方卫视《中国长三角》栏目进行了转载报道,而在澎湃新闻头条形成"话题"之后,微博阅读量达到惊人的1.9亿,微博热搜的最高排名冲到了第六,远远超出了我们的预料,成为名副其实的一个网络爆款。上海市委宣传部常务副部长胡劲军点名表扬,并要求全市各区县融媒体中心进行学习分享。		

2020年度上海广播电视奖
参评作品推荐表

作品标题	《民生一网通》（12月4日）	参评项目	融合创新
作品网址	看看新闻： http://www.kankanews.com/a/2020-12-04/0019596019.shtml 《新闻坊》微信公众号： https://mp.weixin.qq.com/s/KsWjP4LW8XskuPy2WEySaw https://mp.weixin.qq.com/s/ITBNN7SiIRyq-zDGlCSTkw https://mp.weixin.qq.com/s/Y_Rd_kTOS8qpBPqvH6fAJw 《新闻坊＋》抖音号： https://v.douyin.com/JgfopeL/ 《民生一网通》快手号： https://v.kuaishou.com/8ugbwS		
主创人员	赵路露、籍明、常亮、周震烜、迟迅、陈辰、严萍、蔡雪瑾、陈蓓儿、周玉林		
编 辑	翁伟民、吴茜、陈霞、曹旭、范嘉春、杨叶超、魏颖		
主管单位	上海广播电视台	发布日期	2020年12月4日11点25分
发布平台	上海电视台新闻综合频道	作品时长	30分钟
作品简介	2020年12月4日中午11点25分，《民生一网通》准时在上视新闻综合频道、FM93.4上海新闻广播、看看新闻、快手等多个平台同步音视频直播。当天正是浦东新区明天华城小区采取封闭式管理的最后一天。一大早，记者就来到小区门口，记录下了一幕幕生动的画面：带娃遛弯的奶爸、跳出六亲不认舞步的大爷，还有大门口一波接一波为亲友送物资的市民……始于意外的隔离生活最终归于温暖。直播中，一度引发全网关注的网约车司机也来到镜头前，隔着栅栏接受了采访。聚焦疫情小区的同时，主持人还现场连线了上海市大数据中心的工程师，生动演示了市民随申码颜色更新的整个流程，让"隐形"的城市运行管理"显性"化。 　　节目的后半段，记者来到了龙华东路522号附近，这里有一条凹凸不平的"波浪路"，影响了行人的通行。记者观察后发现问题出在路边的几棵行道树上，于是现场联系了街道和区绿化管理部门的工作人员。相关部门		

作品简介	负责人到场后分析了问题的成因,并表态会因地制宜,尽快拿出合理的方案,还市民们一个安全的通行环境。 　　作为全国首档大型融媒联播节目,《民生一网通》助力上海"两张网"建设,做好新时代的群众工作。全新的节目模式自开播以来就先后受到了合作单位、上海市民及媒体同行的关注和好评。直播结束后,每天的节目会被完整收录在看看新闻专区;每期节目的经典案例、精彩片段经重新创作后,会在《新闻坊》微信公众号、抖音、快手等平台以日更频率二次传播。配合12月4日节目赶制的三条原创微信推送,总点击超过10万+,网友评论200多条;抖音、快手平台的配套小视频播放量超过7 000次。
推荐理由	12月4日的《民生一网通》充分体现了"联通现场,时刻在线"的节目口号。联通防疫现场,记录最真实的百姓生活,解读隐藏在背后的城市运行"治理密码",展现密不透风的防疫网如何默默守护这座城;采访时刻在线,为市民搭建沟通平台,实时直播"急难愁"如何高效解决。当天节目组收到不少微信留言,网友们"为一线工作者点赞""为上海加油!",让市民真正感受到了"人民城市人民建,人民城市为人民"。

坊记追踪(系列)

零点起明天华城调为低风险!
意外的故事,终于温暖……

11月20日,上海通报新增2例本地新冠肺炎确诊病例。当晚,浦东周浦镇的明天华城小区开始实行"只进不出"的封闭化管理。两周来,这个隔离小区牵动无数上海人的心:意外被"困"小区的网约车司机成了一名志愿者"奶爸";全员参与的"土豆消灭战"也有了暖心大结局;今天上午,官宣的消息传来!我们的坊记第一时间直击现场。

明天华城小区12月5日零时起调整为低风险地区

据市新冠肺炎疫情防控工作领导小组办公室发布的信息,截至12月4日,浦东新区周浦镇明天华城小区连续14天内无新增本地确诊病例。根据国务院联防联控机制有关要求,经市新冠肺炎疫情防控工作领导小组办公室研究决定,自12月5日零时起,将浦东新区周浦镇明天华城小区由中风险地区调整为低风险地区,上海市其他区域风险等级不变。本市将持续落实常态化疫情防控措施。

"隔离"生活进入倒计时,居民们的心情如何?小区氛围又如何?今天中午的《民生一网通》节目中,坊记蓓儿就实地走访了一番。

氛围雀跃，点的外卖都更丰盛了

坊记来到小区门口的快递点，看到几位居民正有序地排队拿取快递，秩序一如往常。不过，门口的保安小哥透露，今天的氛围还是有些微不同，空气中弥漫着一丝"雀跃"的味道，点的外卖都比平时丰盛了～

小区里，出来散步的居民不少，总有人来问什么时候会开门。保安小哥一一耐心回复："还有十几个小时，大家就能走出这个小区，回到过去的生活了。"明后天恰逢周末，居民们也早早做好了打算，有人约了亲朋好友准备庆祝一番；还有人备齐了鸡鸭鱼肉，要和这段时间里一起守望相助的邻居分享美食。

误入小区的网约车司机：站好最后一班岗

今天，我们还找到了误入小区的网约车司机彭辉。坊记见缝插针，在他忙着送核酸检测报告的间隙，隔着栅栏采访了他。

彭辉：今天是我在明天华城的最后一天了，还是有些工作任务，要站好最后一班岗，把核酸检测报告挨个发放到居民手里。今晚隔离结束后，我应该就会离开这个让我感到温暖的地方。这段特殊的经历，我会一生铭记，以后也能更沉着地应对各种遭遇，相信一切都会朝好的方向发展。

始于意外，终于温暖。据说彭辉在小区里不仅帮着居委做事，还担任了几天"临时奶爸"。据了解，小子杰的父母正在浙江，家里只有23岁的姐姐照顾他。姐姐突发不适被紧急送医后，小子杰便"落单"了。"让彭辉来照顾孩子吧，他就像一个阳光大男孩，子杰会喜欢他的。"居委会工作人员一合计，这项任务就落在了彭辉身上。

还未成家的彭辉，就这样带起了娃。志愿服务稍有空，他就会带子杰外出散步玩耍，一日三餐则都在居委会解决。晚上，是彭辉子杰独处的时间。"原本，大家安排子杰睡在居委会的妇女之家里，那里有一个很大的沙发。但小家伙害怕，我就把他带到我睡的居委会二楼，把那张小行军床让给了他。"彭辉说。

目前，小子杰的姐姐仍在医院观察，妈妈已经从浙江赶回上海，做了核酸检测，一切正常后，就能进入小区，把子杰带回家了，他这个"临时奶爸"也能安心"下岗"了。

井然有序的背后也有他们的坚守

明天零点,明天华城小区将调整为低风险地区,那么随申码的数据是如何做到及时更新,让大家安心的?听听上海市大数据中心的工程师丁阳怎么说。

丁阳:市大数据中心在收到市防疫指挥部以及各单位最新的数据之后,会按照三个步骤进行随申码颜色的更新:1. 数据入库;2. 数据融合;3. 数据更新及推送。这三个步骤都是基于任务治理平台进行的自动化操作,每天凌晨2时—4时,完成所有操作任务。更新后,市民即可通过"随申办"App、微信、支付宝等前端,查询到自己最新的码色。

有网友说,"每天看明天华城小区里的故事,就像在追剧。"剧中,是一个个鲜活的人物,一个个暖心的故事,有紧张、有苦中作乐,更多的是感动。明天,我们一起加油!

按捺不住了?上海老爷爷竟然跳出六亲不认的步伐!还有小奶爸要奔出来……

今天中午,我们的美女坊记从明天华城小区发回了最新的现场报道。下午,又有官宣的好消息传来!浦东医院也将于12月5日零时结束闭环管理,8日上午8时全面恢复门急诊等业务。

复旦大学附属浦东医院传出消息,接浦东新区新冠肺炎疫情防控工作领导小组办公室通知,浦东医院从12月5日零时起结束闭环管理。

12月8日(周二)上午8时起,医院全面恢复门诊、急诊、发热门诊、住院等业务。就医期间,请大家按规定继续做好个人防护。恢复业务后,医院门诊实行全预约制就诊,请先预约再就诊。12月5日8时,医院开通预约功能。

微信预约:关注"复旦大学附属浦东医院"微信公众号

电话预约:医院总机68035001 便民服务中心68036269 微医预约95169

网络预约:医院官网www.shpdh.org 挂号网www.guahao.com

看了小坊上一波的推送,已经有坊友隔着屏幕感受到了小区不同往日的氛围。

出门蹓跶的居民,脚步轻快,大爷跳出了六亲不认的销魂舞姿。

居民们的欢喜雀跃也感染到了小坊,眼下距离居民们走出小区只剩4个小时了!再来跟大家分享一波坊记捕捉到的可爱瞬间。

面对坊记的镜头,这位年轻爸爸的喜悦之情溢于言表,小坊仿佛看到了口罩背后他咧开的笑脸。为啥这么高兴?因为终于有人帮忙带娃了!

即将"解放"的年轻爸爸:有小朋友带着比较麻烦,之前有阿姨的,后来阿姨进不来了。但明天她就能过来了!已经快要受不了了,尤其是我老婆,太累了,十四天都自己带,对我们是个挑战,不过也带过来了。

话虽这么说,但这位爸爸的身体和手十分自觉,一路跟拍,记录孩子的成长。

午餐时间,小区的外卖也比平常更多。还有一些小区居民的亲友,特地送来"大餐"。

来给亲友送菜的市民:亲戚朋友都在里面,就多买一点,庆祝一下!有肉有鱼,菜都买齐了,等于烧一大桌菜吧!恭喜他们,马上就能出来聚聚了,又能在外面一起吃饭了。

这些隔着栅栏送菜的日子,终将成为一段难忘的回忆。14天来,小区规定"只进不出",进小区的居民要具备3日之内的核酸检测报告。一些思念家人的市民,特地备全了材料,打算提早进小区,陪伴阔别14日的家人一起迎接"小区开放"的特殊时刻。

想给儿子做饭的老父亲:买了冬笋、菇类,这里面还有虾、生蚝,还有酱鸭、大红肠…都是儿子喜欢吃的。他天天叫外卖,自己烧又不行,想提前进去给他烧个午饭。明天就恢复正常了,我儿子和我都正常去上班了。

这两周里,明天华城小区内涌现了很多令人印象深刻的新闻事件和人物,生活的奇妙和美丽之处或许就在于那些归于温暖的意外吧!

上海这段人行道上,走路全靠"浪"?坊记又出马了!

明天就是周末了,坊友们有没有想好去哪"浪"～最近,有坊友反映说龙华东路522号附近,出现了一条"波浪路"。因为在这段人行道上通行,颇有冲浪般的起伏感……好好的路面怎么就"浪"了起来?坊记再次出马,一探究竟!

制造波浪的 6 棵行道树

坊记在现场看到,在一段近 50 米的人行道上,种植着 6 棵长势旺盛的行道树。行道树的根部几乎把树池撑满,带着"破砖而出"的气势,把人行道顶得七拱八翘,不仅影响了市容,也给过往行人带来不便。

坊记放眼望去,隆起的位置就像一个个小山坡,呈现出波浪状,高低不平。

坊记注意到,这段人行道宽约 1 米,被拱起严重的区域几乎占据了道路的二分之一。坊记也目睹了几位过路市民的通行过程:一位阿姨牢牢牵着孩子,防止被绊倒;推着婴儿车的市民则一路颠簸,最后索性把孩子抱在手里通过。

附近居民们说,这个问题至少存在半年了,由于周边小区较多,还有学校,人行道本来就窄,还设置了盲道,在这儿摔过跤的人不在少数。

区绿化部门表态:因地制宜,设法解决

实地"乘风破浪"后,坊记第一时间找到了黄浦区五里桥街道,对方表示没有接到过相关投诉,将尽快与相关部门协商解决方案。

蔡华　黄浦区五里桥街道网格中心主任:这个问题可能会涉及绿化部门和市政部门,需要大家一起来看一下怎么解决。

对此,区绿化部门表示,行道树种植在树穴里,和普通树木相比,有其特殊性,确实会出现这样的情况。下周他们就将会同专家以及市政部门,因地制宜,商讨出一个综合方案,还百姓一个安全的通行环境。

潘剑峰　黄浦区绿化管理所绿管科科长:会针对这条路的情况制定综合的处理方式。可能要把这个树穴打开,看看里面究竟是怎样一个情况。在保障树木生长和市民通行安全的前提下,拿出一个平衡的方案,对这条路进行一个综合处理。

2020年度上海广播电视奖
参评作品推荐表

作品标题	2元可买一个粉丝互动，起底直播间流量造假	参评项目	短视频现场新闻
作品网址	https://www.yicai.com/news/100894467.html		
主创人员	葛妍、章驰、崔晓晟、孙嘉		
编辑			
主管单位	第一财经	发布日期	12月29日 11时35分
发布平台	第一财经网、App	作品时长	3分13秒
作品简介	随着电商直播行业的快速发展，直播间数据造假也成了行业里"公开的秘密"。此次短视频拍摄，我们在杭州、义乌、上海等多地，挖掘灰色数据产业一线信息，独家采访到第三方数据机构，以及多名从业人员，多角度起底电商直播数据乱象，以及明星直播带货的那些数据秘密。 视频投放后，全网流量超过了330万，得到了业内人士的关注，引起了网友的广泛讨论。		
推荐理由	多地探访，一手采访，还原直播间流量真相，视频传播度广，影响力大。		

附：二维码

2020年度上海广播电视奖
参评作品推荐表

作品标题	狂赞！嘉定留学生小姐姐用这种方式报效祖国	参评项目	短视频现场新闻
作品网址	https://mp.weixin.qq.com/s/DcYDxnCe4WEm8g-tqbsGpg		
主创人员	薛松、任烨、陈斐、汪健		
主管单位	嘉定区融媒体中心	首发日期及时间	2020.4.15
发布账号（App）	"上海嘉定"微信公众号	作品时长	1分33秒
采编过程（作品简介）	4月15日，在曹元元解除隔离并成为战"疫"志愿者的当天，记者提前蹲点，连续跟拍，获得了她给仍在隔离的人员写小纸条传递温暖等许多独家画面，以纪实的方式，用曹元元自己的语言、自己的行动，展现一名"小小志愿者"在接续志愿服务中回报国家的全过程，抢先制作并发布了全网第一个关于曹元元当志愿者的视频类产品。		
社会效果	当时，国外疫情暴发，部分海外人员入境后的不文明、不配合行为，让留学生成为舆论的关注点，嘉定区融媒体中心的记者敏锐地意识到曹元元身上的"正能量属性"，通过聚焦曹元元从感动到行动，放大"正能量"的同时，也是对社会上各种纷杂舆论的有力纠偏。该视频先后被央视、新华社、人民日报等媒体转发、引用，在全网累计点击量破亿。		

狂赞！嘉定留学生小姐姐用这种方式报效祖国

导读：

3月22日晚上，嘉定籍留学生曹元元在个人抖音平台上发布了一则Vlog，讲述自己辗转26个小时回国后，嘉定的志愿者热心帮助她、给予她温暖，令她感动泪崩。视频获得了不少关注和点赞。在视频中曹元元提到要报效祖国，在解除隔离后，她如愿以偿成了一名疫情防控的志愿者。

4月15日，在曹元元解除隔离并成为战"疫"志愿者的当天，记者提前蹲点，连续跟拍，获得了她给仍在隔离的人员写小纸条传递温暖等许多独家画面，以纪实的方式，用曹元元自己的语言、自己的行动，展现一名"小小志愿者"在接续志愿服务中回报国家的全过程，抢先制作并发布了全网第一个关于曹元元当志愿者的视频类产品。

当时，国外疫情暴发，部分海外人员入境后的不文明、不配合行为，让留学生成为舆论的关注点，嘉定区融媒体中心的记者敏锐地意识到曹元元身上的"正能量属性"，通过聚焦曹元元从感动到行动，放大"正能量"的同时，也是对社会上各种纷杂舆论的有力纠偏。该视频先后被央视、新华社、人民日报等媒体转发、引用，在全网累计点击量破亿。

视频文字稿

【现场】347（房间）有个快递我现在放在电梯里，到时候你给他。知道了。

【同期声】曹元元　疫情防控志愿者

我觉得（回国）那天的经历，我可能这辈子只会经历那一次，然后对我来说是非常非常不一样的经历，我回国那么多人帮我们做事，然后我觉得我好像什么都没有做，回国路上的辗转、经历艰难，我觉得跟他们（志愿者）比真的不好意思拿出来说，正好隔离完没什么事，也蛮年轻的，可以稍微帮他们减轻点负担，为防疫付出一点。

【现场】303（房间）准备好了是吗？好，我知道了，再见。

【同期声】曹元元　疫情防控志愿者

我们可能只是在最前面归类一下这些信息，然后交给后方更伟大的工作人员去做。

【现场】一把牙刷、一块肥皂、一包消毒粉，对，你检查一下。

【同期声】曹元元　疫情防控志愿者

每个都是亲手写的，真的就会感动倍增倍增倍增倍增，虽然这种小行为真的很小，就是细节可以更能看出人文关怀。经历了这件事情我觉得大家更团结了，就是说志愿者上就上，大家都很愿意付出，也没有做什么惊天动地的事情，就是一个小小的志愿者。

三 等 奖

2020年度上海广播电视奖
参评作品推荐表

作品标题	一次特殊的点名：沪首批医疗队除夕赴武汉驰援	参评项目	短视频现场新闻
作品网址	http://www.kankanews.com/a/2020-01-24/0039128968.shtml		
主创人员	叶钧、唐晓蒙		
编辑	顾怡玫、叶文、刘清扬		
主管单位	上海广播电视台	发布日期	2020年1月24日22时19分
发布平台	看看新闻	作品时长	42秒
作品简介	除夕，记者跟随上海第一批援鄂医疗队前往武汉采访报道。在出发的虹桥机场，记者捕捉到一个特殊的点名场景：上海市卫健委的工作人员统计医疗队的集合情况。52家医院，136名医护人员，每当被点到医院的名号，一声声"到"就响彻了航站楼大厅。记者用手机拍摄下了这个场景，并在第一时间传回网络后台，及时发布。		
推荐理由	除夕逆行驰援武汉的上海医疗队是全国第一支前往武汉的地方医疗队，他们的行为体现了中华民族守望相助的同胞之情，也在春节这一特殊时刻引发了社会广泛的关注。记者在现场及时传回的这则报道，本身具有很强的关注度，在全网的点击率达到了数百万。此外，这则在疫情初期发回的正能量的报道，给了人们战胜疫情的信心。新冠疫情举世关注，这则报道用一个较小的切口，反映了一个重大的主题。整个报道现场感强，充满着力量，最终取得了良好的报道效果。		

一次特殊的点名：沪首批医疗队除夕赴武汉驰援

　　1月24日除夕晚21点多，虹桥机场候机大厅正在进行一次特殊的点名，上海多家医院的136名医护人员在此集结，他们是市卫健委组建的上海医疗队，将连夜奔赴武汉支援当地医疗救治工作。来自全市52家医院的医务人员主动请战，24小时内，136人集结完毕。

　　今晚出征的医疗队员包括"普通患者救治医疗队"75人和"危重症患者救治医疗队"60人，领队1名。他们分别来自呼吸科、感染性疾病科、医院感染管理科、重症医学科和护理专业等。

　　他们中的很多人接到电话，还没来得及吃完年夜饭就匆匆收拾行李赶到机场。上海广播电视台记者叶钧、唐晓蒙也将随行前往，记录上海医护人员在武汉抗击新型冠状病毒肺炎一线的真实故事。东方卫视、新闻综合、看看新闻Knews也将持续关注，为大家带来最新报道。

2020年度上海广播电视奖
参评作品推荐表

作品标题	一场特殊的"视频婚礼"	参评项目	短视频现场新闻
作品网址	11月21日,本是浦东医院检验科医务人员王嘉琪大婚的日子,因防疫防控需要,他和新娘朱倩举行了"视频婚礼"https://v.douyin.com/J4xJaqw/		
主创人员	嵇振华、周天通		
主管单位	上海市浦东新区融媒体中心	首发日期及时间	2020年11月22日
发布账号（App）	浦东观察客户端、浦东发布抖音号、浦东发布视频号等	作品时长	47秒
采编过程（作品简介）	2020年11月20日,上海浦东突发疫情,浦东医院实行闭环管理,当天该院检验科医务人员王嘉琪被紧急召回医院,投入该院所有医务人员和患者的核酸检测工作中,并接受"隔离"管理。然而他和同样作为医务工作者的新娘朱倩早在半年前确定了11月21日举办婚礼,在此情况下,第二天两人的婚礼不得不改成了以线上视频婚礼的方式进行。得知此消息后,记者快速联络王嘉琪家属获取婚礼现场视频并第一时间采编制作了"一场特殊的'视频婚礼'"短视频进行了独家全网首发,受到了受众广泛关注。之后还进行了"王嘉琪视频答谢网友的祝福和关心"以及"结束闭环管理,王嘉琪终和朱倩团聚"等连续报道。		
社会效果	单条1亿以上的播放量：该独家视频被央视新闻、央广新闻、人民日报、新华社、上观、四川观察等多家微信媒体号、微信公众号、短视频账号新媒体进行转载播发,呈现了几何级和现象级传播,累积收获了1亿次以上的流量,并登上当天的微博热搜; 　　120多万粉丝互动留言：传播效果方面,"特殊的视频婚礼"成为上海浦东抗疫期间的一个典型传播案例,宣传了医务工作者在疫情防控期间的奉献精神,被网友津津乐道,纷纷点赞,120多万网友留言祝福这对新人,感谢医务人员在抗疫关键时刻的牺牲和付出。		

2020年度上海广播电视奖
参评作品推荐表

作品标题	人靠谱，事办妥！来自上海最年轻区长的一条Vlog	参评项目	短视频现场新闻
作品网址	https://mp.weixin.qq.com/s/1-MDtUANRSIMZnnmhrRPaQ		
主创人员	薛松、吴锴、邵宇超、汤丽薇		
主管单位	普陀区融媒体中心	首发日期及时间	2020年7月16日
发布账号（App）	"话匣子"微信公众号、"上海普陀"微信公众号	作品时长	2分59秒
采编过程（作品简介）	《夏令热线：区长访谈》每年都会推出上海各区的"区长一诺"视频和新媒体文章。2020年在倡导媒体深度融合的大背景下，作品呈现形式力图求变创新。该篇作品与普陀区融媒体中心联合制作，运用区中心视频拍摄能力较强和录制设备种类丰富的优势，采用单反＋手持云台、口袋云台摄像机、无人机辅以传统摄像机的多机位非传统拍摄手段，近半天时间的跟拍，以区长第一人称视角的视频日记，选取了众多与百姓生活相关的充满烟火气的细节，结合年轻受众的喜好一改以往官媒风格，呈现一个区如何以百姓所思所想为出发点展开治理工作。 视频推出后，引起了不小的反响，备受网友欢迎，并被大量转发。而这次创新尝试，也为今后政府治理思路和政策宣传的视频表达方式，提供了良好的借鉴。		
社会效果	该篇作品一改以往各期"区长一诺"视频的对话访谈形式，突破性地采用了时下网络间最流行的Vlog视频表达方式。以有些"抖动"但"生动"，有些随意但真实的镜头语言，配以区长自述式的旁白，使一个"一区之长"的形象瞬间与观者拉近。没有政令式的语言，没有夸夸其谈的宣讲，只有朋友一样地充满人情味地娓娓道来。 这种呈现方式以及视频的主题《人人》，十分贴切而又平和地道出了"人民城市人民建"的伟大时代意义。		

2020年度上海广播电视奖
参评作品推荐表

作品标题	全球战"疫"日记|实拍Soho的"劫后余生"：纽约店铺屡遭洗劫，防护木板生意暴涨	参评项目	短视频现场新闻
作品网址	https://www.yicai.com/video/100652825.html		
主创人员	葛唯尔		
编辑	葛唯尔		
主管单位	第一财经	发布日期	2020年6月2日
发布平台	第一财经App 究竟短视频	作品时长	3分07秒
作品简介	《实拍Soho的"劫后余生"：纽约零售店铺屡遭洗劫，防护木板生意暴涨》是总共80条的《全球战"疫"日记》系列短视频之一。海外新冠疫情自2020年3月暴发至今，第一财经驻外记者以"疫情行情两手抓"的报道思路出发，从疫情防控、经济冲击和资本市场走势等角度切入，从纽约和伦敦全球疫情震中发回第一手报道观察，此片是其中代表作。 此片于2020年疫情防控期间爆发"黑人生命也是命"抗议时拍摄制作播出。当时美国特别是纽约街头发生了严重的"打砸抢"事件，记者第一时间赶到受损严重的纽约奢侈品集中地区Soho进行采访报道，给观众带去现场画面，深入了解那一刻的真实情况，并从财经角度入手，通过观察和采访展示由于政治和社会原因，使得疫情稍有缓和后的经济复苏和商业恢复却又遭遇新的冲击，举步维艰。		
推荐理由	1. 不畏艰险 坚持一线报道 作为新冠疫情震中的见证者和亲历者，记者在疫情、行情、舆情的三重漩涡下，克服重重困难，坚持从疫情震中发回高质量、第一手的现场观察报道。 2. 坚持财经视角 讲述疫情故事 从屠宰场群聚感染导致美国农场生猪卖不出去，到反种族歧视示威引发暴乱导致曼哈顿商圈遭洗劫，《全球战"疫"日记》系列报道坚持从财经视		

推荐理由	角出发,为国内观众呈现和刻画出全球疫情蔓延和经济衰退中,英美经济生活的真实面貌,剖析疫情中的社会变迁和经济商业状况。《实拍 Soho 的"劫后余生":纽约零售店铺屡遭洗劫,防护木板生意暴涨》正是其中代表作。

附:二维码

全球战"疫"日记｜实拍 Soho 的"劫后余生"：纽约店铺屡遭洗劫,防护木板生意暴涨

【出镜】葛唯尔　第一财经驻纽约记者

因为疫情而关停三个多月的 Soho 商业区迎来了少有的施工声,但不是为了复工。临近傍晚,工人们加班加点,为每一家临街店铺安装防爆防抢木板,来迎接又一个不安宁的示威夜晚。可以看到,我身后的 H&M、Food Locker 和 Zara 等的店铺都已经或正在安装防盗防抢木板。刚刚过去的周日,纽约白日的和平集会演变成夜晚的骚乱抢劫。我身后的 Lululemon 遭到洗劫,到现在尚未清理,整面玻璃被砸损,店铺内衣物和模特倒得乱七八糟。

纽约州州长科莫宣布,纽约市从周一开始设置宵禁时间从晚 11 点至明日凌晨 5 点,今晚将有 8 000 名警力当值,两倍于周日。

标题:【纽约零售店铺屡遭洗劫防护木板生意暴涨】

【同期声】彼得·哥伦布　纽约市建筑承包商
我是一个建筑承包商,正在为昨天遭到洗劫的店铺安装防护木板。

【同期声】葛唯尔　第一财经驻纽约记者
您今天装了多少木板?

【同期声】彼得·哥伦布　纽约市建筑承包商
几百块木板。

标题:【纽约市建筑承包商:早6点开工已装100多块防护板】

【同期声】葛唯尔　第一财经驻纽约记者
几百块!?
你从早上几点开始装的?

【同期声】彼得·哥伦布　纽约市建筑承包商
大约早上6点开始没停过。

【同期声】葛唯尔　第一财经驻纽约记者
还剩多少没装完?

【同期声】彼得·哥伦布　纽约市建筑承包商
还有很多,要装完整条街口。

【同期声】葛唯尔　第一财经驻纽约记者
今天早晨这里是怎样的一番景象?

【同期声】彼得·哥伦布　纽约市建筑承包商
一片狼藉全是垃圾,所有的垃圾桶都在着火,一片狼藉。

标题:【纽约市建筑承包商:庆幸妻儿未在】

【同期声】葛唯尔　第一财经驻纽约记者
对此你作何感想?

【同期声】彼得·哥伦布　纽约市建筑承包商
我很庆幸我的妻儿不在这里,这就好像一根绷紧的橡皮筋,崩断了再难修复,需要相当长一段时间。

标题:【纽约州长科莫警告抗议示威或令90天防疫努力付之一炬】

【出镜】葛唯尔　第一财经驻纽约记者
现在是纽约当地时间下午7点左右,我身后的示威群众一路向北,将会到联合广场与那里的示威群众会合。

在过去的一个周末,全美共有4 400名游行民众遭逮捕,其中包括市长白思豪的女儿。

我们看到,现场示威尚属和平,但是也没有人遵守保持社交距离等的措施。

纽约州州长科莫曾警告,示威抗议活动可能导致过去三个多月的防疫努力付之于东流。纽约市原计划于下周开始第一阶段重启。

疫情未退,加之经济不确定性和示威骚乱,美国恐将面临一场"完美风暴"。

2020 年度上海广播电视奖
参评作品推荐表

作品标题	三破世界纪录！这位宝山少年跳出"中国速度"	参评项目	短视频专题新闻
作品网址	https://mp.weixin.qq.com/s/Cx0RD_zbL7LurxqN9dAVew		
主创人员	记者：缪婧瑛、赵维杰、杨玮琦 编辑：盛杰　　校审：颜佳佳		
主管单位	上海市宝山区融媒体中心	首发日期及时间	2020 年 10 月 31 日
发布账号（App）	"上海宝山"微信公众号	作品时长	5 分钟
采编过程（作品简介）	黄俊凯是宝山的一名中学生，也是有名的速跳小王子。他在看似简单的跳绳运动中跳出了超凡的中国速度，多次刷新了世界纪录，他让五星红旗一次又一次在国际的舞台上飘扬，从他身上，我们看到了新一代中国少年的力量和自信。		
社会效果	2020 年的秋天，从北京传来一个喜讯，来自上海宝山的少年黄俊凯荣获 2020 年度"新时代好少年"称号。宝山区融媒体中心迅速在上海宝山发布了介绍黄俊凯的专题短视频，生动刻画了一位在挑战和压力面前，勇于拼搏、不断挑战极限的新时代好少年。		

三破世界纪录！这位宝山少年跳出"中国速度"

【画外音　上海市宝山区高境镇第三中学学生黄俊凯】那一天，我的挑战是打破自己保持的世界纪录。

【资料】2019年跳绳世界杯决赛

【配音】2019年7月，跳绳世界杯决赛的赛场上，一位中国少年正在朝梦想进发。他就是上海市宝山区高境镇第三中学学生黄俊凯。

【画外音　上海市宝山区高境镇第三中学学生黄俊凯】之前两次世界纪录都是我保持的，这次我的目标是30秒内突破单脚136次。

【情景再现】7岁小男孩练习跳绳，小男孩大声数数44、45、46、47、48……

【画外音　上海市宝山区高境镇第三中学学生黄俊凯】我是小学一年级开始练习跳绳的，一开始以为跳绳是很简单的运动，但后来发现，跳绳的挑战太多了。

【黄俊凯小学阶段和初中阶段训练视频】

【配音】当同年龄的孩子在享受放学后的悠闲时光时，黄俊凯却总是泡在训练馆里。交互绳、车轮跳，每天两小时的训练，5万步以上的跳跃，不仅考验着他的意志，更让他迷上了这项看似简单却又充满挑战的运动。

【采访黄俊凯母亲熊华兰】

放学回来的话衣服肯定是湿掉的，哪怕是冬天也是一样，没有一点是干的。鞋子磨损也很多，一年大概十几双鞋子吧。回来的时候学校练不到位的动作，他回来也会继续训练。我放在地上的席梦思，他自己会练的，席梦思都被踩坏了。

【配音】2017年，黄俊凯和队友接到一个挑战，去央视参加《挑战不可能》栏目。

【采访黄俊凯、姜大礼、金振宇,三人同时出镜】

【采访黄俊凯的队友姜大礼】当我们接到消息的时候,离挑战还有一个月的时间。

【采访黄俊凯】因为我们当时的最好成绩才120左右,教练说如果我们要打破(世界)纪录的话,至少要超过129。

【素材:央视节目素材和2017年训练视频素材】

【同期声】打破吉尼斯世界纪录

【配音】胜利的消息传回校园,黄俊凯成了同学们眼中的小英雄。

【采访黄俊凯的班主任施永香】

当时我们的孩子听到这个喜讯之后,开心得不得了。真的不敢相信哦,有这样一个小英雄会在我们班上。所以同学们非常羡慕,非常自豪。

【采访教练李跃】

最大的担心还是在于怕他们心理产生变化,特别是取得好的成绩之后容易骄傲。你这次拿了冠军你如果不努力,可能下一次别人就是冠军。

【训练场景】

【黄俊凯采访】虽然打破了(世界)纪录挺开心的,但是后面还有新的比赛。所以说不能骄傲。因为教练告诉我们,跳绳还没有被纳入奥运会项目,所以我们就想通过自己的努力,让更多的人知道跳绳,喜欢上跳绳。

【训练场景】

【配音】正当黄俊凯准备全力冲刺新的纪录时,又一个难题摆在他的面前。

【黄俊凯采访】上初中后,学校有个规定,如果跳绳队的成员学习退步的话,要停止一段时间的训练,等学习成绩上来之后再归队。

【配音】酷爱跳绳的黄俊凯,能够做到学习和训练两不耽误吗?

【同期声:黄俊凯一家人吃晚饭】

黄俊凯的妈妈熊华兰:什么时候考试啊?

黄俊凯:考试是25日。

黄俊凯的爸爸黄齐森:

冠军不是那么容易来的,要自己努力,加强训练。还有学习也不能耽误,知道吧?

黄俊凯:嗯知道了。

【黄俊凯采访】专心做一件事情可以节约很多时间。我每天晚上8点之前就做完作业,9点30分练完书法,然后就睡觉。

【采访黄俊凯的班主任施永香】

其实他平时是非常抓紧时间的,两个小时的训练对他来说,他会从早上到晚上这段时间里面,把这两个小时补回来。我作为他三年的班主任一直在观察,这个孩子真的和人家不一样,第一他有坚强的韧劲,他比同龄的孩子在心理承受能力上更胜一筹,所以对于学习来说是没有任何困难可以阻挡他的。

【配音】跳绳并没有影响他的学习,反而让他磨炼出了自信与韧劲。他是班级的中队委员,成绩更是名列年级组前茅。训练再忙,他依然坚持每天练习书法1小时,在2016年"全球华人少年书法"大赛、第十六届青少年优秀艺术新人选拔赛等多项比赛中,获得佳绩。

因为热爱所以专注。作为团队核心,黄俊凯用自强不息和执着坚韧深深感染了队友,更用实际行动一次次在体能和技术上实现了自我突破。2018年11月在"上海国际交互绳"大赛上,黄俊凯以单脚136个创造了新的世界纪录。

【采访:教练李跃】2017年是133次,2018年是136次。其实看似三个的差距,当中他们付出了非常非常多的努力去突破自己的这个纪录。因为任何东西到了一个极限的时候,你要去打破它是非常困难的。

【配音】2019年7月,在跳绳世界杯决赛上,黄俊凯和小伙伴将第三次挑战由他们自己创造的世界纪录。

【资料】2019年跳绳世界杯决赛

【配音】这一天,黄俊凯以30秒单脚143跳的惊人成绩震惊全场,第三次打破了由他自己保持的世界纪录。在一次次的自我挑战中,黄俊凯和他的伙伴们找到了快乐和价值。

【黄俊凯画外音】我现在不会随随便便说一件事情做不到,不可能。一切都要努力之后才知道结果。我们的挑战其实就是我们自己。

2020年度上海广播电视奖
参评作品推荐表

作品标题	情况通报：奉贤区公布第1—9号确诊病例活动轨迹	参评项目	融合创新
作品网址	https://mp.weixin.qq.com/s/JaEaBvbW6dpw3M2LVmA-jw		
主创人员	杨亮、吴妍		
主管单位	上海市奉贤区融媒体中心	首发日期及时间	2020年2月7日
发布账号（App）	上海奉贤微信公众号	作品时长	
采编过程（作品简介）	这是全上海第一条发布确诊病例活动轨迹的微信，是疫情宣传报道的一个突破，是对市民强烈的信息渴望的回应，体现了一个国际化大都市新闻媒体的责任和担当。2020年春节前夕，新型冠状病毒感染的肺炎疫情突然加剧蔓延。2月初，奉贤连续发生了三起聚集性疫情病例，9人确诊，一时间民间谣言四起，人心惶惶，网民的情绪也纷纷转向恐慌。为粉碎谣言、平复恐慌，强烈的社会责任感驱使着奉贤区宣传部门积极争取，在区防控办的支持下，上海奉贤微信平台在全市第一个发布《确诊病例活动轨迹》，充分说明情况，稳定了民心，让谣言没有了生存的土壤，显示了主流媒体引导正确舆论导向的强大力量！		
社会效果	《奉贤区公布第1—9号确诊病例活动轨迹》一文发布后，阅读量迅速攀升，16分钟超过10万，1小时超过30万，7小时超过80万，最终达到102万，相当于每一个奉贤人都传阅了一遍。这是整个上海市在疫情防控期间第一篇也是唯一一篇详细记录确诊病例生活轨迹的情况通报，不仅创造了奉贤新媒体史上的最大阅读量，更是给奉贤人民吃了一颗定心丸，市民网友的留言瞬间从一片恐慌化为一片叫好，甚至许多外区群众也纷纷留言，希望自己所在区"抄作业"；各大媒体纷纷转载点赞，市委宣传部领导也充分肯定。当重大社会突发事件来临的时候，市民的恐慌多数来自信息的不对等，奉贤区委、区政府顶着压力支持这条信息的报送，奉贤区防疫部门和新闻宣传部门勇担责任，第一时间为市民送上公开透明的信息，为社会的稳定、群众的安心和抗疫的信心都提供了保障，维护了市民的知情权，体现了国际化大都市中新闻媒体在舆论战场所发挥的重要作用。		

作品二维码：

情况通报：奉贤区公布第1—9号确诊病例活动轨迹

截至2月7日12时，奉贤区确诊病例共9例，治愈1例，涉及3户家庭。其中，第1号位于南桥镇阳光二期；第2、3、4、5、6号为同一家庭，位于金汇镇齐贤南百小区；第7、8、9号为同一家庭，位于金汇镇齐贤万顺路南行贤苑。感染路径及具体活动轨迹如下：

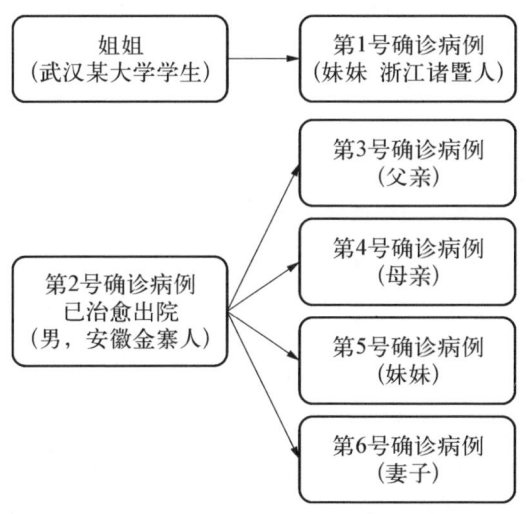

第1号确诊病例

女，11岁，浙江诸暨籍，常住奉贤区。发病原因为与在武汉读大学的姐姐密切接触。1月15日，其姐姐乘坐G1722次高铁返沪，由父亲自驾接回南桥镇阳光二期家中→1月17日参加阳光学校休业活动→1月18至20日无外出→1月21日与父亲、母亲、姐姐以及父亲2位朋友在新建路安徽餐馆聚餐后回家→1月

22日、23日无外出(1月23日其姐姐确诊为新型冠状病毒病例,因常住武汉,不属于奉贤区确诊病例)→1月24日作为确诊病例密切接触者居家医学观察,当晚由120救护车转至奉贤区中心医院发热门诊,并入住发热门诊隔离室→1月25日确诊,目前正在定点医院隔离治疗。

截至发布时间,其姐姐已治愈出院;5名在奉密切接触者经14天隔离期满无异常,已解除隔离。

第2号确诊病例

男性,28岁,安徽金寨籍,常住奉贤区。发病原因为武汉出差史。1月17日由武汉出差返沪,从上海虹桥乘坐出租车返回奉贤区金汇镇齐贤南百小区家中→1月18日前往长宁区公司上班,并参加公司年夜饭(普陀区某酒店),聚餐后与2名同事共同乘坐出租车回家,同事均在闵行下车,其返回奉贤金汇家中→1月19日与其母亲(第4号病例)、妹妹(第5号病例)、妻子(第6例病例)、孩子自驾前往浦江万达永辉超市采购(均戴口罩)→1月20日无外出→1月21日自驾赴仁济医院南院发热门诊就诊后返回家中→1月22日、23日无外出→1月24日携妻女自驾前往杭州岳母家→1月25日至27日在杭期间无外出→1月27日携妻女自驾返沪,当日自驾携父母及妹妹前往奉贤区中心医院发热门诊,入住发热门诊隔离室→1月28日确诊→1月29日至2月6日在定点医院隔离治疗→2月7日治愈出院(除1月17日武汉回沪乘坐出租车外,均戴口罩)

截至发布时间,该病例已治愈出院;1名在奉密切接触者尚在隔离观察。

第3号确诊病例

男,55岁,安徽金寨籍,常住奉贤区。其发病原因属于密切接触者,为第2号病例父亲。1月17日至19日工作期间未与他人接触→1月20日至23日无外出→1月24日至小区物业公司交物业费→1月25日、26日无外出→1月27日由其子自驾前往奉贤区中心医院发热门诊,入住发热门诊隔离室→1月28日确诊,目前正在定点医院隔离治疗。(活动轨迹全程戴口罩)

截至发布时间,无在奉密切接触者。

第4号确诊病例

女,53岁,安徽金寨籍,常住奉贤区。其发病原因属于密切接触者,为第2号病例母亲。1月17日骑电动车至金辉菜场买菜→1月18日无外出→1月19日与家人自驾前往闵行区浦江万达永辉超市购物→1月20日至26日无外出→1月27日由其子自驾前往奉贤区中心医院发热门诊,入住发热门诊隔离室→1月28日确诊,目前正在定点医院隔离治疗。(活动轨迹全程戴口罩)

截至发布时间,无在奉密切接触者。

第 5 号确诊病例

女,27 岁,安徽金寨籍,常住奉贤区。其发病原因属于密切接触者,为第 2 号病例妹妹。1 月 14 日,自安徽金寨乘 D2218 次动车至上海虹桥站,乘地铁 2 号线转 8 号线至沈杜公路站,转乘奉浦快线至齐贤站,步行返家→1 月 14 日至 18 日无外出→1 月 19 日,与家人自驾前往闵行区浦江万达广场永辉超市购物→1 月 20 日无外出→1 月 21 日赴仁济医院南院内分泌科复诊,返家后无外出→1 月 22 日至 26 日无外出→1 月 27 日由其兄自驾至奉贤区中心医院发热门诊,入住发热门诊隔离室→1 月 28 日确诊,目前正在定点医院隔离治疗。(活动轨迹全程戴口罩)

截至发布时间,无在奉密切接触者。

第 6 号确诊病例

女,27 岁,江西上饶籍,常住奉贤区。其发病原因属于密切接触者,为第 2 号病例妻子。1 月 19 日至 22 日每日乘坐地铁和公交前往闵行区公司上班,午餐均在公司办公室,其中 1 月 19 日与家人自驾前往闵行区浦江万达广场永辉超市购物→1 月 23 日无外出→1 月 24 日随丈夫、女儿自驾前往杭州父母家→1 月 25 至 27 日均在杭州父母家→1 月 27 日随丈夫自驾返沪→1 月 28 日至 2 月 2 日居家隔离观察→2 月 3 日由 120 救护车转至奉贤区中心医院发热门诊,当日确诊,目前正在定点医院隔离治疗。(除乘坐公交上班外,均戴口罩)

截至发布时间,无在奉密切接触者。

第 7 号确诊病例

女,47 岁,安徽合肥籍,常住奉贤区。其发病原因属于密切接触者。1 月 24 日在合肥家庭聚餐,其弟媳为合肥第 73 号确诊病例→1 月 29 日与丈夫(第 8 号确诊病例)、儿子(第 9 号确诊病例)自驾从安徽返回奉贤区金汇镇齐贤万顺路南行贤苑家中→1 月 30 日无外出→1 月 31 日,姐姐来访,逗留家中 30 分钟→2 月 1 日无外出→2 月 2 日居家隔离→2 月 3 日自驾至奉贤区中心医院呼吸内科就诊,返回家中→2 月 4 日与其丈夫、儿子自驾至奉贤区中心医院呼吸科复诊,入住发热门诊隔离室→2 月 5 日确诊,目前正在定点医院隔离治疗。(除居家外,均戴口罩)

截至发布时间,1 名在奉密切接触者已隔离观察。

第 8 号确诊病例

男,48 岁,安徽合肥籍,常住奉贤区。其发病原因属于密切接触者,为第 7 号病例丈夫。1 月 29 日与家人自驾从安徽返回奉贤区金汇镇齐贤万顺路南行贤苑家中→1 月 31 日步行至大贤菜场购物→2 月 1 日无外出→2 月 2 日居家隔离→2 月 3 日与其妻子自驾至奉贤区中心医院呼吸内科就诊,返回家中→2 月 4

日与其儿子自驾至奉贤区中心医院陪妻子就诊后直接回家→2月5日自驾至奉贤区中心医院发热门诊,入住发热门诊隔离室→2月6日确诊,目前正在定点医院隔离治疗。(活动轨迹全程戴口罩)

截至发布时间,无在奉密切接触者。

第9号确诊病例

男,26岁,安徽合肥籍,常住奉贤区。其发病原因属于密切接触者,为第7号、第8号病例儿子。1月29日与家人自驾从安徽返回奉贤区金汇镇齐贤万顺路南行贤苑家中→1月31日步行至大贤农贸市场购物→2月1日无外出→2月2日、3日居家隔离→2月4日与父母自驾至奉贤区中心医院,经区中心医院预检台测量体温正常,未就诊→2月5日由120救护车送至奉贤区中心医院发热门诊就诊,入住发热门诊隔离室→2月6日确诊,目前正在定点医院隔离治疗。(活动轨迹全程戴口罩)

截至发布时间,无在奉密切接触者。

请与上述确诊病例密切接触的人员,主动接受当地组织的隔离观察,否则依据《中华人民共和国传染病防治法》将依法追究其法律责任。

区新型冠状病毒感染的肺炎疫情防控工作领导小组办公室提醒:疫情仍在蔓延,防控形势严峻,请各位市民遵守《中华人民共和国传染病防治法》相关规定,落实好各项防护措施,理性对待,并积极支持和参与防控工作。

(奉贤区新型冠状病毒感染的肺炎疫情防控工作领导小组办公室 2020年2月7日)

2020 年度上海广播电视奖
参评作品推荐表

作品标题	我在历史现场|主持人讲党课第二期薪火初燃——中国共产党发起组成立地(《新青年》编辑部)旧址	参评项目	融合创新
作品网址	http://pili-vod.204.i2863.com/e2e4a19283414e5981ab1a32e078c857.mp4		
主创人员	厉文磊、陆炜、李晓强、陈绮、范沁毅、朱琳		
主管单位	黄浦区融媒体中心	首发日期及时间	2020年10月28日
发布账号（App）	上海黄浦App	作品时长	10分36秒
采编过程（作品简介）	该融合作品是黄浦区融媒体中心集体策划制作发布的献礼建党100周年媒体融合作品。依托黄浦区丰富的红色革命遗址遗迹资源，以主持人在遗址遗迹现场，在历史的现场讲党课的形式，穿插专业演员的情景剧展示，让观众在观剧的过程中接受党史教育，启迪心灵。选送的节目通过主持人的讲述，全面介绍了黄浦区于2020年修缮开放的新青年编辑部旧址，剧本经过合理虚构，以两位工人运动领导者的视角出发，从一个侧面再现了当年《新青年》编辑部刊发《共产党宣言》的过程。		
社会效果	选送作品由中心独立策划、编剧、拍摄、剪辑，该系列作品目前已成功制作完成6期，在中心多个新媒体平台上发布，产生了良好的社会反响。该系列多个作品经区委宣传部选送，参加了市级新媒体党课的评比，获得好评。中心计划今年持续制作相关节目，向建党100周年献礼。		

主持人上党课第二期　薪火初燃
——中国共产党发起组成立地(《新青年》编辑部)旧址

朱琳：今天的党课所要讲述的故事，就发生在我身后这幢普普通通的房屋里。从1920年到1922年，很多个夜晚，这幢位于南昌路100弄2号的两层石库门里，总会透出淡淡的光亮，每每直到天明。当时，法租界环龙路渔阳里的居民只知道这里住着几位教书先生，平日里不时有年轻人到访求教。我们的故事便从一百年前一个夏日的夜晚，两位年轻人的登门开始讲起。

第 一 幕

(《新青年》编辑部进门处)

林船生：您好，请问陈先生是在这里住吗？

陈独秀：我就是，你们是？

林船生：陈先生您好。我叫林船生，这位是徐冬妹，我们都是工人学校的学生。

徐冬妹：陈先生您好。

陈独秀：你们好，快请进。我听说过你们，船生、冬妹，一个在码头做工，一个在纱厂织布，都是工人学校的积极分子。

林船生：没想到陈先生还知道我们。

徐冬妹：就是，我听学校先生说，陈先生是大学教授，是做大学问的人。我一直以为是一个留着胡子，板着脸，经常骂人的……

林船生：冬妹！不好意思陈先生，冬妹这个人心直口快……

陈独秀：没关系没关系。你们虽然年纪轻，但都懂得刻苦上进。更难得的是，你们还组织过"外争国权、内惩国贼"的游行示威，抨击北洋政府的卖国求荣，反抗洋人对工人们的奴役，这就很了不起嘛。

徐冬妹：这些都是船生哥他们组织的。陈先生，过几天，我们还要组织码头工人搞一次罢工……

林船生：冬妹！陈先生，不好意思打扰您了。今天我们来，是想向您请教《新青年》上的一些问题。

陈独秀：哦，你们这些工人学校的学生，以前可大都是不认字的。怎么，我们的学校刚刚开办，你们已经能够看懂这上面的文章了吗？

徐冬妹：陈先生不要小看人，我已经认识很多字了。我和船生哥说了，等我们认识更多的字之后，还要向《新青年》投稿呢！

陈独秀：好，有志气！

林船生：陈先生，我们哪有那么大的学问，今天来就是想请教一下，您对李大钊先生《庶民的胜利》这篇文章是怎么理解的？

徐冬妹：就是啊，陈先生，这上面说的俄国十月革命真的是像我们这样的穷苦百姓领导的吗？阿芙乐尔巡洋舰究竟是多大的一条船？

陈独秀：哈哈，走，去客堂间，你们有什么问题尽管问。不过，我这里可是有一个规矩哟，每次的会客谈话以十五分钟为限。

徐冬妹：才15分钟啊，那能提几个问题啊？

陈独秀：真对不起，湖南的毛润之约了我，一会儿要过来。

林船生：毛润之是谁？

陈独秀：他啊，是北大图书馆的管理员，和你们一样，也是很有想法的青年人。

朱琳：船生和冬妹拿着《新青年》杂志前来编辑部求教的陈先生，就是新文化运动的倡导者、发起者和主要旗手，"五四运动的总司令"，中国共产党的主要创始人之一和党早期主要领导人陈独秀。经过五四运动的洗礼，陈独秀创办的《新青年》，成了宣传马克思主义的主要阵地。而之所以要挂出"会客谈话以十五分钟为限"的牌子，实在是出于无奈。

第 二 幕

（《新青年》编辑部客厅）

学生甲：哎，我说，刚才进去的两个人，已经和陈先生谈了一个多小时了吧。

学生乙：可不是，客堂间里那块每次谈话限定 15 分钟的牌子，我看也就是形同虚设。

学生甲：你是不知道，上次毛润之和先生谈了整整一个晚上呢。毛润之走的时候，一副欣喜若狂的样子，还拉着我，大谈马克思主义。我和你学学啊："咳咳，我已经在理论上和在某种程度的行动上，成为一个马克思主义者。"

学生乙：嘘，我说，陈先生叫你校对的《共产党宣言》，你完成了吗？望道先生可等着翻译呢。

学生甲：快了，快了。

陈独秀：十月革命以后，中国人受到了两个教训：一是无论南北，凡军阀都不应当存在；一是人民有直接行动的希望。好了，这就是我对李大钊先生《庶民的胜利》这篇文章的看法。

林船生：直接行动？那人民应该怎样直接行动呢？陈先生，您再给我们讲讲吧。

陈独秀：这些直接行动，你和冬妹不是已经在做了吗？

徐冬妹：我们已经在做了，这是什么意思？

陈独秀：你们和工友们一起游行，为的是要求军阀严惩卖国贼，你们闹罢工，为的是反抗帝国主义的殖民奴役，这些行动都能够唤起人民从沉睡中觉醒，大家一起打破身上的锁链和镣铐，去争取我们的"庶民的胜利"。

徐冬妹：您是说，我们正在做和"十月革命"一样的事情？

陈独秀：对！我再给你们看一样东西，这本书你们知道讲的是什么吗？

林船生：这上面都是洋文。

徐冬妹：对啊，我们不认识。

陈独秀：这本书叫作《共产党宣言》。是 70 多年前，两个德国人写的。他们一个叫马克思，一个叫恩格斯，都是很伟大的人。书里面号召"全世界无产者，联合起来，用革命推翻资产阶级的统治，建立共产主义社会"！

林船生：全世界无产者，联合起来！

徐冬妹：用革命推翻统治！

陈独秀：对，俄国十月革命的领导人就是受到这本书的启发，才领导无产者们联合起来，取得革命成功的。

林船生：既然这本书这么重要，那我们都应该好好学习。

徐冬妹：可是这上面都是洋文。

陈独秀：没关系，我们正在请国文教授陈望道先生进行翻译。很快，《共产党宣言》的中文译本就要发行了。

林船生：太好了，到时候陈先生一定要通知我们。

陈独秀：那是当然，到时候我一定送你们一本。船生，冬妹，渔阳里经常会遇到租界里的特务，回去的时候一定要注意安全。

林船生：好的，我们记住了。

徐冬妹：陈先生，以后我们能经常来这里聆听您的教诲吗？

陈独秀：那是当然。不过要记住，每次只有15分钟时间，哈哈哈！

林船生徐冬妹：好的！

朱琳：作为《新青年》杂志的办刊地，从这幢石库门里传播的思想冲破了反动军阀和帝国主义殖民统治的重重迷雾，点亮了像船生和冬妹这样的无产阶级、劳苦大众心中反抗压迫、寻求解放的星星之火。同时，这里还是中国共产党发起组的成立地，指导推动了各地共产党早期组织、上海第一个产业工人工会、第一个社会主义青年团、第一所妇女干部学校等的建立。然而，就在《共产党宣言》首部中文全译本正式出版发行的当天，传来了一个不幸的消息。

第 三 幕

（《新青年》编辑部二楼）

陈独秀：本来想着今天叫你们来，把这本《共产党宣言》中文译本送给你们。没想到，船生他……

徐冬妹：陈先生，船生走之前，一直在写这篇文章。他想找机会让您帮他改改，看能不能在《新青年》上发表，可是他……

陈独秀（读文章）：眼见得几千年故国将亡，四万万同胞坐困。不怕洋人逞洋势，只恨家鬼害家神。我们要挣脱奴隶的枷锁，以完其自主自由之人格之核也。

徐冬妹：船生被害时，一直在高喊李大钊先生的话："人道的警钟敲响了！自由的曙光出现了！试看将来的环球，必是赤旗的世界！"

陈独秀：走！既然船生是在参加码头工人罢工的时候被反动军阀杀害的，我们就要继续去那里游行，去呐喊，去疾呼，为船生，为千千万同胞们求一个公道！

学生甲：陈先生，不能再去了！您刚从监狱出来不久，千万要小心。

学生乙：是啊，现在巡捕房已经注意这里了，正巴不得你有什么把柄落在他们手里呢。

陈独秀：不就是监狱吗？监狱不可怕。我以为，青年人要立志出了研究室就入监狱，出了监狱就入研究室。监狱与研究室是民主的摇篮。从来就没有什么救世主，也不靠神仙皇帝，要创造人类的幸福，全靠我们自己。

徐冬妹：同学们，工友们，我们走！

朱琳：从我身后的《新青年》编辑部旧址往东，不足千米距离，就是中共一大会址纪念馆。往北，穿过一条古朴的小道，很快就能看到共青团中央机关旧址纪念馆。100年前，不知道有多少仁人志士、热血青年汇聚在这里，追寻着救国救民的真理。在这个不足千平方米的方圆里，镌刻着他们敢教日月换新天的足迹。中共一大召开后，这里成了中共中央机关的第一个办公地，直至1922年9月，才最终完成了历史使命。回望这一段历史，就是回望我们党最早走过的路。我们要铭记这段创业历史，守护这种奋斗精神，激励一代又一代共产党员，奋勇前行！

2020 年度上海广播电视奖参评作品推荐表

作品标题	每年留个影,看看浦东这30年是怎样长大的	参评项目	互动创意
作品网址	https://rmt.imugeda.com/c/jadi/yjlj/index.html		
主创人员	陈怡、姚乐、秦亮		
编辑	冯家琳		
主管单位	上海广播电视台	发布日期	2020年11月30日
发布平台	看看新闻 Knews	作品时长	
作品简介	从卫星视角来看浦东30年来的变化会有什么惊喜?把这30年来的航拍图找出来对比一下,是本H5主创最初的构想。 得到市测绘院支持后,将30年来的16张浦东航拍图,做了对比,挑选陆家嘴、世博、外高桥、张江高科、临港等10个标志性地区做局部对比,更能体现出细节上的变化。 制作上,主创采用拖动时间轴的操作方式来叠化局部航拍图,配以标注的地标示意,更直观地体现出30年来的巨大变化。			
推荐理由	在浦东开发开放30周年之际,拥有30年来最全的十余张航拍视角图的H5一经推出,便得到了广泛关注,短时间朋友圈内纷纷转发。 时间轴+航拍叠化的新颖的形式也得到了受众的好评。大家在寻找如今所在的地区多年前是怎么样的同时,也感慨30年来的沧海巨变。			

2020年度上海广播电视奖
参评作品推荐表

作品标题	PICK 当下最值得推广的生活新风尚	参评项目	互动创意
作品网址	小游戏：http://hkh5.i234567.com/ 微信：https://mp.weixin.qq.com/s/HtXs3Gq5W_fXCxgkoY7-gg 微博：https://weibo.com/1896456970/Iz2gcg01v?from=page_1001061896456970_profile&wvr=6&mod=weibotime&type=comment		
主创人员	邹悦、赵颖、蔡雯婷		
主管单位	虹口区融媒体中心	首发日期及时间	2020年3月17日
发布账号（App）	上海虹口	作品时长	3分钟
（作品简介）采编过程	突如其来的新冠肺炎疫情，让全国人民众志成城，携手同心，在共同参与疫情防控的同时，也培育了一些新的文明生活方式。这场"人民战争"终将以胜利告终，而哪些生活方式需要继续保持、推广，值得大家思考。为增强市民战胜疫情的信心，弘扬积极向上、健康高效的价值观和生活方式。虹口区融媒体中心与区文明办携手，通过原创开发主题H5互动小游戏、设置话题、发起投票等方式，在"上海虹口"两微一端、抖音等全媒体平台，引发对疫情结束后，建立生活新风尚的大讨论。		
社会效果	H5互动小游戏一经推出，便引起了广泛的参与和讨论，"上海虹口"微信端阅读量当日达到1万+；一周内4 000余人参与H5游戏互动，选出自己心目中值得推广的生活新风尚；微博端吸引37万余人参与话题或投票；App客户端浏览数为1.2万，增加用户注册人数3 884。《文汇报》等市级媒体对虹口开展的该活动进行了报道，大大增加了宣传覆盖面和影响力。		

国际新闻

一 等 奖

2020年度上海广播电视奖
参评作品推荐表

作品标题	亚太战争审判	参评项目	国际传播
		体裁	新闻纪录片
		语种	中文、英语
作者（主创人员）	集体	编辑	
刊播单位	东方卫视、纪实人文频道、上海外语频道、美国Sino Vision、俄罗斯SPB TV（纪录片中心、融媒体中心）	首发日期	2020年8月31日 22:50
刊播版面（名称和版次）	特别节目	作品字数（时长）	8集×50分钟
采编过程（作品简介）	作为中宣部重大外宣纪录片，八集系列纪录片《亚太战争审判》是为纪念中国人民抗日战争暨世界反法西斯战争胜利75周年而摄制。该片是全球首部全景式聚焦二战后各同盟国对日本BC级战犯审判的大型纪录片，片中揭秘了许多鲜为人知的历史事件和战争暴行，首次公开了多项学术发现，填补了该领域内的影视空白。 在整个拍摄制作过程中，摄制组跨越了4大洲13个国家和地区进行实地拍摄，行程将近9万公里，在29所世界级档案馆里挖掘了大量珍贵历史影音文档资料，其中大部分都是首次和世人见面。节目采访了近50位国际专家学者以及40多位历史事件的亲历者和后人，其中包括对多位百岁老人的抢救性采访。此外，通过采访该领域最权威的世界专家学者政要，以独特的国际视角，多角度、立体式地解读和还原这段尘封已久的历史，其中不乏众多二战时不为人知的中国故事。		
社会效果	自8月31日起，节目中英文版先后登陆东方卫视、纪实人文频道、上海外语频道、美国Sino Vision、俄罗斯SPB TV、学习强国、BesTV App、爱奇艺等热门视频网站，并迅速走红全网。在2020年9月3日中国人民抗日战争胜利纪念日重大节点前后营造了良好的舆论环境，引发了巨大的		

社会效果	社会反响。在节目播出期间，东方卫视的首播收视率在全国同时段始终排名靠前，9月3日纪念日当天更是跃居全国第一，纪实人文频道两天排名第一。纪录片《亚太战争审判》9月3日同步在BesTV App和爱奇艺上线，并且在BesTV App开机屏宣传，爱奇艺网站首页和纪录片频道首页分别推荐。爱奇艺的点击量超过2 000万。 　　人民网、光明日报、学习强国、新华社、中新社、中国日报、上海发布、东方卫视新闻、解放日报二版、文汇报头版、上海日报、澎湃、新民晚报、青年报、一财日报等主流媒体，在纪念日当天和节目播出期间，结合重大节点，对纪录片《亚太战争审判》进行了预热报道和深度解读报道。 　　上线两周，纪录片短视频片段在抖音、快手点击量超过1 000万；#亚太战争审判#成为微博热议话题，阅读量超4 000万，众多微博大V号争相转发并评论，军事大V、海外大V、电影《八佰》官微、《八佰》谢晋元主演、上海主流媒体微博大V参与话题互动，助力话题榜；英语短视频在ShanghaiEye、Facebook、Twitter和YouTube上播出，覆盖美国、澳大利亚、英国、加拿大、法国、意大利、印度、新加坡、泰国、印尼、埃及等国家。（链接：https://www.facebook.com/shanghaieyeSMG/；https://youtube.com/c/Kankanewsbilingual） 　　大量一手珍贵史料的运用、事件亲历者的实拍采访、国际专家学者的专访，使得纪录片《亚太战争审判》以平和、理性的基调获得了海内外观众的认可。观众和网友纷纷在各大平台写下感言，一时间，"珍贵的影像、致敬先烈""铭记历史""很有意义，看得泪流满面""勿忘历史、奋发图强""水平不输BBC"等留言刷屏，有观众写下留言："谢谢你们拂去历史尘埃，告诉我们真相。" 　　该片获中宣部新闻阅评第217期、上海声屏监测第154期高度肯定。

亚太战争审判

（第一集 正义之路）

【字幕】美国国会图书馆　华盛顿

【现场声】
向隆万：2006年，我就是第一次在这里看到了东京审判的庭审记录。

【字幕】英国战争博物馆　伦敦

【现场声】
战争博物馆工作人员：乔治会帮助你换磁盘。

【字幕】澳大利亚战争纪念馆　堪培拉

【现场声】
澳大利亚战争纪念馆工作人员：博物馆中关于韦伯的藏品主要是他作为东京审判法官时所写的文件。

【字幕】俄罗斯国家档案馆　莫斯科

【现场声】
对日军战犯的伯力审判现在开始。

【解说词】
无论在西方还是东方的世界顶级档案馆里,不约而同地保存着对70多年前一段共同历史记忆的记录。

通过声音、文档、视频等多种方式记录了第二次世界大战太平洋战场的残酷。

在浩瀚的资料中,我们还找到了战后各同盟国艰难取证,审判战犯的过程。

今天我们回看这段历史是对在战争中死去的人们的纪念,更是对防止历史重演的警示,这是人类对于战争的一场集体反思。

【字幕】
马尼拉审判
横滨审判
关岛审判

第一部分:亚太战争审判

【解说词】
1945年8月15日,日本国民第一次听到了来自天皇的声音,正式宣布日本无条件投降。

【字幕】
东京湾　密苏里号　1945年

【现场声】
密苏里号军舰上闪烁着的标语写道:停火、停火,战争已经结束。

【解说词】
9月2日上午9时许,停泊于东京湾的美国战列舰密苏里号上举行了隆重的受降仪式,同盟国和日本政府的代表们分别在受降书上签字,标志着第二次世界大战的结束。

【字幕】
德国　纽伦堡
纽伦堡审判法庭原址

【解说词】
第二次世界大战后期,同盟国开始考虑如何处理对德、日战争犯罪审判的问题。经历国家间种种讨论与协商,最终在纽伦堡和东京分别设立国际军事法庭对两国领导人进行审判。

【字幕】
日本　东京
东京审判原址

【解说词】
1946年5月,第二次世界大战同盟国在日本东京设立远东国际军事法庭,对日本28名A级(甲级)战犯进行审判。

该法庭由中国、苏联、美国、英国、法国、荷兰、加拿大、澳大利亚、新西兰、印度、菲律宾11个国家代表组成,这场持续了两年半的审判也被称为东京审判,它拉开了二战后对日本战犯审判的序幕。东京审判也被称为A级(甲级)审判。

【采访】
顾若鹏(剑桥大学亚洲与中东研究学院教授):A级(甲级)审判主要审理反和平罪,针对那些发起战争的领导人,这些领导人虽然没有上战场打仗,但须承担挑起战争的责任。

【字幕】
美国　马尼拉审判

美国　上海审判

英国　新加坡审判

澳大利亚　纳闽审判

新中国审判

【解说词】
而在这场举世闻名的世纪审判差不多同时期,除加拿大、新西兰和印度以外的八个同盟国在亚洲太平洋地区相继成立了 50 多个 BC 级（乙丙级）战争犯罪法庭。与东京法庭审理 A 级（甲级）战犯不同，BC 级（乙丙级）审判的战犯则是违反了普通战争罪与反人类罪的日本军官和普通士兵。

它们和东京审判一起完整地构成了同盟国在远东地区的战犯审判图景，史称亚太战争审判。

【采访】

桑德拉·威尔森（澳大利亚默多克大学历史学院院长）：在 BC 级（乙丙级）审判中，同盟国调查员更关注虐待本国战俘案件，多数是关于俘虏被宪兵施虐的案子。有大量关于剥夺俘虏食物和药品的指控，强迫生病战俘劳动等。各国自己的审判中有很多是这方面的指控，这些指控不是东京审判的诉因，却在同盟国的 BC 级（乙丙级）审判中成为诉因。

【解说词】

同盟国在战后进行的 BC 级（乙丙级）审判的法律依据是什么呢？

【采访】

顾若鹏（剑桥大学亚洲与中东研究学院教授）：早在 20 世纪初《海牙公约》规定了战中合理行为，规定了战争中军人应该如何对待平民等问题。1920 年后期《日内瓦公约》明确指出如何处置战争俘虏问题。每个国家对日战争审判的法律依据都略有不同，BC 级（乙丙级）审判会根据各国不同的情况，将国内法与国际法相结合。

【解说词】

这张由上海交通大学东京审判研究中心绘制的《各国审判日本战犯一览表》，清晰地展示了同盟国在亚太地区设立的审判法庭所在地。

中国、苏联、美国、英国、菲律宾、法国、澳大利亚、荷兰等 8 个国家共组织了 50 多场战后审判。

由于战争犯罪在各个地区发生的情况和性质纷繁复杂，因此各国的 BC 级（乙丙级）审判特点和侧重点也不尽相同。

【采访】

程兆奇（上海交通大学东京审判研究中心主任）：中国的案子主要针对平民。而西方主要国家的审判，美国、法国，包括荷兰、澳大利亚，他们主要是军人，俘虏受到虐待啊,这是一个很大的不同。但是英军在新加坡,它的审判就是当地华人被杀,它除了本国军队以外,相当多审判的案子是当地平民的。

【解说词】
为了揭开那段鲜为人知的历史,摄制组踏上了探寻证据和正义的旅途。通过档案馆中的珍贵影像资料和事件当事人的口述实录,让我们重新认识70多年前那段不该被遗忘的历史。

第二部分　澳大利亚审判

【字幕】澳大利亚　堪培拉

【解说词】
坐落在堪培拉的澳大利亚战争纪念馆已有近80年的历史,它是为人们了解战争的残酷、缅怀澳大利亚在战争中阵亡的将士而建。

在纪念馆馆外的草坪上,卧着一座大理石纪念碑,它向人们讲述着二战中,澳大利亚战俘最惨痛的一段经历,那就是日军强迫位于马来亚(今马来西亚)山打根集中营的盟军战俘进行的"死亡行军"。在肃穆的纪念馆里,专门有一个小房间,纪念在这段行军中死去的近两千名澳军战士。

澳大利亚人约翰·布莱斯威特,他的父亲是山打根死亡行军的六名幸存者之一。

在这个充满回忆的房间一角,陈列着几件和山打根集中营有关的物品,都出自约翰父亲之手。

【采访】
约翰·布莱斯威特(澳大利亚国立大学特聘教授):这里是一些战俘营战俘的遗物,我父亲做了很多东西,他为死去的战友做墓碑,因为他擅长雕刻。这是一个喝茶的杯子,这是我父亲画的战俘营地图,他是为了战后的战罪调查而画的,比如哪里是英国战俘住的地方,他们都死了,哪里是澳大利亚战俘的住所,哪里是日本士兵住的地方。

【解说词】
山打根死亡行军是二战时日军对盟军战俘犯下的最严重的暴行之一。1941

年12月,日本在太平洋战争爆发之后,迅速占领了马来亚(今马来西亚)和新加坡等西方国家的东南亚殖民地。一万多名澳大利亚军人刚刚从欧洲和北非的对德战场回到亚洲,准备和日军作战的他们未发几枪就沦为了"阶下囚"。

【采访】
罗伯特·克里伯(澳大利亚国立大学亚洲历史学教授):他们迅速被击败,很多人在战争初期就沦为战俘。他们觉得很屈辱,他们本来是准备回家和日本人作战,但是他们没有成功。

【解说词】
新加坡沦陷后,日军将一部分澳大利亚和英国战俘转移到婆罗洲,也就是今天的世界第三大岛加里曼丹岛。山打根位于该岛的最东部,日军在这里设立了战俘营,强迫战俘们建设军用机场。战俘们的劳动条件极为恶劣,并且经常要忍受日军的威逼和殴打。

1945年初,日军大尉星岛进预感到盟军即将登陆,于是下令将约两千名俘虏强行转移到山打根以西260公里的拉瑙。

【采访】
桑德拉·威尔森(澳大利亚默多克大学历史学院院长):他们在北婆罗洲非常艰难的条件下,在两个非常艰难的地点间行军。在开始行军之前,有些人就已经生病了。所以他们面临的困难更大,地形险恶、天气恶劣、缺少食物和药品。对于他们的身体条件来说,行军的速度太快了,倒在路边的人被杀死。

【解说词】
在总共三次行军后,除了中途逃脱的六名澳大利亚士兵,余下的两千多名英澳盟军战俘都死于疾病、饥饿或是日军的射杀。

【采访】
约翰·布莱斯威特(澳大利亚国立大学特聘教授):我父亲逃走的时候,当地人勇敢地救助了他。他们在丛林中找到了他,把他藏在村子里,给他食物。

【解说词】
山打根死亡行军给死者和家人留下无限伤痛,即使是活下来的幸运儿,身心也留下了难以愈合的伤口。六名幸存者之一的兰斯·博克斯汉姆在1961年吞枪自尽。

为了给自己和战友家人的心理疗伤,迪克·布莱斯威特在回到祖国之后,给数百位殉难战友的家庭写信,这些信件至今仍保存在澳大利亚战争纪念馆和英国战争博物馆里。

【采访】
约翰·布莱斯威特(澳大利亚国立大学特聘教授):我父亲以为这会是一个疗伤的过程,但最后这一切对他来说是极大的痛苦,他觉得太难了。

【解说词】
二战结束后的1945年11月开始,澳大利亚在达尔文、巴布亚新几内亚的拉包尔、新加坡等地相继设立法庭,开始了战后对日本战犯审判。在这些审判中,超过八成的罪名就是日军对战俘的虐待和屠杀,其中的代表性事件正是"山打根死亡行军"。相关的审判从1946年1月开始,在巴布亚新几内亚的纳闽进行。被告之中有山打根集中营的负责人,以残忍冷血著称的大尉星岛进。

【解说词】
澳大利亚军事法庭的检察官安瑟尔·墨菲特把这场审判的细节都写入了日记。"今天我第一次见到了星岛。他一直在微笑,冷酷残忍地笑着。这是一场非常紧张和困难的审判,持续了好多天。星岛就像一头被逼入绝境的老虎一样抵抗。"

最终,毫无悔意的星岛进和其他七名集中营看守被判处绞刑。北婆罗洲最高指挥官、第37军司令员马场正郎中将也被认定为这桩惨案负责,并被处以极刑。

【采访】
乔治娜·菲兹派屈克(澳大利亚历史学家):战俘营守卫是奉命实施折磨、殴打行军的人,所以他们付出了代价,因为他们是第一责任人。马场正郎是婆罗洲的最高指挥官,所以他要对他部队的所作所为负责,这是指挥官责任。

【采访】
卡尔·詹姆斯(澳大利亚战争纪念馆历史学家):澳大利亚深度参与了太平

洋战争。这场战争触及了澳大利亚海域和领土,澳大利亚军人和护士都被日军折磨。大约两万两千名澳大利亚军人沦为战俘,死去三分之一。

所以澳大利亚人非常希望击败日本人,结束战争,还要伸张正义,弄清这一切为什么发生。为什么会发生山打根死亡行军这样的惨剧?这也是澳大利亚政府积极参与战争罪行审判的部分原因。

【解说词】
在澳大利亚审判的各个法庭上,受害者的国籍十分广泛,除欧美籍被害人,还包括许多亚洲人。在总共 300 桩日军暴行事件中,有 128 件与中国人、印度尼西亚人、印度人以及其他南太平洋岛民相关。这从另一个角度表明,同盟国对施加给亚洲人的暴行给予了相当关注。

第三部分　苏 联 审 判

【字幕】
俄罗斯　莫斯科

【解说词】
位于莫斯科的俄罗斯联邦国家档案馆存放着 1949 年伯力审判的庭审录音资料,在长达 22 小时的录音中记录了当事者的声音。

【录音】
将糜烂性毒气投入人体进行实验,在人的手足脸上喷洒糜烂性毒气,然后将他们关进拘留室观察。

【解说词】
这些日本战犯承认二战期间使用活人作为实验对象,研制细菌武器的事实。

【采访】
维克多·贝尔亚科夫(俄罗斯联邦国家档案馆研究人员):就伯力审判本身,我们很遗憾在俄罗斯没有太多的资料,不过我们有一些独家的文件和照片。很多年以来没人知道这些资料在哪里,最近才知道这些资料在苏联总检察院档案资料馆里被保存着。

【字幕】
中国　黑龙江哈尔滨

【解说词】
在中国黑龙江省哈尔滨市郊外20公里处的平房区，现如今仍然留存着731部队的罪证。这里曾是日本军国主义在本国以外领土从事生物战、细菌战和人体实验相关研究的秘密军事基地。在战争结束时，日军为了隐瞒731部队的存在，将这里爆破，只留下这堵厚厚的墙体因为无法炸毁而矗立在这里。

【采访】
根纳季·康斯坦丁诺夫（俄罗斯历史学家）：在离哈尔滨不远的平房区，日本人杀了大概三千人，里面包括中国的民兵，他们被日本人带去做俘虏。日本人也抓过俄罗斯人，还有手无寸铁无辜的农民，而且还有很多女人。

【字幕】
日本　长野

【解说词】
清水英男是当年731部队少年班的成员。1945年4月，他同其余33人被送到了哈尔滨。但是在到达哈尔滨之前，清水并不知道自己要做什么。

【采访】
清水英男（日本731部队少年班成员）：虽然我们想这难道不是在进行细菌战吗？但是我们一直被教育：如果我们做了错事，就会被惩罚；如果不去打别人，就会被别人打。并没有人告知我们，事实上，我们在进行细菌战这件事。

【解说词】
早在1932年8月，在刚刚被晋升为军医将领的石井四郎牵头下，日本陆军军医学校内就成立了防疫研究室，这是731部队的前身，后来更是成为战时日本统管包括731部队在内遍布整个东亚地区的细菌及生化部队的司令部，同时也是和日本各大学医学部之间联络协调的中枢机构。其中更不乏从东京大学、京都大学来的医学人员主导人体实验。

近藤昭二,曾是日本 NHK 电视台的记者,是第一个在日本拍摄有关 731 部队内容的人。在过去将近 30 年中,他都在搜集有关 731 部队以及伯力审判的相关资料。

【采访】
近藤昭二(日本细菌战研究专家):最初大规模的作战计划是在浙江省的衢州、宁波附近,这是在 1940 年做的。那些带细菌的跳蚤通过飞机进行运输,在衢州、宁波的上空投放,感染了细菌的人就会死亡。然后第二年,是在湖南省的常德。

【解说词】
1949 年 12 月 25 日至 30 日,也就是二战结束后四年,苏联在远东城市哈巴罗夫斯克(伯力)设立了军事法庭,针对日军"准备和使用细菌武器"的战争罪行,对包括最后一任关东军司令山田乙三等人在内的 12 名日本战犯进行了审判。但是首犯石井四郎逃脱了伯力审判以及东京审判。

【字幕】
俄罗斯　哈巴罗夫斯克(伯力)

【解说词】
这座正在修缮的建筑就是伯力审判的原址,这场审判首次揭示了日军侵华期间在中国东北进行活体实验、实施细菌战争等严重罪行,同时开启了战后首次对日细菌战的审判。

【采访】
金·塞吉(俄罗斯科学学院研究员):应该说至今这次审判还是有意义的。首先,苏联在哈巴罗夫斯克(伯力)展现了自己的审判能力和正义;其次,当时美国不想设立法庭来审判细菌战,这也是对于美国的有力回应。所以说苏联是想向世界展示伸张正义的形象。

【解说词】
伯力审判让世界了解到,那场旷日持久的战争不仅与政府、军人、炮火有关,也牵涉到了本该救死扶伤的医生。苏联自1947年至1950年间废除了死刑,所以所有被告均被判时长不等的劳动改造。

第四部分　英　国　审　判

【字幕】
伦敦　2019年

【解说词】
　　伦敦中心区的泰晤士河东岸坐落着英国战争博物馆,距今已有100多年历史。这座档案馆保存着浩如烟海的珍贵影音和文档资料,其中包括二战后英国对日战犯审判的部分庭审画面。

【同期声】
新加坡审判

【解说词】
　　自1946年1月开始,英国分别在新加坡、马来半岛、北婆罗洲、缅甸、香港等地设立对日战犯军事法庭,就总体而言,新加坡法庭审理的案件最多。

【字幕】
新加坡　2018年

【解说词】
　　新加坡亚历山大医院距今已有80多年历史,它的前身是1938年成立的大不列颠军事医院,在当时是远东地区首屈一指的英军陆战医院,现代化程度位列亚太地区之首,在第二次世界大战期间,拯救了无数伤员的生命。医院在建立之初就考虑到可能会来到的战争,在设计医院时保留了地下手术室。如今,亚历山大医院仍完好地保留着战时的医疗设备。

【采访】
　　陈鼎祥(亚历山大医院媒体公关):这里是亚历山大医院中现存的四个通道中的一个。我们走进去可以看到,很多战时的建筑都得到了保留。这个是1938

年建立的，可在地下室进行急诊手术的手术室。

【解说词】
刚刚工作一年多的新加坡人陈鼎祥，对二战历史非常感兴趣。除了接待医院的媒体事务，处理内部邮件，他还有一项重要的业余功课，他想撰写一本书，记录亚历山大医院80多年的历史。

【采访】
陈鼎祥（亚历山大医院媒体公关）：当我收集了一些档案和资料后，我发现很多资料已经找不到了。这就引起了我的兴趣，我想知道更多，我想知道这个地方都发生了什么，想知道这里的战时历史。

【解说词】
1942年2月，日军从北面入侵新加坡，让当时在南部部署重兵的英国军队措手不及，小部分抵抗力量退守到亚历山大医院。日军全然不顾国际公约冲进医院，对正在医院进行治疗的医生和病人展开了屠杀，大约有250多名医患死于日军的屠刀。

在战后的东京审判中对这段暴行进行了起诉和宣判。东京审判的判决书中这样形容亚历山大医院的屠杀："在手术室中，一个士兵正上了哥罗芳麻药在施行手术，日军进去把病人、外科医生和麻醉师都用刺刀刺了一通。"

【现场声】
陈鼎祥（亚历山大医院媒体公关）：我有幸和沃勒一家通了话，沃勒中尉2010年去世了，他的儿子为我们提供了父亲当年很多的故事。

【解说词】
陈鼎祥提到的英国中尉理查德·沃勒，曾是亚历山大医院的病人，也是日军屠杀的幸存者。战后，他为新加坡审判提供的口供书中，提到了日军闯入医院后，他曾经被带到修女的房间中等待处置并最后死里逃生的经历。
今天，在亚历山大医院后院的草坪，就是当年沃勒中尉提到的修女房间。

【解说词】
英国对日战犯审判的最大特征在于十分注重日军对本地居民的犯罪。如果算上本地籍战俘和平民,大约有三分之二的案件受害者都是亚洲人,尤其是华人。

【解说词】
1941年12月8日,珍珠港事件爆发后,日本入侵马来亚(今马来西亚)。此后,日军在马来亚(今马来西亚)村庄大肆屠杀华人。对象常常是整个村中的男女老幼,几乎是无差别屠杀。

【采访】
高岛伸欣(琉球大学名誉教授):马来群岛的话,当时军方的命令是,只要看到一个,就杀掉一个,根本不需要审讯,这是军队的正式命令,这些资料也还留着。

【字幕】
《阵中日记》所附命令书
马来西亚　哥打丁宜

【解说词】
马来西亚哥打丁宜是扎勒哈·苏蒙的出生地,84岁的扎勒哈父母都是当地华侨,还有五个兄弟姐妹。在她六岁的时候,扎勒哈经历了一辈子都不会忘记的惨剧。

【采访】
阿比达·阿瑞芬(马来半岛肃清屠杀幸存者孙女):就我所知,1942年2月的时候,我奶奶只有六岁。那天早晨一切很平静,他们在屋子外面开心地玩耍,就像平常一样。突然,一支日军部队来了,把所有的华人都带走了,其中包括我的曾祖父母,他们被带到了一家橡胶厂,就在那里被残酷地砍了头。

【解说词】
当时,扎勒哈的五个兄弟姐妹,最小的才一岁,最大的也不过16岁。日军进行屠杀时,住在隔壁的邻居将她和五个兄弟姐妹带走,才让他们幸免于难。此后,年幼的扎勒哈一直在马来家庭中长大。

1942年起,在马来半岛,像扎勒哈父母这样的无辜华人被残酷屠杀的高达71 000人。

【解说词】
由于日军在新加坡等东南亚地区的屠杀工作隐秘,至今对于屠杀的人数众说纷纭。而英国审判的精确统计数字也还没在学者中达成一致,粗略估计审判的总人数在900左右,其中200多人被判死刑。

【采访】
苏珊娜·林顿(中国政法大学国际法学院教授):英国审判让我印象最深刻的一点就是死刑的比例是最高的。此外,就法庭程序来看,英国同样做出了重要的调整,你也许知道英国拥有非常严格的司法体系,包括审判注重证据和细节等,战后审判中英国简化了程序,使得审判更为高效。

第五部分 美 国 审 判

【字幕】美国

【解说词】
与英国审判关注日军对本地居民犯罪形成鲜明对比的是,美军法庭对虐俘问题高度重视。在所有审理的案件中,针对俘虏犯罪的案件比例高于80%,主要有虐待、虐死、杀害美军俘虏以及遗弃、亵渎乃至食用俘虏尸体的行为。

【字幕】美国 华盛顿

【解说词】
美国国家档案馆成立于1934年,是保管美国联邦政府档案文件的机构,里面保存着美国外交及军事档案。在这里还珍藏着二战后美国审判的庭审实况影像资料。

【解说词】
画面中的审判被告是被称为"马来之虎"的日军司令官山下奉文,而这场美国陆军在马尼拉进行的审判是亚洲最早的对日战犯公开审判。

【解说词】
1944年9月,山下调任菲律宾第14方面军司令官,一个月后到马尼拉就职。

【采访】
郑寅达(中国世界现代史研究会副会长):山下奉文去守菲律宾,他调集他所有能够调集的力量,在拼命地坚守反扑。美军是麦克阿瑟来指挥这场战役。从美方的角度讲,打菲律宾是打得蛮吃力的。

【字幕】菲律宾　巴拉望

【解说词】
巴拉望岛位于菲律宾西部,在山下奉文抵达菲律宾后的两个月,他所在的部队和美军在这里进行了激烈的交战。

【解说词】
1944年12月,驻扎在这里的日军将约150名美军战俘赶入岛上的防空洞,并向内放火进行焚烧。今天在这个洞穴里,依旧可以看到当年火烧的痕迹。

【采访】
里卡多·何塞(菲律宾大学历史系教授):他们是手无寸铁的美军俘虏。他们被赶入防空洞,身上被泼汽油并且点火焚烧。

【解说词】
在这场日军火烧美军俘虏的惨案中,只有几个俘虏侥幸生还,他们在当地游击队的帮助下隐藏起来直至美军登陆,然后向美军讲述日军的暴行。

【解说词】
1945年10月,在日本投降后不久,美国设立在马尼拉的法庭对山下奉文进行了公开审判,这也是人类史上首次关于指挥官责任的判决,美国法庭认为指挥官应为其下属违反战时国际法的行为承担个人刑事责任。

【现场声】
法官:本庭判决山下奉文罪名成立,判处绞刑。

【解说词】
最终,山下奉文因其战时率部对菲律宾、新加坡平民和俘虏的暴行被判绞刑。

【字幕】
日本

【解说词】

二战后,美国的对日战犯审判法庭分别设在马尼拉、横滨、上海、关岛、夸贾林岛等五处,前三处为陆军审判,后两处为海军审判。所有审判被告共计1 409人,判处1 229人有罪,宣判死刑并执行的有136人。

第六部分 中 国 审 判

【字幕】

中国国民政府上海法庭旧址

中国国民政府南京法庭旧址

【解说词】

与美国审判相似的是,中国审判被告中高级将官数量也非常大,甚至所占比例为同盟国中最高。

【同期声】

首都高等法院审理凶案,旁听证发出了四千多张,还是不够分配。

【解说词】

中国是日本侵略战争中受害时间最长、受害范围最广的国家,因此从中国调查日本战罪和收集证据的工作从战时的1942年就已开始。中国国民政府设置了收集日本战争犯罪情报的相关机构,这项工作一直延续到1945年8月日本无条件投降之后。

【解说词】

由于中国战时近半国土沦为战场,战时在沦陷区难以展开罪证搜集工作,只能在大后方进行战争损失、伤亡统计等工作。战争结束后,中国政府在调查取证日本战罪时,遇到了重重的困难。

【采访】

刘统(上海交通大学人文学院历史系教授):首先人名、官衔、部队这些个基本要素,老百姓就不可能掌握。上海当时调查是有五万多起群众的举报,但是真正能用的只有400多起,而且这400多起里边有很多只有姓,没有名。比如松井就是一大堆,他叫什么呢? 他是哪个部队的呢? 在罪行调查的过程中,每个地区都有上千上万这种登记表,但是为什么最后起诉到法庭上的只有几百,甚至只有几十,就是这个问题。

【字幕】中国　南京

【解说词】
位于南京市中山东路的中国第二历史档案馆里,保存着国民政府行政院战争罪犯处理委员会档案。其中有一批日军中下级军官战俘的战争暴行供述档案,每篇都有供述者签名。在战后,国民政府相继在南京、广州、汉口、北京等地设立十个法庭开始对日战犯的审判。

【采访】
严海建(南京师范大学历史系副教授):国民政府进行的大部分的审判实际上都是公开的审判,这个公开的审判的听众,既有中国的政府官员、民众以及受害者家属等等,同样也有尤其是外国的媒体的记者以及外国的外交人员,驻华的这些领事人员的旁听。

【解说词】
在中国审判中,最臭名昭著的B级(乙级)战犯要数日本陆军中将谷寿夫,他是对南京大屠杀负责的最直接的师团长。1947年2月6日南京军事法庭公审。同年3月10日法庭判处谷寿夫死刑,他本人不服上诉。4月25日蒋介石批示维持原判,4月26日被枪毙于南京雨花台。

【采访】
程兆奇(上海交通大学东京审判研究中心主任):亚洲地区不论是11个国家的东京审判,还是七个国家分别在亚洲地区进行的审判。那些国家基本上都是老牌的殖民地宗主国,或者也有一个在审判开始阶段它是还没有独立的殖民地,中国它是完全意义上的受害国。

【解说词】
1949年1月底,随着上海审判的结束,国民政府所有战犯审判结束,被告总计871人,其中近六成被判有罪,近三成被判死刑。同年10月中华人民共和国成立,七年后又展开了新中国独立的对日审判。

【解说词】

与其他国家战犯政策不同的是,新中国政府对在押战犯给予人道待遇的同时,采取思想教育和改造方针,竭力使战犯自我反省,自承罪状。

【采访】

贾斯丁·雅各布(美利坚大学历史系教授):新中国审判的判决结果是非常宽大的,你只要将它与美国、苏联、法国、英国等其他欧洲国家对日 BC 级(乙丙级)审判作比较的话,你就会了解它判决的宽大程度。

【采访】

内海爱子(日本大阪经济法科学院教授):如何让那些若无其事犯下罪恶的战犯回归人性,新中国审判在这方面做得非常了不起。

【解说词】

1956 年 4 月,中华人民共和国全国人民代表大会常务委员会做出了对日本战犯宽大处理的决定。6 月至 7 月间,沈阳和太原两处法庭对 45 名被告进行了审判,所有被告都被判有罪,但无一死刑,其余 1 017 人免予起诉。到了 1964 年 4 月,全部战犯回国。

结　尾

【解说词】

从极北的苦寒之地到溽热的赤道雨林、从远东太平洋中的孤岛到欧陆西界的尽头,第二次世界大战的战火燃遍了北美以外的几乎整个文明世界,使人类文明无论在广度上还是在深度上都面临了毁灭性的威胁。

而战后进行的针对 A 级(甲级)战犯的东京审判以及 BC 级(乙丙级)审判,作为人类历史上规模最大的审判,完成了对在亚太战场上日军战罪的清算。

【采访】

程兆奇(上海交通大学东京审判研究中心主任):审判它的目的是什么? 通过这个审判来警示后人,以后你如果要发动战争,那你一定就要受到审判。

【采访】

顾若鹏(剑桥大学亚洲与中东研究学院教授)：这些审判让我们直观地了解了到底发生了什么,大量关于战争罪行的文件、证言、证据得以保存并传承下去。

【采访】

朗·肖利(耶路撒冷希伯来大学研究专员)：我认为任何审判的作用都不是简单的报复,而是一种教育,是一种对过去的缅怀。正义得以伸张是十分重要的,为了教育大众,更为了人类的集体记忆。

【字幕】

旧金山　1951年

【现场声】

在旧金山,爱好和平的国家即将获得最终胜利。代表们来到战争纪念歌剧院,参加日本和平会议的最后一次会议。

【解说词】

1951年9月,日本与二战的48个战胜国签订了《旧金山对日和平条约》,其中第11条明确指出,日本接受东京审判以及同盟国BC级(乙丙级)审判的判决。然而,中国并没有参加旧金山会议,给旧金山会议留下了遗憾。

【采访】

鸠山由纪夫(前日本首相)：日本签了《旧金山对日和平条约》,在国际上也终于作为一个热爱和平的国家受到了承认,所以如果从根本上否定了东京审判等一系列审判,那《旧金山对日和平条约》也同样就遭受到了否定。这件事是绝对不对的。

【解说词】

系列纪录片《亚太战争审判》挖掘在世界各国档案馆里的珍贵资料,实地采访二战的亲历者,其中大部分事件在此之前都不为世人所知,比如地狱航船、活体解剖战俘事件、巴丹死亡行军、泰缅死亡铁路、化学武器使用等。

英国前首相温斯顿·丘吉尔曾经说过："你回首看得越远,你向前也会看得越远。"回望历史不是为了清算,而是让过去告诉未来。

(全集完)

以全球视野为方法
—— 简析大型纪录片《亚太战争审判》的国际传播之道

华东师范大学传播学院 吕新雨

作为全球第一部全景式聚焦二战后对日本审判的纪录片,《亚太战争审判》八集系列专题纪录片展示了一幅波澜壮阔的历史画卷,也体现了上海广播电视台作为中国最重要的主流媒体在风云变幻的内外环境下不忘初心的担当意识。在今年5月31日习近平总书记提出"加强我国国际传播能力建设"重要讲话之后,回首此片,尤其值得肯定和赞叹的正是上海广播电视台外语频道的国际传播团队始终不渝的坚守。

从选题的视角看,《亚太战争审判》以二战之后对日本侵略的国际审判为对象,跳脱了单一的中国视角,把中国的战争问题放在世界视野的脉络中去叙述,创造了一种多视角的叙述模式,真正体现了"真实、立体、全面"的国际传播的要求,体现了世界中的中国和中国中的世界,打破了中国与世界二元叙述的模式——这一模式很容易导致中国与世界的二元对立。也正因此,此片在海内外广受好评,传播效果正是上述传播理念的落地,在这一点上,此片具有开创性意义。而也正是在此基础上,新中国对日本战犯进行的思想改造才真正体现出中国声音。

从拍摄的视角看,这一重大的历史题材以全球为视野,充分调动了世界范围内的战争与和平研究的学术共同体,也打造了基于"命运共同体"的学术统一战线。跨越了4大洲13个国家和地区进行实地拍摄,行程近9万公里,在29所世界级档案馆里挖掘珍贵历史影音文档资料,其中大部分都是首次和世人见面。节目采访了近50位国际专家学者以及40多位历史事件的亲历者和后人,包括最权威的世界专家学者政要,以及对多位百岁老人的抢救性采访,使得这一拍摄行为本身就既是一个重要的学术研究的过程,也是一个公共史学的传播案例,涵盖了从学者到普通观众的广阔的受众群体,最大限度地传播了中国"和平与发展"的诉求和理念。对于中国观众来说,百年来中国道路的思考是基于启发，而不是说教。对于海外观众来说，中国和世界的命运同在，不言自明。

从传播的视角来看，布局主流媒体和社交媒体的矩阵式传播态势，把握重大历史节点的传播效应，海内外互相呼应，也构建了一个成功的重大外宣题材纪录片的优秀案例。

最后，也是最重要的，上海广播电视台对国际传播团队的支持和团队建设的成效。作为一支年轻的充满活力和使命担当的创作团队，持续进行重大的、学术含量高，不是以单纯的市场为导向的创作，需要的不仅是主创人员的理想和追求，其实也是组织建设的系统工程，而这正是上海电视台作为国家级主流媒体的自觉。

一场跨越千山万水追寻真相的征程
——大型系列纪录片《亚太战争审判》创作札记

上海广播电视台纪录片中心
《亚太战争审判》总导演　陈亦楠

为纪念中国人民抗日战争胜利暨世界反法西斯战争胜利75周年，由上海广播电视台承制的中宣部重大外宣项目八集系列纪录片《亚太战争审判》问世。纪录片全景式呈现了二战后各同盟国对日本乙丙级战犯审判的历史，在全球范围尚属首次，填补了该领域内的影视空白。

《亚太战争审判》的诞生要追溯到6年前的2015年，彼时正值世界反法西斯战争胜利70周年。我至今仍然清晰地记得那一天，当我们在上海交通大学东京审判研究中心主任程兆奇教授的办公室里表示要做一部关于《东京审判》的纪录片时，治学严谨又真性情的程教授，郑重地告诉我们：如果你们只是为了应景，就不要来找我了，今年的媒体一拥而上，我简直是应接不暇。在说话的同时，他还在电话里，直接拒绝了一家纸媒的采访。程教授的高要求激发了我们更要做好这部片子的欲望，团队的几位80后女导演，几乎翻遍了当时东京审判研究中心出版的所有学术书籍。当我们再次带着做好密密麻麻的笔记和贴着标签的大部头书登门拜访时，程教授欣然答应了做纪录片的顾问。

就这样，上海广播电视台以上海交大东京审判研究中心为学术依托，在长达6年的合作里，先后推出了三季共八集纪录片《东京审判》和八集纪录片《亚太战争审判》,分别聚焦二战后各同盟国对日本甲级和乙丙级战犯审判,展现了日军在太平洋战场犯下的暴行以及战后国际社会以法理精神惩治战争罪行的历史。

《亚太战争审判》的调研和拍摄几乎是和学术研究同步进行的,这就对导演团队提出了更高更难的要求。得益于之前摄制《东京审判》累积的经验,我们团队掌握了一套行之有效的研究方法。最初,各分集想从不同国家的审判以国别来进行划分,但随着调研的深入,我们发现和相对广为人知的东京审判相比,二战后对日乙丙级战犯审判的庭审影像资料少得可怜。于是导演们不得不调整拍摄思路,最后定下每集聚焦不同的主题,从 70 多年前亲历事件的当事人或后辈的故事和回忆入手,开展大量海外实地拍摄。导演团队一边做着学术调研,理顺每个国家审判的基本脉络和着重点,查找散落在世界各大档案馆的影音文档资料,一边投入茫茫无边的寻人大海中,同时还面临着涉及英语、法语、俄语、荷兰语、日语、马来语等多国语种的困难。

在创作纪录片《亚太战争审判》的过程中,我做了些数据统计。为确保每一处史实都有据可查,我们导演团队的案头工作如下:世界各地相关的庭审影像资料一共有 3 个 T 需要浏览,相当于 900 部电影的量;各种语言的庭审记录 PDF 文件有 120 G,相当于 2 000 万字的文字;1.5 万张战犯、庭审人员和参与者的照片需要辨认;160 本不同语言的相关学术著作,其中很多在亚马逊网站上还是孤本。

在整个拍摄制作过程中,摄制组跨越了 4 大洲 13 个国家和地区进行实地拍摄,行程近 9 万公里,在 29 所世界级档案馆里挖掘了大量珍贵历史影音资料,其中大部分都是首次和世人见面。节目采访了近 50 位国际专家学者以及 40 多位历史事件的亲历者和后人,其中包括对多位百岁老人的抢救性采访。分集导演们也极尽所能,有的亲自在巴布亚新几内亚的海域潜水拍摄,有的坐直升机在关岛上空还原战机轰炸的场面,有的通过采访打开百岁老人记忆的阀门,主创团队力求用生动的故事展现宏大叙事,丰富的镜头语言重现历史真实。

值得一提的是,《亚太战争审判》进入后期制作时,遇到了新冠肺炎疫情的暴发。为了能赶在 9 月 3 日中国人民抗日战争和世界反法西斯战争胜利日这个重要节点播出该片,营造良好的国内外舆论环境,主创团队在 2020 年 2 月底克服疫情带来的困难,以坚忍不拔的职业精神全程佩戴口罩完成后期剪辑制作。使得该片在 3 月完成修改并且如期播出。

无论是千里之外的档案馆、无人问津的战争遗迹,还是地势险恶的深山丛林,都留下了我们摄制团队的足迹。作为纪录片人,我们用脚踏实地的考证来呈现对过去的思考。在历史的洪流中,一切过往都已成为尘埃,但这一片片微不足道的落叶,排列在一起,似乎在向我们讲述二战的硝烟虽然已经过去七十多年,但真相不应该随着时间的流逝而日渐模糊,每个在这个世界上存在过的生命不该卑微地逝去。这也体现了纪录片《亚太战争审判》的创作初衷,用客观、平和、理性的国际视角讲述历史,警示世人珍视和平,不要重蹈历史覆辙,更好地携手走向未来。

二　等　奖

2020年度上海广播电视奖
参评作品推荐表

作品标题	LIFE MATTERS: INSIDE WUHAN'S RED ZONE	参评项目	国际传播
		体　裁	新闻专题
		语　种	中文、英语
作　者 （主创人员）	范士广、李闻、金翔、丁璨、任一、刘振宇、谢书豪、刘跃、柯丁丁、周圣乐	编　辑	
刊播单位	The History Channel 美国历史频道	首发日期	2020年9月20日至28日 20:05
刊播版面 （名称和版次）		作品字数 （时长）	40分钟
采编过程 （作品简介）	2020年春节，新冠疫情暴发后，上海广播电视台纪录片中心随即组建《人间世》抗疫特别节目摄制组，奔赴抗疫前线。3月初，该摄制组前往武汉抗疫前线，在雷神山医院、金银潭医院以及同济医院光谷院区蹲守拍摄，积累的素材超过了30 000分钟。 3月31日，摄制组随上海援鄂医疗队返沪后，立即开始后期制作，最终形成了《人间世》抗疫特别节目，国际版名为LIFE MATTERS: INSIDE WUHAN'S RED ZONE，共三集，每集四十分钟左右。		
社会效果	《LIFE MATTERS: INSIDE WUHAN'S RED ZONE》在The History Channel（美国历史频道亚洲区）播出后，得到了各国观众的关注和喜爱，并且取得了不俗的收视成绩。其中，第三集在菲律宾首轮播出的最高收视率达到10.354，平均忠诚收看观众达到89%。第一集和第二集在新加坡和马来西亚的最高收视率达到2.452和9.872，平均忠诚收看观众达到55%和50%。同时，第二集取得了全马来西亚9月黄金时段收视排名第12名和全新加坡9月黄金时段收视率排名第32名。此外，本片在Facebook和YouTube平台进行了推广宣传，截至目前，该片相关内容的海外观众流量达200万。		

LIFE MATTERS: WUHAN REDZONE STORY

（第一集文稿）

【实况】

湖北省累计报告新型冠状病毒感染的肺炎病例，目前仍在院治疗4 300。

【解说】

Wuhan, China. A terrifying new virus has forced the city into lock down. From the outside, the streets appear peaceful and calm. But inside the city's many hospitals, it's completely different.

【实况】

要几个？要一个，赶快。

放掉呀，不要拉管子。

【解说】

Infected patients swarm the hospitals, hundreds are placed into what is called a red zone, a highly dangerous area off limits to everyone who is not a doctor, nurse or a sick and contagious patient. The hospitals are full of unrecognizable medical heroes sweltering under the heat of personal protective equipment, the costume of the COVID theater. Survival is the only end game here. And the people working 24/7 to make that happen are a very special team. Because in Wuhan red zone, every life matters.

【解说】

The red zone, Wuhan, Tongji Hospital, Optic Valli Branch.

【实况】

我们出去，动作快。

【解说】

Covid-19 has filled this hospital with victims. Doctors and nurses are on high alert. Everyone is affected.

【实况】

进来,全都是危重症啊,进来全都是插管的。最多的一次是30个病人进来,27个插管,两个做ECMO。6个上CRRT(血液净化)的。你就看这个病的严重程度吧。

你会发现在这里会有很多你原来想象不到的情况,想象不到的事。

像人走在十字路口,到底往左还是往右,也许走错了,这个病人完全迥然的两种情况。

醒一醒,醒一醒。

有一些老先生他就是完全不配合,他是没有生的欲望。

【采访】

跑进去的时候眼睛全起雾了,整个一片白茫茫,只听到各种各样的声音,呼吸的声音在叫。呼吸先没了,心跳没了,边上说肾上腺素快快推,阿托品,就这样的声音,但我什么也看不见。

【采访】

当时进到房间里面一看到病人这种状况,感觉就像你在开着架飞机,突然两个发动机全熄火了,就好比飞机的高度不断地在下降,就耳朵听着氧气饱和的声音,从70~69~68这样噌噌噌在往下面走,因为发动机没有动力了,感觉你就像这架飞机握着操作杆,你在飞机它坠毁之前,你要把它迫降成功,这个时候可能已经没机会了,飞机已经坠地了。

【解说】

Veteran Chen Shu has been a doctor for 20 years. He thinks he's seen it all. But the sheer depth and breadth and cunning of this new virus has shocked him more than he could have imagined.

【采访】

想象一下,这边心跳停了在抢救,那边又在叫着,第二个病人心跳停了,不过去第三个病人心跳又停了。做到后来都怕了,因为病人刹不住车的。一个班三四个病人,同时地一个个看着他们(走掉)。

澍,什么意思知道嘛?及时雨,能够做到及时雨哪里这么容易啊,在病人最需要的时候能够帮到,就很多时候只能是安慰,但是真正要解决很大的问题,这真不是太容易的事情。好了,我们走吧,开工。

查房了,陈教授来查房了。

【解说】

In bed 12, an elderly patient is in capacity by the virus. To make matters worse, he has diabetes which has affected the function of his right leg, which is now starting to rot.

【实况】

他腿破不破啊?

破的。

【采访】

老陈。这个病人现在就是两个矛盾,就是说腿这个情况来看,无解的,他全部坏死了,你要解决这个问题,只有截肢,把这个腿截掉。那么腿截掉的话现在看起来,在目前这个条件下和这个病人的基础情况下,我们讨论过两次,可能还是有些难度,81岁是很大了,但是对医生来说,每个生命只要能争取我们还是尽量争取。

【解说】

The doctors need to amputate his leg immediately. If the infection spreads any further, the patient will die. But going under the knife at such an old age is a gamble in itself.

【实况】

想想办法,预后肯定不好,但还有什么办法吗?这么险的两关都过来了,我们还有什么机会给大家试一下吗?

【解说】

This is a typical dilemma for doctors and requires a lot of discussion. Chen Shu chairs a meeting to gather his fellow doctors' opinions. As it is a critical decision, he wants to hear his colleagues' thoughts first.

【实况】

所以这个病人也蛮尴尬的,因为他的命就靠这些设备吊着的。

我是这样想的,因为现在你放在这里,始终这个样子的话,到时候结果大家都知道,对不对?

就是您觉得必须拔完管才能去别的地方做手术咯?

你不拔管你怎么到隔离点,他去手术之前还得到隔离点待14天哪。

这个人的这条腿能不能进一步去救治?因为他现在这条腿释放的毒素,包括后期的一个感染的问题。如果这条腿不能处理,你拔了呼吸机,解决了他的肺,他醒过来看见他这条腿、这个样子,包括这只坏疽腿的一个疼痛,可能要考虑更长一点,我们让他醒过来时候,我们能做什么?

这里讲句怪话,这个人脚不好,这个人是没机会的,多拖点早拖点,那你其他的事情去做它,对我们来说,它的目标是什么?

我们这边确实,坏疽这条腿确实,现在不具备条件。我最终的目的,还是他要他能够出院,最后到指定医院去,能够做的话,还是尽可能要去做积极的一些干预。

因为这个腿肯定有很多的坏死出来。

这个病人已经80多岁了,截肢的可能性已经蛮小。

到底走哪个方向?要努力我们就拔管。要是没有努力的可能性,我们怎么让他最舒适?

后面那个腿的事情,即使转到我们血管外科去,都不一定能治好,就是说医生不是所有的问题都能解决的。

【实况】

现在动非常麻烦,即使平整去动,都是一个很大的问题是吧?对。

这种你不弄的话就拖着,拖死了。老早就要截掉了,又没有条件截,现在也没人肯截。这种病人有很大的医疗资源投入,但是他最终的预后是不好的。所以怎么说呢?人道主义吧,多活一点就活一点,痛苦至少是没有的,他这样镇静着、插着管,他也不知道,至少没有痛苦。

【解说】

Chen Shu is now armed with the facts and opinions for his elderly diabetic patient. For him, there's a lot to take in and whatever he decides, he knows that the responsibility is his and his alone.

【实况】

加油!

【解说】

In bed 2, a virus infected elderly woman has lost her will to eat, despite the nurses encouragement.

【实况】

老太太!

她今天绝食,不想吃东西。

要吃点东西的,知道吧?眼睛睁开来看看,眼睛睁开来。

你不吃饭身体没力气怎么回家,好吗?回到家再好好养了。好,我们来,用点力气,握一下手好不好?非常好!她这用力握手,说明有信心啊。

我们这边的新冠的病人,特别是老人家,很多有些心理问题,不配合治疗,拒绝治疗,特别在重的病房里,他看到很多失败的病人。这些病人对他求生的欲望,或者说内心的打击很大,甚至于出现严重的精神症状,都有碰到。尽量做一点干预,比如说,有些老太太她不会用电话的,我们帮她拨通,或者让家里人拍的视频,发到我们污染区的手机里放给她看,好像是有一些帮助。但是看起来这个路还是蛮长的。

【解说】

The strain of social isolation takes a heavy toll, especially on the elderly. Desperate and confused, they don't know where to turn.

【采访】

那是一个老太太。我看她也就70岁左右,这个病人自己把氧气导管给拿掉了,就是你很急,然后再看到她是这种样子,你就会觉得有点生气,感觉她怎么在这个时候添乱,她突然就哭了,她跟我说我不想活了。也有可能我当时真的是太忙了,所以就很生气,我跟她说你说你不想活了,你到医院里来干吗呢?在平时我应该不会说这种话,因为更多地应该去安抚她的情绪,但那天我真的是太忙了,而且那边那个病人又不好,马上要死了。

然后她突然就在那闹情绪,我真的想哭,她听我讲了以后,她眼泪就流得更多了,因为老太太我印象很深刻,她眼睛不大的,但是你就可以看到从她很小的眼睛里不停地往外冒水,然后她没说话,然后就把鼻导管给接上去了。

【实况】

老魏!老魏!叫你呢。

他的蛋白降得很快。从四十几克降到30克了。对,可能这个病人当时很纠结,刚刚李教授知道。因为很多人是家里不止他一个人生病了,那么还有其他的家属也许是在隔离点,在这个环境里面也没有办法给他太多的这种心理上的安慰。我觉得老年人最怕的就是孤独。

【解说】

Doctors need to find creative ways to get their patients to eat. If not, Their health will go down hill fast. So they head back to bed 2.

【实况】

她就拒绝治疗呀,就躺在那里不太动,然后就给她吃,她也不要吃,给她吃药她也不肯。

这是手机,来帮我看看2床家里的电话,我眼睛看不出。1758那个是吗?

喂,你好,

是这样的,我们就是监护室呀,老太太现在人醒着,想跟你们说说话。

好好好,视频是吗?

视频可以的,你等等,你等一会儿。你等一下,我给你走过去好吧?没事,没事。

你们家里人很想你的,你跟他说说话,能说吗?

把我的病都治好了。

你要听医生的话,听见没有?听医生的话好不好?

感谢他们啊。

医生冒着蛮大的风险在给你治病,听医生的话啊,好不好?

嗯好的。

要感谢医生,医生是为你好的。

拜拜。阿姨也拜拜。好的。

你要配合我们,多吃饭好吗?我们给你吃的饭、吃的药都要吃的。

对不起你们。

没事的,应该的。你好好休息,休息好了,早点回去和女儿儿子见面就更好了,好不好?

谢谢。

好的,没事没事,阿姨。

真的还蛮好的,之前还有点烦躁。今天早上她有点情绪不肯吃药,通过电话就好了。总归还是想家里人。

【采访】

很多病人,不是因为病,不是因为病情,其实是觉得没有希望。其实我们在里面可以给他们很多的希望,一口粥一个馒头就可以了。

【实况】

这样子的,12床今天早晨讨论了一下,我们也看了片子和你发出的血气,觉得可能即便这个人腿坏疽、坏掉了,如果有条件的话能拔管尽量还是争取一下。

【解说】

After 2 days, the condition of the diabetic patient in bed 12 in danger of losing his leg has stabilized.

【采访】

这个不截肢是没有第二条生路的,只有截肢,现在他肺有条件拔管,第二个就是等他看有没有哪个医生有这样的胆量去做,再看他家属跟他自己的意见,总归三方咯。

【实况】

稍等一下。脱掉了12床脱掉了,脱掉了。开心吗?人的意识状态不好还不行,时间太久,他清醒不过来,没有自发的咳嗽。

【解说】

Suddenly the patient in bed 12 takes a turn for the worse and loses consciousness. This time doctors can smell their problem even through the layers of their protective suits, the patient's leg has turned gangrenous.

【实况】

脚又恶化了,今天这个脚看起来是没有机会截了。估计脱不下来,如果脱不下来,与其让他这样子拼命自己做功呼吸,不如用机器帮助他,这样他舒舒服服,然后我们再考虑下一步吧。

【解说】

People with existing medical conditions who catch the corona virus are much more vulnerable than others.

【实况】

你说这个腿会痛吗？痛倒我觉得还好。你想想看一只腿全部坏死,如果不处理掉,它里面释放多少东西来？一块肉都要臭了。刚才说的糖尿病的腿,再不弄的话,我都想在这地方干了。给我十几把血管钳我就可以干下来。

【解说】

Unfortunately, patient 12th amputation has been postponed. Chen Shu has to wait for the next window of opportunity.

【实况】

啊,我觉得让他醒过来好残忍。

这个人如果说他能活这么久,主要就是你的CRRT。

我都不知道自己是做了一件好事还是做了坏事。

做了该做的事,应该这么说。

很难啊,但我们努力过了。

越到后头(呼吸机)越去不了。

求生欲很强啊,所以就蛮好的,除了那条腿。

你照顾他很久了？

快半个月了。哎,前段时间很难过的,这段时间已经好很多了。不过老爷子很赞的,生命体征一直很平稳,就是感觉他一直很想活的那种状态,我觉得其实真的应该需要帮他一下,我觉得他现在就是除了那条腿,其实各方面,因为医生说他的肺其实情况还可以,就是有希望活。

老爷子,我们医务人员都很努力,也希望你加油。虽然你现在可能听不到也感受不到,但是真的希望你加油。

【采访】

我至少把他当成人,真的不容易这些病人。当然我们也不容易,我们能做好我们自己能做的事情。

【解说】

In the red zone, over 6,000 medical workers have come to the front line from all over China to defend Wuhan from the deadly virus. Most of them are young and have just entered the workforce. They now bear the brunt of the pandemic.

While nurses put on a happy face, they all hide a deep sense of sad news.

【采访】

他手机其实一直在响,但是家人就直接打不通他电话这样的。我觉得比较难受。

【采访】

2点多一点的时候,外边他们就在对讲说这个先生不好了,我就赶紧穿衣服,等到过去之后心电图已经是成直线了。

然后到整理他遗物的时候,就可能碰到他手机的键,它上面就闪了一句,我就看它一句,当时就受不了了。

就写了一句说爸爸你要开着微信呀。

说了这么一句话。

我在想那一刻其实是没有人去回答她的,然后我们那个时候我怎么说把我自己带入那种场景去了,因为我自己的妈妈也是去年11月的时候去世的,但是突然间我就好像想到了自己,然后看到他这种状态,我就觉得其实真的他走得真的很凄凉,很孤单的。

【采访】

当时在抢救他,实际上人已经……已经没有了。他女儿就是微信里面一直在叫爸爸。

我们有时候想接,但是也是没法,觉得这个时候很多语言都显得很苍白无力,我们也就没接。

【解说】

In this line of work, health care workers are no strangers to dealing with grief.

【采访】

她还帮助我们隔壁邻床的一个小姑娘。因为小姑娘进来的时候挺烦躁的,因为她比较激动,她不愿意住在监护病房,她想跟她的家人在一起,老太太还劝她小姑娘现在住个院不容易,没有病床了,你好好地在这里,这里的医生护士都很好。

但是这小姑娘是比老太太好得快,她先转到了普通病房。这个老太太就离开了。

所以每次有病人离开的时候,我们觉得我们做得不够,我们应该更加努力地去把他们给抢回来,从死神手里去抢回来。

【解说】

On Top of emotional stress, the physical working conditions take a toll on these Warriors.

【采访】

第一个你闷着嘛。

整个防护服里面是密闭的,不透气,所以现在我里面已经全部湿透了。

我现在已经湿透了。

【解说】

In such an intense working environment, even in winter, heat exhaustion is a real concern.

【采访】

刚刚开始的时候缺氧,大家都会出现一些生理性的症状,然后这个小姑娘第一次是嘴里有一口呕吐物,然后舱内不能吐,对吧?然后出去之前还在那里比手比脚,然后我们也觉得她可能是还有什么不舒服要交代我们,其实不是,她是在那里跟下面一个接班的小伙伴在交代这个病人的病情,然后含着一口呕吐物出去的。

【实况】

她现在不舒服,她说她想吐。

你先休息一会儿,好吗?现在里面人够的,没关系的,没事,穿好了也不要紧的。身体出现状况,这个是没有办法控制的。

【解说】

Nurse Jing Jing is upset, but not because of her own personal discomfort. Rather she regrets wasting a protective suit, a precious commodity in the hospital. Providing comfort to one another has become a regular part of their job.

【实况】

输血,输上去,输血。

【实况】

对,只能用能力去压他了,这是最安全的,但是是最累的。

【解说】

Rest is a luxury most health care workers cannot afford during the covert 19 crisis. They can however cheer one another up in the ICU through the smallest and simplest words.

【实况】

我们的精神食粮：

白白胖胖，充满希望。

征婚征婚，我是单身。

啊~五环，你比六环少一环。好了。

她今天早饭吃了个双黄蛋，看来果然不一样，今天是她的Lucky day（幸运日）。

然后我今天还看到了喜上眉梢。车开过的时候，我看外面，看见一只很肥的喜鹊，正好站在梅花树上，这个本来就是好兆头呀。

你一定要让她完美出镜哦！

一定一定。

【实况】

喂，你好，我是同济医院ICU的陈医生。老爷子如果不把这个坏死的腿去掉的话，早晚要撑不住的。那么现在看起来医疗力量在恢复，他的新冠基本上也阴转了，所以可能可以出现一线机会，就是我们可以帮他做这个手术。

尽量还是做一下这个手术，一线生机，我们尽百分百努力，好不好？

【采访】

现在已经……现在已经创造好了，本来是大家都不肯。后来大家再商量，我们再跟指挥部、再跟中法新城那边联系，可能就创造了一个条件。他们答应，只要家属愿意，我们可以转到那边去，那边条件好多了。手术条件就好多了，正规的。

希望一切平安，他能够渡过这一关。现在是一个非常大的关口。

小罗、小曹，他们忙着要转了，病人要转了。

【解说】

The patient in bed 12 is being transferred to a new hospital to await his surgery. He's an old man who was just recovered from covert 19 and is still in a delicate state. The anesthetists must monitor him very closely.

【采访】

一旦出现问题，有可能就是致命性的问题。从一个病区转到另一个病区，刚才查了一下，好像是有几十公里，这个对我们来说是一个比较大的挑战。另外他是新冠肺炎的患者，包括我们路上的防护，对我们的职业暴露也有这个危险。

有一线生机,也要尝试呀。5支阿托品、1支麻黄碱、6支肾上腺素。

一定要给他争取这个治疗的机会。对。

不转运的话他会死于脓毒血症的。

对,不能再拖了。

我也没想到,我本来以为也(没机会),我几乎已经灰心丧气了,觉得做不成了,知道吧?

耗材准备好,我到时候就拿着呼吸机进来了。

有些人不敢接,总有医生敢接的。

【实况】

不要急,不要急。车子在那里。等一下。掉了。

【解说】

Tensions are rising. Any mistakes here could have deadly repercussions later on.

【实况】

以后抬病人一定要我说可以才行,好吧?我们统一一下节奏。因为刚才我的管路还没好,你们就搬过去了,我们就是互相配合,好吧?这样我们统一步调,好吗? 走。

【解说】

The patient only has enough oxygen for 90 minutes as he is being transferred.

【实况】

接监护,快放松点,老爷爷。

把这个液体挂一下,快,走走。

赶紧走,出发。

【解说】

The entire mission is a cruel race against time. The drive to the hospital alone takes at least 50 minutes. The ambulance cannot drive fast because any sudden movement will affect the patient's heart rate. The last thing any doctor wants is a patient to die on the way to the operating theatre.

【实况】

心电图没有。这样摸着的话一方面知道他搏动,一方面也知道他现在的循环大概怎么样。

【解说】

At the hospital, the doctors joined forces with another team. The doctors in blue are from Shanghai while the doctors in white are from Wuhan, they do not know one another names nor have they seen their faces on mask. Yet they come in solidarity and wheel their patient into his new environment.

【实况】

你还好吧？还好。

赶紧的，我们已经很长时间在路上了，赶紧接监护。

吸引器，快一点。

拿过来了。赶紧，赶紧，快！不够长了。

把这个关一下，快点。

接氧气，快点，还有别的氧气瓶，拿一个。

一定要轻柔。

我们已经很配合了。

我知道呀。我们也是已经长途跋涉过来了，穿三级防护都不容易。不能因为转运过程中死亡，是吧？

因为他主要是有坏疽，我们那边没法做手术，所以一定要转到这边来才有机会手术，否则的话他一直在那边拖，很快他的肺炎全都会出来了，就会拖死了。

全身也湿透了，病人安全就好。

是的，刚刚突然那个呼吸机不能用的时候，我深切感觉到你的那份紧张。

【实况】

这是樱花吗？

帮我们合个影，我们5个人。

这个樱花好美啊。

【解说】

Patient 12 is now ready for his operation. So for these nurse as their jobs are done.

【实况】

一线生机，我们尽百分百努力，好不好？

那就这样。

好，再见。11床和19床给你的，你写点什么吧？

我这个思维真的很不行的，你帮我想想吧，你来写吧。

保佑必胜，加油。柚子嘛，再写个保佑，好不好？

加油。叫他加油。

加油。好。

这个是19床的。

我知道了，一个19床。一个11床。

这是吉祥物吗？你要玩吗？

柚子是保佑我们的病人。

【解说】

In Chinese culture, the grapefruit symbolize resistance. In the face of covert 19 health care workers and their patients welcome anything that brings hope and happiness.

Patient Rao Tai qiang is about to walk out of this red zone. His recovery surprises the doctors who only 10 days earlier gave him little chance of survival.

【实况】

30床（血氧饱和指数）怎么89啊，不行。

护士先过来，30床护士赶紧先过来。

是不是调剂量这些可以行了，我同意了，对。

【采访】

我住这儿一个多月了。

一个多月了，跟他们说你出院的消息了吗？

说了，他们喜"死"了。

这个气球是？李圣青（医生），她说你用手套吹，没有气球你就吹手套。你们这儿的护士太好了，我舍不得。对我太好了，就是要用自己真心换别人的真心。

你下午什么时候来？

【解说】

After a month in the hospital, the patient in bed 26 also packs her bag.

【实况】

特别高兴，我不知道怎么感激你们，我也不会说话，真的。不知道说什么好。谢谢你们了。希望这疫情早点过去，你们早点回家。

希望疫情早点过去，你们都可以早点回家。太辛苦了。

疫情早点过去就好了，我看到他们真的是好辛苦了。

【解说】

This will be her last time here. No one wants to step foot in the red zone again. But the virus remains an invisible threat to the residence of Wuhan, whether you are infected or not depends on self-awareness and luck. And by a stroke of luck, good fortune favors the patient in bed 12.

【实况】

憋口气，快速出来。

LIFE MATTERS: WUHAN REDZONE STORY(第一集文稿)

老师您请进。

我们东西都会准备齐全,然后完了以后在不同的地方也会有不同的巡回护士来给老师们做提醒。

【解说】

The diabetic patient in bed 12 is now ready for his operation, heading the surgery is one of the most renowned orthopedic surgeons from Shanghai, doctor Ma Xing.

【采访】

来一趟嘛,就把这事儿做到位,做到底,把这些病人处理好,这些病人该救活的吗救活,我们到哪儿都是当医生,就到这儿吧。

【解说】

Assisting doctor Ma Xing in this complex medical procedure is doctor Yao Hong bo from Wuhan.

【实况】

第一次见面,是不是?

以前开会的时候见过,但是呢有同台。

我们这儿所有的工作要依托我们当地的医院,靠我们自己那是搞不下去的,因为他们所有流程、各个方面他们最清楚,最熟悉。

测试一下漏不漏气,闷肯定是闷的。

【解说】

The doctors are ready to take on this operation. They were the only ones who agreed to do it because of the slim chance of success. The patients preexisting condition and age means he has given a survival rate of only 50%, if lucky. As they head into surgery, the doctors are fully aware that the next 3 hours are going to be hot, uncomfortable and critical. Okay? Patient 12, right? Leg has decomposed to a dangerous state. He is under heavy sedation. He does not know that his leg will be removed or that the chances of him surviving are slim.

【采访】

12床右下肢的坏死,这坏死平面已经到大腿的上三分之一了。

【解说】

In other words, his life is in the doctors' hands.

【采访】

这时候截肢必须做髋关节离断,就把整个下肢除股骨头之外一并拿下来。

我们现在迫切要把坏死的这部分截掉,这样减少毒素的吸收,这样他可能还是有机会慢慢地好转。

这个手术相对来说还是比较大,因为这边都是大血管,大神经,大肢的股动脉,闭孔动脉,后边的臀上臀下动脉都会导致致死性的大出血,那这是我们比较担忧的。

【实况】

往我这边来移动。

沈云东,消毒消好了吗?

好了,我们都准备好了。

【解说】

Doctor Ma Xing leads a surgical team of eight experts. It is a large team who have never worked together before. The operation demands perfect teamwork. And even with eight of the most skilled surgeons in the room. One simple complication can jeopardize everything. Sweat.

【采访】

做这个手术我要隔着三层镜片,我自己的眼镜,护目镜,还有面罩上的一个面屏。稍微出一点汗,你看这个病人的手术视野就是模糊一片。整个动作你就会非常慢,比平时要慢多了,大家都看不太清楚。

我们队友会互相地说一说,这是血管吗?是血管。这是动脉吗?是动脉。

一步一步地往下走。

【解说】

It is normal for operating theaters to be kept cool.

Not only for the comfort of the medical teams, but for hygienic purposes. But for this team, they are bathed in sweat.

【采访】

我感觉呼吸非常困难,我张大嘴巴呼吸,但是仍然觉得自己有窒息的感觉。

【实况】

把这个拿走。

快。

这个有点闷,有点闷。

面罩,快,头套。

【采访】

因为这个手术时间相对来说比较长,出了很多的汗,这汗水啊把这个N95口罩,还有外科口罩那个缝隙啊全部给密闭掉了,最后导致你呼吸极其困难。

【实况】

这个面罩刚才绷太紧了。

【解说】

Doctor Ma Xing, a professional with years of experience and credentials is forced to take a time out.

【实况】

这个口罩已经全都湿了,每个空隙都不通了。

【解说】

After 1 hour of solid concentration and skill full medical application, the serge and remove the gangrenous leg. The amputation is complete and the old man lives.

【实况】

顺利,非常顺利。

就是脑缺氧。

您辛苦了。

就是脑缺氧。

【采访】

到最后我们手术还是比较成功的。我们出来的时候我们每个医生还拍了一张照片,全身全部湿透了。每个人都有一种脱水的感觉,那天是非常疲惫,非常累,但是我们大家都很开心,我们救了这个病人。

【解说】

When an outbreak affects an entire city, people hail the front-line medical community as modern-day heroes, but to the doctors and nurses themselves, it is simply their duty to save as many lives as possible. While the city sleeps, they work around the clock, keeping families, hopes and dreams alive.

【实况】

华山医疗队,光谷ICU,完美收官。

【解说】

By the 30th of March 2020, all the infected patients have tested negative and have gone home.

The Wuhan Tongji Hospitals red zone has closed, the virus cluster is no more.

For the front liners stationed in this ICU. Their ordeal is over.

As The battle against covert 19 rages on even today, they will look back on their experience and think about how the ordeal changed their own personal worlds.

On his way home, Chen Shu drops by to visit the patient in bed 12.

For one last time.

His patient is making a slow and steady recovery. Once he wakes up, a new life awaits.

【实况】

去甲肾上腺素走多少?

去甲肾上腺素走2。

伤口的肿胀程度还是不错的,血管是也好的。

他这个伤口愈合还是不错的。

【实况】

这个人能够救活了,我们回上海就感觉真的是没有太大的遗憾了,就是创造奇迹了,不是遗憾了。

2020年度上海广播电视奖
参评作品推荐表

作品标题	《看得见的力量》金融扶贫系列专题	参评项目	国际传播
		体裁	新闻(系列)专题
		语种	中文
作者(主创人员)	集体	编辑	集体
刊播单位	上海第一财经传媒有限公司	首发日期	2020年12月7日、8日、9日、14日、15日、16日 22:00
刊播版面(名称和版次)	第一财经频道《首席评论》节目特别版面	作品字数(时长)	144分20秒
采编过程(作品简介)	1. 题材重大,调研扎实,及早布局。2020年是我国全面打赢脱贫攻坚战收官之年。第一财经从年初开始就重点布局这个选题,与金融机构进行专业调研。团队从典型性、时效性、区域特色,以及相对应的金融政策和金融工具等因素广泛筛选扶贫案例。 2. 深入贫困县拍摄,获取珍贵视频素材。10名编导分成4组在一个月时间内深入四川、云南、贵州、山西、甘肃等9个省10多个贫困县。编导们辗转到达采访点后,都第一时间深入农户家庭,探访当地核心企业与帮扶机构,体验电商和大数据给贫困山区带来的希望。这些珍贵的视频,成为整部专题片最贴近生活、最打动人的元素。 3. 专业视角,关注脱贫攻坚中金融扶贫的独特侧面。这组系列专题报道共6集,在众多的扶贫报道中独具特色。从专业媒体定位做扶贫模式观察,没有把篇幅放在财政投入、慈善捐赠、典型人物等常规角度,而是聚焦在金融扶贫、产业扶贫视角,抓住模式核心环节,注重讲清楚"为什么"。系列专题片通过实地调研多个国家级贫困县产业扶贫的一线实践,汇集了15个金融机构、产业集团运用金融工具或"金融+科技"方式助力脱贫的创新案例,展现运用直接融资、信贷、IPO、期货、保险、大数据等专业手段破解贫困县产业发展问题,探寻成体系、可持续的金融扶贫产业扶贫模式。		

采编过程（作品简介）	4.模式梳理，打造视频版中国金融扶贫调研报道。采访时，用镜头记录了贫困县里的资源变资产、资金变股金、农民变股东的生动故事。编辑时，从典型案例切入模式梳理再到可持续可复制论证，线条清晰。后期制作时，通过各种图表，将这些模式的环节逐一梳理呈现，最终演化成一份视频版的中国金融扶贫调研报道，对金融在乡村扶贫领域的产品创新、融资渠道、风险保障、生态环境建设提供案例支持和建议，为精准扶贫工作提供了有益借鉴。
社会效果	系列专题片在网台播出后，获得良好反应。中国证券业协会非常肯定节目的策划和制作，在协会网站上发布节目视频，同时制作成培训视频课程，供证券从业人员学习观看，促进行业树立社会责任文化。此外，节目还通过第一财经频道香港版落地播出，覆盖香港8万多订户；完整访谈视频内容通过第一财经YouTube频道触达全球。系列专题片不仅为精准扶贫提供了专业的路径借鉴，同时也生动地向世界讲述有特色的"中国扶贫故事"。

看得见的力量

（第一集 证券行业助力 扶贫开出"幸福花"）

人名条：
河南省内乡县：
河南省内乡县金融办主任何敏
河南省内乡县扶贫办副主任李俊宝
牧原股份首席战略官、董事会秘书秦军
招商证券投资银行总部董事、总经理康自强
河南省内乡县聚爱合作社负责人刘伟
河南天曼服饰有限公司总经理郭静丽
牧原股份内乡6场哺乳段段长付晓礼
河南省内乡县余关乡报事滩村李翠红

陕西省柞水县：
陕西省柞水县副县长谢俊锋
盘龙药业董事长兼总经理谢晓林
中泰证券投行业务总监吴彦栋
陕西省柞水县西川村六组种植户刘书翔
陕西省柞水县西川村党支部副书记刘书德
盘龙药业贫困就业人员孙前喜

导视：
配音：上市、融资，券商把金融业务做进了贫困县。
同期（谢晓林）：

中泰证券让我们恢复了对IPO上市的信心。

配音：扶贫、造血，龙头企业带动县域经济开出了"幸福花"。

同期（刘书翔）：

2020年整体脱贫了。

配音：中国证券业协会带领全行业进行精准扶贫！

大标题：

证券行业助力　扶贫开出"幸福花"

第一页：

2015年，《中共中央国务院关于打赢脱贫攻坚战的决定》出台；

2016年，中国证监会发布《关于发挥资本市场作用服务国家脱贫攻坚战略的意见》；

2016年，中国证券业协会发布《助力脱贫攻坚履行社会责任——证券公司"一司一县"结对帮扶贫困县行动倡议书》；

2017年，中国证券业协会发布《推动"一县一企"深化精准扶贫——证券公司服务脱贫攻坚再行动倡议书》。

第二页：

自此，中国证券业协会组织和引导证券行业开展的金融扶贫拉开大幕……

同期（李翠红）：

这个枝子是我摸的第一个，树枝剪了以后我一次都没有来收拾，我也没有空，整天忙得很。

配音：作为家里唯一的劳动力，李翠红除了在纸厂打工、兼职村里的社保员，还种了21亩李子树。平时两份工作，她根本挤不出时间打理果园。父亲心疼女儿，总是瘸着一条腿，领着有些痴呆的二叔到果园里帮忙……

同期（李翠红）：

剪了一地的果枝，马上就要犁地了，马上要上化肥了，他看我成天又上班，忙得地里的活儿都没有时间干，就帮我去拾树枝、掰玉米、放玉米秆。

配音：家住河南省内乡县余关乡报事滩村的李翠红，一边忙着做两份工，一边抽空收拾果园，每天还要起早贪黑地照顾家里人。

同期（李翠红）：

我家里有三口人，我，还有我两个儿子，一个上初中二年级，一个上小学二年级。孩子他爸生病了，结肠癌。那时候把家里的钱花光了，亲戚朋友都借遍了。2017年他就走了，走了就剩下我们娘仨了。这是我娘家爹，这是我娘家二叔。

配音:因病致贫,2016 年,李翠红丈夫一场大病,令这个原本可以走向小康的家庭陷入了贫困。正在李翠红一筹莫展的时候,内乡县的"5+"扶贫模式解决了她的燃眉之急。"5+"扶贫模式是指地方政府、金融机构、企业、合作社、贫困户五方,通过合理运用国家精准扶贫贴息贷款政策,形成相应的利益链接,最终使贫困户持续受益。在"5+"模式中,由内乡县政府出面,组织广大贫困户加入聚爱合作社,由合作社代表贫困户从金融机构取得贴息贷款。

牧原股份扩大产能需要建设大量的现代化猪舍,于是聚爱合作社利用这笔贷款,按照牧原股份的要求建设猪舍,建成之后再出租给牧原股份使用,收取租金。聚爱合作社收到租金之后,一部分给金融机构还本付息,另一部分给贫困户定期分红。

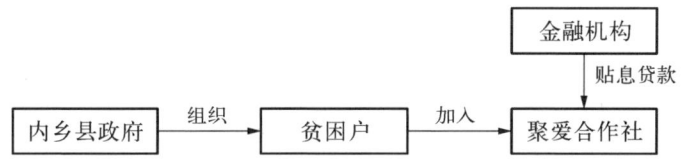

同期(何敏):

我们就把贫困户到户增收的 5 000 元钱作为股金入这个全国最大的合作社,总共 1.6 万多户的合作社。社员作为股东,把金融资源融入合作社里面,合作社作为市场主体,把信贷资产和资本金进行运行。

同期(刘伟):

聚爱合作社在扶贫模式中起到一个桥梁和纽带作用,在这个过程中,我们通过引入了金融资源,建造资产,我们通过资产租赁的形式引入了龙头企业牧原集团,通过收取租金来解决金融机构的付息还本问题,并且解决贫困户的分红问题。

同期(李翠红):

现在政策好,要是在以前的话肯定我们三个也不知道怎么过,现在政府照顾我们,补贴。牧原公司通过养猪合作社给我们进行分红,每个季度发放 800 元钱的分红,打到我们的账户上。

同期(何敏):

截至 2020 年 9 月,已经分了 15 个季度,一亿七千多万元,实现了贫困户从 0

到 1 的跨越。

配音:"5+"扶贫模式的创新在于合理运用了国家的精准扶贫优惠贷款,这笔资金为企业的新开工项目提供了低成本的资金来源,同时为贫困人口创造了可持续的稳定收益,最终实现了五方共赢。

同期(秦军):

脱贫攻坚的工作走到最后阶段,农村的贫困户有相当一部分是丧失劳动能力的贫困户,这些贫困户如何依靠国家的政策,如何在政府的组织下,与龙头企业的生产经营有机地结合起来,利用企业正常的经营利润,形成合作社的分红来源,我觉得这是这个模式的核心。我们在内乡县实行的资产收益模式是依赖企业正常的生产经营行为,是可持续的行为。

配音:"5+"资产收益扶贫模式在内乡县试点成功之后,牧原股份已经将它推广复制到全国 57 个贫困县。不仅如此,牧原股份还带领上游供应商一起扶贫,为了帮助供应商发展,壮大扶贫力量,牧原股份发行供应链金融专项计划,帮助供应商缩短账期,低成本融资,解决了他们的资金周转问题。供应链金融需要多方协作完成,招商证券负责承销发行,牧原股份提供信用担保,保理公司和银行提供资金支持。

同期(秦军):

我们利用 ABS(资产证券化)供应链计划,通过发行 ABS(资产证券化)的产品,提前筹得资金,实际上通过保理公司把货款提前支付给了我们的供应商。但是企业在这个时点并没有实际支付供应商的货款,而是在 ABS(资产证券化)计划到期的时候按照发行时的利润支付利息和本金。这样既给我们企业提供了一个生产经营所需要的现金流,同时也解决了供应链上的小微企业,而且这些供应商很多也都是处在贫困县,他们能够以合理的成本获得资金来源。

配音:牧原股份的工服供应商天曼服饰就是供应链金融的受益企业之一,总经理郭静丽表示供应链金融大大缓解了企业运转的现金流压力。

同期(郭静丽):

就是因为有这个供应链金融,对我们这些小企业来说真是解决了我们的大问题。供应商也支持我们,银行也支持我们,所以我们的压力就不是太大了。因为供应商也知道,你跟牧原企业合作,你走的是供应链金融,订单只要一拿到,钱很快就会过来。

配音:牧原股份走出贫困山区,登陆资本市场,借助资本的力量成长为全球最大的生猪养殖企业,不断探索金融扶贫新路径,这些金融创新,离不开招商证券多年来的陪伴与支持。

同期（秦军）：

招商证券的团队最早在 2008 年，就开始跟企业接触，帮我们筹划上市的事。

同期（康自强）：

原来公司所有的销售都是用现金完成的，猪贩子都是现金，后来基于 IPO 审核的要求，必须通过转账。2008 年、2009 年那会儿支付手段还没有像现在这么丰富，如果要转账的话就要提前把账转过来，从销售人员到销售总监都对这件事情非常抗拒，历时将近一年左右才真正落实下来。

同期（秦军）：

IPO 挂牌上市，这个使我们从一个普通的养猪企业踏入了资本市场，给企业的发展确实产生了一些质变的推动。

配音：从 IPO 到多次再融资，招商证券为牧原股份打开了资本市场灵活多样的融资渠道。截至 2019 年底，招商证券以上市融资、增发股票、发行优先股、发行债券等多种方式助力牧原股份实现直接融资 164.31 亿元，为企业的发展注入了强劲的动力。牧原股份的资产规模从上市之初的 30 多亿元，发展到 2020 年 9 月 30 日的 1 000 多亿元。

同期（秦军）：

这样一个快速的增长，对上游的供应商、下游的客户，以及涉及给我们配套的地方各种产业产生了极强的拉动作用。当然在这个过程中，我们和招商证券和内乡县一起合作，也做了很多的扶贫项目。随着企业的发展壮大，对地方的贫困户帮扶的面也是越来越大。到目前为止在内乡县帮扶的贫困户已经达到了 1.6 万户，牧原集团在全国子公司所在的贫困县帮扶的贫困户数累计已经达到了 14 万户。通过资产收益扶贫模式，转移就业和劳务外包以及其他更多的教育、农村养老这些扶贫模式组合起来的话，一个贫困户一年增收可以达到 4 万到 5 万元。

配音：以往的贫困大学生付晓礼是通过扶贫"绿色通道"进入牧原股份工作的，他们家也是牧原股份扶贫组合拳的受益典型。

同期（付晓礼）：

公司给家里分红，当时一年分 3 200 元钱，还包括光伏发电这块，也是有补助。目前来说一年收入大概有八九万元钱。厂区里面有的工作也适合我父亲干，这样的话又增加了一份收入。

配音：牧原股份自身大力扶贫的同时，也在带动上游供应商一起扶贫，营造扶贫生态，形成全社会更大范围的扶贫合力。

同期（秦军）：

牧原的供应商当中，有很多供应商业务也是跟农村贫困人口能够发生直接或者间接联系的,如果说在日常生产经营中能够尽量多采购贫困户原材料、农产品,使用来自贫困户的劳动力,我们在采购中会优先与这些供应商签订订单。仅在内乡县,上游的供应链当中就有十多家企业加入了扶贫模式,给贫困户达到了增收的目的。

配音:作为被带动扶贫的供应商,天曼服饰并未因扶贫支出影响业绩,反而因享受到牧原股份的优先采购走上了发展的快车道。

同期(郭静丽):

刚开始没有跟牧原合作的时候,大概就是几百万元、1 000万元左右,跟牧原第一年合作就达到了3 000多万元,2018年达到了6 000多万元,到2019年已经基本上快突破1亿元了,今年可能是1.5亿元,带动了周边就业可能有2 000多人。

配音:

2016年8月,中国证券业协会向行业发起《助力脱贫攻坚履行社会责任——证券公司"一司一县"结对帮扶贫困县行动倡议书》,号召每家证券公司至少结对帮扶一个国家级贫困县,发挥自身优势,因县施策开展各类帮扶工作。招商证券的优质服务赢得了牧原股份的充分信任,通过牧原引荐,招商证券与内乡县结对帮扶。

2017年9月,中国证券业协会再次发起《推动"一县一企"深化精准扶贫——证券公司服务脱贫攻坚再行动倡议书》,号召证券公司发挥专业优势,借助资本市场直接融资功能,为贫困地区企业规范公司治理、改善融资途径提供专业服务,培育产业"造血"功能。

同期(康自强):

自从招商证券跟内乡县组成结对扶贫对象之后,其实大家的互动是非常多的,包括通过招商证券的一些优秀资源,对内乡县域的干部做一些经济以及金融方面的培训。

配音:在践行中国证券业协会"一司一县""一县一企"精准扶贫倡议过程中,招商证券助力内乡县做大一家龙头企业牧原股份,培育出两家IPO后备企业,探索出一条产业扶贫的长效路径。

同期(康自强):

企业直接带动了2 000人,可能对于后续再去消费再去影响不止2 000,可能会波及20 000人,同时还会带动周边很多服务产业来配套。所以我理解,协会提出来"一司一县,一县一企",对于扶贫的持续、长久、不再返贫,这对于一个县域来讲都是非常有价值的。

配音:在内乡县委县政府、牧原股份及招商证券的共同努力下,2019年5

月,内乡县正式实现脱贫摘帽。

同期(李俊宝):

牧原股份作为内乡县土生土长的龙头企业,在内乡脱贫攻坚工作中起到了龙头带动作用。

同期(何敏):

招商证券在辅导内乡县 IPO 挂牌上市这个方面,包括服务起到了非常重要的作用。

配音:证券公司"一司一县""一县一企"精准扶贫行动走进了全国 294 个贫困县,招商证券助力牧原股份做大做强,进而带动内乡县发展;而在距离内乡县 320 公里的陕西省柞水县,中泰证券助力盘龙药业登陆资本市场,帮助柞水县脱贫"摘帽"。柞水县是"九山半水半分田"的土石山区县,也是秦巴山区集中连片的国家级深度贫困县,2014 年的贫困发生率达 44.04%。

(黑下)

(黑起)同期声:(空镜里找)鸡鸭猪叫声。

柞水县农民刘书翔家住秦岭深处的西川村六组,十几年前,外出打工讨生活,因一场车祸致残。刘书翔回乡后,以种金银花和茶叶为生,一年收入一万元,一家四口,两个孩子上学,日子过得紧紧巴巴。2018 年,盘龙药业在村里建设金银花种植扶贫基地,刘书翔带头加入,收入翻了一番。

同期(刘书翔):

盘龙药厂那一阵派专门的技术到我们这儿来,(指导我们)我们怎么种,怎么采摘,以及金银花采摘以后怎么晾晒,厂家专门到我们这儿来回收。拿我家来说,明显看到比以前我们自己种的产量高,我们以前种的那个金银花一年只能采摘两季,现在人家提供这个新苗子,一年能采摘五季。老百姓感觉自己种金银花,一个是离家近,好照顾,再一个就是像我这个身体残疾了,不用出门打工了,在门上就可以挣到零花钱了,有一定稳定的收入。

同期(记者):

村里其他的还有贫困户吗?

同期(刘书翔):

六组 2020 年几乎没有了,整体脱贫了。

配音:在多方合力的帮扶下,西川村整体脱贫,刘书翔还盖起了新房。

同期(记者):

这就您的新房,带我们参观参观,好不好?

同期(刘书翔):

好好好。这是个大厅。

同期（记者）：

里屋还有几间房？

同期（刘书翔）：

四个卧室，前后是卧室。

同期（记者）：

这摩托车是您骑的？

同期（刘书翔）：

我骑的。

同期（记者）：

这边是厨房？

同期（刘书翔）：

厨房在隔壁，这是我开的商店。

同期（记者）：

这商店每年能有点收入吗？

同期（刘书翔）：

每年还可以，每年能收入一万多元钱。

配音：刘书翔曾是西川村众多贫困户中的一员，他的经历也正是西川村广大村民脱贫的一个缩影。

同期（刘书德）：

2015年到2016年，国家有扶贫工作，6、7、8组，这三个组的贫困户接近130多户，就实行了盘龙公司包西川村。发展连翘400多亩，金银花2 000来亩。经济收入挺可观的。现在村里主要的经济收入来源，一部分靠木耳产业，一部分就是靠中药材种植，还有一部分就是靠家禽养殖。

配音：在西川村脱贫的路上，刘书记和当地村民都会提及盘龙药业的帮助。如今盘龙药业凭借中药材种植带动柞水县群众脱贫，然而他们当年的资本之路走得并不顺利。

同期（吴彦栋）：

我们整个团队几乎所有人都来过项目现场，我们知道做一个IPO企业还是相当不容易的，尤其是对金融市场相对来说不那么发达的中西部地区的一个企业来说。

配音：一家成长于深度贫困县的企业，拥抱资本市场的道路会历经怎样的坎坷，如果没有中泰证券的坚持，可能也就没有盘龙药业今天的规模，过往的种种还历历在目……

同期(谢晓林):

中间我们准备放弃IPO的时候,中泰证券从公司的发展战略和未来盘龙药业规划,非常中肯地对我提出企业走向IPO的优势和劣势,让我们恢复了对IPO上市的信心。我记得保荐人王建刚就说,上市对于一个企业来讲就是它完成了一个阶段的里程碑。不上市,盘龙药业未来怎么发展?你这个当家人要审时度势,他觉得应该是咱们坚定信心走向资本市场。

配音:2016年9月9日,证监会公开发布了《中国证监会关于发挥资本市场作用服务国家脱贫攻坚战略的意见》,为支持贫困地区产业发展,帮助贫困群众稳定脱贫,对贫困地区企业首次公开发行股票开辟绿色通道。中泰证券助力盘龙药业抓住了这次历史机遇。

同期(谢晓林):

在门槛不降,标准不减的前提下,接受了证监会的现场核查,后来也非常顺利,280天,我们就通过了IPO的审批。

同期(吴彦栋):

在当时的背景下,我们已经看到有IPO的堰塞湖这么一个情况,好多在会里报的企业排队非常长。它的政策是即报即审的绿色优惠政策,盘龙药业是2016年的12月底的时候报到会里面,过了三个月以后,我们就拿到了正式的书面反馈意见。

同期(谢晓林):

第一个全国深度贫困县审批时间最短的上市公司,也是商洛市第一个IPO的上市公司,也是陕西省第一家深度贫困县的上市企业。

配音:历经几次波折,中泰证券最终助力盘龙药业成功登陆资本市场,实现募资2.2亿元。借助资本力量做大做强的盘龙药业,开始为柞水县的贫困村种下了"幸福花"。

同期(谢晓林):

在西川村建了1 000亩金银花种植基地,另外我们在老安寺、在曹坪、在红岩寺,又相继建了4 000多亩的秦艽、苁蓉、黄芩、当归这些道地药材的种植基地,带动当地老百姓有1 500多户,7 000多人。

配音:盘龙药业采取"合作社+农户+公司"的模式,为农户无偿提供种苗,回收药材,解决了农户金银花销路的后顾之忧。

同期(谢晓林):

大概一亩地我们投入种苗就在2 000多元钱,老百姓最终卖给我们药材大概就在6 000元,老百姓一亩地收入4 000元钱。金银花它的生命周期在十年以上。每年都能在藤子上摘下"幸福花",能够让老百姓有固定的收入。所以金银花就是"幸福花",老百姓把它叫作"幸福花"。

配音:盘龙药业开创的中药种植扶贫模式不仅在柞水县开花结果,企业还将它推广到全国更多的贫困县。

同期(谢晓林):

我们走出陕西,跟甘肃省华池县政府联合打造华池县的万亩黄芪基地,种植10万亩黄芪,大概有8 000户老百姓参与到这样一个产业扶贫行动中,老百姓一亩地收入就是4 000元钱,8 000户就要投入3 000多万元,他们有3 000万元的收入。

配音:今年2月,柞水县脱贫"摘帽",全县42 085名贫困群众实现稳定脱贫,51个贫困村全部退出,贫困发生率降至0.91%。

同期(谢俊锋):

我觉得中证协提出的"一司一县,一县一企"这个做法是非常符合国家社会扶贫要求,通过金融资本、企业、上市公司到贫困山区来,把他们的一些资金,包括他们的一些知识、项目都投入我们的贫困山区来,来发展一些特色产业,一些富农的项目,这个做法我们非常认可,也给我们带来了巨大的效益。

配音:自2016年以来,证券行业积极推动贫困县企业"绿色通道"IPO,除招商证券、中泰证券之外,中信证券、浙商证券、国海证券、海通证券、华林证券、华龙证券、西部证券、长江证券等证券公司帮助多家贫困县企业成功上市融资,为贫困县产业脱贫注入了"源头活水",扶贫工作从"输血"转向"造血"。截至2019年底,101家证券公司结对帮扶294个国家级贫困县,累计帮助贫困地区企业融资2 596亿元,为贫困地区产业脱贫注入了强大的内生动力。

附主创人员名单:吴煜、赵新艳、尹淑荣、马瑞瑞、张媛、张言、韩瑛珂、王卓洋、石卓、芮晓煜、石烨冰、王建爱。

三 等 奖

2020年度上海广播电视奖
参评作品推荐表

作品标题	中欧班列逆势跑出加速度 疫情防控期间助力外贸企业跨境物流	参评项目	国际传播
		体 裁	长消息
		语 种	英语
作 者（主创人员）	张诗旋、沈佳俊	编 辑	应骏一、张诗旋
刊播单位	中国国际电视台CGTN 上海广播电视台外语频道	首发日期	6月3日16时04分23秒 6月3日21时09分53秒 6月22日16时12分40秒
刊播版面（名称和版次）	中国国际电视台CGTN英语频道《Global Business》 上海广播电视台外语频道《财道》	作品字数（时长）	3分16秒
采编过程（作品简介）	疫情防控期间，大量国内的外贸公司的货物由于空运、航运运力下降无法如期交付，于是与欧洲有贸易往来的公司、工厂纷纷选择用中欧班列进行运输，确保能按照合同约定如期交付，提升商业信誉。报道采访了位于宁波的一家LED产品生产厂商，企业在疫情前多采用海运进行运输，但是疫情防控期间海运耗时比以往延长了20%，企业在疫情防控期间又接到了来自欧洲客户的紧急订单，得益于中欧班列，如期交货。据相关咨询公司数据，1月—4月，使用中欧班列运输的客户集装箱量上升50%。4月中欧班列开行数量达到史上最高，同比增长47%。专家表示中欧班列将起到越来越重要的作用。		
社会效果	中欧班列一直受到国内外媒体、贸易企业、物流公司的关注，而此次疫情凸显了中欧班列运输方式的优势。报道通过真实案例和数据将中欧班列这一运输方式呈现在中外观众的面前，报道播出后，物流公司反馈更多企业联系他们愿意使用中欧班列作为新的运输方式。该报道同时在CGTN的全球财经栏目播出，栏目还为报道专门设计了一个中欧班列的新闻版块进行专题讨论。报道还作为今年中欧峰会的主题配合报道在CGTN多次播出。		

中欧班列逆势跑出加速度 疫情防控期间助力外贸企业物流

[导语]

在互联网时代,人们有时容易忘记还有一些关乎如何快速、高效地将货物运送给客户的业务。在这方面,中国的"一带一路"基础设施建设发挥着越来越重要的作用。正如外交部长王毅在全国人民代表大会上的一次新闻发布会所指出的,"一带一路"基础设施在抗击新冠疫情中发挥着不可小觑的作用。那么在数字革命的浪潮中,作为工业革命早期成果之一的铁路运输在当下到底扮演着什么样的角色?就让记者张诗旋带您走进中欧班列一窥究竟。

[正文]

这家位于浙江省宁波市的 LED 照明工厂每月会收到价值约 600 万元的订单,其中大部分产品通过海运运往法国、西班牙或北美市场。但在疫情防控期间,海运时长比以往正常所需时间延长了 20%。经过反复比较,该公司决定用铁路运送一笔欧洲的紧急订单。

[采访]俞雄伟 宁波格立光电科技有限公司总经理

春节过后不久,由于人手不足,产品生产时间比原先要长一些。但我们有一批很急的货物需要发给一个新客户,那时我们觉得海运赶不上交货时间。幸好我们找到了新的运输方式——中欧班列。铁路运输至少为我们节省了 10 天的时间,客户也对这个物流时效感到非常满意。

[正文]

欧洲市场占该工厂出口销售额的 60% 左右,即使在疫情高峰期,铁路运输仍能保证按时交货。格立光电科技的情况并不是个例。在今年前四个月,空运和海运的承载力都因疫情而严重削减。总部位于瑞士的德迅公司为来自100多个国家和地区的客户提供物流解决方案。今年1月—4月,公司通过中欧班列运输的满载集装箱量同比增长了50%。

［采访］黄兆龙　德迅亚太区总裁

在过去的4个月中,我们看到疫情对海运产生了很大的影响。同时我们还需要考虑跨境运输的清关问题,而这些手续又进一步拖延了海运时间。因此,我们建议一些客户选择铁路来保证运输时间。

［正文］

这家物流解决方案企业观察到选择中欧班列运输的企业主要来自高科技行业,汽车零部件和电子商务货运,而且需求巨大。自3月13日以来,该公司都是直接预订中欧班列的整列火车,而不仅是几节车厢。

［记者出镜］

在疫情防控期间,中欧班列在保障全球供应链方面发挥着十分重要的作用,并在4月创下了月度运输量的历史新高。据中国铁路总公司的数据显示,4月,中欧班列共开行979列。这段时期中欧两地之间的运输量高达8.8万标箱,同比增长50%。

［采访］江静　上海对外经贸大学国际物流与供应链研究中心副主任

相比海运的航程,铁路运输距离缩短,特别对于一些内陆城市来说,如果他们采用海运,他们要首先通过短途的陆运,然后运输到沿海港口,再换装船舶运输欧洲,时间就更长了,可能要45天甚至两个月。中欧班列的开行对货主来说减少货运时间,对资金周转有很大帮助。

［正文］

江静同时提到将来中欧班列也会成为其他国家的出口商的重要运输方式。

［采访］江静　上海对外经贸大学国际物流与供应链研究中心副主任

比如东南亚的一些货源也在走中欧班列,先海运到南部的港口,比如广州换装中欧班列,全程只要15天,但是东南亚国家直接到欧洲的话,全海运大约45天。

[正文]

中欧班列是"一带一路"倡议的重要组成部分。自 2011 年第一班列车从中国重庆出发前往德国杜伊斯堡以来,中欧班列货运业务呈指数级增长态势。目前中欧班列国内开行城市 71 个,通达 19 个国家 67 个城市。

2020年度上海广播电视奖
参评作品推荐表

作品标题	一墙一洞一"熊掌" 治愈系咖啡店背后的暖心故事		参评项目	国际传播
			体　裁	长消息
			语　种	中文和英语
作　者（主创人员）	蔡晨艺、吴骥、蒋文越、孙启萌、汪晓		编　辑	袁枫涛、符律、赵翌、顾群、杨颖杰、陶秋石
刊播单位	上海广播电视台	首发日期	2020年12月3日18点46分43秒	
刊播版面（名称和版次）	东方卫视海外版＋29家海外媒体	作品字数（时长）	2分21秒	
采编过程（作品简介）	该片以小见大，讲述了上海永康路上一家特殊的网红咖啡馆的故事。咖啡馆里的咖啡师全部为聋哑人，他们别出心裁地用一只毛茸茸的"熊掌"递出做好的咖啡，此举又萌又暖，令咖啡馆走红网络。而顾客们在了解到咖啡店背后的故事后，也纷纷用点单的实际行动支持这家特殊的咖啡店。拍摄当天恰逢国际残疾人日，今后凡持有残疾人证的顾客，都可以到店免费领取一杯咖啡。"熊掌咖啡"也希望开更多的门店，帮助更多残障人士就业。这个温暖而充满正能量的故事经由融媒体中心国际部二次编辑和翻译后，分享给众多海外媒体平台。一经发布，立即获得大量关注，在全球电视台广泛播出。			
社会效果	这则温暖的故事迅速在海外电视圈成为"爆款"，达到了极佳的国际传播效果。截至2020年12月10日，该片被美国、英国、西班牙、阿联酋、斯洛文尼亚、马来西亚等国的29家电视台选用，累计播放74次，其中不乏众多西方主流媒体，如哥伦比亚广播公司（CBS）、福克斯（FOX）、美国全国广播公司（NBC）、华纳媒体（CW）、IND集团和英国广播公司（BBC）旗下的电视频道。			

一墙一洞一"熊掌"
治愈系咖啡店背后的暖心故事

[导语]

最近在上海永康路上多了一家特别的咖啡店,顾客扫码下单后,制作完成的咖啡会从墙洞中由一只熊掌递出。这种独特的体验,吸引了无数顾客前来。这只萌翻全网的"熊掌"背后,有着一个暖心的温情故事。

[正文]

位于永康路68号的这家咖啡店,没有大门也不见店招,整个店面就是一堵灰色水泥墙,中间随意凿出了一个洞口。顾客对着洞口下方的二维码扫码点单,做好的咖啡,会由一只毛茸茸的"熊掌"从洞口送出。顾客取走咖啡时,"熊掌"还会与客人握握手,摸摸头。

【采访:顾客

有一个毛茸茸的小爪爪,递一杯咖啡给你,你就会感觉很温暖。】

在水泥墙背后,每一杯由"熊掌"递出的咖啡,都出自店内的聋哑咖啡师,他们都接受过专门的上岗培训。店家表示,开设这家咖啡店的初衷,就是为了帮助残障人士就业,"熊掌"的设计也是希望用可爱又治愈的方式,来传递温暖与热情。

【采访:王海青　非日常咖啡创始人

其实聋哑人的咖啡师,他们做咖啡非常非常棒,当时一开始给我们推荐了七到八位的面试者,现在我们也从里面聘用了三位,当时就是看到这个毛茸茸的熊

爪,感觉很治愈很好玩,然后递出来的每一杯咖啡,因为刚好也是冬天,希望带着温暖。】

最初的顾客,就是被"熊掌"递咖啡的创意所打动,于是一传十,十传百,店铺还没正式开张,来光顾的人就已经络绎不绝。最近几天每天的销量都超过400杯,大家还亲切地称这家店为"熊掌咖啡"。

【采访:顾客
这家咖啡店还是比较有意义的,我觉得也是挺好的。】

【采访:顾客
我觉得可以帮助到真的需要帮助的人,而且提供更多的岗位给一些特殊人群,挺好的。】

今天是国际残疾人日,也是"熊掌咖啡"正式开业的日子。今后凡是持有残疾人证的顾客,都可以到店获赠一杯免费的特调咖啡。店家也会每天定时清洗消毒"熊掌",做好各项防疫措施,让客人们多一分安心。未来"熊掌咖啡"还会开设更多的门店,帮助更多的残障人士就业。

【盈盈　聋哑咖啡师(手语)
希望残疾人士、聋哑人做出来的事情,能跟正常人的一样好。】

2020年度上海广播电视奖
参评作品推荐表

作品标题	中国印记 My China Story		参评项目	国际传播
			体裁	新闻纪录片
			语种	中文、英语
作者（主创人员）	王勇、张悦、陈维琴、刘桂强、夏祺、肖潇、李源清、杨扬	编辑	陶秋石、杨颖杰、王涛峰、包钢、孔权	
刊播单位	上海广播电视台	首发日期	2020年9月27日	
刊播版面（名称和版次）	海外版社交媒体 YouTube、Facebook	作品字数（时长）	48分钟	
采编过程（作品简介）	1）中美关系艰难时期更凸显"国之交在于民相亲"：《中国印记》摄制组历时近一年，先后前往四川、北京、青海和美国纽约等地，拍摄四名美国人的中国故事。摄影记者刘香成折服于改革开放中的中国发展；艺术家康兰丝倾倒于迷人的中国山水；骑手彼得感动于中国农民的热情与善良；大学生洪明伟则对包容多样的中国文化情有独钟。四个故事角度各异，刚柔并济，从一个民族对另一个民族的"天然"好奇心出发，落脚于民间互动，折射了中美交往的风雨四十年。 2）凸显中国文化魅力和文化自信：虽然中美关系出现波折，但在该片中，我们依然看到一个个鲜活的个体，活跃于中美之间，继续着对中国的探索与接近，堪称对外讲好中国故事的"最佳外援"。所谓长情难得，平淡是真，持久的探索与接近背后，是中国的文化魅力、发展动力和社会活力，以及由此呈现的无限吸引力。			
社会效果	2020年伊始，受全球新冠疫情"催化"，全球化遭遇巨大挑战，国际舆论环境发生重大变化，中美关系被动走向"极化"。延误近一年后，美国东部时间9月27日，上海广播电视台融媒体中心制作的纪录片《中国印记》完整版借由中国驻美大使馆的云端"国庆中秋招待会"在海外社交媒体进行了首播，全方位展示中国发展和中美民间友好，吸引几十万美国民众观看，总浏览量接近千万人次，取得积极的外宣效果。			

中国印记 My China Story
（中文版）

2019年5月，北京首都国际机场。美国人彼得·克洛斯比又来了。

（彼得：我很好，现在是夏天，感觉很棒。辛苦工作的摄像师，很高兴见到你。）

看到镜头前垂下的话筒线，彼得特意提了个醒。

（彼得：看，这里，拍进去就不好看了。我这个包，32公斤。）

最大的行李，是他从美国带来的运动装备。

这一次，彼得要在中国待上大半年，展开一场冒险之旅。出发前，他还租掉了自己在纽约的房子。

［彼得：（房子）上星期四交接了，我没家了，我没家了。很重，很重。］

这一晚，彼得就在胡同里的这家旅馆临时落脚。

（彼得：谢谢，慢走。你好。
酒店前台：你预订的是标准间，无窗房。
彼得：没有窗，不行，那太压抑了，能换间有窗的吗？
酒店前台：还有一间家庭房，打完折400元。

彼得：一晚上多160元。
酒店前台：130元。
彼得：大约是30美元,那算了,还是没窗的吧。)

第二天一早,彼得约上房产中介去看房。

(房产中介：走吧,我领你们过去吧。上来。
彼得：安全吗？可能。
房产中介：很近的。
彼得：很近的,附近的。
彼得：他是谁？
房产中介：他是现在住着的房客,马上就搬走了。)

租客没让彼得进屋,他站在门口望了几眼,什么也看不清。他决定去邻居家试试运气。

(彼得：我想问几个关于房子的问题。
邻居：可我穿成这样。
彼得：我穿成这样。你好。
邻居：很高兴认识你。
彼得：我想问问,请不要介意。有关隐私,你可以拒绝回答。你这儿租金多少？你也可以不说。
邻居：有点贵,可能因为是loft。
彼得：loft很棒啊。
邻居：再见。)

25年前,他曾经骑自行车从北京到香港。今年,他想重走这条路,看看沿途的变化,见见当年的朋友,还要和搭档一起,把旅程见闻拍成电影,放给自己的美国同胞看。为了这次骑行和拍摄,彼得拿出了自己五万多美元的积蓄,但这远远不够。

(彼得：钱钱钱,这应该不是你想要的答案。
张陆遥：要说这个计划最大的挑战,这是最真实的答案。
彼得：我现在很有信心,穿越时光,回到中国,我要传递的信息很重要也很及时。我会筹到钱的。)

彼得到北京的时候,另一个美国人,也正计划前往中国。

他叫MAX,中文名叫洪明伟。一天前,他刚从纽约河谷高中毕业。

(李露:你已经从我们学校毕业了。
洪明伟:对,我不能在这儿。
李露:来者何人?
李露:我还记得他第一天的样子,那边是他的角落,他坐了很长时间,那时还不像现在这样成熟,是个很可爱、胖胖的男生。那时候,他一句中文也不会说。)

李露是中文老师,教了洪明伟六年。书法、茶具,还有各式中国饰品。这一切,都是李露亲手布置的。

(李露:我每天给他们做生词考试,一开始挺吓人的,学校没有任何一个班会这么做。这对他们来说就是"折磨"。
洪明伟:起先我很震惊,从没经历过一进教室就考试。但后来我越来越喜欢这个方式。
李露:甚至开始有所期待。
洪明伟:这是我学中文第一年的作品,我们把它放在地板上。这是长城,我用小的泡沫块搭的,材料都是店里买的,然后涂上胶水。这是游牧民族,白色帐篷叫作"蒙古包",还有他们的马。这里还有传统的中国园林,流水、假山。这个是"大裤衩"央视大楼。)

中文越来越好,到中国走一走看一看的心思,也越发强烈起来。

对美籍华裔摄影家刘香成来说,他几乎大半辈子,都在行走中记录这个世界。

(刘香成:你在吃什么?好吃吗?
吃面的人:面条,不要把我拍下来。
路人:要把你拍下来,你真漂亮。

刘香成：你吃你的。

刘香成：从平日生活里，能看到当地人是怎样的，如何生活，这些都是最真实的。）

四月的这个周末，刘香成来到成都，出席成都当代影像馆开馆仪式。距离他第一次来到中国西南部这个城市，已经40年了。

（刘香成：40年前，这里没有高架路，只有锦江饭店，宾馆外面就是成都的地标，一座巨大的毛主席像。

刘香成：前一天晚上，我去了几个老地方。人们的生活节奏还是一样的。人们坐在园子里，悠闲地喝茶，还有人过来帮游客掏耳朵。）

记忆中的成都，好像变了，又好像没变。

1951年，刘香成出生在香港，童年在福州度过。20世纪六七十年代，中国正是"一穷二白"时期，全国7亿多人生活在贫困中。1970年，刘香成从香港移居到纽约读书。一年后，一个美国人秘密访问中国，无意中改变了刘香成的人生。

1971年7月9日，时任美国总统国家安全事务助理的亨利·基辛格，秘密访问北京，同周恩来就尼克松访华、中美关系正常化等问题深入讨论。

（刘香成：突然之间，我开始寻找和中国有关的一切。我去图书馆查阅李约瑟的《中国科学技术史》。这个过程既是重新认识我自己，也是重新了解中国。）

1972年2月21日，尼克松到访中国。他很远就向周恩来总理伸出右手。周总理说："总统先生，你的手伸过了世界上最辽阔的海洋。"一个星期后，《中美联合公报》发表，又称《上海公报》。这是中美两国发表的首个联合公报。

（刘香成：1972年的尼克松访华，改变了中国，也极大改变了美国。他的中国行在美国掀起热潮，当时我并没有意识到，这会开启我摄影记者的职业生涯。）

被这波突然出现的"中国热"席卷的，还有一位艺术青年，她叫康兰丝。

（康兰丝：桂花，桂花要和别的茶一起喝。我放在白茶里吧。

记者：这些凳子、箱子都是你从中国带回来的吗？

康兰丝：是的，过去这三十多年一点点带回来的，还是挺早以前呢。我把它们放在行李箱里，裹上气泡纸。那是15到20年前，航空公司管得还没那么严。）

康兰丝位于纽约的公寓里，到处都是中式器物。床单也是浓郁的中国风。

1971年，中国恢复在联合国的合法席位。两年后，中文成为联合国工作语言之一。当时，康兰丝在纽约普瑞特艺术学院学习，空余时间在联合国兼职做文员。

[康兰丝：在会议间隙，我们会拿起耳机，听到里面各种语言。有人走上讲台说，谢谢主席先生（中文）（阿拉伯语）。太美了，对不对，都很好听，选哪个？我选了中文，因为中文本身是从画演变而来的，是象形文字。我觉得这符合我的艺术特性。]

之后，康兰丝到耶鲁大学进修，她阴差阳错地选了一门关于中国明代绘画的课程。卷轴慢慢打开，笔墨山水间，神秘浪漫的东方气韵扑面而来。

（康兰丝：我当时对中国山水一窍不通，突然看到那样的画面，那些天马行空的画面，简直惊为天人。我问教授，他们为什么画成这样，教授告诉我，这是真实场景。两千多年来，无数文人墨客都会去的地方，桂林阳朔、漓江。）

桂林阳朔，就这样印在了她的心里。她决定，一定要亲自去看一看。

1976年，卡特当选美国总统。中美建交进程开始提速。这一年，中国也迎来翻天覆地的变化。

（刘香成：这一年，唐山地震，毛泽东去世，之前，周恩来去世。当时我在巴黎，看到巴黎街头的报摊上，头版都是毛泽东的肖像，我知道他去世了。）

当时刘香成大学毕业，正努力成为一名摄影记者。他接到任务去拍摄毛泽东葬礼，却因为没买到去北京的火车票，在广州停下了脚步。这一停，竟然打开了他的职业新天地。他最著名的摄影集之一，正是从这里起步。

（刘香成：我拍摄普通人,观察他们的肢体语言,突然我发现,一种新的节奏出现了。人们更放松了,这完全不同于我记忆中的小时候,以及"文化大革命"时期。人们对待外国人,包括像我这样的访客都更放松了。他们的日常生活也更轻松自如。我感觉到,一个新的时代要来了,中国将发生巨变。）

1978年12月,中美发表建交公报,宣布从1979年1月1日起,两国互相承认并建立外交关系。建交公报发布后不到两周,可口可乐宣布进军中国市场,成为中国改革开放后,第一家正式进入中国市场的外国企业。

就像这个年轻人,他在尝试新口味,更在尝试新的生活方式。拍下这张照片的正是刘香成。此时,他已是美国《时代》杂志派驻中国的第一位摄影记者。之后,他又加入美国联合通讯社。

（刘香成：当地官员告诉我们说,要把这里建成经济开发区。小面包车把我们载到一片稻田里,官员们带来成卷成卷的图纸,对我们说,这里要造假日酒店,那里要建麦当劳。我和我的同行们面面相觑,他们都是《时代》和《华盛顿邮报》的记者,从大家的表情就能看出,没人相信我们听到的这些话。）

他们参观的地方叫深圳。1980年,它成为中国第一个经济特区。没人想到眼前这个小渔村,后来会诞生诸如腾讯、华为等诸多明星企业,跻身"世界一线城市"。1978年开始的改革开放,将中国推上了快车道。外面的世界,越来越多地影响着中国人的生活方式。

这张照片的主人公是北京整形医生傅玉龙和他的病人。当时,双眼皮手术刚刚在中国兴起。

（刘香成：我不明白,为什么她只做一只眼睛,另一只没做。她向我解释说,要是两只眼睛一起做完手术缠上绷带,就没法骑自行车回家了,我得骑车回家,所以一次只能做一只眼睛。）

高考恢复后天安门广场上熬夜备考的学生、中央音乐学院宿舍里两位美国音乐家的即兴演奏会、为了省钱只租半身婚纱的夫妻、巨幅广告牌下挑担路过的农民、公园里追求自由恋爱的青年——刘香成记录下中国在改革开放之初的蜕变和萌动,还有中国人那颗渴望变化的心。

（刘香成：那个时代的中国人对一切都好奇，就没有他们不好奇的事情。）

按捺不住的好奇，也在这张照片中定格。当时大家在拍摄舞狮表演。康兰丝的宽幅相机和她的外国面孔，意外吸引了其他摄影师的镜头。康兰丝赶紧按下随身相机，记录下这戏剧性的一幕。

1984年，康兰丝申请到奖学金，到中国访学。她选择了神往已久的桂林阳朔。

（康兰丝：初到中国碰到很多困难，语言是最大的问题，之前在联合国兼职时，利用午休时间学了不少中文，我甚至可以用中文说出大部分国家的名字，但我根本没法点菜。）

更让她不适的是另一件事。因为此前少有外来访客，当地公安部门出于谨慎考虑，安排专人"陪同"康兰丝。

（康兰丝：刚到桂林的时候，有三位年轻女士一直跟着我，一人一个月，她们人非常好，直到今天我还挺喜欢她们。有她们陪着，我中文进步很快，但带着她们到处走，非常不方便。）

国门初开的日子里，欢迎外国面孔的同时，警惕和迟疑一时尚未褪去。康兰丝使用的全画幅相机又大又沉，加上十几张底片和三脚架，一套行头足有四十多公斤。金发碧眼的外国姑娘，扛着大家伙，成为小城一道独特风景。

（康兰丝：我是住在那里唯一的外国人，小镇上的人们特别友善，如果和他们多聊一会儿，他们就会请你一起吃饭，问问你一天干了点什么，就这么交上了朋友。）

九个月后，访学结束。这个土生土长的美国姑娘，深陷东方山水无法自拔。

（康兰丝：我的短暂生命如何容纳悠悠五千年和这里的风景、这里的人。在中国待了九个月之后，我一直想着什么时候能再回去。）

两年后，康兰丝回来了。在北京颐和园，她遇见了心中的缪斯。

（康兰丝：当时是夏天，荷花盛开，六七月，每天荷花都越开越盛，我不可能错过如此美景，我并没有刻意要去拍荷花，但荷花就成了我的主角。）

从北京圆明园到杭州西湖，康兰丝对中国的荷花情有独钟。她偏爱使用铂金印刷技术，细腻呈现黑白色调，每一幅作品都仿佛东方水墨，晕染于纸面。花开花落，时光如水。三十多年间，康兰丝几乎年年回中国，哪怕只是住上几天。

（康兰丝：我看着朋友们的孩子长大，孩子又有了孩子，也有些朋友去世了，但我回到阳朔，即使有些人的孩子我并不认识，他们会说，康兰丝你回来啦。这太暖了。）

荷叶卷舒，山空水缓，沉淀下她对中国的情谊。

彼得也有牵挂着的中国朋友。1988年，彼得作为《洛杉矶时报》自由撰稿人，第一次来到中国。

（彼得：当我一来到中国，我就爱上了它，狂野而美丽。我想靠近中国，讲述中国故事，于是我有了骑行的念头，我想用照片，视频结合的方式讲故事。）

1994年，彼得和朋友从北京出发，一路骑行，穿越山西、湖北、湖南、广西、广东多地，最后抵达香港，全程约3 000公里。骑行的艰辛自不必说，倒是他镜头前的中国人，拼凑出最鲜活的中国记忆。

（彼得：看着照片上这些人感觉很奇妙，他们愿意让我们拍摄，哪怕近距离甚至很私密。）

留下最深印记的，是照片上的这家人。

（彼得：他们住在一间泥屋子里，真的是泥做的房子，在山路旁边，那时是10月，天气很冷，还下着雨。我们迷路了，他们邀请我们进屋，请我们喝茶，吃热土豆。）

这是彼得骑行的第四个月。他们在湖北巴东的山里迷了路，又冷又饿。

（彼得：天黑了，他们给我们做饭，做的是当地菜，很特别，特意从邻居家借来了猪肉，好像还从其他人那里借了卷心菜，派家里的侄子出去拿。他们点了柴火，黑暗中煮了顿大餐，后来还让我们住了下来，小孩子去和大人挤一张床，我们就睡在孩子的床上。）

原本可能是最糟糕的记忆，却成了他最美好的回忆。临别前，彼得为他们拍下这张全家福。回美国后整整23年，彼得忙于工作和生活，没能再回中国，但他一直记得那个雨夜。

（彼得：这有点像，别人给了你一个礼物，我想用我自己的方式跟他说声，谢谢。）

二十多年后，再次来到中国，一切都变了。老刘一家呢？

（老刘家人：没想到你还没忘记我们。我们那个时候生活太差了。这是老刘的女儿。）

原本的五口之家，开枝散叶，如今变成了大家庭。

（彼得：我们很幸运，因为我们又在这儿团聚了。给你。）

和23年前的那个雨夜一样，他们又一次围坐在饭桌前。他们又一次拍下全家福。这一次，彼得也在其中。第二天，彼得来到老刘位于巴东镇上的新家。

（彼得：太神奇了，在这里感觉很融入，虽然我的中文很糟糕，但是可以用翻译软件来交流。这个名字是什么？
村民：六字头。）

这一天，孩子们买来蛋糕。老刘只比彼得早出生几个小时。缘分，就是如此奇妙。

（大家：祝你们生日快乐。先许愿。
彼得：你担心自己变老吗？
老刘：我不担心，我们是朋友，永远都是朋友，你到时候可以到我这里来，我们在一起住,养老没有问题。

彼得:没问题,你真的是中国最慷慨大方的人!)

2017年和老刘一家的重逢,也坚定了他的决心:要再次从北京骑到香港,看看中国25年后的变化。

(彼得:伙计们,这是1994年。
车行伙计:这段路比从纽约到迈阿密还要远,25年了你都没怎么变。
彼得:你几岁?
车行伙计:我58岁。
彼得:我64岁了。)

今年来中国前,彼得把自己的车寄存到了这家车行。

(彼得:我想把自行车寄存六个月,我想做的是让美国人多了解一些中国人。
车行伙计:那很棒啊。
彼得:不要再有恐惧和妖魔化,其实中国人和你们差不多。
车行伙计:我也希望能去中国。)

这一次,彼得将看到怎样的中国,遇到怎样的中国人?

(彼得:一定会有很多精彩的故事。对中国来说很重要,可以让世界看到中国这些年的变化。)

追逐着故事的,还有刘香成。在记录下改革开放之初的中国后,他离开了。作为美联社记者,刘香成先后去过印度、斯里兰卡、阿富汗、韩国和苏联等国家,用镜头定格历史瞬间。1991年,戈尔巴乔夫宣布辞职。这张照片,为刘香成赢得了普利策奖。职业生涯到达高光时刻,刘香成又想中国了。

(刘香成:凭着记者的敏锐,我意识到中国即将在1999年迎来新中国成立五十周年的日子。改革已经取得显著成果,我觉得请500强企业的老总来见证中国的变化是个好主意。)

1997年,刘香成放下相机,成为时代华纳驻中国首席代表。两年后,他参与筹备在上海举办的《财富》全球经济论坛。黄浦江畔,全球知名企业家同中国政商界展开"头脑风暴",成为上海乃至中国改革开放进程中的标志性事件。

成长在新世纪的洪明伟,看到的正是崛起的中国。

(洪明伟:第一次到中国后,我逐渐意识到,接触到的人比去的地方更重要。尽管有各种美景,但其实是人让一切变得不同。当我和妈妈第一次去天坛的时候,我们看到一群中国大妈跳广场舞,还在唱歌。天坛固然很漂亮,但更美的是人与人的交流,给人一种团结、和谐的感觉。我认为这些才是最重要的。)

2018年,洪明伟又一次来到中国,要从北京乘火车到兰州。因为错过火车,他重新买票,只买到了站票。那是一趟18小时的夜车。

(洪明伟:在火车上,我给李老师发信息。她安慰我说很遗憾,旅程中总有开心的和不那么开心的,坚持一下。几个小时之后,李老师突然发了个点外卖的截屏给我,问我要吃什么,她说要来火车站见我。)

李露当时正在老家西安过暑假。从北京到兰州的火车,会在西安经停五分钟。

(洪明伟:火车经过西安是凌晨三点半,真的是深更半夜。整个火车站空荡荡,而且火车就停五分钟。火车停下时,李老师就站在站台上,她带着肯德基,还有一个大大的拥抱,这是我人生中最不可思议的一个时刻。
李露:对我来说,那也是一个神奇的时刻,看着他深更半夜,穿过人群,艰难地挤出来。我明白他的痴狂,他对中国的投入。)

最让洪明伟痴狂的,是云南、青海、西藏、四川等少数民族地区的风情。中国这片土地上的多样和包容,令他着迷。

2019年夏天,洪明伟第三次来青海找他的朋友行旦加。

(洪明伟:从纽约到北京,从北京到西宁,然后他来了,他跟朋友一起来西宁接我。路上很开心,听音乐,我们故意开得慢一些,有一个我很喜欢的藏歌,他跟我一起唱。)

三年前,洪明伟第一次来青海参加夏令营,结识了寄宿家庭中的这个男孩。

(行旦加:应该上得去,老人都上得去。
洪明伟:爷爷,你爷爷上不去。
行旦加:在我爷爷看来,这什么也不是,太轻松了。对你来说,大概是个训练。
洪明伟:好吧,是是是。没事,没事。别去吗?
行旦加:这边。
洪明伟:这边吗?哎呀,我走错了。有点害怕。别看别看。
行旦加:你会吗?
洪明伟:我不太会。)

歇歇爬爬,两人终于来到山顶,和几个小伙伴会合。这是他们村最近参加的环保项目,每天来种树,还能有100多元的报酬。先把土地划成一个个小方格,周围用干草做成围栏,再沿着干草撒上一圈种子。

(洪明伟:这些都是刚种的吗?
行旦加:是,都是今年刚种的。
村民:这边大概有4 000多亩。)

这些种子很快就能长成齐腰的植物,合力保护的便是中间这棵树苗。远远望去,整个山头都是整齐的小方格。种完树,行旦加和洪明伟赶着下山。这一天,是当地藏民的一个重要节日。洪明伟在村里已经小有名气。

(洪明伟:现在合影的情况比以前好多了,以前拍照的人还要多,我感觉站了将近一个小时。
记者:他们跟你讲话吗?
洪明伟:有时会有些困难,像行旦加能讲汉语,但他妈妈只会藏语,所以有时我要跟她讲话,比如,要表示谢谢,就比画一个爱心。)

每次洪明伟来家里,行旦加的妈妈都会摆出一桌子的食物。

（洪明伟：一开始我也会担忧，这个能吃吗，那个能喝吗，其实这里很干净，像他们准备的食物。在纽约这样的大城市，没人会这样大费周章招待客人，所以我觉得，这里人与人的互动程度非常紧密。）

只是，洪明伟还有个小秘密：因为不敢和妈妈说实话，他常常用信号不好之类的理由打发家人，不让他们知道旅行的细节。

（洪明伟：其实有些时候，我们在旅行中会竖起一堵墙，把自己和当地人隔开。比如喝瓶装水，不喝当地水，比如租空调旅行车，不用当地交通，我刚来的时候也会那样，无意识地竖起这样的墙，完全无意识地。但现在我在这里待的时间越来越多，这些墙一堵堵消失了，我们建立起真正的友谊。）

没有了墙，洪明伟和行旦加之间只剩下蓝天、白云、草原、羊群。

（行旦加：就这样吹。
洪明伟：不行，我不会吹那个。）

今年 10 月，康兰丝受邀到杭州的中国美院短期授课。2018 年母亲去世后，康兰丝花了整整一个月在西湖边拍荷花。

（康兰丝：她非常喜欢我的荷花照片，我去杭州拍了一个月荷花纪念她。）

她把这组荷花照片，连同深深的追忆封存于胶片中，写上一行字：送给妈妈，摄于杭州。西子湖畔的这座城，从此同她的生命连接在一起。

在上海，名为"炎夏之爱"的摄影展在上海摄影艺术中心开幕。兜兜转转大半个地球，用镜头记录了 20 世纪最后 25 年的世界风云，刘香成又回到了中国，安家，落脚。

（刘香成：我坚信，人们的共通点多过差异性，中国人的心之所往，也会是美国人的内心所向。）

在北京，彼得仍为计划中的骑行做准备。学中文、练体能、讨论骑行路线、为拍摄计划寻求赞助。

(彼得:让美国人更多地了解中国人,这一点很重要。不是丑化中国,不是贸易战,不是南海,不是两国间的争议,而是中国人、中国历史、中国地理。对中国人来说同样如此,我愿意作为一个热心美国人,向中国人展现美国人友好的一面。)

再过两天,洪明伟就要告别青海,回到美国,成为哈佛大学一年级新生。他听到过身边人对中国的议论,也理解一些人对中国的担忧,但他有自己的答案。

(洪明伟:我去了中国之后才发现,这里和我在书上看到的完全不同。只有你自己去了中国,你才会真正发现,自己是那么渴望更多地了解这个国家,这才是最美妙的。)

中国曾经什么样?中国会变成什么样?你是谁?我是谁?我们又是谁?

【名字:刘香成,彼得,洪明伟,康兰丝】

附录：

2020年度"上海广播电视奖"获奖(新闻)作品名录
(广播新闻)

一 等 奖

序号	体裁	单 位	作 品	时间	主 创
1	新闻访谈	上海广播电视台东方广播中心	破"疫"2020——疫情大考下的社区之治大讨论系列节目	48′48	集体
2	新闻专题	上海广播电视台东方广播中心	听！浦东每一种声音都让自己离世界更近	6′50	何周导、胡旻珏、赵宏辉、李斌、孟诚洁
3	长消息	上海广播电视台东方广播中心	和病毒正面对决！上海医疗队里有一支"气管插管小队"	3′32	盛陈衔、孟诚洁

二 等 奖

序号	体裁	单 位	作 品	时间	主 创
1	长消息	上海广播电视台东方广播中心	四叶草札记：进博会上没有不起眼的角落	3′58	汤丽薇、孟诚洁、范嘉春
2	长消息	浦东新区融媒体中心	从"特斯拉速度"到"长三角速度"，看浦东的示范效应	3′51	严尔俊、邱波、唐周丽、高旻杰
3	长消息	上海广播电视台东方广播中心	直击隔离酒店的每日例会	3′51	赵颖文、李斌
4	新闻专题(系列)	上海广播电视台东方广播中心	走向我们的小康生活——走街镇 进社区 看小康	4′43 4′04 4′41	集体

序号	体裁	单位	作品	时间	主创
5	评论	上海广播电视台东方广播中心	银行保函开具微调查,可改进的空间遍地都是	5′50	何周导、胡旻珏、沈馨
6	新闻栏目	上海广播电视台东方广播中心	FM十万个为什么	59′18 48′31	龙敏、傅昇崟、郑子凌、叶欣辰、乐祺、张明霞、袁林辉

三 等 奖

序号	体裁	单位	作品	时间	主创
1	新闻专题（系列）	上海广播电视台东方广播中心	宅出来的新思路	3′36 3′16 4′05	汤丽薇、俞承璋、刘婷、吴泽宇、顾赪琳、胡旻珏、孟诚洁
2	新闻专题（系列）	上海广播电视台东方广播中心	达观上海	4′44 4′26 3′21	集体
3	短消息	上海广播电视台东方广播中心	"老赖"用身份证不能坐高铁,却可以用护照坐飞机?!	1′25	集体
4	长消息	上海广播电视台东方广播中心	青浦"练塘茭白"种到了海拔1200米高原上,成了傣家人的"致富菜"	3′50	范嘉春、姚轶凡
5	长消息	上海广播电视台东方广播中心	一场令人直冒冷汗的野蛮施工被直播节目中的区长叫停	3′56	陆兰婷、王海波、姚轶凡、俞倩
6	长消息	金山区融媒体中心	上海首例农村集体建设用地作价入股,农民有了"五金收入"	3′56	周伟、赵奕翔、金宏、侯晓钢

续表

序号	体裁	单位	作品	时间	主创
7	新闻专题	闵行区融媒体中心	援鄂声音日历	12′28	周俊、汪婷婷、沈佳怡
8	新闻专题（连续）	上海广播电视台东方广播中心	无障碍出租车障碍多	3′02 2′29 1′33	臧明华、周仲洋、孟诚洁
9	节目编排	上海广播电视台东方广播中心	《财经早八点》（3月10日）	23′14	杭一啸、迟文绮、王俊稷

（电视新闻）

一等奖

序号	体裁	单位	作品	时间	主创
1	纪录片-系列	上海广播电视台纪录片中心	人间世——抗疫特别节目	40′×6	集体
2	长消息	上海广播电视台融媒体中心	"吵"出来的"001号"批文	3′53	谢丹青、洪焕铨、沈佳俊、林羡德、徐进、瞿轶羿、虞之青、朱玲敏
3	新闻专题	上海广播电视台第一财经	特别节目——从短暂停摆到加速复苏	45′	蔡如一、陈涵露、王汇语、金旭旭、朱琳、康菊霜、陈坦儿

二 等 奖

序号	体裁	单位	作品	时间	主创
1	纪录片-长片	上海广播电视台纪录片中心	不动摇——庆祝浦东开发开放30周年（上集）	45′	朱宏、冯迪韡、谢申照、诸颖政
2	新闻专题（系列）	上海广播电视台融媒体中心	上海老公房加装电梯系列报道	3′38 3′44 3′41	朱齐越、汤捷、王天峰、刘水、汪鑫、查家旻、孔权
3	长消息	上海广播电视台融媒体中心	新闻透视：公卫中心里的攻坚战	3′56	周文韵、吴佳亮、包钢、虞之青、顾怡玫、朱玲敏
4	新闻专题（系列）	上海广播电视台融媒体中心	守"沪"者系列	4′38 4′54 5′01	陈慧莹、戴晶磊、李连达、顾克军、孙翱、成奕霖、虞之青
5	短消息	上海广播电视台融媒体中心	浦东机场连夜组织货运人员核酸检测累计采样1.7万	1′29	吴海平、张鹰、龚晓洁、高敏
6	长消息	青浦区融媒体中心	2020年首展国家会展中心按下重启键	2′20	顾舜丽、严欣慰
7	新闻评论	上海广播电视台融媒体中心	中美观察	14′58 12′22 12′29	集体
8	新闻评论	上海广播电视台融媒体中心	人脸识别的隐私边界	13′25	王抒灵、李响、吕心泉、陈瑞霖、朱玲敏
9	新闻专题（系列）	上海广播电视台融媒体中心 杨浦区融媒体中心	特别的爱给特别的你 救助站社工的暖心故事	2′53 5′25 2′45	汤顺佳、孙培杰、陈涛、王子亮

三 等 奖

序号	体裁	单 位	作 品	时间	主 创
1	新闻栏目	上海广播电视台东方卫视中心	这就是中国	45′	集体
2	新闻专题	上海广播电视台融媒体中心	生命·方舱	25′30	黄伊罕、陈瑞、邢维、李振宇、陈瑞霖
3	新闻访谈	上海广播电视台融媒体中心	武汉记忆·钟鸣	10′44	陈瑞霖、刘宁、李响、吕心泉
4	纪录片-长片	上海广播电视台纪录片中心	不朽的英雄赞歌	48′	朱宏、谢申照、冯迪韡、诸颖政、孙敏
5	新闻专题	上海广播电视台融媒体中心	长三角造芯记	14′33	赵慧侠、凌健、秦扬轲、何婕、屠佳运、孙佳逊、朱声波
6	新闻专题	上海教育电视台	《周末开大课》第三季（第三集）——热血熔初心点亮这座城	30′	孙向彤、姚赟勤、王东雷、李鸣、袁媛、张露嘉
7	新闻专题（系列）	上海广播电视台第一财经	制造业产业链一线大调研："世界工厂"的新机遇	3′25 3′38 3′42	薛一婧、张毅
8	长消息	嘉定区融媒体中心	白玛取宗：走出大山	3′02	任烨、薛松
9	长消息	崇明区融媒体中心	昔日小镇"刀鱼王"今朝长江"守护人"	4′45	朱卓君、陈冲
10	长消息	闵行区融媒体中心	一套中国式玩具 向世界讲述"中国故事"	3′29	符强、薛唯侃
11	新闻专题	上海广播电视台融媒体中心	公益诉讼进行时第一集：守护生态环境	25′02	吴黎明、汪鑫、沈曦、车秉健、沈雪颖、苏义宝

续表

序号	体裁	单位	作品	时间	主创
12	新闻专题	上海广播电视台媒体中心	外卖骑手之困	17′17	楚华、刘宽漾、李响、陈瑞霖、王卫
13	长消息	上海广播电视台融媒体中心	刚挖好的河道为何要回填？	4′	集体 编辑：陶余鑫

（国际传播）

一等奖

序号	体裁	单位	作品	时间	主创
1	纪录片	上海广播电视台纪录片中心	《亚太战争审判》英文版	51′×8	集体

二等奖

序号	体裁	单位	作品	时间	主创
1	新闻专题	上海广播电视台第一财经	《看得见的力量》金融扶贫系列专题片	25′	集体
2	纪录片	上海广播电视台纪录片中心	LIFE MATTERS - WUHAN REDZONE STORY	40′×2	集体

三等奖

序号	体裁	单位	作品	时间	主创
1	长消息	上海广播电视台融媒体中心	中欧班列逆势跑出加速度 疫情期间助力外贸企业跨境物流	3′15	张诗旋、沈佳俊、应骏一

续表

序号	体裁	单位	作品	时间	主创
2	长消息	上海广播电视台融媒体中心	一墙一洞一"熊掌"治愈系咖啡店背后的暖心故事	2′21	蔡晨艺、吴骥、蒋文越、孙启萌、汪晓 编辑：集体
3	纪录片	上海广播电视台融媒体中心	中国印记 My China Story	48′	集体

（媒体融合）

一等奖

序号	体裁	单位	作品	时间	主创
1	短视频	上海广播电视台第一财经	上海医疗救治专家组组长：一线岗位全部换上党员，没有讨价还价！	1′40	孙冀、石留骏 编辑：刘若鹏
2	短视频（专题）	上海广播电视台融媒体中心	快看上海丨百年里弄迎旧改，半年告别拎马桶	2′27	丁元骐、庄毅、寿子扬、张佰量、沈姝艳、顾克军 编辑：沈姝艳、陆熠
3	新媒体品牌栏目	上海广播电视台融媒体中心	新闻坊微信订阅号		集体

二 等 奖

序号	体裁	单 位	作 品	时间	主 创
1	短视频	上海广播电视台东方广播中心	上海医疗队驻守金银潭医院第一夜	2′47	盛陈衔、杨黎萱、孟诚洁、顾隽契
2	融合创新	上海广播电视台第一财经	CBNData 疫情地图 H5 工具		集体
3	融合创新	上海广播电视台融媒体中心东方广播中心	《民生一网通》(12月4日)	30′	集体
4	短视频(专题)	闵行区融媒体中心	结棍!闵行70岁健身奶奶三个月减脂28斤,越战越勇 登上央视舞台!	2′46	张昱、蒋化、何婷婷
5	短视频	嘉定区融媒体中心	狂赞!嘉定留学生小姐姐用这种方式报效祖国	1′33	任烨、陈斐、汪健、薛松
6	短视频	上海广播电视台第一财经	2元可买一个粉丝互动,起底直播间流量造假	3′13	葛妍、章驰、崔晓晟、孙嘉

三 等 奖

序号	体裁	单 位	作 品	时间	主 创
1	短视频	上海广播电视台融媒体中心	一次特殊的点名:沪首批医疗队除夕夜赴武汉驰援	42″	叶钧、唐晓蒙 编辑:顾怡玫、叶文、刘清扬
2	短视频	浦东新区融媒体中心	一场特殊的"视频婚礼"	47″	嵇振华、周天通
3	短视频	上海广播电视台东方广播中心普陀区融媒体中心	人靠谱,事办妥	2′53	汤丽薇、薛松、邵宇超、吴错

续表

序号	体裁	单位	作品	时间	主创
4	短视频（专题）	上海广播电视台第一财经	全球战疫日记|实拍Soho的"劫后余生"：纽约店铺屡遭洗劫，防护木板生意暴涨	3′33″	葛唯尔
5	短视频（专题）	宝山区融媒体中心	三破世界纪录！这位宝山少年跳出"中国速度"	5′	缪婧瑛、赵维杰、许鹤晖、盛杰、颜佳佳
6	融合创新	奉贤区融媒体中心	情况通报：奉贤区公布第1—9号确诊病例活动轨迹	4′18″	杨亮、吴妍
7	融合创新	黄浦区融媒体中心	我在历史现场丨主持人讲党课 薪火初燃——中国共产党发起组成立地（新青年编辑部）旧址	10′36″	厉文磊、陆炜、李晓强、陈绮、范沁毅、朱琳
8	创意互动	上海广播电视台融媒体中心	每年留个影 看看浦东这30年是怎样长大的		陈怡、姚乐、秦亮 编辑：冯家琳
9	创意互动	虹口区融媒体中心	PICKIV当下最值得推广的生活新风尚	3′	邹悦、赵颖、蔡雯婷

第 30 届上海新闻奖（广播电视）获奖作品名录

新 闻 主 体

一 等 奖

作品标题	作品体裁	作者（主创人员）	编辑	选送单位
《人间世》抗疫特别节目	纪录片（系列）	集体	范士广 周 全	上海广播电视台纪录片中心
破"疫"2020——疫情大考下的社区之治大讨论系列节目	广播新闻访谈	集体	张明霞 李 军	上海广播电视台东方广播中心
"吵"出来的"001号"批文	电视长消息	谢丹青 洪焕铨 沈佳俊 林羡德 徐 进	瞿轶羿 虞之青 朱玲敏	上海广播电视台融媒体中心

二 等 奖

作品标题	作品体裁	作者（主创人员）	编辑	选送单位
和病毒正面对决！上海医疗队里有一支"气管插管小队"	广播长消息	盛陈衔 孟诚洁	盛陈衔 孟诚洁	上海广播电视台东方广播中心
浦东机场连夜组织货运人员核酸检测累计采样1.7万	电视短消息	吴海平 张 鹰	龚晓洁 高 敏	上海广播电视台融媒体中心
新闻透视：公卫中心里的攻坚战	电视长消息	周文韵 吴佳亮 包 钢	虞之青 顾怡玫 朱玲敏	上海广播电视台融媒体中心

续表

作品标题	作品体裁	作者（主创人员）	编辑	选送单位
四叶草札记：进博会上没有不起眼的角落	广播长消息	汤丽薇　孟诚洁	范嘉春	上海广播电视台东方广播中心
特别节目——从短暂停摆到加速复苏	电视新闻专题	蔡如一　陈涵露	集体	上海广播电视台第一财经
上海老公房加装电梯系列报道	电视新闻专题（系列）	朱齐越　汤　捷　王天峰　刘　水　汪　鑫　查家旻　孔　权	集体	上海广播电视台融媒体中心
救助站的"亲闺女"一脚跨入"大学门"	电视新闻专题（系列）	汤顺佳　孙培杰　陈　涛　王子亮	李　军	上海广播电视台融媒体中心　杨浦区融媒体中心

三　等　奖

作品标题	作品体裁	作者（主创人员）	编辑	选送单位
守"沪"者系列	电视新闻专题（系列）	陈慧莹　戴晶磊　李连达　顾克军　孙翱成　奕　霖	虞之青	上海广播电视台融媒体中心
"老赖"用身份证不能坐高铁，却可以用护照坐飞机?!	广播短消息	胡旻珏　代　灵	赵颖文　刘　婷　孙　萍	上海广播电视台东方广播中心
白玛取宗：走出大山	电视长消息	任　烨	薛　松	嘉定区融媒体中心
2020年首展国家会展中心按下重启键	电视长消息	顾舜丽　严欣慰		青浦区融媒体中心
宅出来的新思路	广播新闻专题（系列）	汤丽薇　俞承璋　刘　婷　吴泽宇　顾赪琳　胡旻珏	孟诚洁	上海广播电视台东方广播中心

续表

作品标题	作品体裁	作者（主创人员）	编辑	选送单位
长三角造芯记	电视新闻专题	赵慧侠　凌　健 秦扬轲　何　婕 屠佳运　孙佳逊	朱声波	上海广播电视台融媒体中心
《周末开大课》第三季（第三集）——热血熔初心 点亮这座城	电视新闻专题	孙向彤　姚赟勤 王东雷　李　鸣 袁　媛	袁　媛	上海教育电视台
生命·方舱	电视新闻专题	黄伊罕　邢　维 李振宇	陈瑞霖	上海广播电视台融媒体中心
不动摇——庆祝浦东开发开放30周年（上集）	纪录片（长片）	朱宏谢　申　照 诸颖政　冯迪韡	集体	上海广播电视台纪录片中心
听！浦东每一种声音都让自己离世界更近	广播新闻专题	何周导　胡旻珏 赵宏辉	李　斌 孟诚洁	上海广播电视台东方广播中心

媒体融合传播

一　等　奖

作品标题	作品类别	作者（主创人员）	编辑	刊发媒体	选送单位
上海医疗救治专家组组长：一线岗位全部换上党员，没有讨价还价！	短视频现场新闻	孙　冀　石留骏	刘若鹏	第一财经	上海广播电视台

二 等 奖

作品标题	作品类别	作者（主创人员）	编辑	刊发媒体	选送单位
一次特殊的点名：沪首批医疗队除夕夜赴武汉驰援	短视频现场新闻	叶 钧 唐晓蒙	顾怡玫 叶 文 刘清扬	看看新闻网	上海广播电视台
实时更新：你的定制防疫地图	融合创新	集体	王 洋 谭庆超 刘 广	CBNData	上海广播电视台
他因患阿尔茨海默症成为网红 背后故事令人动容	短视频专题报道	赖 瑗 李维潇 李 响	施 聪	看看新闻网	上海广播电视台
陆老师有话说	融合创新	陆兰婷 孟诚洁 顾隽契 盛陈衔 周依宁	孟诚洁	话匣子微信公众号	上海广播电视台
狂赞！嘉定留学生小姐姐用这种方式报效祖国	短视频现场新闻	任 烨 陈 斐 汪 健	薛 松 孙 凌	上海嘉定微信公众号	嘉定区融媒体中心
奉贤发放"就业券"稳住民生"基本盘"	融合创新	俞 琳	王 鹏	上海奉贤微信公众号	奉贤区融媒体中心

三 等 奖

作品标题	作品类别	作者（主创人员）	编辑	刊发媒体	选送单位
视频｜2020上海·声音记忆	短视频专题报道	王俊特 向晓薇 陈 敏 陈 丽 杨叶超	杨叶超	话匣子FM新闻客户端	上海广播电视台
快看上海｜百年里弄迎旧改，半年告别拎马桶	短视频专题报道	丁元骐 庄 毅 寿子扬 张佰量 沈姝艳 顾克军	沈姝艳 陆 熠	看看新闻网	上海广播电视台

续表

作品标题	作品类别	作者（主创人员）	编辑	刊发媒体	选送单位
2元可买一个粉丝互动,起底直播间流量造假	短视频现场新闻	葛妍 章驰 崔晓晟 孙嘉	集体	第一财经网端、第一财经App	上海广播电视台
车轮上的长三角|聚·能	短视频专题报道	邹婷 丁玎 王易帆 路俊 杨立培 孔凡天 徐峥巍	集体	第一财经	上海广播电视台
《民生一网通》（12月4日）	融合创新	集体	集体	新闻综合频道	上海广播电视台
10国连线,直击世界战"疫"第一线,剖析全球影响	移动直播	集体	集体	第一财经网端、第一财经App	上海广播电视台
安静 也是一种守护	短视频专题报道	范士广 金翔 陈博文	陈佳岚	上海发布微信公众号	上海广播电视台

国 际 传 播

一 等 奖

作品标题	参评项目	作者（主创人员）	编辑	刊播单位/平台	选送单位
亚太战争审判	电视新闻专题（纪录片）	集体	集体	上海广播电视台 美国Sino Vision 俄罗斯SPB TV	上海广播电视台

续表

作品标题	参评项目	作者（主创人员）	编辑	刊播单位/平台	选送单位
一墙一洞一"熊掌" 治愈系咖啡店背后的暖心故事	电视消息	蔡晨艺 吴骥 蒋文越 孙启萌 汪晓	集体	东方卫视海外版＋29家海外媒体	上海广播电视台

二 等 奖

作品标题	参评项目	作者（主创人员）	编辑	刊播单位/平台	选送单位
老外复工日记	电视新闻专题（系列）	集体	集体	中国国际电视台CGTN英语频道	上海广播电视台
《看得见的力量》金融扶贫系列专题片	电视新闻专题（系列）	集体	集体	第一财经频道、第一财经频道香港版、第一财YouTube频道	上海广播电视台

三 等 奖

作品标题	参评项目	作者（主创人员）	编辑	刊播单位/平台	选送单位
中欧班列逆势跑出加速度 疫情期间助力外贸企业跨境物流	电视消息	张诗旋 沈佳俊	应骏一 张诗旋	中国国际电视台CGTN英语频道	上海广播电视台
《顶级投资人》系列专访	电视新闻专题（系列报道）	尹凡 孙雪冬 葛唯尔 李爱琳	马悦	第一财经频道、第一财经频道香港版、第一财经YouTube频道	上海广播电视台

续表

作品标题	参评项目	作者（主创人员）	编辑	刊播单位/平台	选送单位
大话浦东	媒体融合短视频专题	张梦蕗 沈丹 倪娜 顾佳伟 鲁琳 张洛锋	集体	Facebook	浦东新区融媒体中心
第三届中国国际进口博览会化危为机 中国最大国际展会	电视新闻专题	沈林 邵瑛里 周宏妍 唐晓蒙 永岛雅子	陆薇薇 李琳	日本NHK大阪电视台	上海广播电视台

新闻名专栏获奖作品

类别	专栏名称	刊发媒体	主创人员	编辑	选送单位
电视专栏	这就是中国	东方卫视	集体	王磊卿 李逸 任静	上海广播电视台
广播专栏	十万个为什么？	FM93.4 上海新闻广播	龙敏 傅昇嵩 叶欣辰 乐祺 郑子凌	张明霞 袁林辉	上海广播电视台

网 络 传 播

一 等 奖

作品标题	作品类别	作者（主创人员）	编辑	刊发媒体	选送单位
离开武汉的500多万人都去了哪里？大数据告诉你	通讯与深度报道类	陈姗姗	陈姗姗	第一财经网站	第一财经
金银潭医院重症病房这一夜与死神拔河，每一次他们都在拼命！	新闻专题	盛陈衔 孟诚洁	孟诚洁	"话匣子"网站	上海广播电视台

三 等 奖

作品标题	作品类别	作者（主创人员）	编辑	刊发媒体	选送单位
黄浦江成"悬河"？江面高于外滩路面？假的！我们帮你去看了，还差4米多！	文字消息	车润宇	孟诚洁	"上海新闻广播"微信公众号	上海广播电视台
情况通报：奉贤区公布第1—9号确诊病例活动轨迹	通讯与深度报道类	杨亮	吴妍	"上海奉贤"微信公众号	奉贤区融媒体中心
李雪琴等被中消协点名 暗访"数据造假"产业链	通讯与深度报道类	卢梅 李维潇 陶余鑫	施聪	看看新闻网	上海广播电视台

新 闻 论 文

作 品 标 题	作者	编辑	字数	刊发媒体	选送单位
境外社交媒体对中国公共卫生突发事件的报道主体与叙事结构	李志毅	方妍	6 500	上海广播电视研究	上海广播电视台

2019—2020年度中国广播电视大奖(上海)获奖作品名录

体　裁	作品名称	获奖单位	主创人员	选送单位
广播专题	新上海的70个瞬间	SMG东方广播中心	集体	上海市广播电视协会
广播现场直播	上海立法实施垃圾分类第一天	SMG东方广播中心	毛维静、刘匀娴、沈馨、李英蕤	上海市广播电视协会
电视评论	中美观察	SMG融媒体中心	赵慧侠、凌健、李丹、杨龙跃	上海市广播电视协会
电视专题	城市的品格	SMG东方卫视中心	集体	上海市广播电视协会
电视现场直播	长江之恋——长江流域十二省市联合大直播	上海、浙江、江苏、安徽、江西、湖南、湖北、重庆、四川、贵州、云南、青海等12家省市广播电视台	集体	上海市广播电视协会
电视消息	全国首创，上海自贸区企业一证"闯天下"	上海市浦东新区融媒体中心	严尔俊、高旻杰	中广联合会城市台融媒体协作委员会
广播剧	金银潭24小时	SMG东方广播中心	俞霞婷、颜维琦、徐国春、罗文、徐梓嘉、陶青	上海市广播电视协会

第31届中国新闻奖(上海广播电视)获奖作品名录

一 等 奖

体裁	名称	播出单位	主创人员	编辑
新闻名专栏	FM十万个为什么	上海广播电视台东方广播中心	龙敏、傅昇崧、叶欣辰、乐祺、郑子凌	袁林辉、李军、张明霞

二 等 奖

体裁	名称	播出单位	主创人员	编辑
广播新闻专题	听,浦东每一种声音都让自己离世界更近	上海广播电视台东方广播中心	何周导、胡旻珏、赵宏辉	李斌、孟诚洁
电视新闻专题	人间世抗疫特别节目——红区	上海广播电视台纪录片中心	集体	范士广、周全
电视新闻节目编排	《新闻报道》(11月21日)	上海广播电视台融媒体中心	集体	集体
短视频现场新闻	上海医疗救治组组长:一线岗位全部换上党员,没有讨价还价!	上海广播电视台第一财经	孙冀、石留骏	刘若鹏

三 等 奖

体裁	名称	播出单位	主创人员	编辑
广播评论	银行保函开具微调查,可改进的空间遍地都是	上海广播电视台东方广播中心	何周导、胡旻珏	沈馨

续表

体裁	名称	播出单位	主创人员	编辑
广播新闻访谈	破"疫"2020——疫情大考下的社区之治大讨论系列节目	上海广播电视台东方广播中心	集体	张明霞、李军
国际传播	一墙一洞一"熊掌" 治愈咖啡店背后的暖心故事	上海广播电视台融媒体中心	蔡晨艺、吴骥、蒋文越、孙启萌、汪晓	集体

图书在版编目(CIP)数据

2020年度上海广播电视奖(新闻)获奖作品选 / 上海市广播电视协会编.—上海：文汇出版社,2022.1
ISBN 978-7-5496-3706-5

Ⅰ.①2… Ⅱ.①上… Ⅲ.①新闻报道—作品集—中国—当代 Ⅳ.①I253

中国版本图书馆 CIP 数据核字(2022)第 009750 号

2020年度上海广播电视奖(新闻)获奖作品选

上海市广播电视协会 编

责任编辑／熊　勇
校　　对／蔡建华　高　原
封面装帧／张　晋

出版发行／**文匯**出版社
　　　　　上海市威海路 755 号
　　　　　(邮政编码 200041)
经　　销／全国新华书店
排　　版／南京展望文化发展有限公司
印刷装订／启东市人民印刷有限公司
版　　次／2022 年 1 月第 1 版
印　　次／2022 年 1 月第 1 次印刷
开　　本／787×1092　1/16
字　　数／620 千字
印　　张／36.25

ISBN 978-7-5496-3706-5
定　　价／78.00 元